D1526146

RICK WARREN

Życie
ŚWIADOME
CELU

PO CO JA TUTAJ TAK NAPRAWDĘ JESTEM?

Koinonia

Tytuł oryginału: THE PURPOSE-DRIVEN® LIFE
Tłumaczenie z języka angielskiego: Sławomir RYŻYK
Konsultacja merytoryczna: Andrzej BAJEŃSKI
Redakcja: Grażyna KOŻUSZNIK
Korekta: Danuta PUSTÓWKA
Przygotowanie do druku: Leszek KOŻUSZNIK

Originally published in the USA under the title:
THE PURPOSE-DRIVEN® LIFE
Copyright © 2002 by Rick Warren
Grand Rapids, Michigan.
© Translation Copyright 2004; Wydawnictwo **Koinonia**

Wydanie polskie ukazuje się nakładem Wydawnictwa **Koinonia**
działającego w ramach Chrześcijańskiej Fundacji „Życie i Misja"
ul. 3 Maja 14, 43-450 Ustroń, Skr. poczt. 13 A
tel. (0-P-33) 8544522, fax (0-P-33) 8541814

Cytaty biblijne pochodzą z różnych tłumaczeń Pisma Świętego w języku angielskim
i zostały przetłumaczone z tekstu oryginału książki.
(Patrz: wyjaśnienie autora w DODATKU 3. na końcu książki.)

Wydanie I 2004 r.
ISBN 83-919087-4-7
(ISBN 0-310-21074-7 wyd. oryginalne)

Drukarnia offsetowa – Jerzy Małysz

Książkę można nabyć:
http://www.misja.org.pl/koinonia/, e-mail:koinonia@misja.org.pl
tel. (0-P-33) 854 45 22, fax (0-P-33) 854 18 14

księgarnia internetowa http://www.jack.pl, e-mail:biuro@jack.pl
tel. (0-P-33) 854 44 44, fax (0-P-33) 855 13 67

Wstęp

Gdy jakaś książka rozchodzi się w kilkudziesięciu milionach egzemplarzy i przez całe miesiące na liście nowojorskiego „Times'a" zajmuje czołową pozycję wśród najpopularniejszych książek Ameryki, a do tego już w rok po ukazaniu się jest tłumaczona na inne języki, to musi to budzić zainteresowanie.

Gdy w dodatku książka nie należy do beletrystyki, a jej autorem nie jest ani najbardziej popularny Autorytet religijny naszych czasów, ani też któraś ze skandalizujących osobistości tego świata, to nie można nie pytać o tajemnicę takiej popularności.

Książka *Życie świadome celu* nie jest fikcją literacką.

Jej twórca nie należy do grona znanych i popularnych autorów, nie jest też postacią w jakikolwiek sposób związaną z mediami lub przez nie promowaną. Jednak czytelnicy bez względu na światopogląd nie są w stanie oprzeć się przemożnej sile jej oddziaływania na ich umysły i serca.

Rick Warren znany jest z podejścia do życia określanego w języku angielskim jako „*purpose driven*", czyli takiego, w którym CEL spełnia funkcję naczelnej siły napędzającej, motywującej i kierującej życiem.

Mamy nadzieję, że wraz z tą książką idea „*purpose driven*" oraz zaprezentowany przez autora życiowy „*pięciocel*" – jako sposób na życie w harmonii z Bogiem, z samym sobą i ze światem – nie tylko przestaną być nieznane polskiemu społeczeństwu, ale staną się ważnym przewodnikiem w „podróży w głąb życia" jej czytelników.

Pastor W. Andrzej Bajeński

Spis treści

Dedykacja 6
Podróż do celu 9
Moje zobowiązanie 13

PO CO JA TUTAJ TAK NAPRAWDĘ JESTEM?
Dzień 1. Wszystko zaczyna się w Bogu 17
Dzień 2. Nie jesteś dziełem przypadku 22
Dzień 3. Co kieruje twoim życiem? 27
Dzień 4. Stworzeni, by żyć wiecznie 36
Dzień 5. Patrząc na życie z Bożej perspektywy 41
Dzień 6. Życie to zadanie do wykonania 47
Dzień 7. Przyczyna wszystkiego 53

CEL PIERWSZY: STWORZONY DLA RADOŚCI BOGA
Dzień 8. Stworzeni, by sprawić radość Bogu 63
Dzień 9. Co sprawia, że Bóg się uśmiecha? 69
Dzień 10. Istota uwielbienia 77
Dzień 11. Stając się z Bogiem najlepszymi przyjaciółmi 85
Dzień 12. Budując przyjaźń z Bogiem 92
Dzień 13. Uwielbienie miłe Bogu 100
Dzień 14. Gdy Bóg wydaje się być daleko 107

CEL DRUGI: PRZYSPOSOBIONY DO ŻYCIA W BOŻEJ RODZINIE
Dzień 15. Przysposobieni do Bożej rodziny 117
Dzień 16. Sprawa najwyższej wagi 123
Dzień 17. Własne miejsce na ziemi 130
Dzień 18. Doświadczając wspólnego życia 138
Dzień 19. Pielęgnując społeczność 145
Dzień 20. Odnawiając zerwaną społeczność 152
Dzień 21. Chroniąc swój Kościół 160

CEL TRZECI: PRZEZNACZONY, BY STAĆ SIĘ JAK CHRYSTUS
Dzień 22. Przeznaczeni, by upodabniać się do Chrystusa 171
Dzień 23. Jak wzrastamy? 179
Dzień 24. Transformacja poprzez Prawdę 185
Dzień 25. Transformacja poprzez życiowe problemy 193
Dzień 26. Pokusy a wzrost 201
Dzień 27. Zwalczając pokusy 209
Dzień 28. To wymaga czasu 217

CEL CZWARTY: UKSZTAŁTOWANY, BY SŁUŻYĆ BOGU
Dzień 29. Podejmując się zadań 227
Dzień 30. Ukształtowani, by służyć 234
Dzień 31. Rozumiejąc swoją odmienność 241
Dzień 32. Używając tego, co dał nam Bóg 249
Dzień 33. Jak działają prawdziwi słudzy? 257
Dzień 34. Myśląc jak sługa 265
Dzień 35. Boża moc w naszych słabościach 272

CEL PIĄTY: POWOŁANY, BY WYPEŁNIĆ MISJĘ
Dzień 36. Powołani do spełnienia misji 281
Dzień 37. Dzieląc się swoim życiowym przesłaniem 289
Dzień 38. Stając się chrześcijaninem światowej klasy 297
Dzień 39. Żyjąc w równowadze 306
Dzień 40. Żyjąc ze świadomością celu 313

Dodatek 1.: Pytania do dyskusji 321
Dodatek 2.: Źródła 324
Dodatek 3.: Dlaczego używać aż tylu tłumaczeń Biblii? 326
Odsyłacze do cytowanych tekstów 328

Książkę tę dedykuję Tobie, Drogi Czytelniku.

Zanim się narodziłeś, Bóg zaplanował *ten szczególny moment* w twoim życiu. Nie jest kwestią przypadku, że trzymasz w rękach tę książkę.
Bóg *pragnie*, byś odkrył życie, jakie On dla Ciebie zaplanował – tutaj na ziemi i w wieczności.

„Jedynie w Chrystusie odkrywamy to, kim jesteśmy i po co żyjemy.
O wiele wcześniej, zanim usłyszeliśmy o Chrystusie...
On skierował na nas swój wzrok, zaplanował dla nas wspaniałe życie, będące częścią wielkiego celu, jaki nadał wszystkiemu i wszystkim".
Efezjan 1:11 (Msg)

Jestem wdzięczny wielu spośród setek pisarzy i nauczycieli, zarówno klasykom jak i współczesnym, którzy ukształtowali moje życie i od których przysposobiłem wiele prawd. Dziękuję Bogu za przywilej, jakim jest dzielenie się tymi prawdami z innymi.

PODRÓŻ DO CELU

Jak najlepiej skorzystać z tej książki?

Ta książka nie jest zwyczajną książką. Jest przewodnikiem *w 40-dniowej podróży*, która pomoże ci odkryć odpowiedź na najważniejsze życiowe pytanie: „Po co ja tutaj tak naprawdę jestem?". Po odbyciu tej podróży będziesz znał cel swojego życia i zobaczysz wielki obraz – złożony ze wszystkich dobrze do siebie pasujących części twojego życia. Ta perspektywa uwolni cię od stresu, ułatwi ci podejmowanie decyzji, przyniesie satysfakcję, a co najważniejsze, przygotuje cię do wieczności.

TWOJA 40-DNIOWA PODRÓŻ

Przeciętna długość życia wynosi dzisiaj 25 550 dni. Jeśli mieścisz się w gronie „statystycznych jednostek", to prawdopodobnie tyle dni będzie trwało twoje życie. Czy nie pomyślałeś, że dobrze byłoby przeznaczyć chociaż 40 z nich, by móc odkryć, co Bóg chce, byś uczynił z resztą swoich dni na ziemi?

Biblia wyraźnie podkreśla, że 40 dni jest dla Boga znaczącym okresem. Kiedy chciał przygotować jakąś osobę do konkretnego celu, poświęcał na to właśnie 40 dni:

— 9 —

- Życie Noego zostało przemienione w ciągu 40-dniowego deszczowego okresu.

- Mojżesz przeżył przemianę w czasie 40-dniowego pobytu na Górze Synaj.

- Szpiedzy przeżyli przemianę w ciągu 40-dniowego pobytu w Ziemi Obiecanej.

- Dawid przeżył przemianę w ciągu 40-dniowego wyzwania rzuconego przez Goliata.

- Eliasz doświadczył przemiany, kiedy Bóg poprzez jeden posiłek obdarzył go siłą na 40 kolejnych dni.

- Całe miasto Niniwa zostało przemienione, gdy Bóg dał ludziom 40 dni, by się zmienili.

- Jezus został wzmocniony w czasie 40 dni spędzonych na pustyni.

- Uczniowie zostali przemienieni, przebywając przez 40 dni z Jezusem po zmartwychwstaniu.

Kolejnych 40 dni przemieni *twoje* życie.

Książka ta składa się z 40 krótkich rozdziałów. Zachęcam cię do przeczytania każdego dnia tylko jednego rozdziału i poświęcenia czasu na zastanowienie się nad zastosowaniem jego treści w twoim codziennym życiu. Biblia mówi: „Pozwólcie Bogu, by przemieniał was w nową osobę, zmieniając wasz sposób myślenia. Wtedy będziecie wiedzieli, czego oczekuje od was Bóg"[1].

Powodem, dla którego większość książek nie wywiera wpływu na nasze życie jest to, że pochłaniamy zbyt szybko rozdział za rozdziałem, nie zatrzymując się i nie poświęcając czasu na poważne zastanowienie się nad tym, co przeczytaliśmy. Śpieszymy się do kolejnego zagadnienia, bez zastanowienia się, jakie znaczenie ma poprzednie.

Nie tylko *czytaj* tę książkę! *Dyskutuj* z nią. Podkreślaj znaczące treści. Pisz swoje przemyślenia na marginesie. Uczyń ją *swoją* książką. Niech stanie się dla ciebie jak żywa osoba, z którą rozmawiasz. Książki, które były dla mnie najbardziej pomocne to te, na które żywo reagowałem, a nie te, które po prostu czytałem.

CZTERY BARDZO POMOCNE RZECZY

Na końcu każdego rozdziału znajduje się podsumowanie w ramce, zatytułowane „Myśląc o moim celu". Znajdziesz tam:

- **Główną myśl.** Jest to zdanie podsumowujące prawdę, będącą zasadą życia świadomego celu, nad którą możesz rozmyślać przez cały dzień. Apostoł Paweł powiedział do Tymoteusza: „Rozmyślaj nad tym, co mówię, gdyż Pan da ci wgląd w to wszystko"[2].

- **Werset do zapamiętania.** Jest to werset biblijny, który uczy prawdy zawartej w rozdziale. Jeśli naprawdę chcesz zmienić swoje życie, uczenie się na pamięć wersetów z Pisma Świętego może być najważniejszym nawykiem, jaki wprowadzisz w życie. Możesz te wersety zapisywać na osobnych, małych karteczkach, które będziesz nosił zawsze przy sobie.

- **Pytanie do rozważenia.** Pytanie to pomoże ci pomyśleć nad zastosowaniem w twoim życiu tego, co przeczytałeś. Zachęcam cię, byś zapisywał odpowiedzi na pytania na marginesie książki lub w notatniku. Zapisywanie własnych myśli jest najlepszym sposobem wyjaśniania ich.

W DODATKU 1. znajdują się również:

- **Pytania do dyskusji.** Zachęcam cię, byś znalazł przynajmniej jednego lub kilku przyjaciół, którzy w czasie kolejnych 40 dni będą równocześnie z tobą czytali tę książkę. Podróż zawsze jest bardziej atrakcyjna, gdy odbywa się ją *z innymi*. Mając partnera lub małą grupę czytających tę samą książkę, możecie dyskutować nad jej treścią, wymieniając poglądy. To wzmocni cię i pogłębi twoje życie duchowe. Prawdziwy duchowy wzrost nigdy nie odbywa się w osamotnieniu, w oparciu o indywidualne starania. Dojrzałość rodzi się poprzez relacje z innymi i w społeczności.

Najlepszym sposobem wyjaśnienia Bożego celu dla twojego życia jest pozwolenie, by Jego Słowo przemawiało samo za siebie, dlatego w tej książce często cytowana jest Biblia przy wykorzystaniu ponad tysiąca różnych wersetów z piętnastu tłumaczeń w języku angielskim oraz parafraz. Zróżnicowałem wykorzystanie różnych wersji z kilku ważnych powodów, które wyjaśniam w DODATKU 3.

MODLĘ SIĘ O CIEBIE

Kiedy pisałem tę książkę, często modliłem się, byś doświadczył niezwykłego poczucia nadziei, siły i radości, która wypływa z odkrywania tego, co Bóg zaplanował, byś robił na tej planecie. Nie ma nic lepszego. Jestem zafascynowany, gdyż wiem, jakie wspaniałe rzeczy mogą cię spotkać. One spotkały mnie i odkąd odkryłem cel mojego życia, nic już nie pozostało w nim takie samo.

Chciałbym postawić przed tobą wyzwanie, byś w czasie nadchodzących 40 dni dołączył do tej podróży, nie opuszczając ani jednego dnia na przeczytanie kolejnego rozdziału. Twoje życie warte jest tego, by każdego dnia poważnie o nim pomyśleć. Zaplanuj codziennie „spotkanie" z jednym rozdziałem tej książki. Jeśli chcesz się temu poświęcić, podpiszmy wspólne zobowiązanie sformułowane na następnej stronie. Napisanie imiennego zobowiązania ma szczególne znaczenie. Jeśli masz partnera, z którym będziesz czytał tę książkę, niech i on podpisze się pod swoim zobowiązaniem. Zapraszam cię do wspólnej podróży!

Moje zobowiązanie

Z Bożą pomocą, najbliższych 40 dni przeznaczę na to,
by odkryć Boży cel dla mojego życia.

_____

Twoje imię

_____

Imię twojego partnera

Rick Warren

Rick Warren

Lepiej jest dwóm niż jednemu,
ponieważ razem mogą pracować bardziej skutecznie.
Jeśli jeden z nich upadnie,
drugi może iść mu z pomocą...
We dwóch bardziej skutecznie można odeprzeć atak,
który jednego mógłby pokonać.
Trudno jest przerwać potrójnie skręcony sznur.
Kaznodziei Salomona 4:9 (TEV)

PO CO JA TUTAJ
TAK NAPRAWDĘ JESTEM?

Życie poświęcone rzeczom, to życie martwe,
spróchniały pień;
lecz życie kształtowane przez Boga,
to kwitnące drzewo.

Przypowieści Salomona 11:28 (Msg)

Błogosławieni są ci, którzy ufają Panu...
Podobni są do drzew zasadzonych na brzegu rzeki,
których korzenie sięgają jej głębin.
Takim drzewom nie przeszkadza żar słońca,
nie zagrażają im miesiące suszy.
Ich liście pozostają długo zielone
i nieustannie wydają wspaniały owoc.

Jeremiasz 17:7-8 (NLT)

Wszystko zaczyna się w Bogu

Gdyż wszystko, absolutnie wszystko, na niebie i na ziemi,
widzialne i niewidzialne... w Nim wszystko się rozpoczęło
i w Nim znajduje swój sens.

Kolosan 1:16 (Msg)

Póki nie uznasz, że Bóg istnieje,
pytanie o cel życia jest bez sensu.

Bertrand Russel, ateista

Tu nie chodzi tylko o ciebie.

Cel twojego życia to coś znacznie więcej niż twoje osobiste spełnienie, wewnętrzny spokój czy nawet szczęście. To coś więcej niż twoja rodzina, kariera czy nawet najśmielsze marzenia i ambicje. Jeśli chcesz dowiedzieć się, dlaczego żyjesz na tej planecie, musisz najpierw pomyśleć o Bogu. Urodziłeś się *wskutek* Jego decyzji i *dla* Jego celu.

Poszukiwanie celu życia zawsze było zagadką, którą ludzkość próbuje rozwikłać od tysięcy lat. A to dlatego, że poszukiwania te najczęściej zaczynamy w niewłaściwym miejscu – od siebie samych. Zadajemy sobie pytania, które są skupione wyłącznie na własnym ego: „Kim *ja* chciałbym zostać? Co powinienem zrobić ze *swoim* życiem? Jakie są *moje* cele, aspiracje i marzenia dotyczące *mojej* przyszłości?”. Jednak koncentrowanie się na sobie nigdy nie doprowadzi nas do poznania celu naszego życia. Biblia mówi: „To Bóg rządzi życiem wszelkich stworzeń, życie każdego z nas od Niego zależy”[1].

W przeciwieństwie do tego, czego dowiadujesz się z popularnych książek, filmów czy wykładów, znaczenia swojego życia nie odkryjesz poprzez wpatrywanie się w głąb siebie. Prawdopodobnie już tego próbowałeś. Ponieważ sam siebie nie stworzyłeś, nie masz szans samodzielnie określić, po co właściwie istniejesz! Gdybym wręczył ci jakiś wynalazek,

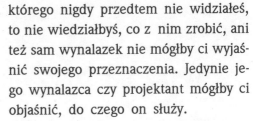

Koncentrowanie się na sobie nigdy nie doprowadzi nas do poznania celu naszego życia.

którego nigdy przedtem nie widziałeś, to nie wiedziałbyś, co z nim zrobić, ani też sam wynalazek nie mógłby ci wyjaśnić swojego przeznaczenia. Jedynie jego wynalazca czy projektant mógłby ci objaśnić, do czego on służy.

Kiedyś zgubiłem się w górach. Gdy zatrzymałem się, by spytać o drogę do obozowiska, usłyszałem: *"Stąd tam nie dotrzesz.* Musisz wyruszyć od drugiej strony tej góry!". Podobnie jest z tobą – nie jesteś w stanie odkryć celu swego życia, koncentrując się na sobie. Musisz rozpocząć od Boga, twojego Stwórcy. Istniejesz tylko dlatego, że tak sobie życzył Bóg. Zostałeś stworzony *przez* Boga i *dla* Boga, a dopóki tego nie zrozumiesz, twoje życie nigdy nie nabierze sensu. Tylko w Bogu odkrywamy swoje prawdziwe pochodzenie, tożsamość, znaczenie, cel, wartość i przeznaczenie. Każda inna ścieżka prowadzi w ślepy zaułek.

Wielu ludzi usiłuje użyć Boga do własnego „samo-potwierdzenia", ale jest to odwróceniem normalnego porządku rzeczy i skazane jest na niepowodzenie. Zostałeś stworzony dla Boga, a nie odwrotnie i w życiu chodzi o to, abyś pozwolił Bogu używać cię do Jego celów, a nie posługiwał się Bogiem do realizacji swoich prywatnych celów. Biblia powiada: „Zapatrzenie w samego siebie prowadzi w ślepy zaułek, lecz skupienie uwagi na Bogu wiedzie na rozległą przestrzeń i zapewnia wolność"[2].

Czytałem wiele książek, które podpowiadały sposoby odkrycia celu życia. Wszystkie z nich można by sklasyfikować jako poradniki typu „zrób to sam", gdyż podchodziły do tematu z punktu widzenia ludzkiego „ego". Tego rodzaju poradniki poszukiwań celu życia, nawet te chrześcijańskie, proponują zazwyczaj te same, łatwe do przewidzenia kroki: Pomyśl o swoich marzeniach. Określ swoje priorytety. Wyznacz sobie cele. Odkryj, w czym jesteś dobry. Mierz wysoko. Bierz się do dzieła! Narzuć sobie dyscyplinę. Uwierz, że możesz osiągnąć swój cel. Zaangażuj innych. Nigdy się nie poddawaj.

Oczywiście, przestrzeganie tych zaleceń często prowadzi do znaczącego sukcesu. Przeważnie uda ci się osiągnąć cel, jeśli się temu z determinacją poświęcisz. Jednak odnoszenie sukcesów a realizowanie celu życia, to dwie *zupełnie* różne sprawy! Możesz osiągnąć wszystkie wyznaczone sobie cele, zyskując według rozpowszechnionych standardów miano człowieka sukcesu, *a mimo to* będziesz wciąż mijał się z celem, dla którego stworzył cię Bóg. Potrzeba ci czegoś więcej niż porad, jak masz samodzielnie sobie radzić. Biblia mówi: „Poleganie na sobie samym wcale nie jest pomocne. Sposobem, byś mógł odnaleźć siebie i swoją tożsamość, jest zrezygnowanie z siebie"[3].

Ta książka nie jest poradnikiem. Nie mówi, jak zrobić karierę, zrealizować marzenia czy zaplanować swoje życie. Nie radzi, jak do napiętego codziennego harmonogramu „upchnąć" jeszcze kilka ważnych zajęć. Tak naprawdę, to chciałbym ci powiedzieć, co jest potrzebne, byś w swoim życiu mógł robić *mniej*, koncentrując się tylko na tym, co jest w nim najważniejsze. Ta książka mówi o tym, jak stać się człowiekiem, jakim *Bóg* chciał, byś był.

W jaki sposób zatem możesz odkryć cel, dla którego Bóg cię stworzył? Masz do wyboru dwie możliwości. Pierwsza z nich to *spekulacje*. Tę właśnie wybiera większość ludzi. Snują domysły, zgadują i teoretyzują. Kiedy mówią: „Zawsze uważałem, że życie polega na...", to mają na myśli: „To najlepsze rozwiązanie tej łamigłówki, jakie mi się nasuwa".

Od tysięcy lat najwybitniejsi filozofowie dyskutowali i spekulowali na temat sensu życia. Filozofia jest ważną dziedziną i ma swoje zastosowanie, ale gdy chodzi o określenie celu życia, to nawet najmądrzejsi filozofowie snują jedynie domysły.

Zostałeś stworzony przez Boga i dla Boga, i dopóki tego nie zrozumiesz, twoje życie nigdy nie nabierze sensu.

Doktor Hugh Moorhead, profesor filozofii z *Northeastern Illinois University* napisał kiedyś do 250 najbardziej znamienitych filozofów, naukowców, pisarzy oraz intelektualistów świata, zadając im pytanie o sens życia. Ich odpowiedzi opublikował w książce. Niektórzy przekazali mu swoje najbardziej profesjonalne przypuszczenia, inni przyznali, że właśnie odkryli cel życia, a jeszcze inni, okazali się na tyle uczciwi, by przyznać, że nie wiedzą, jak na postawione pytanie odpowiedzieć. Wielu znanych intelektualistów poprosiło nawet profesora Moorheada, by odpowiedział im, czy on odkrył cel życia!⁴.

Na szczęście istnieje alternatywa dla spekulacji o sensie i celu życia. Jest nią *objawienie*. To, co Bóg objawił na temat życia, możemy znaleźć w Jego Słowie. Najprostszym sposobem uzyskania informacji na temat zastosowania jakiegoś wynalazku jest zapytanie o to jego twórcy. To samo dotyczy odkrycia celu życia – należy zapytać o to Boga.

Bóg nie pozostawił nas w niepewności, zmuszając do usilnych dociekań i „łamania sobie głowy". W Biblii wyraźnie objawił nam pięć celów dla naszego życia. Biblia jest naszym osobistym podręcznikiem, objaśniającym, dlaczego żyjemy, jak przejawia się życie, czego należy unikać, a czego oczekiwać, jeśli chodzi o przyszłość. Ona podaje informacje, których nie znajdziemy w żadnych poradnikach czy traktatach filozoficznych. Biblia mówi: „Boża mądrość... przenika całą głębię Jego celów. To nie wiadomość z ostatniej chwili, ale najstarsza, mówiąca o tym, w jaki sposób Bóg chce ukształtować w nas to, co najlepsze"⁵.

DZIEŃ PIERWSZY:

WSZYSTKO
ZACZYNA SIĘ
W BOGU

Bóg jest nie tylko punktem wyjścia dla twojego życia, ale jego źródłem. By odkryć cel swojego życia, musisz zwrócić się do Słowa Bożego, a nie do ludzkiej wiedzy. Musisz budować swoje życie na odwiecznych prawdach, a nie na popularnych teoriach psychologicznych, motywacji do sukcesu czy inspirujących historiach. Biblia powiada: „To w Chrystusie odkrywamy, kim jesteśmy i po co żyjemy. Zanim w ogóle o Nim usłyszeliśmy i zanim otrzymaliśmy nadzieję, On już o nas myślał i miał dla nas wspaniały plan, będący częścią kompleksowego planu dotyczącego wszystkich ludzi i wszystkiego, co istnieje"⁶. Werset ten daje nam trzy wskazówki dotyczące celu życia każdego z nas:

1. Swoją tożsamość oraz nadrzędny cel odkrywasz poprzez relację z Jezusem Chrystusem. Jeśli takiej społeczności z Nim nie masz, to później ci powiem, jak ją nawiązać.

2. Bóg interesował się tobą na długo przed tym, zanim w ogóle o Nim pomyślałeś. On wyznaczył dla ciebie cel jeszcze przed poczęciem. Wtedy jeszcze nie istniałeś i *nie masz w tym żadnego udziału*!

Możesz decydować o swojej karierze zawodowej, wyborze współmałżonka, o swoim hobby i wielu innych aspektach życia, ale nie jesteś powołany, by decydować o celu życia.

3. Cel twojego życia pozostaje w korelacji z dużo większym celem, jaki Bóg określił dla całego wszechświata, na całą wieczność. To jest właśnie tematem tej książki.

Andriej Bitow, radziecki powieściopisarz, wzrastał w warunkach ateistycznego reżimu komunistycznego. Jednak pewnego przygnębiającego dnia Bóg przywołał jego uwagę. Pisarz wspomina: „W wieku dwudziestu siedmiu lat, jadąc leningradzkim (dzisiejsze miasto St. Petersburg) metrem, byłem tak zrozpaczony, że miałem wrażenie, iż życie nagle zatrzymało się, pozbawiając mnie przyszłości i jakiegokolwiek sensu. Nagle, bez wyraźnej przyczyny, w moim umyśle pojawiły się słowa: **Bez Boga życie nie ma sensu.** Powtarzając je z najwyższym zdziwieniem wciąż na nowo, wyjechałem schodami ruchomymi ze stacji metra i przeniknęła mnie Boża światłość"[7].

Być może czułeś się tak, jakbyś poruszał się w całkowitej ciemności, szukając celu *swojego* życia. Jeśli tak było, to moje gratulacje, bo oto jesteś bliski dotarcia do światła.

DZIEŃ PIERWSZY
MYŚLĄC O MOIM CELU

Główna myśl: Tu nie chodzi tylko o mnie.

Werset do zapamiętania: „W Nim wszystko się rozpoczęło i w Nim znajduje swój sens" – Kolosan 1:16 (Msg).

Pytanie do rozważenia: Niezależnie od tego, czym codziennie atakują nasz umysł reklamy, w jaki sposób mogę sobie przypominać, że żyję dla Boga, a nie dla samego siebie?

Nie jesteś dziełem przypadku

Jestem twoim Stwórcą.
Byłeś pod moją opieką, zanim się narodziłeś.

Izajasz 44:2 (CEV)

Bóg nie gra w kości.

Albert Einstein

Nie jesteś dziełem przypadku.

Twoje pojawienie się na ziemi nie było pomyłką ani niepomyślnym trafem, a twoje życie nie jest wybrykiem natury. Być może dla swoich rodziców byłeś nieplanowanym dzieckiem, ale nie dla Boga. On nie był zaskoczony twoim przyjściem na świat. Tak naprawdę, On tego oczekiwał.

Zanim poczęli cię rodzice, zostałeś poczęty w Bożym umyśle. On jako pierwszy o tobie pomyślał. Fakt, że w tym właśnie momencie oddychasz, nie jest kwestią losu, przypadku czy zbiegu okoliczności. Żyjesz, ponieważ Bóg chciał cię stworzyć! Biblia mówi: „PAN zrealizuje swój cel dotyczący twojego życia"[1].

Bóg zaprojektował każdą najmniejszą część twego ciała. On świadomie wybrał dla ciebie rasę, kolor skóry, włosów i wszystkie inne cechy. Bóg zaprojektował cię w taki sposób, byś był kimś niepowtarzalnym i szczególnym. Określił, jakie będziesz posiadał talenty i czym będzie się wyróżniała twoja osobowość. Biblia mówi: „Ty znasz mnie na wskroś, znasz każdą kość mego ciała; wiesz dokładnie, jak zostałem stworzony, kawałek po kawałku, jak z niczego zostałem uformowany w kogoś wyjątkowego"[2].

Ponieważ Bóg stworzył cię w określonym celu, sam zdecydował również, *kiedy* się urodzisz i *jak długo* będziesz żył. Z góry zaplanował wszystkie twoje dni. Wybrał datę twoich urodzin oraz śmierci. Biblia mówi: „Widziałeś mnie przed moim narodzeniem i zanim wziąłem pierwszy oddech, zaplanowałeś każdy dzień mojego życia. Wszystkie moje dni były zapisane w Twej Księdze!"[3].

Bóg zaplanował też, *gdzie* się urodzisz i w którym miejscu będziesz żył, by realizować Jego cele. Twoja przynależność rasowa i narodowa nie są przypadkowe. Bóg nie pozostawił niczego na pastwę losu. On to wszystko dostosował do swoich celów. Biblia mówi: „Z jednego człowieka wywiódł wszystkie narody..., określił czas ich życia i miejsce, gdzie zamieszkają"[4]. Nie ma w twoim życiu nic samowolnego. Wszystko służy konkretnemu celowi.

Co najbardziej zadziwiające, Bóg zdecydował też, *jak* się urodzisz. Bez względu na okoliczności, w jakich przyszedłeś na świat i na to, kim byli twoi rodzice, Bóg miał ważny powód, by cię stworzyć. Nie ma znaczenia, czy twoi rodzice byli dobrzy, źli czy obojętni. Bóg wiedział, że właśnie ta para ludzi posiada *optymalny* garnitur genetyczny, zdolny wydać na świat człowieka dokładnie takiego, jaki był w Jego zamyśle. Dysponowali takim DNA, którego Bóg potrzebował, by cię stworzyć.

Są rodzice żyjący w nieprawnych związkach, ale nie ma nieprawnych dzieci. Wiele dzieci nie było planowanych przez rodziców, ale to nie znaczy, że nie planował ich Bóg. W swoich zamierzeniach Bóg uwzględnia ludzką pomyłkę, a nawet grzech.

Bóg nigdy niczego nie robi niechcący i nigdy nie popełnia błędów. Jeśli coś stwarza, to ma w tym swój cel. Zaplanował każde zwierzę i roślinę, każdego z ludzi zaprojektował z myślą o określonym celu. Bożym motywem tworzenia była Jego miłość do ciebie. Biblia powiada: „Zanim zawiesił On w przestworzach ziemię, miał nas w swoim zamyśle, uczynił nas przedmiotem swej miłości"[5].

*Zanim poczęli cię rodzice,
zostałeś poczęty
w Bożym umyśle.*

Bóg myślał o tobie jeszcze *przed* założeniem świata. W rzeczywistości właśnie po to go stworzył! Dla naszej planety Bóg przewidział takie środowisko, w którym moglibyśmy żyć. Jesteśmy obiektem Jego miłości, źrenicą Jego oka i najwartościowszym z Jego stworzeń. Biblia mówi: „Bóg postanowił dać nam życie poprzez słowo prawdy, byśmy byli najważniejsi pośród wszystkiego, co stworzył"[6]. Oto, jak bardzo Bóg kocha i ceni człowieka!

Bóg nie jest niedbały – On zaplanował wszystko z największą precyzją. Im bardziej fizycy, biolodzy i naukowcy poznają wszechświat, tym lepiej rozumieją, jak precyzyjnie został dopasowany do naszego istnienia i „skrojony na miarę", zgodnie z dokładnymi założeniami umożliwiającymi człowiekowi życie.

Doktor Michael Denton, autorytet w dziedzinie genetyki molekularnej z Uniwersytetu *Otago* w Nowej Zelandii, doszedł do następującego wniosku: „Wszystkie zgromadzone dowody z dziedziny biologii przemawiają za nadrzędną tezą, że kosmos jest szczegółowo zaprojektowaną całością, w której istnieje życie, a rodzaj ludzki stanowi jej fundamentalny cel i sens. Jest całością, w której wszystkie aspekty rzeczywistości mają swoje znaczenie i wyjaśnienie w tym podstawowym fakcie"[7]. Biblia stwierdziła to samo, lecz kilka tysięcy lat wcześniej: „Bóg ukształtował ziemię... Nie stworzył jej po to, by była pustkowiem, lecz by została zamieszkana"[8].

Dlaczego Bóg to wszystko uczynił? Z jakiego powodu wziął na siebie wszystkie trudy stworzenia dla nas świata?

Dlatego, że jest Bogiem miłości. Tego rodzaju miłość trudno ogarnąć umysłem, ale można jej całkowicie zaufać. Zostałeś stworzony jako szczególny obiekt Bożej miłości! Bóg uczynił cię tak, by móc cię kochać. To jest prawda, na której śmiało możesz budować swoje życie.

Biblia mówi: „Bóg jest miłością"[9]. To nie oznacza, że Bóg tę miłość tylko *ma* czy *odczuwa*, ale że On *jest* miłością! Miłość jest kwintesencją Bożej natury. W społeczności, jaka istnieje w łonie Trójcy Świętej tkwi doskonała miłość, więc Bóg wcale *nie musiał* nas stwarzać. On nie był samotny. Jednak chciał cię stworzyć, by wyrazić ci swą miłość. Bóg mówi: „Nosiłem cię od dnia twych narodzin; troszczyłem się o ciebie od początku. Nawet, gdy ty się zestarzejesz, ja będę taki sam. Nawet, gdy twe włosy staną się siwe, ja będę się o ciebie troszczył. Uczyniłem cię i o ciebie zadbam"[10].

Gdyby Bóg nie istniał, bylibyśmy dziełem przypadku, rezultatem jakiegoś kosmicznego, losowego zdarzenia we wszechświecie. Mógłbyś odłożyć tę książkę, tłumacząc sobie, że życie nie ma sensu i celu, że nie istnieje dobro ani zło, ani żadna nadzieja wykraczająca poza te kilkadziesiąt lat, jakie być może przeżyjesz na ziemi.

Jednak Bóg *jest* i to On stworzył cię dla konkretnego celu, a twoje życie ma głęboki sens! Ten sens i cel możemy odkryć *tylko* wtedy, gdy uczynimy Boga punktem odniesienia naszego życia. Parafraza fragmentu z Rzymian 12:3 w tłumaczeniu „The Message" powiada: „Jedynym właściwym sposobem na zrozumienie samego siebie jest uświadomienie sobie, kim jest Bóg i co dla nas czyni".

Podsumowanie tego znajdujemy w wierszu Russella Keflera:

Jesteś, kim jesteś z pewnego powodu.
Jesteś częścią finezyjnego planu,
Cennym i doskonałym pomysłem,
Zwanym szczególną Bożą kobietą lub mężczyzną.

Wyglądasz, jak wyglądasz z pewnego powodu.
Nasz Bóg nie popełnia błędów.
On ukształtował cię w łonie matki
I jesteś tym, kim On chciał cię uczynić.

Twoi rodzice są tymi, których On wybrał,
I nieważne, co o tym myślisz.
Oni są częścią Bożego planu,
I mają na sobie pieczęć Mistrza.

Ten uraz, który w sobie nosisz zasmuca Boga.
On płacze, widząc, jak bardzo cię to rani;
Lecz było koniecznym kształtować twe serce,
Byś na Jego podobieństwo mógł wzrastać.

Jesteś, kim jesteś z pewnego powodu,
Uformował cię dotyk Mistrza.
Jesteś, kim jesteś, ukochany,
Bo jednak jest Bóg!

DZIEŃ DRUGI
MYŚLĄC O MOIM CELU

Główna myśl: Nie jestem dziełem przypadku.

Werset do zapamiętania: „Jestem twym Stwórcą. Byłeś pod moją opieką zanim się narodziłeś" – Izajasza 44:2 (CEV).

Pytanie do rozważenia: Wiedząc, że Bóg stworzył mnie w unikalny sposób, jakie sfery mojej osobowości, pochodzenia i wyglądu fizycznego trudno mi zaakceptować?

Co kieruje twoim życiem?

*Zauważyłem, że główny motyw
dążenia do sukcesu jest też
siłą sprawczą zazdrości i zawiści!*

Kaznodziei Salomona 4:4 (LB)

*Człowiek bez celu jest jak statek bez steru
– to już nie człowiek, lecz wrak i nicość.*

Thomas Carlyle

Każdy człowiek czymś się w życiu kieruje.

Większość słowników jako synonimy słowa kierować podaje takie wyrazy, jak „przewodzić, nadzorować lub prowadzić". Niezależnie od tego, czy w danym momencie prowadzimy samochód, czy też wbijamy piłkę do bramki, przewodzimy tej rzeczy, nadzorujemy ją, kierujemy nią. Co kieruje twoim życiem?

Być może motorem twoich działań jest jakiś aktualny problem, presja lub termin, w którym musisz coś wykonać. Możesz też kierować się bolesnym wspomnieniem, dręczącym cię lękiem lub jakimś niezrozumiałym dla ciebie przekonaniem. Istnieją setki okoliczności, wartości oraz emocji, które mogą nadawać twojemu życiu określony kierunek. Oto kilka z nich, najczęściej występujących:

Wielu ludzi kieruje się poczuciem winy. Całe życie spędzają na tłumieniu żalu z powodu swoich błędów oraz ukrywaniu wstydu. Osoby żyjące pod wpływem poczucia winy są sterowane swoimi wspomnieniami. Pozwalają, by ich przeszłość rządziła przyszłością. Często nieświadomie wymierzają sobie kary, utrudniając osiąganie sukcesów. Gdy Kain zgrzeszył, jego wina odłączyła go od Bożej obecności i wtedy Bóg powiedział: „Będziesz na ziemi ciągłym tułaczem"[1]. Te słowa dobrze oddają stan dzisiejszego człowieka – tuła się przez życie bez określonego celu.

Wszyscy jesteśmy wytworem naszej przeszłości, ale nie musimy być jej więźniami. Boży cel nie jest ograniczony naszą przeszłością. Bóg zmienił Mojżesza z zabójcy w przywódcę, a tchórza Gedeona – w nieustraszonego bohatera. W ten sam sposób może dokonać wspaniałych rzeczy również w twoim życiu. Bóg specjalizuje się w dawaniu ludziom kolejnej szansy, możliwości rozpoczęcia od nowa. Biblia mówi: „Błogosławiony człowiek, któremu odpuszczono winę!... Co za ulga dla tych, którzy wyznali swe grzechy, a Bóg puścił je w niepamięć"[2].

Wielu ludzi kieruje się urazą i żalem. Rozdrapują swoje rany i nie chcą się ich pozbyć. Zamiast uwolnić się od bólu, decydując się na przebaczenie, nieustannie go rozpamiętują i pielęgnują. Niektórzy *zasklepiają się* w sobie i ukrywają swoją złość, podczas gdy inni *wybuchają* i wyładowują ją na drugich. Oba te zachowania są niezdrowe i bezużyteczne.

Uraza zawsze bardziej rani ciebie niż osoby, do których ją czujesz. Podczas gdy człowiek, który nas obraził, najprawdopodobniej zapomniał już, czego się dopuścił i przeszedł nad tym do porządku dziennego, ty nadal dusisz w sobie ból i żyjesz przeszłością.

Posłuchaj: Ci, którzy zranili cię w przeszłości, nie będą robili tego w nieskończoność, ale żeby się o tym przekonać, powinieneś zaprzestać pielęgnowania w sobie bólu i gniewu. Twoja przeszłość jest przeszłością! Nic jej nie odmieni. Swoim zgorzknieniem niepotrzebnie ranisz samego siebie. Przyjmij to do wiadomości dla własnego dobra i uwolnij się od tego. Biblia powiada: „Zamartwianie się połączone z gniewem to rzecz głupia i prowadzi donikąd"[3].

Wielu ludzi kieruje się lękiem. Ich obawy mogą być skutkiem traumatycznych doświadczeń, nierealistycznych oczekiwań, wychowania w bardzo rygorystycznym domu czy nawet predyspozycji genetycznych. Niezależnie od przyczyny, ludzie kierujący się obawami często tracą wielkie życiowe szanse, ponieważ boją się podjąć wyzwań. Zamiast tego są przesadnie ostrożni, unikają ryzyka i chcą utrzymać istniejący stan rzeczy.

Lęk jest jak jarzmo narzucone samemu sobie, uniemożliwiające ci bycie tym, kim Bóg chce, byś był. *Musisz* go pokonywać wiarą i miłością. Biblia mówi: „Właściwie uformowana miłość usuwa obawy. Ponieważ lęk paraliżuje, to życie przepełnione lękiem – np. przed śmiercią lub sądem – nie jest życiem całkowicie uformowanym w miłości"[4].

Wielu ludzi kieruje się materializmem. Chęć posiadania staje się głównym celem ich życia. Ten pęd do gromadzenia rzeczy bierze się z niesłusznego założenia, że im więcej posiadamy, tym jesteśmy szczęśliwsi, ważniejsi i bezpieczniejsi. Wszystkie te przesłanki są fałszywe. Dobra materialne mogą dać tylko *chwilową* satysfakcję. Ponieważ przedmioty nie zmieniają się, w końcu stają się nudne i zaczynamy pragnąć posiadać rzeczy coraz to nowsze, większe i doskonalsze.

Mitem jest też to, że powiększając stan posiadania, stajemy się ludźmi bardziej znaczącymi. Samoocena człowieka a jego wartość to dwie różne sprawy. O naszej wartości nie decydują cenne przedmioty, a Bóg mówi, że najcenniejsze *rzeczy* na ziemi nie należą do kategorii dóbr materialnych.

Najbardziej powszechny mit dotyczący pieniędzy głosi, że im więcej ich mamy, tym bardziej wzrasta nasze bezpieczeństwo. To mija się z prawdą. Z powodu różnych nieprzewidzianych czynników w jednej chwili można utracić majątek. Prawdziwe bezpieczeństwo możesz znaleźć wyłącznie w tym, czego nigdy nie można cię pozbawić – społeczności z Bogiem.

Wielu ludzi kieruje się potrzebą uznania. Pozwalają, by na ich życie wpływały oczekiwania rodziców, współmałżonków, nauczycieli lub przyjaciół. Wiele dorosłych osób nadal próbuje zdobywać uznanie nadmiernie wymagających rodziców. Inni ulegają presji rówieśników i zawsze przejmują się tym, co ktoś może o nich pomyśleć. Niestety ci, którzy idą za tłumem, z reguły się w nim gubią.

Nic nie ma większego znaczenia niż znajomość celu, jaki Bóg ma dla naszego życia i nic nie jest w stanie zrekompensować nam braku jego poznania.

Nie znam wszystkich sposobów na odnoszenie sukcesu, ale jednym ze sposobów na porażkę jest chęć zadowolenia wszystkich. Zależność od opinii innych jest niezawodną metodą na minięcie się z Bożym celem dla swojego życia. Jezus powiedział: „Nie można służyć dwóm panom i każdego z nich zadowolić"[5].

Są jeszcze inne czynniki, które mogą być siłą napędową naszego życia, ale wszystkie one prowadzą do tego samego ślepego zaułka – niewykorzystanego potencjału, niepotrzebnych frustracji i braku życiowego spełnienia.

Nasza czterdziestodniowa podróż pokaże ci, jak prowadzić życie świadome celu, w którym kierujesz się Bożymi celami. One ci przewodzą i prowadzą cię. Nic nie ma większego znaczenia niż znajomość celu, jaki Bóg ma dla naszego życia i nic nie jest w stanie zrekompensować nam braku jego poznania. Nie może to być sukces, bogactwo, rozgłos czy przyjemności. Kiedy życie nie ma celu, to jest ono jak ruch wykonywany bez potrzeby, czynność nie mająca kierunku i zbiór pozbawionych sensu zdarzeń. Życie, któremu nie przyświeca żaden cel, jest trywialne, nieznaczące i chybione.

KORZYŚCI WYNIKAJĄCE Z ŻYCIA MOTYWOWANEGO CELEM

Z życia motywowanego celem wynika wiele korzyści:

Znajomość celu sprawia, że życie nabiera znaczenia. Zostaliśmy stworzeni, by mieć znaczenie. By je odkryć, ludzie próbują rozmaitych wątpliwych metod, jak na przykład astrologii czy psychologii. Gdy życie ma sens, człowiek może znieść prawie wszystko, w przeciwnym razie nie zniesie niczego.

DZIEŃ TRZECI:

CO KIERUJE
TWOIM ŻYCIEM?

Pewien dwudziestokilkuletni człowiek napisał: „Czuję się nieudacznikiem, ponieważ staram się być kimś, ale nawet nie wiem, kim. Wiem jedynie, że powinienem radzić sobie w życiu. Kiedyś, gdy już swój cel odnajdę, to poczuję, że dopiero zaczynam żyć".

Bez Boga życie nie ma celu, a bez celu nie ma ono sensu. Nie mając sensu, życie pozbawione jest znaczenia i nadziei. Wiele postaci opisywanych w Biblii daje wyraz poczuciu beznadziejności. Izajasz skarżył się w następujący sposób: „Trudziłem się bez celu, traciłem siły na próżno i nic nie zyskałem"[6]. Natomiast Job powiedział: „Moje życie wlecze się, po każdym dniu nastaje kolejny beznadziejny dzień"[7] oraz: „Poddaję się, jestem udręczony życiem. Zostaw mnie Boże w spokoju. Moje życie nie ma sensu"[8]. Największą tragedią nie jest śmierć, ale życie bez celu.

Nadzieja jest niezbędna dla życia jak powietrze i woda. By radzić sobie w życiu, musisz mieć nadzieję. Dr Bernie Siegel odkrył, że jest w stanie przewidzieć, u którego z jego pacjentów chorych na raka wystąpi remisja choroby. Podstawą do tego było zadanie pytania: „Czy chcesz dożyć stu lat?". Ludzie posiadający głębokie poczucie sensu życia odpowiadali „tak" i byli tymi, których szanse przeżycia były największe. Nadzieję czerpiemy z faktu, że mamy jasno wyznaczony cel.

Jeśli odczuwasz brak nadziei, nie zniechęcaj się! W twoim życiu wydarzą się wspaniałe rzeczy, jeśli zaczniesz żyć, dążąc do wyznaczonego celu. Bóg mówi: „Wiem, co dla ciebie zaplanowałem... Mam dla ciebie dobre plany, a nie takie, które mogą ci zaszkodzić. Dam ci nadzieję i pomyślną przyszłość"[9]. Być może czujesz, że znalazłeś się w sytuacji bez wyjścia, ale Biblia powiada: „Bóg jest w stanie zrobić dużo więcej niż my mamy śmiałość prosić czy nawet śnić i to, co czyni, przewyższa nasze najgorliwsze modlitwy, pragnienia, myśli oraz nadzieje"[10].

Znajomość celu ułatwia życie. Cel definiuje, co masz robić, a czego nie. Staje się standardem, według którego oceniasz, jakie działania są potrzebne, a jakie nie. Po prostu zadajesz sobie pytanie: „Czy to działanie pomoże mi osiągnąć któryś z celów, jakie Bóg ma dla mojego życia?".

Bez wyraźnie postawionego celu nie masz podstawy, na której mógłbyś opierać swoje decyzje, dysponować czasem i wykorzystywać swoje możliwości. Naturalną skłonnością jest podejmowanie decyzji uzależnionych od okoliczności, nacisków ze strony otoczenia oraz nastroju chwili. Ludzie nie znający swego celu usiłują robić zbyt wiele, a to powoduje stres, wyczerpanie oraz konflikty.

Nie jesteś w stanie sprostać oczekiwaniom wszystkich ludzi. Bóg dał ci tyle czasu na ziemi, ile potrzebujesz, byś mógł właściwie wykonać *Jego* wolę. Jeśli nie udaje ci się jej wypełnić, to znaczy, że próbujesz robić więcej niż Bóg dla ciebie przewidział (albo może zbyt długo siedzisz przed telewizorem). Życie świadome celu prowadzi do uproszczenia stylu życia i racjonalizuje plan codziennych zajęć. Biblia mówi: „Życie wystawne i na pokaz jest życiem pustym, natomiast życie proste i zwyczajne, jest życiem pełnym"[11]. Takie życie sprawia, że osiągamy wewnętrzny pokój: „Ty Panie dajesz doskonały pokój tym, którzy niewzruszenie dążą do osiągnięcia celu i w Tobie pokładają nadzieję"[12].

Znajomość celu nadaje życiu kierunek. Pomaga ci skupić wysiłki oraz energię na tym, co ważne. Wybierając tylko to, co istotne, stajesz się bardziej skuteczny w działaniu.

Nasza ludzka natura sprawia, że rozpraszają nas sprawy mniej ważne, banalne – potrafimy nawet się za nimi uganiać. Henry David Thoreau scharakteryzował życie ludzkie jako *cichą rozpacz*, ale dzisiaj lepszym określeniem byłoby *bezcelowe zagubienie*. Wielu ludzi przypomina giroskop, który wiruje z szaloną prędkością, ale nigdy nigdzie nie dociera.

Nie mając wyraźnego celu, będziesz zmieniał kierunek, pracę, relacje z ludźmi, kościoły i inne przyziemne sprawy, mając nadzieję, że każda z tych zmian położy kres twoim rozterkom albo wypełni pustkę w twoim sercu. Może myślisz, że *kolejnym razem będzie inaczej*, ale to nie rozwiąże twojego rzeczywistego problemu. Biblia powiada: „Nie żyjcie beztrosko i bezmyślnie. Upewniajcie się, czy wiecie, czego oczekuje wasz Mistrz"[13].

Siłę skupienia i ukierunkowania można zrozumieć na przykładzie światła. Światło rozproszone ma niewielką moc, ale jeśli jego wiązkę skupimy na mniejszym obszarze, to jego siła oddziaływania stanie się potężna. Dysponując szkłem powiększającym, możemy skupić promienie słoneczne tak, że zapalą trawę lub papier. Gdy światło jest skoncentrowane jeszcze bardziej, tak jak wiązka laserowa, to może przeciąć stal.

Jeśli chcesz, by twoje życie miało wpływ na otoczenie, skoncentruj je na czymś!

Nie ma nic potężniejszego niż życie skupione na wyznaczonym celu. Znamienite postaci historyczne, które wywarły tak wielki wpływ na świat, charakteryzowały dążenia skupione na konkretnych celach. Dobrym przykładem jest apostoł Paweł, który niemal w pojedynkę upowszechniał chrześcijaństwo w cesarstwie rzymskim. Było to możliwe dzięki temu, że skupił swoje życie na konkretnym celu. Apostoł powiedział: „Wszystkie swe siły skupiam na tej jednej rzeczy – zapomnieniu o przeszłości i patrzeniu na to, co przede mną"[14].

Jeśli chcesz, by twoje życie miało wpływ na otoczenie, *skoncentruj je* na czymś! Zaprzestań zajmowania się wszystkim i zarazem niczym. Rób mniej. Wyeliminuj nawet dobre działania, jeśli inne są ważniejsze od nich. Nigdy nie myl aktywności z wydajnością. Możesz być bardzo zajęty również wtedy, gdy działasz bez sensu, ale zastanów się, o co tak naprawdę ci chodzi. Apostoł Paweł mówi: „Skupmy się na tym celu wszyscy, którzy pragniemy tego, co ma dla nas Bóg"[15].

Znajomość celu nadaje życiu motywację. Realizowaniu celu zawsze towarzyszy pasja. Nic nie daje tyle energii, co jasno zarysowany cel. Z drugiej strony, gdy go nie starcza, pasja traci na intensywności i zanika. Niekiedy zwykłe wstanie z łóżka wydaje się być uciążliwym obowiązkiem. Tym, co nas zwykle wycieńcza, pozbawia sił i ograbia z radości, nie jest przepracowanie, ale praca bez sensu.

George Bernard Shaw napisał kiedyś: „Oto prawdziwa radość życia: być wykorzystanym do celu, który uważasz za szczytny i być siłą natury, a nie jakimś małym,

Nie zostałeś postawiony na tym świecie po to, by o tobie pamiętano. Pojawiłeś się tu po to, by przygotować się do życia wiecznego.

gorączkowym, samolubnym zlepkiem dolegliwości, żalów i narzekań na to, że świat nie poświęca się, by uczynić cię szczęśliwym".

Znajomość celu przygotowuje cię na wieczność. Wielu ludzi poświęca całe swoje życie, próbując pozostawić po sobie na ziemi trwałą spuściznę. Chcą, by o nich pamiętano, gdy odejdą z tego świata. Jednak tym, co ostatecznie liczy się najbardziej, nie będzie to, co powiedzą o naszym życiu inni, lecz to, co powie **Bóg**. Ludzie często nie uświadamiają sobie, że każde osiągnięcie może zostać przyćmione w świetle innych, wszystkie rekordy mogą zostać pobite przez następców, sława może zblednąć, a złożone hołdy pójdą w niepamięć. James Dobson będąc w college'u postawił sobie za cel, że zdobędzie mistrzostwo szkoły w tenisie ziemnym. Wypełniła go duma, gdy jego puchar został wyeksponowany w szkolnym gabinecie trofeów. Wiele lat później ktoś przesłał mu ten puchar pocztą. Znaleziono go w koszu na śmieci podczas remontu uczelnianych budynków. Jim powiedział: „Gdy minie pewien czas, każde z naszych trofeów zostaje zepchnięte na śmietnik przez trofeum kogoś innego!"

Żyć po to, aby zostawić po sobie na ziemi jakiś ślad, to cel krótkowzroczny. Mądrzejszym wykorzystaniem czasu jest tworzenie spuścizny, która przetrwa na wieczność. Nie zostałeś postawiony na tym świecie po to, by o tobie pamiętano. Pojawiłeś się tu po to, by przygotować się do życia wiecznego.

Pewnego dnia staniemy przed Bogiem i On dokona przeglądu naszego życia. Przeprowadzi ostateczny egzamin przed dopuszczeniem nas do wieczności. Biblia mówi: „Pamiętajcie, każdy z nas osobiście stanie przed Bożym sędziowskim tronem... Tak, każdy z nas będzie musiał zdać Bogu sprawozdanie ze swojego życia"[16]. Na szczęście Bóg chce, byśmy ten egzamin dobrze zdali i dlatego z góry zadał nam pytania, które się na nim znajdą. Z Biblii możemy się dowiedzieć, że Bóg zada nam dwa podstawowe pytania:

Po pierwsze: „Co zrobiłeś z moim Synem, Jezusem Chrystusem?". Bóg nie spyta cię o twoją religijną przeszłość ani o doktryny, które wyznajesz. Jedyną sprawą, jaka będzie miała znaczenie, jest kwestia tego, czy przyjąłeś to, co uczynił dla ciebie Jezus i czy nauczyłeś się Go kochać i ufać Mu. Jezus powiedział: „Jestem drogą, prawdą i życiem. Nikt nie przyjdzie do Ojca inaczej niż przeze mnie"[17].

Po drugie: „Co uczyniłeś z tym, co ci powierzyłem?". Co zrobiłeś ze swoim życiem – wszystkimi darami, talentami, możliwościami, energią, relacjami z ludźmi oraz innymi środkami otrzymanymi od Boga? Czy służyły tylko tobie, czy też wykorzystałeś je do celów przeznaczonych przez Boga? Celem tej książki jest przygotowanie cię do udzielenia odpowiedzi na te dwa pytania. Odpowiedź na pierwsze zadecyduje, gdzie spędzisz wieczność, a odpowiedź na drugie rozstrzygnie, co będziesz robił w wieczności. Kończąc lekturę tej książki, będziesz w stanie poradzić sobie z odpowiedzią na oba te pytania.

DZIEŃ TRZECI
MYŚLĄC O MOIM CELU

Główna myśl: Życie dla określonego celu to droga do pokoju.

Werset do zapamiętania: „Ty, Panie, dajesz doskonały pokój tym, którzy niewzruszenie dążą do swojego celu i w Tobie pokładają nadzieję" – Izajasz 26:3 (TEV).

Pytanie do rozważenia: Co według mojej rodziny i przyjaciół jest siłą napędową mojego życia? Co chciałbym, by nią było?

Stworzeni, by żyć wiecznie

Bóg zaplanował... wieczność w ludzkim sercu

Kaznodziei Salomona 3:11 (NLT)

*Z pewnością Bóg mógł stworzyć
taką istotę jak człowiek tylko na jeden dzień!
Stało się jednak inaczej –
stworzył go jako istotę nieśmiertelną.*

Abraham Lincoln

Życie na ziemi to nie wszystko.

Życie na ziemi jest jak pokaz kolekcji ubrań przed wprowadzeniem ich do produkcji. Nieporównanie więcej czasu spędzisz po tej drugiej stronie śmierci – w wieczności – niż na tym świecie. Życie ziemskie to kurs przygotowawczy do życia w wieczności. To trening przed prawdziwym meczem, rozgrzewka przed biegiem. Życie na ziemi jest przygotowaniem do następnego życia.

Na ziemi spędzisz może i sto lat, ale w wieczności pozostaniesz na zawsze. O czasie, jaki masz przeżyć na ziemi, Thomas Browne powiedział, że w kontekście wieczności wygląda on jak krótkie, wtrącone zdanie, które stało się częścią wielotomowego dzieła. Zostałeś stworzony do wieczności.

Biblia mówi: „Bóg wszczepił wieczność w ludzkie serce"[1]. Posiadasz wrodzony instynkt, który dąży ku nieśmiertelności. Jest to spowodowane tym, że Bóg zaprojektował cię według swojego wzoru, czyli tak, byś żył wiecznie. Chociaż wiemy, iż każdy w końcu umrze, śmierć zawsze wydaje się czymś nienaturalnym i niesprawiedliwym. Powodem, dla którego odczuwamy, że powinniśmy żyć wiecznie jest to, że Bóg wplótł to pragnienie w nasze umysły!

Pewnego dnia twoje serce przestanie bić. Umrze twoje ciało, skończy się czas twojego życia na ziemi, ale nie będzie to twój koniec. Ziemskie ciało to po prostu tymczasowe miejsce zamieszkania dla twojego ducha. Biblia nazywa twoje ziemskie ciało namiotem, ale twoje przyszłe ciało określa już jako dom. Słowo Boże mówi: „Kiedy namiot, w którym mieszkamy – nasze ziemskie ciało – porwie się, Bóg da nam dom w niebie, dom który uczynił sam i który będzie stał wiecznie"[2].

Podczas gdy życie na ziemi oferuje wiele możliwości wyboru, wieczność przewiduje tylko dwie – niebo lub piekło. Twój stosunek do Boga tu na ziemi determinuje twoje relacje z Nim w wieczności. Jeśli nauczysz się kochać Bożego Syna – Jezusa i ufać Mu, to zostaniesz zaproszony, by żyć z Nim przez całą wieczność. Z drugiej jednak strony, jeśli odrzucisz Jego miłość, przebaczenie i zbawienie, to twoja wieczność będzie upływała z dala od Boga (i to już się nie zmieni) na zawsze.

C.S. Lewis kiedyś powiedział: „Są dwie kategorie ludzi – ci, którzy mówią Bogu: *Bądź wola Twoja* oraz ci, którym Bóg mówi: *W porządku, niech będzie po twojemu"*. Niestety, wielu ludzi będzie musiało znosić wieczność bez Boga, ponieważ tu, na ziemi, wybrali życie bez Niego.

Gdy w pełni zrozumiesz, że życie to coś więcej niż „tu i teraz" i uświadomisz sobie, że jest ono przygotowaniem do wieczności, zaczniesz żyć zupełnie inaczej. Rozpoczniesz *żyć w świetle wieczności*, a to wpłynie na twoje relacje z innymi, na wykonywane zadania i na okoliczności. Nagle okaże się, że wiele zajęć, starań czy nawet problemów, które wydawały się ogromnie ważnymi, to rzeczy trywialne, drobne i nie warte uwagi. Im bliżej Boga żyjesz, tym bardziej wszystko inne zaczyna ci się wydawać małe.

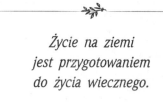

Życie na ziemi jest przygotowaniem do życia wiecznego.

Żyjąc w świetle wieczności, zmieniasz hierarchię wartości. Mądrzej dysponujesz swoimi pieniędzmi i czasem. Bardziej cenisz relacje i kształtowanie charakteru niż popularność, stan posiadania, osiągnięcia czy nawet przyjemności. Na nowo określasz swoje priorytety. Podążanie za trendami, modami i powszechnie przyjętymi wartościami nie ma już dla ciebie większego znaczenia. Apostoł Paweł powiedział: „Kiedyś sądziłem, że wszystkie te rzeczy są ważne, ale teraz z powodu tego, co uczynił dla mnie Chrystus, uważam je za bezwartościowe"[3].

Gdyby twoje życie miało być tym jedynym – tu na ziemi, zaproponowałbym ci, byś natychmiast zaczął z niego korzystać. Mógłbyś zapomnieć o tym, by być dobrym i moralnym człowiekiem i nie musiałbyś martwić się o konsekwencje swoich czynów. Mógłbyś popaść w totalne skoncentrowanie wyłącznie na sobie samym, gdyż twoje postępowanie nie miałoby wpływu na przyszłość. *Rzecz jednak w tym*, że śmierć wcale nie oznacza dla ciebie końca. Śmierć niczego nie kończy, ale jest pomostem prowadzącym do wieczności. Istnieją *wieczne* konsekwencje wszystkiego, czego podejmujesz się tu, na ziemi. Każdy twój czyn jest jakby uderzeniem w strunę, której dźwięk zabrzmi w wieczności.

Żyjąc w świetle wieczności, zmieniasz hierarchię wartości.

Najbardziej szkodliwym aspektem współczesnego stylu życia jest myślenie krótkowzroczne. By zrobić z życia jak najlepszy użytek, w twoim umyśle stale powinna być obecna wizja wieczności, a w sercu – poczucie jej wartości. Życie to coś znacznie więcej niż ziemskie doświadczenia „tu i teraz"! Dzień dzisiejszy to tylko widoczny dla oka wierzchołek góry lodowej. Wieczność to cała reszta, której nie dostrzegasz, bo znajduje się pod powierzchnią.

Jak to będzie, kiedy znajdziemy się w wieczności z Bogiem? Szczerze mówiąc, nasze umysły nie są w stanie pojąć cudownej wspaniałości Nieba. Próbę wyjaśnienia tego można porównać do robienia mrówce wykładu o Internecie – to rzecz całkowicie daremna. Nie wymyślono jeszcze słów mogących nam choć trochę przybliżyć pojęcie wieczności. Biblia powiada: „Nikt nigdy nie widział, nie słyszał i nawet nie był w stanie sobie wyobrazić, jak wspaniałe rzeczy Bóg przygotował dla tych, którzy kochają Pana"[4].

Bóg daje nam jednak wgląd w sprawy wieczności w swoim Słowie. Wiemy, że obecnie przygotowuje dla nas wieczny dom. W Niebie zejdziemy się na nowo z naszymi wierzącymi bliskimi. Będziemy uwolnieni od bólu i cierpień, a nagrodzeni za wierność na ziemi i wyznaczeni do zadań, których podejmiemy się z największą radością. Z pewnością nie grozi nam leżenie na obłoku z aureolą wokół głowy i granie na harfie! Będziemy cieszyć się niezakłóconą społecznością z Bogiem, a On będzie cieszył się nami po wszystkie czasy. Przyjdzie dzień, gdy Jezus powie: „Przyjdźcie do mnie wszyscy błogosławieni przez mego Ojca; weźcie swoje dziedzictwo – królestwo przygotowane dla was przy stwarzaniu świata"[5].

DZIEŃ CZWARTY:

STWORZENI, BY ŻYĆ WIECZNIE

C.S. Lewis starał się wyrazić pojęcie wieczności w ostatniej ze swoich fantastycznych powieści dla dzieci pt. „Opowieści z Narni"[6]: „Dla nas to już koniec wszystkich opowiadań, ale dla nich to tylko początek prawdziwej historii. Całe ich życie na tym świecie było tylko okładką i stroną tytułową, lecz teraz w końcu rozpoczęli Pierwszy Rozdział Wielkiej Historii, której na ziemi nikt jeszcze nie czytał – historii, która trwa bez końca i w której każdy kolejny rozdział jest lepszy od poprzedniego".

Bóg ma cel dla twojego życia tu na ziemi, ale nie kończy się on tutaj. Jego plan obejmuje dużo więcej niż tych kilka dziesięcioleci, które spędzisz na tej planecie. To coś więcej niż tylko „życiowa szansa". Bóg oferuje ci możliwości *wykraczające* poza życie ziemskie. Biblia mówi: „Boże plany nie przeminą, Jego zamysły pozostaną wieczne"[7].

Większość ludzi zastanawia się nad wiecznością wyłącznie na pogrzebach i z reguły jest to myślenie płytkie, nacechowane sentymentalizmem, oparte na niewiedzy. Może uważamy, że myślenie o śmierci jest niezdrowe, ale tak naprawdę niezdrowym jest żyć bez dopuszczania do siebie myśli o jej realności i bez rozważania tego, co nieuniknione[8]. Tylko głupiec może iść przez życie, nie przygotowując się do tego, o czym wszyscy wiedzą, że w końcu się wydarzy. O wieczności należy myśleć *więcej*, a nie mniej.

Tak jak dziewięć miesięcy spędzonych w łonie matki nie było twoim końcem, lecz przygotowaniem do życia, tak i to życie jest zaprawą przed tym, które ma nastąpić. Jeśli łączy cię więź z Bogiem przez Jezusa, to nie musisz obawiać się śmierci. Ona jest otwarciem drzwi do wieczności. To będzie twoja ostatnia godzina na ziemi, ale nie twój koniec. Za-

miast wyznaczyć kres twojego istnienia, śmierć stanie się twoimi naro-
dzinami do wiecznego życia. Biblia mówi: „Ten świat nie jest naszym
domem; cieszymy się na nasz wieczny dom w Niebie"[9].

W porównaniu z wiecznością nasz czas na ziemi jest
dosłownie jak mgnienie oka, jednak jego konsekwencje będą trwać wiecznie. Uczynki tego życia określą
twoje przeznaczenie w życiu przyszłym. Powinniśmy
sobie uświadamiać, że „każdy moment przeżyty
w tym ziemskim ciele, to czas przeżyty z dala od
naszego wiecznego domu, gdzie mieszka Jezus"[10]. Wiele
lat temu zdobyło popularność hasło, które głosiło: „Żyj tak,
aby każdy dzień był pierwszym dniem reszty twojego życia". Mądrzej
byłoby przeżywać każdy dzień tak, jakby miał być naszym ostatnim. Mat-
thew Henry kiedyś powiedział: „Zajęciem każdego dnia powinny być przy-
gotowania na nasz dzień ostatni".

DZIEŃ CZWARTY
MYŚLĄC O MOIM CELU

Główna myśl: Życie na ziemi nie jest jedynym życiem.

Werset do zapamiętania: „Ten świat przemija razem z tym, czego
pragnie. Ale jeśli czynisz Bożą wolę, będziesz żył na wieki" –
1. Jana 2:17 (NLT).

Pytanie do rozważenia: Jeśli zostałem stworzony na całą wieczność,
to co powinienem przestać dzisiaj czynić, a co powinienem zacząć
czynić?

Patrząc na życie z Bożej perspektywy

Czym jest twoje życie?

Jakuba 4:14 (NIV)

Nie widzimy rzeczy takimi, jakimi one są,
widzimy je takimi, jakimi my jesteśmy.

Anais Nin

Sposób, w jaki *patrzysz* na swoje życie wpływa na jego *kształt*.

Sposób definiowania życia zadecyduje o twoim przeznaczeniu. Twój punkt widzenia wpłynie na sposób dysponowania czasem i pieniędzmi, na sposób używania twoich talentów i wartość relacji z innymi.

Jednym z najlepszych sposobów zrozumienia ludzi jest zadanie im pytania: „Czym jest dla ciebie życie?". Zadając je, przekonasz się, że jest na nie tyle odpowiedzi, ilu pytanych. Słyszałem już, że życie to cyrk, karuzela, labirynt, symfonia, podróż lub bal. Niektórzy mówią: „Życie jest jak karuzela – czasami jesteś w górze, czasami na dole, a momentami kręcisz się dookoła" lub inaczej: „Życie to rower z dziesięcioma przerzutkami, z tym że nie wszystkich się używa", czy może: „Życie jest jak gra w karty – musisz grać kartami, jakie zostały rozdane".

Gdybym cię spytał, czym jest dla ciebie życie, jaki obraz pojawiłby się w twoim umyśle? Ten obraz byłby *metaforą życia* i sposobem, w jaki je postrzegasz – świadomie czy nieświadomie. Opisywałby on, na czym polega życie i czego od niego oczekujesz. Swoją metaforę życia ludzie wyrażają często poprzez strój, biżuterię, samochód, fryzurę, nalepki na samochodzie czy nawet tatuaż.

Nie do końca określona czy wypowiedziana metafora twojego życia wpływa na nie bardziej niż ci się wydaje. Ona determinuje twoje oczekiwania, system wartości, relacje z innymi, cele i priorytety. Jeśli na przykład uważasz, że życie to w gruncie rzeczy „impreza towarzyska", to twoim głównym celem będzie *dobra zabawa* i przyjemności. Jeżeli postrzegasz życie jako wyścig, to będziesz szczególnie cenił szybkość i prawdopodobnie przez większość czasu będziesz się śpieszył. Jeśli życie kojarzy ci się z maratonem, to postawisz na *wytrzymałość*. Jeżeli natomiast życie jest dla ciebie pojedynkiem lub meczem, to naczelną wartością będzie *zwyciężanie*.

DZIEŃ PIĄTY:

PATRZĄC NA ŻYCIE Z BOŻEJ PERSPEKTYWY

Jakie jest twoje spojrzenie na życie? Być może opierasz je na błędnych stereotypach. By osiągnąć cele, dla których Bóg cię stworzył, będziesz musiał zweryfikować stereotypy, którym hołdujesz i zastąpić je metaforami zawartymi w Biblii. Księga ta mówi: „Nie ulegajcie normom tego świata, ale pozwólcie Bogu przemieniać wasze umysły. Wtedy będziecie w stanie poznawać Bożą wolę"[1].

Biblia proponuje nam trzy metafory, które uczą nas Bożego spojrzenia na życie: życie jest *sprawdzianem, depozytem* oraz *zadaniem do wykonania*. Te trzy pojęcia są fundamentem życia nastawionego na cel. Z dwoma z nich zapoznamy się w tym rozdziale, a z trzecim w następnym.

Życie na ziemi to sprawdzian. Taką metaforę życia możemy znaleźć w rozmaitych biblijnych historiach. Bóg nieustannie testuje charakter człowieka, jego wiarę, posłuszeństwo, miłość, prawość oraz lojalność. Słowa takie, jak: *doświadczenia, pokusy, oczyszczanie* i *próby* pojawiają się w Biblii ponad dwieście razy. Bóg poddał próbie Abrahama, każąc mu złożyć w ofierze syna Izaaka. Bóg doświadczał też Jakuba, sprawiając, że musiał przepracować o kilka lat więcej, by poślubić Rachelę.

Adam i Ewa nie przeszli pomyślnie próby w ogrodzie Eden, a Dawid zawiódł Boga kilkakrotnie. Jednak Biblia daje nam też wiele przykładów ludzi, którzy zwycięsko wyszli z ciężkich doświadczeń, na przykład Józef, Rut, Estera i Daniel.

Podczas prób kształtowany jest charakter, ale przede wszystkim dochodzi do ujawnienia, jaki on naprawdę jest. Próbą natomiast jest całe życie. Przez *cały czas* jesteś poddawany testom. Bóg nieprzerwanie przygląda się twoim reakcjom wobec innych, problemom, sukcesom, konfliktom, chorobom, rozczarowaniom. Interesuje go nawet to, czy dopisuje pogoda, czy też nie! On zwraca uwagę na tak zwyczajne sprawy, jak to, czy otwierasz przed kimś drzwi, podnosisz z ziemi coś, co zaśmieca teren albo czy jesteś uprzejmy dla urzędnika lub kelnerki.

Nikt nie wie, jakie sprawdziany Bóg przeprowadzi w naszym życiu, ale niektóre z nich możesz przewidzieć na podstawie Biblii. Będziesz doświadczany głębokimi zmianami, niespełnionymi obietnicami, trudnymi do rozwiązania problemami, modlitwami, na które nie widać odpowiedzi, niezasłużoną krytyką, a nawet tragediami, które uważasz za bezsensowne. W swoim własnym życiu nieraz zauważam, że Bóg testuje moją *wiarę* poprzez problemy, moją *nadzieję* na przyszłość poprzez sposób, w jaki dysponuję swoim stanem posiadania, a moją *miłość* – przez innych ludzi.

Podczas prób kształtowany jest charakter, ale przede wszystkim dochodzi do ujawnienia, jaki on naprawdę jest. Próbą natomiast jest całe życie.

Bardzo ważnym sprawdzianem jest działanie w sytuacjach, w których *nie czujesz* Bożej obecności w swoim życiu. Niekiedy Bóg wycofuje się z niego umyślnie, a my nie odczuwamy Jego bliskości. Doświadczył tego również król Hiskiasz. Biblia mówi: „Bóg pozostawił Hiskiasza zdanym na własne siły, by go wypróbować i poznać jego zamysły"[2]. Hiskiasz miał bliską społeczność z Bogiem, ale w decydującym momencie życia Bóg pozostawił go samemu sobie, by wypróbować jego charakter, ujawnić słabości i przygotować go do wzięcia na siebie większej odpowiedzialności.

Gdy zrozumiesz, że życie jest próbą, to uświadomisz sobie też, że *nic* nie jest w nim bez znaczenia. Nawet najdrobniejsze zdarzenie ma znaczenie dla kształtowania twojego charakteru. Każdy dzień jest ważny, a każda chwila jest sposobnością do formowania się charakteru, okazywania miłości i manifestowania zależności od Boga. Niektóre próby wydają się przewyższać nasze siły, ale są i takie, których nawet nie zauważamy. Jednak wszystkie mają wieczne następstwa.

Na szczęście Bóg chce, byś zaliczał wszystkie życiowe sprawdziany i dlatego nigdy nie pozwala, by były one większe i silniejsze niż łaska, którą ci daje, abyś mógł sobie z nimi poradzić. Biblia mówi: „Bóg dotrzymuje obietnic i nie pozwoli, byś był doświadczany ponad twoje siły; w czasie próby On da ci moc, by z niej zwycięsko wyjść i wskaże ci wyjście"[3].

Za każdym razem, gdy przechodzimy próby, Bóg ocenia i planuje, jak nas wynagrodzi w wieczności.

Apostoł Jakub mówi: „Błogosławieni ci, którzy wytrwają próbę. Jeśli ją wytrwają, otrzymają koronę życia, jaką Bóg obiecał tym, którzy Go kochają"[4].

Życie na ziemi to depozyt. Oto druga z biblijnych metafor życia. Nasz czas na ziemi, nasze siły, inteligencja, możliwości, relacje z innymi i wszystkie środki, jakimi dysponujemy, są Bożymi darami, które On powierzył naszej opiece i oddał nam w zarządzanie. Jesteśmy zarządcami każdej rzeczy, jaką Bóg nam przekazał. Takie pojmowanie zarządzania wynika z uznania faktu, że Bóg jest właścicielem wszystkiego i wszystkich na ziemi. Biblia powiada: „Świat i wszystko, co na nim jest, należy do Pana; Jego jest ziemia i wszystko, co na niej żyje"[5].

Podczas naszego krótkiego pobytu na ziemi niczego *nie posiadamy* na własność. Bóg nam zwyczajnie *udostępnia* ziemię na czas naszego życia. Ona była Bożą własnością zanim się na niej pojawiłeś i po twojej śmierci Bóg wypożyczy ją następnym pokoleniom. Możesz się nią cieszyć tylko przez krótki czas.

Gdy Bóg stworzył Adama i Ewę, oddał im pod opiekę swoje stworzenie i ustanowił ich powiernikami swojej własności. Biblia mówi: „Bóg błogosławił im i rzekł: Miejcie wiele dzieci, tak by wasi potomkowie żyli na całej ziemi i czynili ją sobie poddaną. Czynię was za to odpowiedzialnymi"[6].

Pierwszym zadaniem, jakie Bóg dał człowiekowi, było zarządzanie Bożym mieniem i troska o nie. To zadanie nigdy nie zostało odwołane. Wypełnienie go jest elementem celu naszego życia. Wszystko, czego używamy, powinniśmy traktować jako mienie powierzone nam przez Boga. Biblia powiada: „Czy masz coś, co nie pochodzi od Boga? Jeśli wszystko, co posiadasz, pochodzi od Boga, dlaczego miabyś się chełpić, jak gdybyś zawdzięczał to sobie samemu?"[7].

Wiele lat temu pewne małżeństwo umożliwiło nam z żoną pobyt przez okres wakacji w ich domu nad oceanem na Hawajach. Był to urlop, na który nigdy nie moglibyśmy sobie pozwolić i z którego korzystaliśmy „pełnymi garściami". Powiedzieli nam: „Korzystajcie z wszystkiego tak, jakby należało do was", a my się do tego w pełni zastosowaliśmy! Pływaliśmy w ich basenie, jedliśmy to, co zostawili nam w lodówce, używaliśmy ich ręczników oraz naczyń i nawet skakaliśmy po ich wodnych łóżkach! Jednak cały czas zdawaliśmy sobie sprawę, że to wszystko nie jest nasze i dlatego otaczaliśmy to szczególną troską. Cieszyliśmy się z dobrodziejstw mieszkania w domu, który do nas nie należał.

W naszym kręgu kulturowym panuje zasada, że jeśli coś do nas nie należy, nie dbamy o to. Jednak chrześcijanie kierują się wyższą zasadą: „Ponieważ coś należy *do Boga*, więc muszę o to zadbać najlepiej, jak umiem". Biblia mówi: „Ci, którym powierzono coś cennego, muszą pokazać, że są godni, by im ufać"[8]. Jezus często mówił o życiu jako o dysponowaniu dobrami, które przyjęliśmy w zarządzanie i przytoczył wiele przypowieści, by to zobowiązanie wobec Boga zilustrować. W przypowieści o talentach[9] pewien biznesmen na czas wyjazdu powierza swój majątek sługom. Po powrocie ocenia zaangażowanie każdego ze sług i odpowiednio ich wynagradza. Właściciel mówi: „Świetna robota, dobry i wierny sługo! Byłeś wierny w tak niewielu sprawach, więc powierzę ci więcej. Chodź i uczcij to razem z twoim Mistrzem"[10].

Im więcej Bóg ci powierza, tym większej odpowiedzialności oczekuje od ciebie.

Pod koniec życia zostaniesz oceniony i ewentualnie nagrodzony – stosownie do tego, jak dysponowałeś tym, co powierzył ci Bóg. Oznacza to, *że wszystko*, co robisz, nawet proste codzienne obowiązki, ma konsekwencje o wiecznym wymiarze. Jeśli wszystko traktujesz jako *powierzone mienie*, Bóg obiecuje ci w wieczności trojaką nagrodę. Po pierwsze, zyskasz Boże *uznanie*. On powie: „Świetna robota! Dobrze wykonana!". Po drugie, otrzymasz *awans* i Bóg powierzy ci większą odpowiedzialność – i to na całą wieczność. „Uczynię was odpowiedzialnymi za wiele rzeczy". Następnie zostaniesz uhonorowany udziałem w wielkiej *uroczystości*: „Chodź i uczcij to razem z twoim Mistrzem".

Większość ludzi nie uświadamia sobie, że pieniądze służą zarówno *doświadczaniu* nas, jak i stanowią część *powierzonego* nam przez Boga depozytu. Bóg używa finansów po to, by nauczyć nas zaufania, a dla wielu ludzi kwestia pieniędzy to największa z prób. Bóg patrzy, jak korzystamy z pieniędzy, by sprawdzić, na ile jesteśmy godni zaufania. Biblia powiada: „Jeśli nie jesteś godny zaufania w sprawach tego świata, to kto powierzy ci prawdziwe bogactwa w niebie?"[11].

To bardzo ważna prawda. Bóg mówi, że istnieje bezpośredni związek między tym, jak korzystamy z pieniędzy, a jakością naszego duchowego życia. To, jak zarządzamy pieniędzmi (*bogactwem tego świata*) wpłynie na to, ile duchowych błogosławieństw (*prawdziwych bogactw*) Bóg będzie nam w stanie powierzyć. Pozwól, że cię o coś zapytam: Czy sposób, w jaki gospodarujesz pieniędzmi, nie powstrzymuje Boga od zrobienia czegoś więcej w twoim życiu? Czy można ci powierzyć bogactwa duchowe?

Jezus powiedział: „Od każdego, kto wiele otrzymał, wiele będzie wymagane; i każdy, komu wiele powierzono, o wiele więcej będzie pytany"[12]. Życie jest próbą i zarządzaniem powierzonymi dobrami. Im więcej Bóg ci powierza, tym większej odpowiedzialności oczekuje od ciebie.

DZIEŃ PIĄTY
MYŚLĄC O MOIM CELU

Główna myśl: Życie to sprawdzian i depozyt.

Werset do zapamiętania: „Zanim nie staniesz się wierny w rzeczach małych, nie będziesz wierny w rzeczach dużych" – Łukasz 16:10 (NLT).

Pytanie do rozważenia: Co z tego, co mi się ostatnio przydarzyło, uznaję za próbę od Boga? Jakie największe rzeczy Bóg mi do tej pory powierzył?

Życie to zadanie do wykonania

Panie, przypominaj mi,
jak krótki będzie mój czas na ziemi.
Przypominaj mi,
że me dni są policzone
i że moje życie odchodzi w przeszłość.

Psalm 39:4 (NLT)

Jestem tu na ziemi tylko na krótką chwilę.

Psalm 119:19 (TEV)

Życie na ziemi to zadanie tymczasowe.

Biblia jest pełna metafor mówiących o krótkiej, tymczasowej i przej-
ściowej jakości życia na ziemi. Jest ono opisywane jako: rosa, szybki bie-
gacz, oddech czy smuga dymu. Pismo powiada: „Gdyż wydaje nam się,
że urodziliśmy się dopiero wczoraj... Nasze dni na ziemi przejdą jak cień"[1].

By jak najlepiej wykorzystać swoje życie, dobrze jest zawsze pamiętać
o pewnych dwóch prawdach. Po pierwsze – życie doczesne w porównaniu z wiecznością jest niezwykle krótkie. Po drugie – ziemia to tylko
tymczasowe miejsce pobytu. Nie pozostaniesz tu długo, więc się do niego
zbytnio nie przywiązuj. Proś Boga, by pomógł ci widzieć życie na ziemi
tak, jak On je widzi. Psalmista Dawid modlił się następująco: „Panie,
pomóż mi zrozumieć, jak krótki jest mój czas na ziemi. Pomóż mi zdawać
sobie sprawę, że jestem tu tylko jeszcze na chwilę"[2].

Biblia wielokrotnie porównuje życie na ziemi do czasowego pobytu
w obcym kraju. To nie jest nasz własny dom ani miejsce, w którym
mielibyśmy ostatecznie osiąść. Po prostu tędy przechodzimy, odwiedza-

my tę ziemię. By opisać krótki pobyt człowieka na ziemi, Biblia używa takich określeń, jak: *obcy, pielgrzym, obcokrajowiec, gość* lub *wędrowiec*. Psalmista Dawid powiada: „Jestem na ziemi wyłącznie cudzoziemcem"[3], a apostoł Piotr mówi tak: „Jeśli nazywacie Boga swoim Ojcem, przeżywajcie wasz czas na ziemi, jakbyście byli jej tymczasowymi mieszkańcami"[4].

W Kalifornii, gdzie mieszkam, żyje wielu ludzi, którzy przeprowadzili się tu z powodu pracy, lecz zachowali obywatelstwo państwa, z którego pochodzą. Wymaga się od nich posiadania „zielonej karty" umożliwiającej im pracę w USA pomimo tego, że nie są obywatelami tego kraju. Chrześcijanie powinni nosić przy sobie „zieloną kartę", ale w sensie *duchowym*. Będzie nam ona przypominała, że mamy obywatelstwo niebiańskie.

Bóg mówi, że Jego dzieci powinny myśleć o życiu w innych kategoriach niż ludzie niewierzący. „Wszystko, o czym myślą, to życie tu na ziemi. Ale my jesteśmy obywatelami Nieba, w którym mieszka Jezus Chrystus"[5]. Osoby wierzące zdają sobie sprawę, że życie to coś o wiele więcej niż te lata, które przeżyjemy na tej planecie.

Twoja tożsamość związana jest z wiecznością, a twoją ojczyzną jest Niebo. Kiedy pojmiesz tę prawdę, przestaniesz martwić się zdobyciem wszystkiego tu, na ziemi. O zagrożeniach wynikających z filozofii „korzystaj z życia *tu i teraz*" oraz o przyjęciu wartości, priorytetów i stylu życia ludzi tego świata Bóg wypowiada się bez ogródek. Flirtowanie z pokusami tego świata nazywa duchowym cudzołóstwem.

Twoja tożsamość związana jest z wiecznością, a twoją ojczyzną jest Niebo.

Biblia powiada: „Próbujecie okłamywać Boga. Jeśli chcecie tylko podążania własną drogą i korzystania z każdej szansy, jaką daje świat, to stajecie się wrogami Boga"[6].

Wyobraź sobie, że władze twojego kraju proszą cię, byś został jego ambasadorem w państwie wrogo do niego nastawionym. Prawdopodobnie musiałbyś nauczyć się nowego języka i dostosować do pewnych zwyczajów i różnic kulturowych, by uszanować gospodarzy i należycie spełnić swoją misję. Jako ambasador nie mógłbyś izolować się od obywateli tego nieprzyjaznego państwa. By sprawować tę misję zgodnie z założeniami, będziesz musiał nawiązywać z nimi kontakty i odpowiednio ich traktować.

Przypuśćmy jednak, że poczułbyś się w tym kraju tak świetnie, że w końcu byś się w nim zakochał i postawił go wyżej niż swój własny. Twoja lojalność i oddanie wobec ojczyzny stopniowo by osłabły. Skompromitowałoby cię to jako ambasadora. Zamiast reprezentować swój kraj, zacząłbyś zachowywać się jak jego wróg. Stałbyś się zdrajcą.

Biblia mówi: „Jesteśmy ambasadorami Chrystusa"[7]. Niestety, wielu chrześcijan zdradziło Króla i Jego Królestwo. Doszli do nierozumnego wniosku, że skoro żyją na ziemi, to znaczy, iż jest ona ich domem. Tak jednak nie jest. Biblia zajmuje tu wyraźne stanowisko: „Przyjaciele, ten świat nie jest waszym domem, więc nie czujcie się w nim zbyt swojsko. Nie pobłażajcie swojemu 'ja' kosztem waszej duszy"[8]. Bóg ostrzega nas, byśmy nie przywiązywali się za bardzo do tego, co nas otacza, bo sprawy te mają jedynie tymczasowy charakter. Biblia mówi: „Ci, którzy często mają do czynienia z rzeczami tego świata, niech używają ich jak najlepiej i niech się do nich nie przywiązują, bo ten świat i wszystko, co na nim jest, przeminie"[9].

W porównaniu do przeszłych wieków, dla obywateli świata zachodniego życie nigdy nie było łatwiejsze niż teraz. Nieustannie dostarcza nam się rozrywki, zabawia się nas i zaspokaja nasze najróżniejsze pragnienia. Przy całym tym ogromie fascynujących atrakcji, niemal hipnotycznym działaniu środków masowego przekazu i przyjemnych doznaniach, które można mieć na żądanie, bardzo łatwo zapomnieć, że szczęścia nie da się znaleźć w tym życiu. Tylko wtedy, gdy pamiętamy, że życie jest sprawdzianem, depozytem i zadaniem tymczasowym, możemy bardziej uniezależnić się od władzy, jaką mają nad nami uroki tego świata. Przygotowujemy się do czegoś znacznie lepszego. „Rzeczy, które teraz oglądamy, dzisiaj są, a jutro już ich nie będzie. Jednak rzeczy, których teraz nie widzimy, będą trwały wiecznie"[10].

Fakt, iż ziemia nie jest naszym stałym domem, stanowi wyjaśnienie, dlaczego jako naśladowcy Jezusa doświadczamy w tym świecie trudności, smutku oraz braku akceptacji[11]. Tłumaczy on również, dlaczego wydaje nam się, że niektóre z Bożych obietnic nie spełniają się, a niektóre modlitwy nie mogą doczekać się odpowiedzi oraz dlaczego pewne życiowe okoliczności są nie fair. Na szczęście nie na tym kończy się historia.

By powstrzymać nas od przywiązywania się do spraw ziemskich, Bóg dopuszcza, abyśmy w naszym życiu odczuwali niezadowolenie i niedosyt, czyli pragnienia, które *nigdy* nie zostaną spełnione po tej stronie wieczności. Nie jesteśmy tu zupełnie szczęśliwi, ponieważ nie to było zamierzeniem naszego Stwórcy! Ziemia nie jest naszym ostatecznym domem, istniejemy dla czegoś nieporównanie lepszego.

Rybie nigdy nie będzie dobrze na lądzie, ponieważ została stworzona do życia w wodzie. Orzeł nigdy nie miałby satysfakcji, gdyby nie mógł latać. Nigdy nie odczujesz pełnego szczęścia na ziemi, gdyż zostałeś stworzony do czegoś większego. Możesz przeżyć tu chwile szczęścia, ale to nic w porównaniu z tym, co Bóg dla ciebie zaplanował.

Ziemia nie jest naszym ostatecznym domem, istniejemy dla czegoś nieporównanie lepszego.

Świadomość, że życie na ziemi jest jedynie zadaniem do wykonania, powinna radykalnie zmieniać nasz system wartości. Wartości o znaczeniu wiecznym, a nie czasowym powinny stać się czynnikiem determinującym wszelkie nasze decyzje. C.S. Lewis mówi o tym tak: „To, co nie jest wieczne, kiedyś będzie wiecznie bezużyteczne". Biblia zaś powiada: „Nie kierujemy naszych oczu na to, co widzialne, lecz na to, co niewidzialne. Bo to, co widzialne jest przemijające, ale to, co niewidzialne jest wieczne"[12].

Fatalnym błędem jest zakładanie, że Bożym celem dla naszego życia jest materialny dostatek lub odnoszenie sukcesów odpowiadających światowym standardom. Życie w obfitości nie ma nic wspólnego z obfitością *dóbr materialnych*, a wierność Bogu nie gwarantuje sukcesu w karierze zawodowej ani nawet w służbie w kościele. Nigdy nie koncentrujmy się na koronach, które nie są trwałe[13].

Apostoł Paweł był wierny, a mimo to wtrącono go do więzienia. Jan Chrzciciel był wierny, a został ścięty. Tysiące wiernych ludzi stało się męczennikami, straciło dosłownie wszystko lub doszło do kresu swojego życia, nie zyskując wielkiego uznania. *Jednak koniec życia to jeszcze nie koniec!*

W Bożych oczach największymi bohaterami wiary nie byli ci, którym materialnie dobrze się powodziło, odnosili sukcesy i mieli władzę w tym życiu, ale ci, którzy traktowali życie jako zadanie tymczasowe i wiernie służyli, oczekując obiecanej nagrody w wieczności. Biblia mówi o Bożej „Alei Sławy" w ten sposób: „Wszyscy ci wspaniali ludzie umarli w wierze. Nie otrzymali rzeczy, które Bóg obiecał swemu ludowi, ale wiedzieli, że znajdą je w przyszłości i radowali się tym. Mówili, że są na ziemi jak obcy i przechodnie... oczekiwali na lepszą krainę – krainę niebiańską. Dlatego Bóg nie wstydzi się, gdy nazywają Go swoim Bogiem, ponieważ przygotował dla nich miasto"[14]. Nasz czas życia na ziemi nie obejmuje całej historii naszego życia. Na następne rozdziały doczekamy się dopiero w niebie. By żyć na ziemi jako cudzoziemiec, potrzebujesz dużo wiary.

Pewna znana historia opowiada o misjonarzu przechodzącym na emeryturę i w związku z tym powracającym do rodzinnej Ameryki. Płynął tym samym statkiem co prezydent USA. Na lądzie prezydenta witały wiwatujące tłumy, wojskowa orkiestra, czerwony dywan, flagi i przedstawiciele mediów. Misjonarz opuszczał statek niezauważony. Rozżalony i zniechęcony, poskarżył się Bogu. Wtedy Bóg przypomniał mu: „Moje dziecko, ty *nie jesteś jeszcze w swej ojczyźnie*".

Gdy znajdziemy się w niebie, nie minie chwila, zanim zawołamy: *„Dlaczego tyle uwagi poświęcałem na rzeczy tymczasowe?* Co ja wtedy sobie myślałem? Dlaczego tak dużo czasu i sił marnowałem na to, co przemijające? Dlaczego byłem o to tak zatroskany?".

Kiedy przytłacza nas życie, ogarnia zwątpienie lub zastanawiamy się, czy życie dla Chrystusa jest warte wysiłku, pamiętajmy, że nie jesteśmy jeszcze w swoim ostatecznym domu. Umierając, nie opuścimy swego domu, lecz do niego *wejdziemy*.

DZIEŃ SZÓSTY
MYŚLĄC O MOIM CELU

Główna myśl: Ten świat nie jest moim domem.

Werset do zapamiętania: „Nie kierujemy naszych oczu na to, co widzialne, lecz na to, co niewidzialne. Bo to, co widzialne, jest przemijające, ale to, co niewidzialne, jest wieczne" – II Koryntian 4:18 (NIV).

Pytanie do rozważenia: Jakie zmiany w moim obecnym życiu powinna powodować świadomość, że życie na ziemi jest tylko zadaniem tymczasowym?

Przyczyna wszystkiego

Wszystko pochodzi od Boga.
Wszystko żyje dzięki Jego mocy
i wszystko jest dla Jego chwały.

Rzymian 11:36 (LB)

Bóg uczynił wszystko dla swoich własnych celów.

Przypowieści Salomona 16:4 (NLT)

To wszystko jest dla Niego.

Ostatecznym celem istnienia wszechświata jest zamanifestowanie Bożej chwały. To powód, dla którego wszystko istnieje, z tobą włącznie. Bóg *wszystko* uczynił dla swojej chwały. Bez Bożej chwały nie byłoby niczego.

Czym jest Boża chwała? Jest tym, czym jest Bóg. To istota Jego natury, waga Jego znaczenia, blask Jego splendoru, demonstracja Jego mocy i atmosfera Jego obecności. Boża chwała to wyraz Jego dobroci i wszystkich Jego nieodłącznych, wiecznych cech.

Gdzie jest Boża chwała? Rozejrzyjmy się wokół. *Wszystko*, co jest stworzone przez Boga, jest w jakiś sposób odbiciem Jego chwały. Widzimy ją wszędzie – od najmniejszych, mikroskopijnych form życia po bezmiar Drogi Mlecznej, od wschodów słońca i gwiazd po burze i pory roku. Stworzenie objawia chwałę naszego Stwórcy. Poprzez przyrodę dowiadujemy się, że Bóg jest potężny, że ceni różnorodność, kocha piękno, jest zorganizowany, mądry i twórczy. Biblia mówi: „Niebiosa ogłaszają Bożą chwałę"[1].

Od początku dziejów Bóg objawiał ludziom swą chwałę w różnych sytuacjach. Najpierw objawił ją w Ogrodzie Eden, następnie Mojżeszowi

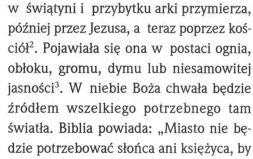

Życie dla Bożej chwały
to najważniejsze
ze wszelkich osiągnięć.

w świątyni i przybytku arki przymierza, później przez Jezusa, a teraz poprzez kościół[2]. Pojawiała się ona w postaci ognia, obłoku, gromu, dymu lub niesamowitej jasności[3]. W niebie Boża chwała będzie źródłem wszelkiego potrzebnego tam światła. Biblia powiada: „Miasto nie będzie potrzebować słońca ani księżyca, by je oświetlały, gdyż światłem będzie Boża chwała"[4].

Boża chwała jest najlepiej widoczna w Jezusie Chrystusie. On, Światło tego świata, pomaga nam widzieć Bożą naturę. Dzięki Jezusowi nie pozostajemy już w ciemności, jeśli chodzi o poznawanie Bożego charakteru. Biblia mówi: „Syn jest odbiciem Bożej chwały"[5]. Jezus przyszedł na ziemię po to, byśmy mogli w końcu w pełni doświadczyć Bożej chwały. „Słowo stało się człowiekiem i żyło między nami. Widzieliśmy Jego chwałę... chwałę pełną łaski i prawdy"[6].

Niepowtarzalna Boża chwała jest czymś, *co posiada* Bóg, ponieważ jest Bogiem. To Jego istota. Nie możemy nic do niej przydać, tak jak nie jesteśmy w stanie sprawić, by słońce zaczęło jaśniej świecić. Mamy jednak Boże polecenie, by Jego chwałę *rozpoznawać, czcić, ogłaszać, wysławiać, być jej odbiciem* i *dla niej żyć*[7]. Dlaczego? Dlatego, że Bóg na to zasługuje! Jesteśmy Mu winni wszelki hołd, na jaki tylko nas stać. Ponieważ Bóg stworzył wszystko, co istnieje, zasługuje na wszelką i pełną chwałę. Biblia powiada: „Jesteś godny Panie Boże nasz przyjąć chwałę, cześć i moc. Ponieważ Ty stworzyłeś wszystko"[8].

W całym wszechświecie tylko dwa spośród Bożych stworzeń zawiodły w oddawaniu Mu chwały, a mianowicie: upadli aniołowie (demony) oraz my, ludzie. U podstaw wszelkiego grzechu leży brak oddania chwały Bogu – kochanie czegokolwiek lub kogokolwiek bardziej niż Boga. Niezgoda na przynoszenie Bogu chwały jest buntem wynikającym z pychy i grzechem, który przyczynił się do upadku szatana oraz nas samych. Wszyscy w różny sposób żyliśmy dla swojej, a nie Bożej, chwały. Biblia mówi: „Wszyscy zgrzeszyli i brakuje im Bożej chwały"[9].

Nikt z nas nie oddał Bogu całej chwały, jaka Mu się należy. To najgorszy grzech i największy błąd, jaki człowiek może popełnić. Z drugiej strony, życie dla Bożej chwały to najważniejsze ze wszelkich osiągnięć. Bóg mówi: „To mój lud i stworzyłem ich, by oddawali mi chwałę"[10]. Z tego właśnie powodu przynoszenie Bogu chwały powinno być nadrzędnym celem naszego życia.

JAK MOGĘ PRZYNIEŚĆ BOGU CHWAŁĘ?

Jezus powiedział swemu Ojcu: „Oddaję Ci chwałę tu na ziemi, czyniąc wszystko to, co mi poleciłeś"[11]. Jezus czcił Boga, realizując Jego cele na ziemi, wypełniając Jego wolę. My mamy Boga czcić w ten sam sposób. Gdy jakakolwiek część stworzenia realizuje ten cel, to dzięki temu Bóg otrzymuje chwałę. Ptaki chwalą Boga, latając, szczebiocząc, budując gniazda i wykonując inne ptasie czynności, jakie Bóg dla nich przewidział. Nawet niepozorna mrówka oddaje Bogu chwałę, jeśli spełnia cel, dla którego została stworzona. Bóg stworzył mrówki, by były mrówkami, a ciebie uczynił, byś był tobą. Święty Ireneusz powiedział kiedyś: „Chwała Boża to człowiek żyjący całą swą pełnią!".

Gdy jakakolwiek część stworzenia realizuje swój cel, to dzięki temu Bóg otrzymuje chwałę.

Jest wiele sposobów oddawania chwały Bogu, ale można je ująć w pięć celów, jakie Bóg wyznaczył dla naszego życia. Resztę tej książki poświęcimy na szczegółowe ich poznanie, a teraz spójrzmy na nie w ogólnym zarysie.

Oddajemy Bogu chwałę, uwielbiając Go. Uwielbianie to nasz najważniejszy obowiązek względem Boga. Wielbimy Go, ciesząc się Nim. C.S. Lewis kiedyś powiedział: „Nakazując nam, byśmy Go chwalili, Bóg zachęca nas do cieszenia się Nim". Bóg pragnie, by nasze uwielbienie było motywowane miłością, dziękczynieniem i rozkoszą, a nie poczuciem obowiązku. Z kolei John Piper stwierdził: „Bóg otrzymuje od nas najwięcej chwały, gdy my jesteśmy usatysfakcjonowani w Nim".

Uwielbienie to coś więcej niż wysławianie, śpiewanie czy modlitwa. Uwielbienie to styl życia, charakteryzujący się *radością* w Bogu, *miłoś-*

cią do Niego i *poświęcaniem się* dla realizacji Jego celów. Gdy używasz swego życia dla Bożej chwały, wszystko, co robisz, może stać się aktem uwielbienia. Biblia mówi: „Używajcie całych waszych ciał jako narzędzi do czynienia tego, co słuszne ze względu na Bożą chwałę"[12].

Oddajemy Bogu chwałę, kochając innych wierzących. Gdy narodziliśmy się na nowo, staliśmy się członkami Bożej rodziny. Naśladowanie Chrystusa nie jest tylko kwestią wiary, lecz również *przynależności* oraz uczenia się, jak kochać Bożą rodzinę. Apostoł Jan napisał: „Nasza wzajemna miłość pokazuje, że przeszliśmy ze śmierci do życia"[13].

DZIEŃ SIÓDMY:

PRZYCZYNA WSZYSTKIEGO

Zaś apostoł Paweł wypowiada się następująco: „Akceptujcie innych tak, jak Jezus zaakceptował was, a wtedy Bóg otrzyma chwałę"[14].

Naszym obowiązkiem jest nauczyć się kochać tak, jak kocha Bóg, bo Bóg jest miłością, a miłość przynosi Mu chwałę. Jezus powiedział: „Tak jak ja was pokochałem, tak i wy kochajcie innych. Ludzie poznają, że jesteście moimi uczniami, jeśli będziecie się nawzajem kochać"[15].

Oddajemy Bogu chwałę, upodobniając się do Chrystusa. Jeśli znaleźliśmy się w Bożej rodzinie, to Bóg chce, abyśmy osiągnęli duchową dojrzałość. Na czym ona polega? Duchowa dojrzałość to stawanie się takim jak Jezus w sposobie naszego myślenia, odczuwania i działania. Im bardziej wykształcamy w sobie charakter podobny do Chrystusa, tym więcej przynosimy Bogu chwały. Biblia powiada: „Gdy działa w nas Duch Pański, stajemy się coraz bardziej do Niego podobni i stajemy się jeszcze lepszym odbiciem Jego chwały"[16].

Gdy przyjęliśmy Jezusa, Bóg dał nam nowe życie i nową naturę. Teraz chce, byśmy już do końca naszego życia na ziemi kontynuowali proces przemiany naszego charakteru. Biblia mówi: „Bądźcie zawsze pełni owoców waszego zbawienia – tych dobrych rzeczy, które powstają w waszym życiu dzięki Jezusowi Chrystusowi, gdyż to przyniesie wiele chwały i uwielbienia Bogu"[17].

Oddajemy Bogu chwałę, służąc innym naszymi darami. Każdy z nas został unikalnie zaprojektowany przez Boga i otrzymał konkretne talenty, dary, umiejętności i zdolności. Sposób, w jaki potrafisz funkcjonować, nie jest dziełem przypadku. Bóg nie obdarzył cię zdolnościami dla twoich egocentrycznych celów. Dał ci je po to, byś nimi służył innym, a oni otrzymali swe zdolności po to, byś ty mógł z nich korzystać. Biblia powiada: „Bóg każdemu z was udzielił darów ze swojego duchowego bogactwa. Używajcie ich właściwie, aby Boża hojność mogła przepływać przez was ku innym... Czy nie jesteście powołani, by pomagać innym? Czyńcie to z całą mocą i siłą, którą obdarza Bóg. Wtedy Bóg otrzyma chwałę"[18].

Oddajemy Bogu chwałę, mówiąc o Nim innym. Bóg nie chce, by Jego miłość była ukrywana, a cele pozostawały tajemnicą. Z chwilą, gdy poznajemy prawdę, On zaczyna oczekiwać, że będziemy się nią dzielić z innymi. To wielki przywilej – przyprowadzać innych do Chrystusa, pomagać im w odnajdywaniu celu i przygotowywać ich do życia w wieczności. Biblia mówi: „Kiedy Boża łaska przyciąga do Jezusa coraz więcej ludzi... Bóg otrzymuje coraz więcej chwały"[19].

DLA JAKIEGO CELU ZAMIERZASZ ŻYĆ?

Gdy postanowisz już odtąd żyć dla Bożej chwały, będziesz musiał zmienić swój system wartości, rozkład zajęć, sposób nawiązywania relacji z innymi i niemal wszystko inne. Często będzie to oznaczało pójście drogą trudniejszą niż byś chciał. Zmagał się z tym nawet Jezus. Wiedząc, że ma zostać ukrzyżowany, zawołał: „Moja dusza jest przygnębiona i co innego miałbym powiedzieć niż: Ojcze, uchroń mnie od tego, co mnie czeka? Przecież po to właśnie przyszedłem na świat. Ojcze, niech będzie uwielbione Twoje imię"[20].

Jezus stanął na rozstaju dróg. Czy powinien był zrealizować powierzony Mu cel i przynieść chwałę Bogu, czy wycofać się i prowadzić wygodne życie, skupione na sobie? My stoimy wobec takiego samego dylematu. Czy będziemy żyli dla swoich celów, wygód i przyjemności, czy też resztę życia poświęcimy dla Bożej chwały, wiedząc, że obiecał On nieprzemijające nagrody do odebrania w wieczności. Biblia powiada: „Każdy, kto trzyma się kurczowo ziemskiego życia, utraci je. A jeżeli nie przywiązuje do niego wagi, otrzyma w zamian wieczną chwałę"[21].

Czas już na rozwiązanie tej kwestii. *Dla kogo* zamierzasz żyć – dla siebie czy Boga? Może się wahasz, zastanawiając się, czy znajdziesz w sobie siły, by dla Niego żyć. Nie martw się. Bóg da ci to, co potrzebne, jeśli się tylko na to zdecydujesz. Biblia mówi: „I gdy będziecie Go coraz lepiej poznawać, On będzie wam udzielał poprzez swą moc wszystkiego, co potrzebne do prowadzenia życia, jakie podoba się Bogu"[22].

Już teraz Bóg zachęca cię, byś żył dla Jego chwały i realizował cele, dla których cię stworzył. To jedyny sposób, by naprawdę żyć. Wszystko inne to zwyczajna *egzystencja* lub nawet wegetacja. Prawdziwe życie zaczyna się w momencie, gdy całkowicie poświęcisz się Jezusowi Chrystusowi. Jeśli nie jesteś pewien, czy już to zrobiłeś, czy nie, to powinieneś Go po prostu *przyjąć* i *uwierzyć* Mu. Biblia obiecuje, że: „wszystkim, którzy Go przyjęli i uwierzyli w Jego imię, dał prawo stania się Bożymi dziećmi"[23]. Czy przyjmiemy Bożą ofertę?

Po pierwsze, uwierz. Uwierz w to, że Bóg cię kocha i stworzył cię dla swoich celów. Uwierz, że nie jesteś dziełem przypadku. Uwierz, że zostałeś stworzony na wieczność. Uwierz, że Bóg wybrał cię do społeczności z Jezusem, który umarł za ciebie, będąc ukrzyżowany. Nie trać wiary w to, że bez względu na to, czego się w życiu dopuściłeś, Bóg chce ci przebaczać.

Duch Święty wyposaży cię w moc potrzebną do osiągnięcia twojego życiowego celu.

Po drugie, przyjmij Go. Uznaj Jezusa jako Pana twojego życia i zbawiciela. Przyjmij od Niego przebaczenie grzechów oraz Ducha Świętego, który wyposaży cię w moc potrzebną do osiągnięcia twojego życiowego celu. Biblia mówi: „Wszyscy, którzy powierzą się Bożemu Synowi jako swojemu zbawicielowi, otrzymają życie pełne i wieczne!"[24]. Gdziekolwiek znajdujesz się, czytając ten tekst, zachęcam cię, byś wypowiedział słowa modlitwy, które zmienią twoją wieczność: „Jezu, wierzę w Ciebie i przyjmuję Cię". Nie wahaj się, zrób to.

Jeśli rzeczywiście myślałeś tak, jak się modliłeś, to moje gratulacje! Witaj w Bożej rodzinie! Teraz jesteś gotów odkryć Boży cel dla twojego życia i zacząć dla niego żyć. Namawiam cię, byś powiedział o tym komuś, kto już uwierzył. Będziesz potrzebował wsparcia!

DZIEŃ SIÓDMY
MYŚLĄC O MOIM CELU

Główna myśl: Wszystko jest dla Niego.

Werset do zapamiętania: „Wszystko pochodzi od Boga. Wszystko żyje dzięki Jego mocy i wszystko jest dla Jego chwały" – Rzymian 11:36 (LB).

Pytanie do rozważenia: W jakich sferach codziennego życia mogę być bardziej świadomy Bożej chwały?

STWORZONY DLA RADOŚCI BOGA

Gdyż Pan ze względu na swą chwałę
posadził ich niczym potężne i wspaniałe dęby.

Izajasz 61:3 (LB)

Stworzeni, by sprawić radość Bogu

Ty stworzyłeś wszystko i ze względu na Ciebie
powstało to, co istnieje.

Objawienie Jana 4:11 (NLT)

Pan rozkoszuje się swoim ludem.

Psalm 149:4 (TEV)

Zostałeś stworzony dla Boga.

W momencie, kiedy pojawiłeś się na tym świecie, Bóg był niewidzialnym świadkiem twoich narodzin i uśmiechał się z radości. Chciał, byś narodził się żywy i twoje przyjście na świat sprawiło Mu wielką radość. Bóg *nie musiał* cię stworzyć, ale zdecydował się na to, by czerpać z tego radość. Istniejesz dla Jego korzyści, Jego chwały, Jego celów i Jego przyjemności.

Sprawianie Bogu radości i życie po to, by Go zadowolić, jest najważniejszym celem twojego życia. Gdy tę prawdę w pełni zrozumiesz, już nigdy nie będziesz miał problemu z poczuciem własnej wartości. Ona jest tej wartości dowodem. Jeśli dla Boga jesteś *tak ważny* i On uważa cię za wystarczająco cennego, by zatrzymać cię przy sobie na całą wieczność, to czy potrafisz pomyśleć o czymś, co mogłoby mieć większe znaczenie? Jesteś Bożym dzieckiem i sprawiasz Mu większą przyjemność niż wszystko, cokolwiek zostało stworzone. Biblia mówi: „W swojej miłości Bóg postanowił, że przez Jezusa Chrystusa uczyni nas swoimi dziećmi, a jest to Jego celem i wielką radością"[1].

Jednym z największych darów, jakich Bóg nam udzielił, jest zdolność odczuwania przyjemności. Wyposażył nas w pięć zmysłów oraz uczucia, po to byśmy mogli ich doznawać. On chce, byśmy cieszyli się życiem, a nie tylko je znosili. Powodem, dla którego potrafimy odczuwać przyjemność, jest to, że Bóg stworzył nas *podobnymi do siebie*.

Często zapominamy, że Bóg również posiada uczucia. On jest bardzo wrażliwy. Biblia mówi, że Bóg potrafi się smucić, okazywać zazdrość, gniew, współczucie i litość, jak też być zadowolonym i radosnym. On też kocha, rozkoszuje się, odczuwa przyjemność, cieszy się, a nawet się śmieje[2].

Sprawianie Bogu przyjemności to „uwielbianie". Biblia powiada: „Pan ma upodobanie tylko w tych, którzy Go wielbią i ufają Jego miłości"[3].

Wszystko, co sprawia Bogu przyjemność, jest aktem uwielbienia. Podobnie jak brylant, uwielbienie ma *wiele* płaszczyzn. By dogłębnie opisać zagadnienie uwielbienia, trzeba by poświęcić temu wiele tomów, my natomiast skupimy się na jego głównych aspektach.

Antropolodzy zauważyli, że potrzeba oddawania czci to wewnętrzna potrzeba, wspólna wszystkim ludziom. Bóg wszczepił ją w każdą cząstkę naszego istnienia i jest ona wrodzoną potrzebą trwania w bliskim związku z Bogiem. Uwielbianie jest czymś tak naturalnym jak jedzenie czy oddychanie. Jeśli nie czcimy Boga, to zawsze znajdziemy w to miejsce jakiś substytut, nawet samego siebie. Przyczyną, dla której Bóg stworzył nas z pragnieniem oddawania czci, jest to, że On pragnie, byśmy Go uwielbiali. Jezus powiedział: „Ojciec poszukuje tych, którzy by Go czcili"[4].

Wszystko, co sprawia Bogu przyjemność, jest aktem uwielbienia.

W zależności od religijnej tradycji i przekonań, w jakich wzrastaliśmy, być może będziemy musieli zweryfikować swoje zrozumienie terminu „uwielbienie". Może przywodzi nam ono na myśl nabożeństwa czy msze ze śpiewem, modlitwami i kazaniem. Może kojarzy nam się z ceremoniami, świecami i komunią lub uzdrowieniem, cudami i ekstatycznymi doznaniami. Uwielbienie może te elementy zawierać, ale swą treścią obejmuje coś *znacznie większego*. Uwielbienie to pewien styl życia.

Uwielbienie to coś daleko więcej niż muzyka. Dla wielu uwielbienie jest po prostu synonimem muzyki. Ludzie zwykli mawiać: „W naszym kościele najpierw jest uwielbienie, a potem nauczanie". To duże nieporozumienie. Uwielbieniem powinna być *każda* część nabożeństwa: modlitwa, czytanie Pisma Świętego, śpiew, wyznawanie, cisza, kazanie, robienie notatek, dawanie pieniędzy, chrzest, wieczerza Pańska, podpisanie deklaracji o nowym zobowiązaniu wobec zboru czy nawet witanie się uczestników.

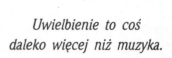

Uwielbienie to coś daleko więcej niż muzyka.

W rzeczywistości uwielbienie poprzedziło muzykę. Adam czcił Boga w ogrodzie Eden, a o muzyce wspomina się dopiero w I Księdze Mojżeszowej 4:21 przy opisie narodzin Jubala. Jeśli uwielbienie byłoby tylko muzyką, wtedy ludzie niemuzykalni lub nie używający instrumentów nigdy nie byliby w stanie wielbić. Uwielbienie to coś o wiele głębszego niż muzyka.

Co gorsze, słowa „uwielbienie" używa się często błędnie dla określenia pewnego konkretnego rodzaju muzyki: „Najpierw zaśpiewamy hymn, a później *pieśń uwielbiającą*" albo: „Lubię dynamiczne pieśni chwały, ale wolę spokojne pieśni uwielbienia". W tego typu rozumowaniu, jeśli pieśń jest dynamiczna, śpiewana z towarzyszeniem głośnych instrumentów muzycznych, jest uznawana za pieśń „chwały". Jeśli jest spokojna, cicha, osobista i śpiewana przy akompaniamencie gitary, uchodzi za pieśń „uwielbienia".

Uwielbienie nie ma nic wspólnego ze stylem, głośnością czy rytmem śpiewanej pieśni. Bóg jest rozmiłowany w każdym rodzaju dobrej muzyki, bo On ją wymyślił – zarówno tę szybką, jak i wolną, głośną i łagodną oraz tradycyjną i nowoczesną. Być może nie każda z nich podoba się tobie, ale Bóg lubi każdą muzykę. Jeśli jest ona ofiarowywana Bogu w duchu i prawdzie, to jest ona aktem uwielbienia.

Chrześcijanie często nie są zgodni co do stylu muzyki mającej służyć uwielbieniu, z pasją broniąc tego, który uważają za najbardziej biblijny i chwalący Boga. Ale biblijny styl nie istnieje! W Biblii nie znajdujemy zapisu nutowego, nie dysponujemy nawet opisem instrumentów muzycznych używanych w czasach biblijnych.

Szczerze mówiąc, rodzaj muzyki, jaki najbardziej lubimy w kościele, mówi raczej o *nas*, o naszym wychowaniu i osobowości, a nie o samym Bogu. Muzyka jakiejś grupy etnicznej dla przedstawicieli innego narodu może brzmieć jak nudny i bezładny hałas. Bóg jednak ceni różnorodność i lubi każdy rodzaj muzyki.

Nie istnieje nic takiego jak muzyka chrześcijańska – chrześcijańskie są tylko teksty piosenek. To słowa uświęcają pieśń, a nie jej muzyczne brzmienie. Nie ma czegoś takiego jak duchowe brzmienie. Jeśli zagrałbym ci pieśń bez słów, to nie miałbyś żadnych podstaw, by ocenić, czy jest ona pieśnią „chrześcijańską", czy też nie.

DZIEŃ ÓSMY:

STWORZENI, BY SPRAWIĆ RADOŚĆ BOGU

Uwielbienie nie jest czymś, co ma nas zadowolić. Jako pastor otrzymuję kartki z podziękowaniami typu: „Dziś było wspaniałe uwielbienie. Wiele z tego wziąłem". To kolejne nieporozumienie dotyczące uwielbienia. Ono nie służy naszym korzyściom! Uwielbiamy po to, by skorzystał z tego Bóg. Gdy to czynimy, mamy na celu sprawianie przyjemności Bogu, a nie samym sobie.

Jeśli zdarzyłoby nam się kiedyś powiedzieć: „Niewiele wziąłem z dzisiejszego uwielbienia", oznaczałoby to, że wielbiliśmy z niewłaściwą motywacją. Przedmiotem uwielbienia nie jesteśmy my, lecz Bóg. Oczywiście większość „uwielbieniowych" nabożeństw zawiera elementy społeczności, wzajemnego budowania się, ewangelizacji, a uwielbianie może nam przynieść określone dobrodziejstwa, lecz nie uwielbiamy po to, by zadowolić samych siebie. Naszym motywem powinno być oddawanie chwały naszemu Stwórcy i sprawianie Mu radości.

W 29. rozdziale księgi Izajasza czytamy, że Bóg skarży się na sposób, w jaki ludzie oddają Mu cześć, gdyż jest on powierzchowny i obłudny. Ludzie zanosili Bogu rutynowe modlitwy, wypowiadali puste i nieszczere słowa, wykonywali rytuały, nie zastanawiając się w ogóle nad sensem tego, co mówią i czynią. Bożego serca nie będziemy w stanie poruszyć nawet najpiękniejszą tradycją w uwielbianiu, lecz naszym oddaniem i wewnętrznym zaangażowaniem. Biblia mówi: „Ludzie przystępują do mnie i czczą mnie swymi ustami, lecz ich serca są daleko ode mnie. Uwielbienie, które mi zanoszą to tylko wyuczone zasady"[5].

Uwielbienie nie powinno być tylko częścią twojego życia, lecz jego całością. Uwielbienie Boga nie służy tylko niedzielnym nabożeństwom. Biblia uczy, by *wielbić Go nieustannie*[6] oraz *chwalić Go od wschodu do zachodu słońca*[7]. Opisywani w Biblii ludzie wielbili Boga w pracy, w domu, w czasie walki, w więzieniu, a nawet w łóżku. Wysławianie Boga powinno być pierwszym zajęciem, któremu oddajemy się po porannym przebudzeniu i ostatnim przed udaniem się na spoczynek w nocy[8]. Psalmista Dawid mawiał: „Będę dziękował Bogu w każdej chwili. Moje usta zawsze będą Go chwalić"[9].

Każda czynność może stać się aktem uwielbienia, jeśli wykonujesz ją, by wysławiać i chwalić Boga oraz sprawić Mu przyjemność. Biblia mówi: „Zatem czy jecie czy pijecie lub cokolwiek innego czynicie, czyńcie to wszystko dla Bożej chwały"[10]. Marcin Luter powiedział: „Kobieta, która doi krowę, może to czynić dla Bożej chwały".

Jak możemy robić wszystko dla Bożej chwały? Czyniąc wszystko tak, *jakbyśmy czynili to dla Jezusa*, prowadząc z Nim cały czas rozmowę. Biblia mówi: „Cokolwiek czynicie, czyńcie to z całego serca, jakbyście robili to dla Pana, a nie dla ludzi"[11].

Oto tajemnica stylu życia nastawionego na uwielbienie – robić wszystko tak, jakbyśmy wykonywali to dla Jezusa. Biblia w tłumaczeniu „The Message" parafrazuje to następująco: „Weź swoje codzienne, zwyczajne życie – twój sen, jedzenie, chodzenie do pracy i krzątanie się wokół życiowych spraw i złóż to w ofierze przed Bogiem"[12]. Praca staje się uwielbieniem, gdy poświęcamy ją Bogu i wykonujemy ją ze świadomością Jego obecności.

Kiedy po raz pierwszy zakochałem się w mojej żonie, myślałem o niej bezustannie – podczas śniadania, w drodze do szkoły, na lekcjach, w czasie stania w kolejce do kasy czy w momencie tankowania samochodu – po prostu nie potrafiłem przestać myśleć o tej kobiecie! Często rozmawiałem o niej z samym sobą i myślałem o wszystkim, co w niej kocham. To pomagało mi czuć, iż jestem blisko mojej Kay, chociaż mieszkaliśmy kilkaset kilometrów od siebie i studiowaliśmy na różnych uczelniach. Myśląc o niej bez przerwy, *upajałem się jej miłością*. Na tym właśnie polega uwielbienie – *zakochać się w Jezusie*.

DZIEŃ ÓSMY
MYŚLĄC O MOIM CELU

Główna myśl: Zostałem stworzony, by sprawić radość Bogu.

Werset do zapamiętania: „Pan rozkoszuje się swoim ludem" – Psalm 149:4.

Pytanie do rozważenia: Którą z codziennych, zwyczajnych czynności mógłbym zacząć wykonywać tak, jakbym wykonywał ją bezpośrednio dla Jezusa?

Co sprawia, że Bóg się uśmiecha?

Niech Bóg patrzy na ciebie z uśmiechem...

IV Mojż. 6:25 (NLT)

Patrz na mnie, sługę Twego, z uśmiechem;
ucz mnie właściwego sposobu życia.

Psalm 119:13 (Msg)

Celem twojego życia jest spowodowanie u Boga uśmiechu.

Ponieważ sprawianie Bogu przyjemności jest najwyższym celem życia, to najważniejszym zadaniem powinno być dowiadywanie się, jak to robić. Biblia mówi: „Dowiadujcie się, co jest miłe Chrystusowi, a następnie czyńcie to"[1]. Na szczęście Biblia daje nam wyraźny przykład życia sprawiającego Bogu przyjemność. To przykład człowieka o imieniu Noe.

W czasach Noego cały świat wszedł w stan moralnego rozkładu. Każdy żył dla własnych uciech i nie myślał o Bogu. Nie mógł On znaleźć *nikogo*, kto byłby zainteresowany sprawianiem Mu przyjemności, więc smucił się tym i żałował, że stworzył człowieka. Bóg nabrał takiej odrazy do rodzaju ludzkiego, że rozważał możliwość pozbycia się go. Jednak znalazł się pewien człowiek, który powodował, iż Boże oblicze rozjaśniało się uśmiechem. Biblia mówi: „Noe był miły Bogu"[2].

Bóg powiedział: „Ten człowiek sprawia mi przyjemność. Powoduje, że się uśmiecham. Zacznę wszystko jeszcze raz ze względu na niego i jego rodzinę". Ponieważ w Bożych oczach Noe był kimś miłym Bogu, możemy dzisiaj żyć. Patrząc na jego życie, możemy nauczyć się pięciu sposobów uwielbiania, które sprawiają Bogu radość.

Bóg uśmiecha się, gdy kochamy Go ponad wszystko. Noe kochał Boga bardziej niż kogokolwiek i cokolwiek na świecie, nawet gdy nie kochał Go nikt inny! Biblia mówi, że przez całe swoje życie Noe „nieustannie wypełniał Bożą wolę i cieszył się bliską relacją z Bogiem"[3].

Tym, czego Bóg najbardziej od ciebie oczekuje jest więź, która by cię z Nim łączyła! To najbardziej zdumiewająca prawda we wszechświecie – nasz Stwórca chce mieć z nami społeczność. On stworzył nas, by nas kochać i pragnie, byśmy Mu tę miłość odwzajemnili. On mówi: „Nie chcę waszych ofiar, lecz waszej miłości; nie chcę waszej dziesięciny, lecz tego, byście mnie poznawali"[4].

Czy wyczuwasz w tym wersecie pasję, z jaką Bóg się do ciebie odnosi? Bóg głęboko cię kocha i pragnie, byś odpowiedział Mu tym samym. Chce, byś Go poznawał i spędzał z Nim czas. Dlatego właśnie uczenie się, jak kochać Boga i jak być kochanym przez Niego, powinno być jednym z najważniejszych życiowych zamierzeń. Nie ma nic równie doniosłego. Jezus określił to jako najważniejsze z przykazań, kiedy powiedział: „Kochaj Pana twojego Boga z całego serca, duszy i umysłu. To pierwsze i największe z przykazań"[5].

Bóg uśmiecha się, gdy Mu całkowicie ufamy. Drugim powodem, dla którego Noe był miły Bogu, jest fakt, że Mu ufał, nawet gdy z pozoru nie miało to sensu. Biblia mówi: „Przez wiarę Noe zbudował arkę na środku pustyni. Został ostrzeżony przed czymś, czego wtedy nie mógł widzieć i działał zgodnie z tym, co mu powiedziano... Na skutek tego Noe wszedł w bliską relację z Bogiem"[6].

Tym, czego Bóg najbardziej od ciebie oczekuje jest więź, która by cię z Nim łączyła!

Wyobraź sobie następującą sytuację. Pewnego dnia Bóg zwraca się do Noego: „Jestem zawiedziony ludźmi. W całym świecie nikt poza tobą o mnie nie myśli. Jednak kiedy patrzę na ciebie, to się uśmiecham, bo podoba mi się twoje życie. Zamierzam zesłać na ziemię potop, ale ciebie i twoją rodzinę zachowam. Chcę, byś zbudował wielki statek, który uratuje życie wasze oraz zwierząt".

Zaistniały trzy problemy, które mogły wzbudzić u Noego poczucie zwątpienia. Po pierwsze, nigdy nie widział deszczu, ponieważ przed potopem Bóg nawadniał ziemię ze źródeł pochodzących z gleby[7]. Po drugie, Noe żył setki kilometrów od najbliższego oceanu. Nawet jeśli opanowałby sztukę budowania statku, to jak przetransportowałby go do większych rozlewisk wodnych? Po trzecie, problematyczne było umieszczenie na arce wszystkich gatunków zwierząt i opieka nad nimi. Ale Noe nie narzekał ani nie czynił wymówek. Całkowicie ufał Bogu, a Bogu sprawiało to radość.

Całkowite zaufanie Bogu oznacza wiarę, że On wie, co jest najlepsze dla naszego życia. Oczekujesz, że On spełni swoje obietnice, pomoże ci w rozwiązaniu problemów i kiedy zajdzie konieczność, dokona rzeczy uchodzących za niemożliwe. Biblia mówi: „On cieszy się z tych, którzy Go czczą; z tych, którzy ufają w Jego nieustającą miłość"[8].

Na zbudowanie arki Noe potrzebował stu dwudziestu lat. Można przypuszczać, że przeżył wiele zniechęcających dni. Ponieważ z roku na rok nie było żadnych oznak deszczu, Noe był bezlitośnie krytykowany i uważany za szaleńca, który myśli, że przemawia do niego Bóg. Potrafię sobie wyobrazić, jak często dzieci Noego czuły się zakłopotane, gdy na placu przed swoim domem widziały budowę gigantycznego statku. Jednak Noe nie przestawał ufać Bogu.

W jakich dziedzinach życia powinieneś Bogu całkowicie zaufać? Zaufanie jest kolejnym aktem uwielbienia. Tak jak rodzicom jest miło, gdy dzieci ufają ich miłości i mądrości, tak i Bóg cieszy się z naszej wiary. Biblia mówi: „Bez wiary nie można podobać się Bogu"[9].

Bóg uśmiecha się, gdy jesteśmy Mu całkowicie posłuszni. Uratowanie wszystkich gatunków zwierząt przed skutkami ogólnoświatowego potopu wymagało poświęcenia dużej uwagi zagadnieniom transportu i zaopatrzenia oraz wszelkim detalom. Wszystko miało być zrobione *dokładnie tak, jak zarządził Bóg*. On nie powiedział: „Zbuduj jakąś łódź podobną do tych, które znasz", lecz wydał bardzo szczegółowe instrukcje dotyczące rozmiarów arki, jej kształtu i materiałów, jakich należało użyć oraz ilości różnych zwierząt, które miały być wprowadzone na pokład. Biblia opisuje postawę Noego: „Noe uczynił wszystko dokładnie tak, jak Bóg mu nakazał"[10].

Zauważ, że Noe usłuchał Boga *we wszystkim* (nie zlekceważył żadnego polecenia) i spełnił Bożą wolę *dokładnie* według Jego poleceń (czyli w sposób i w czasie, który Bóg określił). Na tym właśnie polega robienie czegoś z całego serca. Nic dziwnego, że swoją postawą Noe sprawiał Bogu radość.

Jeśli Bóg poprosiłby cię o zbudowanie olbrzymiego statku, to czy nie sądzisz, że miałbyś w związku z tym kilka pytań czy nawet zastrzeżeń? Noe ich nie miał. On był uległy całym sercem, co sprawiało, że wykonywał bez wahania to, co mówi Bóg. Nie należy ociągać się i mówić: „Muszę to przemodlić". Trzeba to robić bez zwłoki. Nawet ziemscy rodzice wiedzą, że spóźnione posłuszeństwo tak naprawdę jest nieposłuszeństwem.

Bóg nie jest ci winny wyjaśnień i nie musi uzasadniać wszystkiego, o co cię prosi. Ze zrozumieniem możesz poczekać, ale nie z posłuszeństwem. Bezwłoczne poddanie się Bożej woli nauczy cię więcej o Bogu niż całe życie poświęcone dyskusjom na temat Biblii. W rzeczywistości nie zrozumiesz pewnych nakazów, jeśli się do nich najpierw nie zastosujesz. Posłuszeństwo jest kluczem do zrozumienia.

Często oferujemy Bogu *częściowe* posłuszeństwo. Wybieramy nakazy, którym chcielibyśmy się poddać. Robimy ich listę i jednocześnie ignorujemy te, które uważamy za nieracjonalne, trudne, wymagające ponoszenia kosztów oraz niepopularne. Na przykład: Będę chodził do kościoła, ale nie będę składał dziesięciny. Będę czytał Biblię, ale nie przebaczę człowiekowi, który sprawił mi przykrość. Częściowe posłuszeństwo jest jednak zwykłym nieposłuszeństwem.

Całkowitemu posłuszeństwu, pochodzącemu z serca towarzyszy entuzjazm i radość. Biblia mówi: „Ulegaj Mu z radością"[11]. Taka była postawa Dawida: „Panie, mów mi tylko, co mam czynić, a ja to uczynię. Jak długo będę żył, tak długo będę ci posłuszny"[12].

Całkowite zaufanie Bogu oznacza wiarę, że On wie, co jest najlepsze dla naszego życia.

Apostoł Jakub w swym liście do wierzących pisze: „Jesteśmy Bogu mili przez to, co czynimy, a nie tylko przez to, w co wierzymy"[13]. Słowo Boże wyraźnie stwierdza, że nie można zasłużyć na zbawienie. Otrzymuje się je wyłącznie za sprawą łaski, a nie ludzkiego wysiłku. Jako Boże dzieci możemy jednak sprawiać przyjemność naszemu niebiańskiemu Ojcu, będąc Mu posłusznymi. Każdy akt posłuszeństwa jest jednocześnie aktem uwielbienia. Dlaczego posłuszeństwo jest tak miłe Bogu? Dlatego, że ono dowodzi, iż naprawdę Go kochamy. Jezus powiedział: „Jeśli mnie miłujecie, będziecie przestrzegać moich przykazań"[14].

Bóg uśmiecha się, gdy nieustannie Go chwalimy i dziękujemy Mu. Niewiele rzeczy sprawia radość większą niż otrzymanie od kogoś szczerej pochwały lub wyrazów uznania. Bogu również się to podoba. On uśmiecha się, gdy wyrażamy Mu swe uwielbienie i wdzięczność.

Życie Noego było miłe dla Boga, ponieważ żył z uwielbieniem i dziękczynieniem w sercu. Pierwszym czynem Noego po wyjściu cało z potopu było wyrażenie Bogu wdzięczności poprzez złożenie ofiary na ołtarzu. Biblia mówi: „Noe zbudował Panu ołtarz i złożył na nim całopalną ofiarę"[15].

Z powodu ofiary Jezusa, my nie musimy już tak jak Noe składać ofiar ze zwierząt. Zamiast tego Biblia zachęca nas do składania Bogu „ofiary uwielbienia"[16] oraz „ofiary dziękczynienia"[17]. Uwielbiamy Boga za to, kim jest i dziękujemy Mu za to, co uczynił. Dawid powiedział: „Będę wielbił imię Pana pieśnią i chwalił Go z dziękczynieniem. To będzie Panu miłe"[18]. Gdy składamy Bogu uwielbienie i dziękczynienie, dzieją się niesamowite rzeczy. Sprawiając Bogu przyjemność, sami zyskujemy radość!

Moja mama bardzo lubiła dla mnie gotować. Nawet po moim ślubie z Kay, gdy odwiedzaliśmy rodziców, mama przygotowywała dla nas prawdziwe domowe uczty. Jedną z jej największych przyjemności było przyglądanie się nam jako dzieciom, kiedy ze smakiem jedliśmy to, co przyrządziła. Im bardziej smakowały nam potrawy, tym bardziej się cieszyła.

Oprócz jedzenia lubiliśmy też sprawiać mamie przyjemność, wyrażając swój zachwyt nad potrawami. To działało w dwie strony. Jedząc świetny posiłek, piałem nad nim z zachwytu i chwaliłem mamę. Moim zamiarem nie było jedynie delektowanie się wyśmienitym jadłem, lecz również sprawianie przyjemności mamie. W tym stanie rzeczy wszyscy byliśmy zadowoleni.

Uwielbienie również działa w obie strony. Cenimy to, co Bóg dla nas uczynił i gdy to przed Nim wyrażamy, On się z tego cieszy, a to z kolei jeszcze bardziej potęguje naszą radość. Księga Psalmów mówi: „Sprawiedliwi są zadowoleni i cieszą się z Jego obecności; są szczęśliwi i krzyczą z radości"[19].

Bóg uśmiecha się, gdy używamy swoich umiejętności. Po potopie Bóg wydał Noemu proste polecenie: „Rozradzajcie się i rozmnażajcie, zaludniając ziemię... Wszystko, co żyje i porusza się, będzie waszym pokarmem. Tak jak dałem wam rośliny, tak teraz daję wam wszystko inne"[20].

Innymi słowy, Bóg powiedział: „Już czas, byście wzięli się za swoje życie! Czyńcie to, do czego was stworzyłem. Kochajcie swojego współmałżonka. Miejcie potomstwo. Wychowujcie je i dbajcie o rodziny. Uprawiajcie rośliny i jedzcie posiłki. Bądźcie ludźmi! Do tego was stworzyłem!"

Być może wydaje nam się, że Bóg cieszy się nami tylko wtedy, gdy zajmujemy się jakimiś „duchowymi" rzeczami, takimi jak czytanie Biblii, uczęszczanie do kościoła, modlenie się czy dzielenie się swoją wiarą z innymi. Może też myślimy, że Bóg nie interesuje się innymi sferami naszego życia. Tak naprawdę, Boga cieszy przyglądanie się każdemu szczegółowi naszego życia, zarówno pracy, rozrywkom, odpoczynkowi, jak i nawet jedzeniu. On nie przeoczy żadnego naszego ruchu. Biblia mówi: „Krokami pobożnych kieruje Bóg. On rozkoszuje się każdym szczegółem twojego życia"[21].

Każde ludzkie działanie, poza grzesznymi czynami, może służyć sprawianiu Bogu przyjemności, o ile wynika ono z postawy nastawionej na uwielbienie. Dla Bożej chwały można nawet zmywać naczynia, naprawiać maszynę, sprzedawać towar, pisać program komputerowy, uprawiać rośliny czy wychowywać dzieci.

Boga cieszy przyglądanie się każdemu szczegółowi naszego życia.

Podobnie jak dumny rodzic, Bóg szczególnie cieszy się, widząc jak używasz danych ci przez Niego talentów i umiejętności. On specjalnie obdarował każdego w odmienny sposób, byśmy na różne sposoby przynosili Mu radość. Jednym dał zacięcie do uprawiania sportów, innym zaś analityczny umysł. Można być obdarowanym zdolnościami do majsterkowania i wszelkich napraw, rozwiązywania matematycznych problemów, grania na instrumentach, komponowania muzyki i tysiącami innych. Wszystkie te umiejętności mogą sprawić, że Bóg się uśmiechnie. Biblia mówi: „On ukształtował każdego z nas, a teraz patrzy na wszystko, co robimy"[22].

Nie można przynieść Bogu chwały czy sprawić Mu przyjemności, ukrywając swoje umiejętności lub próbując być kimś, kim się nie jest. Dajesz

Mu radość tylko wtedy, gdy jesteś sobą. Zawsze, gdy negujesz jakąś cząstkę siebie, odrzucasz tym samym Bożą mądrość oraz suwerenność, które były podstawą do stworzenia cię przez Boga. On mówi: „Nie masz żadnego prawa, by spierać się ze Stwórcą. Jesteś tylko naczyniem wykonanym przez garncarza. Dzbanek nie pyta garncarza: Dlaczego mnie takim uczyniłeś?"[23].

W filmie pt. *Rydwany ognia* olimpijski sprinter Eric Liddell mówi: „Wierzę, że Bóg stworzył mnie dla pewnego celu, ale również uczynił mnie szybkim i kiedy biegnę, czuję, jak Bóg się cieszy". Później dodaje: „Gdybym zaprzestał biegania, to tak jakbym Nim wzgardził". Nie ma umiejętności *za mało duchowych*, są jednak umiejętności niewłaściwie wykorzystywane. Zacznij używać swoich umiejętności dla Bożej przyjemności.

DZIEŃ DZIEWIĄTY:

CO SPRAWIA, ŻE BÓG SIĘ UŚMIECHA?

Bóg odczuwa też przyjemność, patrząc, jak *cieszysz się* Jego stworzeniem. Dał ci oczy, byś podziwiał piękno, uszy, byś cieszył się dźwiękami, nos i kubki smakowe, byś rozkoszował się zapachami i smakami oraz system nerwowy, dzięki któremu odbierasz doznania dotykowe. Każdy akt radości staje się aktem uwielbienia, gdy dziękujesz Bogu za tę możliwość cieszenia się. Biblia mówi: „Bóg... hojnie daje wszystko, by sprawić nam radość"[24].

Bóg cieszy się nawet patrząc, jak śpisz! Kiedy moje dzieci były jeszcze małe, pamiętam że z głęboką satysfakcją patrzyłem, jak udało im się zasnąć. Były dni, gdy sprawiały wiele problemów i były wyjątkowo nieposłuszne, ale kiedy spały, wyglądały na zadowolone, wypełnione poczuciem bezpieczeństwa i spokojne. Wtedy przypominałem sobie, jak bardzo je kocham.

Moje dzieci nie musiały nic robić, bym się nimi cieszył. Byłem szczęśliwy już choćby dlatego, że widziałem, iż po prostu *oddychają*. Tak bardzo je kochałem. Gdy ich małe klatki piersiowe to unosiły się, to opadały w rytm oddechów, uśmiechałem się, a niekiedy nawet moje oczy wypełniały się łzami radości. Gdy śpisz, Bóg wpatruje się w ciebie z miłością, ponieważ On cię wymyślił, a następnie stworzył. Kocha cię tak, jakbyś był jedyną osobą na całej ziemi.

Rodzice nie wymagają od dzieci, by były doskonałe czy nawet dojrzałe, aby mogli się nimi cieszyć. Oni cieszą się swymi dziećmi na każdym etapie ich rozwoju. Tak samo Bóg nie czeka, aż osiągniemy dojrzałość, by nas polubić. On kocha nas i cieszy się nami na każdym etapie naszego duchowego wzrostu.

Może miałeś bardzo wymagających nauczycieli lub rodziców, kiedy dorastałeś. Nie myśl jednak, że Bóg odnosi się do ciebie w podobny sposób. On wie, że nie jesteś w stanie być doskonały i żyć bez grzechu. Biblia mówi: „On wie, z czego powstaliśmy i pamięta, że jesteśmy tylko prochem"[25].

Tym, na co Bóg zwraca uwagę, jest nasza postawa. Czy sprawianie Mu radości jest naszym najgłębszym pragnieniem? Takie właśnie było najważniejsze zamierzenie w życiu apostoła Pawła: „Bardziej niż cokolwiek chcemy sprawiać Mu przyjemność i czynimy to zarówno w domu, jak i gdziekolwiek indziej"[26]. Kiedy żyjemy w świetle wieczności, nasza uwaga przestaje się koncentrować na tym, ile przyjemności możemy wydobyć z życia. Zamiast tego zaczyna nas interesować, ile przyjemności z naszego życia może wydobyć Bóg.

W dwudziestym pierwszym wieku Bóg nadal poszukuje ludzi takich jak Noe – chcących żyć tak, by sprawiać Mu radość. Biblia mówi: „Bóg spogląda z nieba na cały ludzki rodzaj, by zobaczyć, czy jest ktoś mądry, kto chciałby Mu się podobać"[27].

Czy podobanie się Bogu uczynisz głównym zamierzeniem twojego życia? Nie ma nic, czego Bóg nie byłby w stanie uczynić dla człowieka, który się temu bez reszty poświęcił.

DZIEŃ DZIEWIĄTY
MYŚLĄC O MOIM CELU

Główna myśl: Bóg się uśmiecha, kiedy Mu ufam.

Werset do zapamiętania: „On cieszy się z tych, którzy Go czczą; z tych, którzy ufają w Jego nieustającą miłość" – Psalm 147:11 (TEV).

Pytanie do rozważenia: Ponieważ Bóg wie, co jest dla mnie najlepsze, to w jakich dziedzinach mojego życia powinienem Mu najbardziej zaufać?

Istota uwielbienia

Poświęć się Bogu...
Poddaj Mu całego siebie,
by mógł cię używać do właściwych celów.

Rzymian 6:13 (TEV)

Istotą uwielbiania jest poddanie.

Poddanie nie jest pojęciem ani popularnym, ani lubianym, prawie tak samo jak *uległość*. Przywodzi ono na myśl utratę wbrew naszej woli czegoś cennego, a nikt nie chce być osobą pokonaną czy taką, która straciła kontrolę nad swoim losem. *Poddanie* wywołuje niemiłe skojarzenia związane z przyznaniem się do porażki na polu bitwy, przegraniem meczu lub konkursu czy uznaniem wyższości kogoś silniejszego. Wyrażenie to prawie zawsze używane jest w negatywnym kontekście. Schwytani przestępcy *poddają się* przedstawicielom prawa.

W dzisiejszej zorientowanej na rywalizację kulturze wpaja się nam, byśmy nigdy się nie poddawali, dlatego o poddaniu niewiele słyszymy. O ile zwycięstwo jest dla nas wszystkim, to poddanie jest czymś *nie do przyjęcia*. Potrafimy mówić raczej o zwyciężaniu, odnoszeniu sukcesów, pokonywaniu i zdobywaniu niż o ustępowaniu, uleganiu, stosowaniu się do czyichś nakazów czy poddawaniu się. Jednak poddanie się Bogu jest po prostu istotą uwielbienia, naturalną reakcją na wspaniałą Bożą miłość i miłosierdzie. Oddajemy Mu siebie nie ze strachu czy obowiązku, lecz z miłości, jaką Go darzymy – „bo On pierwszy nas pokochał"[1].

Poświęciwszy jedenaście rozdziałów listu do Rzymian na wyjaśnianie niesamowitej Bożej łaski, apostoł Paweł wzywa nas, abyśmy w uwielbieniu ofiarowali Bogu całe swoje życie: „Dlatego, moi przyjaciele, z powodu wielkiego Bożego miłosierdzia ku nam... składajcie siebie Bogu jako ofiarę żywą, całkowicie poświęconą służbie Jemu i miłą Mu. Takie jest prawdziwe uwielbienie, jakie powinniście Mu oddawać"[2].

Prawdziwe uwielbienie – sprawianie Bogu przyjemności – ma miejsce wtedy, gdy całkowicie Mu się poddajemy. *Poddanie się* Bogu to jest to, o co chodzi w uwielbieniu.

Poddanie się Bogu to jest to, o co chodzi w uwielbieniu.

Ten osobisty akt poddania się możemy różnie nazywać: konsekracją, uznaniem Jezusa Panem swego życia, wzięciem swojego krzyża, umieraniem dla swojego „ja" czy otwarciem się na Ducha Świętego. Ważne jest jednak, czy to robisz, a nie jak to nazwiesz. Bóg chce twojego życia i to całego. Nie satysfakcjonuje go dziewięćdziesiąt dziewięć procent.

Czy możemy ufać Bogu? Zaufanie jest podstawowym elementem poddania. Nie podporządkujemy się Bogu, zanim Mu nie zaufamy, ale nie jesteśmy w stanie Mu ufać, jeśli Go bliżej nie poznamy. Obawy utrudniają nam poddanie się, jednak jak mówi Biblia: „miłość usuwa wszelki strach". Im bardziej sobie uświadamiamy, jak Bóg nas kocha, tym łatwiej nam przychodzi poddanie Mu się.

Skąd możesz wiedzieć, że Bóg cię kocha? On daje ci na to wiele dowodów: mówi, że cię kocha[3], nigdy nie spuszcza cię z oczu[4], troszczy się o każdy szczegół twojego życia[5], dał ci możliwość doznawania rozmaitych przyjemności[6], ma dobry plan dla twojego życia[7], przebacza ci[8] i w miłości wobec ciebie jest niezwykle cierpliwy[9]. Bóg kocha cię bezgranicznie i bardziej niż możesz to sobie wyobrazić.

Największym tego wyrazem jest ofiara, jaką poniósł za nas Boży Syn. „Bóg dowodzi swojej miłości do nas tak, że gdy byliśmy jeszcze grzesznikami, Chrystus za nas umarł"[10]. Jeśli chcesz wiedzieć, jak wiele dla Boga znaczysz, wyobraź sobie Jezusa z ramionami rozciągniętymi na krzyżu, mówiącego: „Tak bardzo cię kocham! Wolę umrzeć niż żyć bez ciebie".

Bóg nie jest okrutnym nadzorcą niewolników ani tyranem, który posługuje się siłą, by nas sobie podporządkować. On nie próbuje robić czegoś wbrew naszej woli, lecz zachęca nas, byśmy dobrowolnie poświęcili Mu życie. Bóg jest uosobieniem miłości i wyzwolenia, dlatego poddanie Mu się niesie wolność, a nie zniewolenie. Gdy całkowicie oddamy Mu swoje życie, przekonamy się, że jest On wybawcą, a nie tyranem; bratem, a nie szefem; przyjacielem, a nie dyktatorem.

Uznając własne ograniczenia. Inną przeszkodą do całkowitego poddania się Bogu jest nasza duma. Nie lubimy przyznawać się, że jesteśmy tylko stworzeniem i że nie o wszystkim w naszym życiu decydujemy. To najstarsza z pokus: „Staniecie się jak Bóg!"[11]. Pragnienie, by w pełni o sobie stanowić, jest przyczyną wielu stresów w naszym życiu. Życie jest walką, ale większość ludzi podobnie jak starotestamentowy patriarcha Jakub nie zdaje sobie sprawy, że tak naprawdę tę walkę toczy z Bogiem! Chcemy być jak Bóg, ale nie mamy żadnych szans, by tę walkę wygrać.

A.W. Tozer powiedział: „Przyczyną tego, że wielu ludzi nadal boryka się z kłopotami, nadal poszukuje i nadal czyni niewielkie postępy, jest to, że nie doszli jeszcze do kresu własnych możliwości. Nadal próbujemy wydawać Bogu polecenia i wchodzić w kolizję z tym, co On próbuje w naszym życiu robić".

Nikt z nas nie jest Bogiem i *nigdy* nie będzie. Jesteśmy i pozostaniemy ludźmi. Gdy ktoś próbuje być Bogiem, to czeka go taki koniec, jaki spotkał szatana, który kiedyś zapragnął tego samego.

Fakt, że jesteśmy tylko ludźmi, uznajemy w sposób intelektualny, ale nie potrafimy tego dokonać w sferze naszych uczuć i emocji. Gdy napotykamy własne ograniczenia, często reagujemy złością, gniewem czy oburzeniem. Chcemy być wyżsi (lub niżsi), bardziej inteligentni i uzdolnieni, silniejsi, piękniejsi i bogatsi. Chcemy takimi być, wszystko to mieć i tyle móc, a kiedy to się nie spełnia, tracimy nerwy. Ponadto, gdy zauważamy, że Bóg dał innym cechy, których my nie posiadamy, pojawia się w nas zazdrość, zawiść i rozczulanie się nad sobą.

DZIEŃ DZIESIĄTY:

ISTOTA
UWIELBIENIA

Co to znaczyć poddać się? Poddanie się Bogu nie jest efektem biernej rezygnacji, wyznawania idei fatalizmu czy wymówką dla lenistwa. Nie jest też pogodzeniem się z każdym istniejącym stanem rzeczy. Może ono oznaczać coś dokładnie przeciwnego, np. poświęcenie swojego życia lub znoszenie cierpienia w celu zmiany czegoś, co wymaga zmiany. Bóg często wzywa poddanych Mu ludzi do walki w Jego imieniu. Poddanie się Bogu nie jest dla tchórzy ani ludzi, którzy pozwalają sobą pomiatać. Nie oznacza też odrzucenia racjonalnego myślenia. Bóg nie zgodziłby się na marnowanie potencjału umysłowego, którym cię obdarzył! On nie chce, by służyły Mu roboty. Poddanie nie oznacza tłamszenia twojej osobowości. Bóg chce, byś używał swojej unikalnej osobowości. Zamiast ją osłabiać, poddanie jeszcze bardziej ją wzbogaca. C.S. Lewis zauważył kiedyś: „Im bardziej pozwalamy Bogu opanowywać nasze życie, tym bardziej stajemy się sobą, gdyż to On nas stworzył. Bóg wymyślił bardzo różnych ludzi, a ty i ja jesteśmy jednymi z nich. Gdy zwracam się do Chrystusa i poddaję się Jego osobowości, wtedy moja własna osobowość zaczyna być bardziej prawdziwą i odrębną niż do tej pory".

Poddanie najlepiej uwidacznia się w posłuszeństwie. Gdy chcemy być posłusznymi Bogu, mówimy: „Tak, Panie", natomiast, inaczej jest, gdy słyszy od nas: „Nie, Panie". Nie możemy nazywać Jezusa Panem, jeśli nie okazujemy Mu posłuszeństwa. Po nocy straconej na nieudanym połowie ryb, apostoł Piotr uległ Jezusowi, gdy ten namówił go na ponowne wypłynięcie i zarzucenie sieci: „Mistrzu, łowiliśmy całą noc i nic nie złowiliśmy. Ale ponieważ Ty to mówisz, ja zarzucę sieci"[12]. Poddani Bogu ludzie słuchają Jego słów, nawet jeśli im się wydaje, że nie mają one sensu.

Innym aspektem całkowicie poddanego życia jest zaufanie. Abraham zdał się na Boże przewodnictwo, nie wiedząc, *dokąd* go to zaprowadzi. Anna czekała, aż Bóg zadziała w doskonale wybranym przez Niego czasie, choć nie wiedziała, *kiedy* to nastąpi. Maria oczekiwała cudu, nie wiedząc, *jak* by się to miało dokonać. Józef zaufał Bożym planom, mimo że nie pojmował, *dlaczego* okoliczności ułożyły się tak, a nie inaczej. Każda z tych osób w pełni poddała się Bogu.

O tym, czy jesteśmy poddani Bogu, dowiesz się wtedy, gdy uwierzysz, że On zrobi to, co obiecał i nie będzie próbował manipulować innymi, narzucać swoich rozwiązań czy kontrolować sytuację. Zostaw sprawy Bogu, a On będzie działał. Nie zawsze musisz wszystkim kierować. Biblia mówi: „Zdaj się na Pana i cierpliwie na Niego czekaj"[13]. Zamiast czynić więcej wysiłków, bardziej ufaj. Na to, czy jesteś poddany Bogu, będzie też wskazywał fakt, że nie bronisz się usilnie, gdy spotyka cię krytyka.

Poddane serce ujawnia się najlepiej w relacjach z innymi ludźmi. Gdy jesteś poddany Bogu, nie starasz się już dominować, nie domagasz się swoich praw i nie uważasz się za całkowicie samowystarczalnego.

Dla większości ludzi sferą, którą najtrudniej przychodzi im poddać, są pieniądze. Wielu myśli: „Chcę żyć dla Boga, ale chcę też zarabiać tyle, by mi na wszystko starczało i mieć kiedyś przyzwoitą emeryturę". Emerytura nie jest celem życia poddanego Bogu, ponieważ może odciągać nasze myśli od Niego i Jego planów. Jezus powiedział: „Nie możecie służyć i Bogu, i pieniądzom"[14] oraz „Tam gdzie twój skarb, tam też będzie twoje serce"[15].

Najlepszym przykładem poddania się jest Jezus. W noc poprzedzającą swe ukrzyżowanie poddał się Bogu i zdał się na Jego plan. Modlił się tymi słowami: „Ojcze, dla ciebie wszystko jest możliwe. Jeśli chcesz, oddal ode mnie ten kielich cierpienia. Jednak niech się dzieje wola Twoja, a nie moja"[16].

Poddanie najlepiej uwidacznia się w posłuszeństwie i zaufaniu.

W swojej modlitwie Jezus nie mówił: „Boże, jeśli potrafisz, to spraw, bym nie musiał cierpieć na krzyżu". On już przedtem wyznał, że Ojciec może wszystko! To, o co prosił, można wyrazić następująco: „Boże, jeśli oszczędzenie mi cierpień na krzyżu leży w Twoim interesie, to niech tak się stanie. Jeżeli jednak to cierpienie służy Twoim celom, to ja również tego pragnę". Prawdziwe poddanie się polega na tym, że jeśli jakiś problem, cierpienie, choroba czy ciężka sytuacja są potrzebne do urzeczywistnienia się Bożych celów i Jego chwały w życiu naszym lub kogoś innego, to wtedy prosimy Go, by te rzeczy dopuścił. Niełatwo jest jednak osiągnąć taki poziom dojrzałości. W przypadku Jezusa ostateczne poddanie się Bożemu planowi było na tyle ciężkie, że kiedy się modlił w ogrodzie Getsemane, na Jego ciele pojawił się krwawy pot. Poddawanie się Bogu to ciężka praca. W naszym natomiast przypadku oznacza ono zaciętą walkę z naszą egocentryczną naturą.

Błogosławieństwo wynikające z poddania. Biblia mówi wyraźnie o korzyściach, jakie odnosimy, gdy całkowicie poddajemy swe życie Bogu. Po pierwsze, doświadczamy pokoju: „Zaprzestań spierania się z Bogiem! Jeśli będziesz się z Nim zgadzał, otrzymasz pokój i twoje sprawy przybiorą dobry obrót"[17]. Po drugie, doświadczamy wolności: „Poddajcie się Bożym zamysłom, a wolność nigdy was nie opuści. Wypełnianie przykazań Pana pozwoli wam żyć w jej niezmiernym bogactwie"[18]. Po trzecie, doświadczamy Bożej mocy w naszym życiu. Natrętne pokusy i nierozwiązywalne problemy można pokonać, kiedy powierzy się je Chrystusowi.

Gdy Jozue zbliżał się do rozpoczęcia największej bitwy swojego życia[19], spotkał się z Bogiem, upadł przed Nim na twarz i zrezygnował dla Niego ze swoich planów. To poddanie zaowocowało imponującym triumfem w bitwie o Jerycho. Choć brzmi to paradoksalnie, to jednak skutkiem poddania może być zwycięstwo. Poddanie nie osłabia nas, lecz wzmacnia. Poddając się Bogu, nie musimy bać się czy komukolwiek ulegać. Założyciel Armii Zbawienia, William Booth, powiedział: „Miarą siły człowieka jest jego poddanie się".

Bóg używa ludzi Jemu poddanych. Wybrał Marię, by została matką Jezusa nie dlatego, że była szczególnie uzdolniona, zamożna czy urodziwa, ale dlatego, że była Mu całkowicie poddana. Gdy anioł wyjawiał jej nieprawdopodobny Boży plan, ona odpowiedziała z pełną pokorą: „Jestem służebnicą Pańską i jestem gotowa na wszystko, co podoba się mojemu Panu"[20]. Nic nie ma większej mocy niż życie złożone w Boże ręce. „Oddajcie się całkowicie Panu"[21].

Najlepszy sposób na życie. Każdy w końcu poddaje się komuś lub ulega czemuś. Jeśli nie ulegniesz Bogu, to ulegniesz opiniom lub oczekiwaniom innych, dasz się podporządkować pieniądzom, pozwolisz, by zawładnął tobą gniew, obawy, duma, żądze lub po prostu własne „ja". Urodziłeś się, by wielbić Boga, ale jeśli nie będziesz tego czynić, to stworzysz sobie inne rzeczy (bożki), którym poświęcisz życie. Masz wolność wyboru w decydowaniu o tym, komu lub czemu się poddasz, ale nie będziesz wolny od konsekwencji tych decyzji. E. Stanley Jones powiedział: „Jeśli nie poddasz się Chrystusowi, to tym, czemu się poddasz, może być tylko chaos".

Poddanie się Bogu nie jest najlepszym sposobem życia, lecz jedynym sposobem życia. Nic innego nie zdaje egzaminu. Wszystkie inne opcje prowadzą do frustracji, rozczarowania i samozniszczenia. Biblia angielska w wersji króla Jakuba (King James Version) nazywa poddanie się „rozumną służbą"[22]. Inna z wersji tłumaczy je jako „najrozsądniejszy sposób służenia Bogu"[23]. Poddanie życia Bogu nie jest jakimś nieprzemyślanym uczuciowym impulsem, ale racjonalnym, inteligentnym aktem, najbardziej odpowiedzialną i rozsądną rzeczą, jaką możemy zrobić ze swoim życiem. Dlatego właśnie apostoł Paweł powiedział: „Naszym celem jest sprawianie Mu radości każdym naszym czynem..."[24]. Najmądrzejsze chwile naszego życia to te, kiedy mówimy Bogu: „Tak, Panie".

Poddanie się Bogu nie jest najlepszym sposobem życia, lecz jedynym sposobem życia.

Niekiedy potrzeba wielu lat, by w końcu odkryć, że największą przeszkodą w przeżywaniu Bożych błogosławieństw nie byli inni, lecz my sami – nasz upór, nieokiełznana duma i osobiste ambicje. Nie możemy realizować Bożych planów dla naszego życia, jeśli skupiamy się na własnych planach.

Jeśli Bóg ma w tobie dokonać wielkich zmian, to musisz zacząć właśnie od tego. Po prostu oddaj to wszystko Bogu: twój brak spełnienia z przeszłości, obecne problemy, przyszłe ambicje, obawy, marzenia, słabości, nawyki, urazy i rzeczy niedokończone. Posadź Jezusa na fotelu kierowcy swojego życia i przekaż Mu kierownicę. Nie bój się, nic co jest pod Jego kontrolą, nigdy się spod niej nie wymknie. Prowadzony przez Jezusa, będziesz w stanie poradzić sobie ze wszystkim. Wtedy tak jak apostoł Paweł będziesz mógł powiedzieć: „Wszystko mogę uczynić, czego zażąda ode mnie Bóg, gdy korzystam z pomocy Chrystusa, który dodaje mi sił. Jestem samowystarczalny, ponieważ wystarczy mi Chrystus"[25].

Moment, w którym Paweł poddał życie Bogu, nastąpił podczas jego podróży do Damaszku, po tym, jak padł na ziemię pod wpływem oślepiającej jasności. Jeśli chodzi o nas, Bóg stara się zwracać na siebie naszą uwagę raczej mniej drastycznymi metodami. Niezależnie od tego, poddanie się nigdy nie jest jednorazowym wydarzeniem. Paweł powiedział: „Moje ja umiera każdego dnia"[26]. Istnieje coś takiego, jak moment poddania się i coś takiego, jak zwyczaj poddawania się, który następuje co chwilę i trwa przez całe życie. Problem z żywą ofiarą jest taki, że jest ona w stanie „uciekać" z ołtarza, dlatego być może będziesz musiał poddawać swoje życie nawet i pięćdziesiąt razy dziennie. Musisz uczynić poddanie twoim codziennym nawykiem. Jezus powiedział: „Jeśli ktoś chce mnie naśladować, niech porzuci rzeczy, których pragnie. By za mną iść musi być skłonny codziennie składać w ofierze swoje życie"[27].

Pozwól, że dam ci ostrzeżenie – kiedy postanowisz prowadzić życie całkowicie poddane Bogu, twoja decyzja będzie poddawana próbom. Niekiedy będzie to oznaczało wykonywanie uciążliwych, niepopularnych, kosztownych czy nawet pozornie niewykonalnych zadań. Często okaże się, że będziesz robił coś odwrotnego niż wydaje ci się, że powinieneś robić.

Jednym z wielkich chrześcijańskich przywódców dwudziestego wieku był założyciel organizacji „Campus Crusade for Christ" – Bill Bright. Dzięki wysiłkom działaczy tej organizacji na całym świecie – rozdawaniu broszurki „Cztery zasady duchowego życia" oraz wyświetlaniu filmu „Jezus" (obejrzanego już przez 4 miliardy widzów), ponad 150 milionów ludzi przyjęło Chrystusa i spędzi wieczność w Niebie.

Kiedyś spytałem Billa: „Dlaczego Bóg używał i błogosławił twoje życie w tak wielkim stopniu?", na co odpowiedział: „Kiedy byłem młodzieńcem, zawarłem z Bogiem umowę. Była to dosłowna pisemna umowa, której treść sam ułożyłem i pod którą złożyłem podpis. Brzmiała ona tak: Od dnia dzisiejszego będę niewolnikiem Jezusa Chrystusa".

Czy podpisałeś już kiedyś podobny kontrakt z Bogiem? A może nadal spierasz się i walczysz z Nim, kwestionując Jego prawo do robienia z twoim życiem tego, czego On sam zapragnie? Teraz masz czas, by poddać się Bożej łasce, miłości i mądrości.

DZIEŃ DZIESIĄTY
MYŚLĄC O MOIM CELU

Główna myśl: Istotą uwielbienia jest poddanie się.

Werset do zapamiętania: „Poświęć się Bogu... Poddaj Mu całego siebie, by mógł cię używać do właściwych celów" – Rzymian 6:13 (TEV).

Pytanie do rozważenia: Jakiej dziedziny swojego życia nie potrafię poddać Jezusowi?

Stając się z Bogiem
najlepszymi przyjaciółmi

Ponieważ odzyskaliśmy przyjaźń z Bogiem
przez śmierć Jego Syna,
gdy byliśmy jeszcze Jego przeciwnikami,
to z pewnością będziemy uwolnieni
od wiecznej kary przez Jego życie.

Rzymian 5:10 (NLT)

Bóg chce być twoim najlepszym przyjacielem.

Twoja relacja z Bogiem ma wiele różnych aspektów: Bóg jest twoim Stwórcą, Panem, Mistrzem, Ojcem, Odkupicielem, Zbawicielem i Sędzią. Tę listę można by jeszcze wydłużać[1]. Najbardziej emocjonujące jest jednak to, że wszechmocny Bóg pragnie być twoim przyjacielem!

W ogrodzie Eden byliśmy z Bogiem w idealnych relacjach. Adama i Ewę łączyła z Nim bardzo bliska przyjaźń. Nie było żadnych rytuałów, ceremonii czy religii, lecz istniała po prostu oparta na miłości więź między Bogiem i ludźmi, których stworzył. Nie napotykając przeszkód, takich jak poczucie winy czy strach, Adam i Ewa rozkoszowali się Bogiem, a Bóg rozkoszował się nimi.

Zostaliśmy stworzeni, by cały czas żyć w Bożej obecności, ale po upadku pierwszych ludzi te doskonałe relacje zostały utracone. W czasach Starego Testamentu tylko kilka osób miało przywilej trwania w przyjaźni z Bogiem. Mojżesz i Abraham zostali nazwani „przyjaciółmi Boga", Dawid – „mężem według Bożego serca", a Job, Henoch i Noe byli z Bogiem w szczególnie bliskich, przyjacielskich relacjach[2]. W Starym Testamencie bardziej powszechny był jednak strach przed Bogiem niż przyjaźń z Nim.

Jezus zmienił tę sytuację. Kiedy zapłacił za nasze grzechy na krzyżu, kurtyna w świątyni symbolizująca oddzielenie ludzi od Boga rozdarła się od góry do dołu, wskazując, że został przywrócony bezpośredni dostęp do Boga.

Inaczej niż starotestamentowi kapłani, którzy całymi godzinami przygotowywali się na spotkanie z Bogiem, my możemy zwrócić się do Niego w każdym czasie. Biblia mówi: „Teraz możemy cieszyć się naszą nową, wspaniałą społecznością z Bogiem dzięki temu, że Pan Jezus Chrystus przez swą śmierć uczynił nas Jego przyjaciółmi"[3].

Przyjaźń z Bogiem jest możliwa jedynie z racji Bożej łaski i ofiary Jezusa. „Wszystko to uczynił Bóg, który przez Chrystusa zmienił nas z wrogów w przyjaciół"[4]. Stary hymn kościelny powiada: „Przyjacielem naszym Jezus", jednak Bóg zachęca nas do przyjaźni i społeczności z wszystkimi trzema osobami Bożej Trójcy, tj. Ojcem[5], Synem[6] i Duchem Świętym[7].

DZIEŃ JEDENASTY:

STAJĄC SIĘ
Z BOGIEM
NAJLEPSZYMI
PRZYJACIÓŁMI

Jezus powiedział: „Nie będę was już dłużej nazywał sługami, bo sługa nie zna się na sprawach swojego mistrza. Zamiast tego nazwałem was przyjaciółmi, bo wszystko, czego dowiedziałem się od Ojca, przekazałem wam"[8]. Słowo, które w tym wierszu określa przyjaciela, nie wiąże się ze zwyczajną znajomością z kimś, ale z bliskim związkiem opartym na zaufaniu. Takie samo słowo użyte jest na określenie świadka ceremonii ślubnej[9] oraz ludzi z kręgu najbliższych przyjaciół króla. Na dworach królewskich słudzy muszą pozostawać w odpowiedniej odległości od króla, ale ludzie z najbliższego otoczenia władcy mają z nim bezpośredni kontakt i przywilej otrzymywania poufnych informacji.

Trochę trudno mi pojąć, że Bóg chce, bym został Jego przyjacielem. Biblia jednak mówi: „On jest Bogiem, który żarliwie pragnie społeczności z Tobą"[10].

Bogu ogromnie zależy, byśmy Go blisko poznali. On tak zaplanował powstanie wszechświata i cały przebieg historii ludzkości oraz każdego człowieka z osobna, byśmy stali się Jego przyjaciółmi. Biblia mówi: „On stworzył cały rodzaj ludzki i uczynił ziemię gościnną, dając nam dość czasu i miejsca, by Go poszukiwać – nie po to, by błądzić w ciemności, lecz naprawdę móc Go odnaleźć"[11].

Naszym najwyższym przywilejem jest znajomość Boga i kochanie Go, a największą Jego przyjemnością jest bycie poznanym i kochanym. On mówi: „Jeśli ktoś chce się czymś szczycić, niech się szczyci tym, że mnie zna i rozumie... Te rzeczy są mi miłe"[12].

Trudno sobie wyobrazić, że możliwa jest bliska przyjaźń między wszechmocnym, niewidzialnym i doskonałym Bogiem a ograniczoną i grzeszną ludzką istotą. Łatwiej jest zrozumieć relacje między Mistrzem a sługą, Stwórcą a stworzeniem czy nawet Ojcem a dzieckiem. Ale co miałoby oznaczać to, że Bóg chce, bym został Jego przyjacielem? Przypatrując się życiu biblijnych postaci, które były przyjaciółmi Boga, możemy poznać sześć tajemnic przyjaźni z Bogiem.

JAK STAWAĆ SIĘ NAJLEPSZYM PRZYJACIELEM BOGA?

Poprzez nieustanny dialog. Bliskiego związku z Bogiem nie stworzymy nigdy, chodząc tylko do kościoła lub poświęcając Mu określony czas w zaciszu domowym. Budowanie przyjaźni z Bogiem polega na dzieleniu z Nim *wszystkich* życiowych doświadczeń.

Oczywiście ważnym jest, by wyrobić sobie nawyk codziennego rozważania Jego Słowa i modlitwy w wyznaczonym czasie[13]. Bóg chciałby jednak czegoś więcej niż to, że w swoim rozkładzie zajęć znajdziesz akurat czas na spotkanie z Nim. On chce uczestniczyć *w każdym* twoim działaniu i rozmowie oraz być obecnym w rozwiązywaniu twoich problemów, a nawet w twoich myślach. Przez cały dzień możesz prowadzić z Nim rozmowę i mówić Mu o wszystkim, cokolwiek w danej chwili robisz czy myślisz. „Nieustanna modlitwa"[14] oznacza rozmawianie z Bogiem w czasie zakupów, prowadzenia samochodu, pracy czy wykonywania którejkolwiek z codziennych czynności.

Naszym najwyższym przywilejem jest znajomość Boga i kochanie Go, a największą Jego przyjemnością jest bycie poznanym i kochanym.

Powszechnym nieporozumieniem jest przekonanie, że spędzanie czasu z Bogiem oznacza przebywanie z Nim *sam na sam*. Wzorując się na Jezusie, widzimy, że to jest potrzebne, ale to może zająć tylko niewielką część twojego dnia. Czas spędzany z Bogiem może obejmować *wszystko*, co czynimy, o ile pozwalamy Mu w tym uczestniczyć i jesteśmy świadomi Jego obecności.

Klasyczną książką na temat uczenia się prowadzenia stałej rozmowy z Bogiem jest *Praktykowanie Bożej obecności*. Napisał ją w siedemnastym wieku skromny kucharz jednego z francuskich klasztorów, brat Lawrence. Nawet najbardziej pospolite i przyziemne zajęcia, takie jak przyrządzanie potraw czy mycie naczyń, człowiek ten potrafił zamieniać w akty uwielbienia i społeczności z Bogiem. Według niego kluczem do przyjaźni z Bogiem nie jest zmiana tego, co robimy, ale zmiana naszego *nastawienia* do tego, co robimy. To, co zwykle robimy dla siebie, zacznijmy czynić dla Boga, niezależnie czy będzie to jedzenie, kąpiel, praca, wypoczynek czy wychodzenie ze śmieciami.

W dzisiejszych czasach często wydaje nam się, że aby uwielbiać Boga, musimy odłożyć na bok nasze codzienne obowiązki. Uważamy tak, ponieważ nie nauczyliśmy się doświadczać Jego obecności o każdej porze dnia i nocy. Brat Lawrence zauważył, że Boga da się chwalić zwyczajnymi czynnościami, które wypełniają nasz dzień i że nie trzeba się w tym celu udawać do miejsca jakiegoś „duchowego odosobnienia" czy odsuwać się od ważnych zajęć.

Taki jest Boży ideał. W ogrodzie Eden uwielbienie nie było wydarzeniem, w którym należało brać udział, ale konsekwentną postawą ducha. Adam i Ewa trwali w nieprzerwanej społeczności z Bogiem. Ponieważ Bóg jest z nami cały czas, żadne miejsce nie znajduje się bliżej Boga niż to, w którym właśnie przebywamy. Biblia mówi: „On rządzi wszystkim, jest wszędzie i we wszystkim"[15].

Inną z pomocnych rad brata Lawrence'a było to, by modlić się raczej krótkimi zdaniami na zasadzie konwersacji *przez cały dzień*, niż w długich sesjach modlitewnych, w których poruszamy wiele różnych spraw. Jeśli chodzi o kwestie odpowiedniego skupienia się i odpierania rozpraszających myśli, brat Lawrence powiedział: „Nie zalecałbym wam używania w modlitwie zbyt wielkiej ilości słów, gdyż w długich wywodach łatwo zgubić główny wątek"[16]. W czasach, gdy tak niezwykle trudno skupić na czymś uwagę, ta mająca czterysta pięćdziesiąt lat sugestia, by modlić się w sposób prosty, wydaje się szczególnie słuszna.

Biblia namawia nas, by „modlić się cały czas"[17]. Czy jest to w ogóle wykonalne? Jednym ze sposobów są krótkie modlitwy, które można porównać do oddechu, czegoś w rodzaju westchnienia do Boga. Wielu chrześcijan modliło się tak przez całe wieki. Gdy chcesz to robić, możesz wybrać sobie krótkie zdanie lub wyrażenie i powtarzać je Jezusowi jednym tchem, np.: „Jesteś ze mną", „Przyjmuję Twoją łaskę", „Polegam na Tobie", „Chcę Cię poznawać",

Czas spędzany z Bogiem może obejmować wszystko, co czynimy, o ile pozwalamy Mu w tym uczestniczyć i jesteśmy świadomi Jego obecności.

„Należę do Ciebie", „Pomóż mi ufać Tobie". Możesz też posługiwać się krótkimi fragmentami Biblii, jak na przykład: „Dla mnie życiem jest Chrystus", „Nigdy mnie nie opuścisz", „Jesteś moim Bogiem". Módl się podobnymi słowami tak często, jak to możliwe, aby zakorzeniły się one głęboko w twoim sercu. Upewnij się jednak, że twoim motywem do takiej modlitwy będzie czczenie Boga, a nie kierowanie Nim.

Doświadczanie Bożej obecności to umiejętność lub też nawyk, jaki można w sobie wykształcić. Tak jak muzycy muszą codziennie ćwiczyć gamy i wprawki, by bez trudu wykonywać piękną muzykę, tak i my powinniśmy zmuszać się do myślenia o Bogu o różnych porach dnia. Musimy trenować nasz umysł, by dobrze pamiętać, jaki jest Bóg.

Najpierw będziesz potrzebował znaleźć rzeczy, które nieustannie będą ci przypominały, że Bóg jest z tobą w każdym momencie. Zacznij od umieszczania w swoim otoczeniu wizualnych znaków czy symboli. Możesz na przykład nakleić gdzieś karteczkę z tekstem „Bóg jest teraz ze mną i po mojej stronie". Wybijanie pełnej godziny przez zegar przypominało mnichom z zakonu benedyktynów o przerwaniu zajęć i odmówieniu pacierza. Jeśli masz zegarek lub telefon komórkowy z budzikiem, możesz praktykować coś podobnego. Niekiedy będziesz odczuwał Bożą obecność, a niekiedy nie.

Jeśli poszukujesz *doświadczenia* Jego obecności poprzez te wszystkie rzeczy, to znaczy, że czegoś nie rozumiesz. Nie chwalisz Boga, by *mieć dobre samopoczucie*, ale po to, by *czynić* to, co dobre w Jego oczach. Twoim celem nie jest jakieś miłe uczucie, ale ciągła świadomość faktu, że Bóg zawsze jest z tobą. Na tym polega styl życia wyrażający uwielbienie.

Poprzez ciągłą medytację. Drugim sposobem budowania przyjaźni z Bogiem jest myślenie o Jego Słowie w ciągu całego dnia. To nazywa się medytacją, a Biblia wielokrotnie namawia nas do medytowania nad tym, kim Bóg jest, czego dokonał i co powiedział[18].

Nie da się być Bożym przyjacielem, *nie wiedząc, co On mówi*. Nie można Go kochać, jeżeli się Go nie pozna, a nie można Go znać, o ile nie zna się Jego Słowa. Biblia mówi, że Bóg „objawił się Samuelowi przez swoje słowo"[19]. Bóg nadal dzisiaj używa tej metody.

Nie jesteśmy w stanie przez cały dzień studiować Biblii, ale możemy o niej *myśleć* przez cały dzień, przypominając sobie przeczytane lub znane na pamięć wersety i rozważać je.

Medytację utożsamia się często niesłusznie z jakimś skomplikowanym, tajemniczym rytuałem odprawianym przez mnichów czy mistyków odizolowanych od zewnętrznego świata. Tymczasem jest ona po prostu myśleniem skupionym na konkretnej idei lub rzeczy, umiejętnością, którą każdy może przyswoić i korzystać z niej w dowolnym miejscu i czasie.

Gdy nieustannie myślimy o jakimś problemie, to mamy do czynienia ze zmartwieniem. Kiedy natomiast nieprzerwanie myślimy o Bożym Słowie, to jest to medytacja. Jeśli wiemy, jak się martwić, to wiemy też, jak medytować! Musimy po prostu przenieść swoją uwagę z dręczących nas problemów na biblijne wersety. Im więcej będziemy medytowali nad Bożym Słowem, tym mniej będziemy mieli zmartwień.

Powodem, dla którego Bóg uznał Joba i Dawida za swoich bliskich przyjaciół, było to, że cenili Jego Słowo ponad wszystko i rozmyślali nad nim całymi dniami. Job wyznał: „Słowa Jego ust cenię bardziej niż mój powszedni chleb"[20]. Dawid wyznał: „O, jak kocham Twoje prawo! Medytuję nad nim całymi dniami"[21] oraz „Twoje słowa bez przerwy wypełniają mój umysł. Nie mogę przestać o nich myśleć"[22].

Przyjaciele powierzają sobie nawzajem tajemnice. Bóg też będzie ci odsłaniał swoje, jeśli wykształcisz w sobie nawyk myślenia o Nim przez cały dzień. Bóg ujawnił swoje sekrety Abrahamowi i to samo zrobił względem Daniela, Pawła, uczniów Chrystusa i innych swoich przyjaciół[23].

Kiedy czytasz Biblię, słuchasz kazania lub taśmy z wykładem Pisma Świętego, nie powinieneś zapominać tego, czego się z nich dowiedziałeś i tak po prostu przejść do innych zajęć. Praktykuj zwyczaj stałego odtwarzania w pamięci Bożych prawd, które już znasz. Im więcej czasu poświęcisz na rozważanie, co mówi Bóg, tym bardziej poznasz tajemnice dotyczące życia. Wiedza o nich jest niedostępna dla ludzi, którzy tego warunku nie spełniają, a takich jest niestety większość. Biblia mówi: „Przyjaźń z Bogiem zarezerwowana jest dla tych, którzy Go czczą. Tylko przed nimi odkrywa On tajemnice swoich obietnic"[24].

W następnym rozdziale omówimy cztery kolejne sekrety pielęgnowania przyjaźni z Bogiem, ale z ich poznawaniem nie musisz czekać aż do jutra. Zacznij od dzisiaj wprowadzać w życie zwyczaj nieprzerwanego rozmawiania z Bogiem i ciągłej medytacji nad Jego Słowem. Modlitwa pozwala ci mówić do Boga, natomiast twoja medytacja umożliwia Bogu mówienie do ciebie. Obie te praktyki są podstawą budowania bliskiej przyjaźni z Bogiem.

DZIEŃ JEDENASTY
MYŚLĄC O MOIM CELU

Główna myśl: Bóg chce być moim najlepszym przyjacielem.

Werset do zapamiętania: „Przyjaźń z Bogiem zarezerwowana jest dla tych, którzy Go czczą" – Psalm 25:14 (LB).

Pytanie do rozważenia: Co powinienem robić, by nieustannie pamiętać, że mam myśleć o Bogu i rozmawiać z Nim przez cały dzień?

Budując przyjaźń z Bogiem

On oferuje swą przyjaźń pobożnym.

Przypowieści Salomona 3:32 (NLT)

Zbliż się do Boga, a On przybliży się do ciebie.

Jakuba 4:8 (NLT)

Możesz być tak blisko Boga, jak tylko sobie życzysz.

Nad przyjaźnią z Bogiem trzeba pracować, tak jak nad każdą inną. Przyjaźni nie zdobywa się dzięki korzystnemu zbiegowi okoliczności. Wymaga ona gorliwości, czasu i wysiłku. Jeśli zależy ci na głębszej i bardziej osobistej więzi z Bogiem, to musisz nauczyć się szczerze ujawniać przed Nim swoje uczucia, ufać Mu, gdy cię o coś prosi, troszczyć się o to, o co On się troszczy i pragnąć Jego przyjaźni bardziej niż czegokolwiek innego.

Wybierz szczerość wobec Boga. Pierwszym elementem budowania bliskiej przyjaźni z Bogiem jest całkowita szczerość, jeśli chodzi o twoje porażki i emocje. Bóg nie oczekuje od ciebie doskonałości, ale nalega, byś był wobec Niego całkowicie uczciwy. Żaden z opisywanych w Biblii przyjaciół Boga nie był człowiekiem doskonałym. Jeśli doskonałość byłaby Bożym wymogiem przyjaźni, to nigdy nie stałbyś się Jego przyjacielem. Na szczęście, dzięki Bożej łasce Jezus nadal jest „przyjacielem grzeszników"[1].

Przyjaciele Boga, o których czytamy w Biblii, byli wobec Niego szczerzy. Przed swoim Stwórcą odkrywali swoje uczucia, potrafili narzekać, wykazywać podejrzliwość, oskarżać i spierać się z Nim. Boga jednak ta szczerość nie raziła, wprost przeciwnie, On do niej zachęcał.

Bóg pozwolił Abrahamowi na zadawanie Mu pytań na temat planowanego zniszczenia Sodomy oraz dyskutowanie nad zasadnością Bożej decyzji. Abraham dręczył Boga prośbami o oszczędzenie miasta, negocjując z Nim ilość osób, jaką mógłby w nim zachować przy życiu. Na początku prosił o ocalenie pięćdziesięciu sprawiedliwych, by na końcu przyjąć do wiadomości, że przeżyje ich tylko dziesięciu.

Bóg słuchał też cierpliwie Dawida, gdy ten oskarżał Go o niesprawiedliwe traktowanie, zdradę czy porzucenie. Nie ukarał Jeremiasza, który powiedział, że Bóg Go okłamał. Jobowi pozwolił wylać z siebie wszystkie żale podczas ciężkich przeżyć. Później bronił go przed ludźmi za jego szczerość, a przyjaciół Joba ganił za fałszywą postawę. Powiedział im tak: „Nie byliście uczciwi wobec mnie ani kiedy o mnie mówiliście innym, nie tak jak mój przyjaciel Job... Mój przyjaciel Job będzie się o was modlił, a ja tej modlitwy wysłucham"[2].

W jednym szczególnym przypadku przyjacielskiej szczerości[3] Bóg otwarcie wyraził swoją odrazę wobec nieposłuszeństwa Izraela. Powiedział Mojżeszowi, że spełni obietnicę i da im Ziemię Obiecaną, *ale* nie zamierzał zrobić z nimi ani kroku dalej po pustyni! Bóg miał ich dość i ujawnił Mojżeszowi to, co czuł.

Mówiąc jako Boży przyjaciel, Mojżesz zareagował z taką samą szczerością: „Panie, każesz mi poprowadzić ten lud, ale nie mówisz mi kogo ze mną poślesz... Jeśli jestem dla ciebie kimś szczególnym, to pozwól mi poznać Twoje plany... Nie zapomnij, że to Twój lud i Ty za niego odpowiadasz... Jeśli nie chcesz nas prowadzić swoją obecnością, to odwołaj tę wędrówkę! Jak inaczej poznam, że jesteś ze mną i ze swoim ludem? Czy pójdziesz z nami czy nie?..." Bóg odpowiedział Mojżeszowi: „W porządku, uczynię tak jak powiedziałeś, gdyż dobrze cię znam i jesteś dla mnie kimś szczególnym"[4].

Bóg nie oczekuje od ciebie doskonałości, ale nalega, byś był wobec Niego całkowicie uczciwy.

Czy Bóg mógłby znieść podobną szczerość z naszej strony? Z całą pewnością! Prawdziwa przyjaźń oparta jest na otwartości. To, co może się wydawać *zuchwalstwem*, Bóg postrzega jako *autentyczność*. Bóg przysłuchuje się emocjonalnym wyznaniom swoich przyjaciół i jest znudzony przewidywalnymi, napuszonymi sloganami. By być Bożym przyjacielem, musisz być przed Nim szczery i przyznawać Mu się do swoich rzeczywistych uczuć, a nie demonstrować to, co wydaje ci się, że powinieneś czuć lub myśleć.

Możliwe, że potrzebujesz wyznać, iż odczuwasz wobec Boga jakiś ukryty gniew czy urazę, bo w jakiejś sferze życia poczułeś się przez Niego okłamany lub rozczarowany. Zanim dojrzejesz na tyle, by zrozumieć, że w twoim

Zgorzkniałość jest największą przeszkodą do zaprzyjaźnienia się z Bogiem.

życiu Bóg używa *wszystkiego* dla twojego dobra, będziesz miał Bogu za złe swój wygląd, pochodzenie, modlitwy bez odpowiedzi, zranienia z przeszłości oraz inne rzeczy, które byś zmienił, gdybyś był Bogiem. Ludzie winią często Boga za krzywdy doznane od innych. William Backus nazywa to „naszym ukrytym zatargiem z Bogiem".

Zgorzkniałość jest największą przeszkodą w zaprzyjaźnieniu się z Bogiem. Odczuwając ją, zadajemy sobie pytanie, dlaczego mielibyśmy chcieć zostać Jego przyjaciółmi, jeśli On dopuścił *do tego*, co nas gnębi. Antidotum na to może być oczywiście uświadomienie sobie, że Bóg działa *zawsze* w naszym najlepszym interesie, nawet jeśli to, co się dzieje, jest bolesne i nie wiemy, dlaczego nas to spotkało. Jednak wyrzucenie z siebie urazy i ujawnienie prawdziwych odczuć to pierwszy krok do uzdrowienia. Podobnie jak wiele biblijnych postaci, powiedz Bogu, jak się dokładnie czujesz[5].

By pokazać nam prawdziwą szczerość, Bóg dał nam Księgę Psalmów. Jest to podręcznik uwielbienia, pełen narzekania, wymówek, wątpliwości, obaw, urazów i głębokich namiętności połączonych z dziękczynieniem, wysławianiem i wyznaniami wiary. W Psalmach można znaleźć każde ze znanych ludzkich uczuć. Kiedy czytasz emocjonalne wyznania Dawida oraz innych biblijnych postaci, uprzytomnij sobie, że Bóg chce, byś właśnie tak Go wielbił – nie tłumiąc w sobie niczego, co czujesz. Możesz modlić się jak Dawid: „Wylewam przed Nim swoje żale i mówię Mu o wszystkich moich kłopotach, gdyż jestem nimi przytłoczony"[6].

Zachęcająca jest świadomość, że wszyscy Boży przyjaciele – Mojżesz, Dawid, Abraham, Job i inni, toczyli walkę z wątpliwościami. Zamiast jednak maskować swoje obawy nabożnymi komunałami, artykułowali je w sposób otwarty i publiczny. Wyrażanie wątpliwości jest często pierwszym krokiem do wejścia na wyższy poziom przyjaźni z Bogiem.

Wybierzmy posłuszeństwo Bogu poprzez wiarę. Zawsze, kiedy ufasz Bożej mądrości i robisz wszystko, o cokolwiek On cię poprosi, nawet wtedy, gdy nie wiesz, czemu ma to służyć, pogłębiasz swą relację z Bogiem. Posłuszeństwa nie traktujemy jako jednej z cech przyjaźni, bo uważamy, że jest ono przyporządkowane stosunkom człowieka z rodzicami, szefem czy dowódcą, ale nie z przyjacielem. Jezus powiedział jednak jasno, że posłuszeństwo to warunek bliskiej przyjaźni z Bogiem. On powiedział: „Jesteście moimi przyjaciółmi, jeśli czynicie to, co nakazuję"[7].

W poprzednim rozdziale wspomniałem, że słowo, jakiego Jezus używa, nazywając nas przyjaciółmi, może też dotyczyć ludzi z najbliższego otoczenia króla – jeśli chodzi o ziemskich władców. Posiadając szczególne przywileje, osoby te są nadal poddanymi króla i muszą wykonywać jego polecenia. My jesteśmy przyjaciółmi Boga, ale nie jesteśmy Mu równi. On jest naszym kochającym przywódcą, a my za Nim idziemy.

Nie jesteśmy Bogu posłuszni z obowiązku, obawy czy przymusu, ale dlatego, że Go *kochamy* i ufamy, iż On wie, co jest dla nas najlepsze. *Chcemy* naśladować Jezusa z wdzięczności za to, czego dla nas dokonał i im bardziej to czynimy, tym bardziej pogłębia się nasza przyjaźń z Nim.

Niewierzący często uważają, że chrześcijanie są posłuszni Bogu z poczucia obowiązku lub winy albo z obawy przed karą. Prawda jest jednak zupełnie odmienna. Ponieważ uzyskaliśmy przebaczenie i wolność, to jesteśmy posłuszni z miłości, a nasze posłuszeństwo niesie ze sobą wielką radość! Jezus powiedział: „Pokochałem was tak jak Ojciec pokochał mnie. Trwajcie w mojej miłości. Gdy jesteście mi posłuszni, trwacie w mojej miłości, tak jak ja posłuszny memu Ojcu trwam w Jego miłości. Powiedziałem wam to, abyście byli wypełnieni moją radością. Tak, wasza radość będzie się w was przelewać!"[8].

Zauważ, że Jezus oczekuje od nas czynienia tylko tego, co On robił względem Ojca. Ich wzajemna relacja jest wzorcem dla naszej przyjaźni

DZIEŃ DWUNASTY:

BUDUJĄC
PRZYJAŹŃ
Z BOGIEM

z Bogiem. Jezus czynił wszystko, czego chciał od Niego Ojciec i wynikało to z miłości.

Prawdziwa przyjaźń nie jest bierna, lecz dynamiczna. Kiedy Jezus każe nam kochać innych, pomagać potrzebującym, dzielić się swoimi dobrami, żyć w czystości, przebaczać i przyprowadzać do Niego innych, to miłość motywuje nas do natychmiastowego podporządkowania się temu.

Często namawia się chrześcijan do zrobienia dla Boga czegoś „wielkiego". W rzeczywistości Bóg jest bardziej zadowolony, gdy robimy dla Niego małe rzeczy, które wynikają z posłuszeństwa podyktowanego miłością. Czyny te mogą przejść niezauważone przez innych, ale Bóg je dostrzega i uważa za akty uwielbienia.

Wielkie okazje pojawiają się być może raz w życiu, natomiast te skromniejsze wprost spotykają nas na co dzień. Nawet tak proste działania, jak: mówienie prawdy, uprzejmość czy wspieranie innych przynoszą Bogu radość. Proste akty posłuszeństwa Bóg ceni bardziej niż nasze modlitwy, wychwalanie Go czy datki pieniężne. Biblia mówi nam: „Co jest Bogu bardziej miłe: ofiary składane na ołtarzu czy posłuszeństwo Jego głosowi? Lepiej jest być posłusznym niż składać ofiary"[9].

Jezus rozpoczął swą publiczną służbę w wieku trzydziestu lat, będąc ochrzczonym przez Jana Chrzciciela. W czasie tego wydarzenia Bóg przemówił z Nieba: „To mój ukochany Syn, w którym wszystko sobie upodobałem"[10]. Co takiego przez trzydzieści lat robił Jezus, że tak bardzo podobało się to Bogu? Poza jednym zdaniem z Ewangelii Łukasza 2:51, Biblia nic nie mówi o tym okresie Jego życia. Oto, co na ten temat znajdujemy w Piśmie: „Wtedy wrócił z nimi do Nazaretu i był im posłuszny" – (tłumaczenie „The Message"). Trzydzieści lat przynoszenia radości Bogu zostało podsumowane trzema słowami: „był im posłuszny"!

Wybierz to, co ma wartość dla Boga. Przyjaciela cechuje to, że dba o to, co ważne dla drugiej osoby. Im bardziej stajesz się Bożym przyjacielem, tym bardziej troszczysz się o rzeczy, o które On się troszczy, smucisz się tym, co Jego smuci i cieszysz się tym, co Jemu sprawia przyjemność.

Najlepszym przykładem takiej postawy jest apostoł Paweł. Boże dążenia były jego dążeniami, a Boże pasje jego pasjami. „Zależy mi na was, bo przepełnia mnie troska samego Boga"[11]. Dawid czuł to samo: „Gorliwość o Twój dom płonie we mnie, dlatego ci, którzy obrażają Ciebie, obrażają też mnie"[12].

O co najbardziej troszczy się Bóg? O odkupienie swojego ludu. On chce odnaleźć wszystkie swoje zagubione dzieci. To cały powód, dla którego Jezus przyszedł na ziemię. Sprawą najdroższą sercu Boga jest śmierć Jego Syna. Następną z najdroższych dla Niego spraw jest to, by Jego dzieci dzieliły się tą wiadomością z innymi. Aby być Bożymi przyjaciółmi, musimy troszczyć się o wszystkich otaczających nas ludzi, bo On również troszczy się o nich. Boży przyjaciele mówią swoim przyjaciołom o Bogu.

Im bardziej stajesz się Bożym przyjacielem, tym bardziej troszczysz się o rzeczy, o które On się troszczy.

Zapragnij przyjaźni z Bogiem ponad wszystko inne. Psalmy pełne są przykładów takiego pragnienia. Dawid ponad wszystko, żarliwie pragnął poznawać Boga i w Psalmach wyrażał to takimi słowami, jak: *pragnę, tęsknię, wzdycham, jestem spragniony* lub *głodny*. On łaknął Boga i wyraził to tak: „Tym, czego pragnę najbardziej, jest przywilej medytowania w Jego świątyni, życie w Jego obecności każdego dnia i rozkoszowanie się Jego niezrównaną doskonałością i chwałą"[13]. W innym Psalmie napisał: „Twoja miłość znaczy dla mnie więcej niż życie"[14].

Jakubowi tak zależało na Bożym błogosławieństwie dla swojego życia, że przez całą noc walczył jak zapaśnik z Bożym aniołem, mówiąc: „Nie pozwolę ci odejść, zanim mnie nie pobłogosławisz"[15]. Najbardziej niesamowite w tej historii jest to, że wszechmocny Bóg pozwolił Jakubowi zwyciężyć! Bóg nie czuje się urażony, kiedy się z Nim mocujesz, ponieważ zapasy wymagają bezpośredniego kontaktu, a ten kontakt sprawia, że jesteś blisko Niego. Takie działanie wykonywane jest z pełnym zaangażowaniem, a Bóg lubi, kiedy podchodzisz do Niego z pasją.

Paweł był kolejną postacią zabiegającą o przyjaźń z Bogiem. Nic nie miało większego znaczenia, bo ta przyjaźń była najwyższym priorytetem i największym zamierzeniem jego życia. Na niej też skupiał całą swą uwagę. Z tego powodu Bóg używał Pawła w tak wspaniały sposób. Siłę, z jaką apostoł pragnął bliskiej więzi z niebiańskim Ojcem, dobrze oddaje tłumaczenie Biblii „The Amplified Bible": „Moim najwyższym celem jest poznawanie Go, wchodzenie z Nim w coraz większą i wspanialszą znajomość, coraz silniejsze i wyraźniejsze dostrzeganie i rozumienie Jego cudownej natury"[16].

Prawda jest taka, że to *od nas zależy*, jak blisko Boga będziemy się znajdować. Bliska przyjaźń z Bogiem to kwestia wyboru, a nie dzieło przypadku. Musisz o nią świadomie zabiegać. Czy rzeczywiście pragniesz jej bardziej niż czegokolwiek innego? Jakie ma ona dla ciebie znaczenie? Czy jest warta poświęcenia jej innych rzeczy? Czy warto się wysilać i wyrabiać w sobie niezbędne dla niej nawyki czy nabywać służące jej umiejętności?

Być może jesteś osobą, która kiedyś była gorliwa dla Boga, ale później straciła zapał. To był problem chrześcijan z Laodycei – wygasła ich pierwsza miłość. Czynili wszystko, co właściwe, ale wyłącznie z obowiązku. Jeśli przeżywasz duchowe rozterki, to nie bądź zaskoczony, gdy Bóg dopuści w twoim życiu bolesne doświadczenia.

Ból podsyca w nas determinację do działania. Ładuje nas energią do zmieniania rzeczywistości, którą na co dzień nie dysponujemy. C.S. Lewis kiedyś powiedział: „Ból jest Bożym megafonem". Jest Bożym sposobem na poderwanie nas z letargu. Nasze problemy nie są karą, ale wezwaniem ze strony kochającego Boga do przebudzenia się. On nie jest na nas zły, lecz *zależy Mu* na nas tak, że zrobi wszystko, by została przywrócona nasza społeczność z Nim. Istnieje jednak łatwiejszy sposób odzyskania gorliwości dla Boga – proś Boga, by ci ją dał i nie ustawaj w tym dotąd, aż ją otrzymasz. Cały czas możesz się modlić na przykład taką modlitwą: „Drogi Jezu, bardziej niż czegokolwiek pragnę bliżej Cię poznać". Przebywającym w niewoli babilońskiej ludziom Bóg powiedział: „Kiedy naprawdę, bardziej niż czegokolwiek innego, zechcecie mnie znaleźć, ja sprawię, że nie będziecie zawiedzeni"[17].

NAJWAŻNIEJSZY Z NASZYCH ZWIĄZKÓW

Nie istnieje absolutnie nic, co mogłoby być ważniejsze niż budowanie osobistej przyjaźni z Bogiem. Ten związek będzie trwał wiecznie. Paweł napisał do Tymoteusza następujące słowa: „Niektórzy z nich rozminęli się z najważniejszą rzeczą w życiu – znajomością z Bogiem"[18]. Czy my też gdzieś przegapiliśmy najważniejszą rzecz w życiu? Jeśli tak, to już w tej chwili możemy coś zrobić, by ją odzyskać. Pamiętajmy, że do nas należy decyzja, czy będziemy z Bogiem blisko, czy też nie.

DZIEŃ DWUNASTY
MYŚLĄC O MOIM CELU

Główna myśl: Mogę być tak blisko Boga, jak tylko sobie zażyczę.

Werset do zapamiętania: „Zbliż się do Boga, a On przybliży się do ciebie" – Jakuba 4:8 (NLT).

Pytanie do rozważenia: Jakie konkretne decyzje dotyczące kwestii mojego zbliżania się do Boga mogę podjąć dzisiaj?

Uwielbienie miłe Bogu

Kochaj Pana Boga twego
z całego serca, z całej duszy,
z całego umysłu i z całych sił.

Marek 12:30 (NIV)

Bóg chce cię całego.

Nie chodzi mu tylko o jakąś część twojego życia. On zabiega o *całe* twoje serce, *całą* twoją duszę, *cały* twój umysł i *wszystkie* twoje siły. Bóg nie jest zainteresowany połowicznym oddaniem, częściowym posłuszeństwem czy resztkami twojego czasu i pieniędzy. On pragnie pełnego poświęcenia, a nie kawałków z twojego życia.

Pewna Samarytanka zapytała kiedyś Jezusa o najlepszy czas, miejsce i sposób uwielbiania. On odpowiedział, że te wszystkie czysto zewnętrzne elementy są nieistotne. Miejsce, w którym Boga wielbimy, nie jest tak istotne, jak to, *dlaczego* to robimy i *jak bardzo* się w to angażujemy. Istnieje dobry i zły sposób uwielbiania. Biblia mówi: „Bądźmy Bogu wdzięczni i chwalmy Go w sposób dla Niego miły"[1]. Sposób uwielbiania miły Bogu ma cztery podstawowe cechy:

Boga cieszy to, gdy nasze uwielbienie jest w pełni świadome i właściwie adresowane. Ludzie często mawiają: „Zwykle myślę o Bogu, że jest..." i wyrażają swoją koncepcję Boga, którego chcieliby wielbić. Nie można jednak tworzyć własnego, dogodnego i „politycznie poprawnego" wizerunku Boga, by zgodnie z nim Go wielbić. To byłoby bałwochwalstwem.

Uwielbienie musi opierać się na prawdzie zawartej w Bożym Słowie, a nie naszych opiniach na temat Boga. Samarytance Jezus powiedział tak: „Ważne jest, by uwielbiać Ojca w duchu i prawdzie, gdyż takiej właśnie czci On od nas oczekuje"[2].

Uwielbianie w prawdzie oznacza czczenie Boga takim, jakim opisuje Go Biblia.

Boga cieszy to, gdy nasze uwielbienie jest autentyczne. Kiedy Jezus powiedział, że musimy „wielbić w duchu", to nie miał na myśli Ducha Świętego, ale ducha ludzkiego, który stanowi cząstkę nas samych. Będąc stworzonym na Boży wzór, masz w sobie ducha przebywającego w ciele, a Bóg wyposażył go w ten sposób, by był z Nim w stałej łączności. Uwielbienie to sytuacja, kiedy duch ludzki wchodzi w relację z Duchem Bożym.

Uwielbienie miłe Bogu sięga głębi naszych uczuć oraz głębi biblijnego nauczania. Włączamy w nie zarówno nasze serca, jak i umysły.

Mówiąc, by kochać Go całym sercem i całą duszą, Jezus miał na uwadze to, że uwielbienie powinno być autentyczne i płynąć z głębi serca. To nie jest tylko kwestia wypowiadania właściwych słów. Musisz być przekonany o tym, co mówisz. Uwielbienie, którego wewnętrznie nie czujesz, nie jest uwielbieniem! Jest bezwartościowe i obraża Boga.

Gdy wielbimy Boga, to niezależnie od słów, które wypowiadamy, On na nas patrzy, by zobaczyć postawę naszego serca. Biblia mówi: Ludzie zwracają uwagę na to, co zewnętrzne, ale Pan patrzy na serce[3].

Ponieważ uwielbienie oznacza rozkoszowanie się Bogiem, to angażuje ono również twoje uczucia. Bóg dał ci je po to, byś mógł Go chwalić całą ich siłą. Te uczucia muszą być jednak autentyczne, nie udawane. Bóg nienawidzi obłudy. On nie chce, by w uwielbieniu było obecne gwiazdorstwo, pozory czy choćby nuta fałszu. On pragnie naszej szczerej, prawdziwej miłości. Możemy chwalić Boga w sposób niedoskonały, ale nie wolno nam tego czynić nieszczerze.

Sama szczerość oczywiście nie wystarcza, można przecież szczerze nie mieć racji. Dlatego właśnie potrzebny jest zarówno duch jak i prawda. Uwielbienie powinno być świadome i autentyczne. Uwielbienie miłe

Bogu sięga głębi naszych uczuć oraz głębi biblijnego nauczania. Włącza-my w nie zarówno nasze serca, jak i umysły.

Wielu ludzi dzisiaj utożsamia poruszający wpływ muzyki chrześcijań-skiej z poruszeniem przez Ducha Świętego, ale to nie to samo. Praw-dziwe uwielbienie ma miejsce wtedy, gdy nasz duch reaguje na Boga, a nie na jakiś ton muzyczny. Tak naprawdę, to niektóre sentymentalne i skłaniające do wnikania w głąb ludzkiej duszy pieśni są *przeszkodą* dla uwielbienia, ponieważ odciągają naszą uwagę od Boga i kierują ją na nasze uczucia. To, co nas najbardziej rozprasza w trakcie uwielbiania, to nasza własna osoba – nasz osobisty interes i zastanawianie się, co myślą o nas inni.

Opinie chrześcijan na temat najbardziej odpowiedniego i autentycz-nego sposobu uwielbiania często się różnią, ale nieporozumienia te prze-ważnie są tylko odbiciem różnic w osobowości i pojmowaniu. Biblia wy-mienia wiele form uwielbienia, między innymi wyznawanie, śpiew, ra-dosne wykrzykiwanie, powstawanie dla uczczenia Boga, klęczenie, ta-niec, czynienie radosnego hałasu, świadczenie, granie na instrumentach czy podnoszenie rąk[4]. Najlepszy styl uwielbienia to ten, który wyraża naszą miłość do Boga i koresponduje z naszym sposobem pojmowania oraz otrzymaną od Boga osobowością.

Mój przyjaciel Gary Thomas zauważył, że wielu chrześcijan robi wra-żenie, jakby ugrzęzło w uwielbieniowej koleinie. Ten stan to pozbawio-na satysfakcji rutyna, która wypiera żywą społeczność z Bogiem. Dzieje się tak dlate-go, że ludzie zmuszają się do nabożnych form oraz stylów uwielbienia, które nie współ-grają z unikalną osobowością, w którą Bóg ich wyposażył.

Najlepszy styl uwielbienia to ten, który wyraża naszą miłość do Boga i koresponduje z naszym sposobem pojmowania oraz otrzymaną od Boga osobowością.

Gary zastanawiał się, dlaczego wszyscy mielibyśmy kochać Boga w identyczny spo-sób, skoro Bóg celowo stworzył nas odmien-nymi. Czytając chrześcijańską literaturę i roz-mawiając z dojrzałymi wierzącymi, Gary od-kryl, że od dwóch tysięcy lat chrześcijanie na wiele rozmaitych sposobów pielęgnują swoją bliskość z Bogiem. Do tych sposobów można zaliczyć przebywanie na łonie przyrody, naukę, śpiew, czytanie, taniec, twórczość artystyczną, służbę innym, przebywanie w samotności, utrzymywanie relacji z innymi oraz wiele innych działań.

W swojej książce pt. „Sacred Pathways" (Uświęcone ścieżki)[5], Gary opisuje dziewięć sposobów, dzięki którym ludzie zbliżają się do Boga. I tak, *miłośnicy przyrody* największą inspirację do kochania Boga znajdują na łonie natury. *Uczuciowcy* kochają Boga swymi zmysłami i na nabożeństwach preferują widowiskowe formy uwielbiania, które angażują ich wzrok, smak, powonienie oraz dotyk, a nie tylko słuch. *Tradycjonaliści* zbliżają się do Boga poprzez obrządki, liturgie, symbole i niezmienność struktur. *Asceci* wyrażają swą miłość do Boga najpełniej w samotności i prostocie. *Aktywiści* kochają Boga poprzez zwalczanie wszechobecnego zła i niesprawiedliwości oraz działań zmierzających do naprawiania świata. *Dobroczyńcy* kochają Boga poprzez wyrażanie miłości do ludzi i zaspokajanie ich potrzeb. *Entuzjaści* kochają Boga poprzez organizowanie uroczystych imprez. *Mistycy* kochają Boga poprzez wysławianie Jego atrybutów. *Intelektualiści* kochają Boga poprzez niestrudzone zgłębianie wiedzy.

Nie istnieje żadna uniwersalna formuła uwielbienia i przyjaźni z Bogiem. Pewne jednak jest to, że nie przyniesiemy Bogu chwały, jeśli będziemy próbowali być kimś innym niż On nas stworzył. Bóg chce byśmy pozostali sobą. Tego właśnie typu ludzi poszukuje Ojciec – tych, którzy będąc przed Nim sobą, w prostocie i szczerości Go wielbią[6].

Boga cieszy to, gdy nasze uwielbienie jest przemyślane. Przykazanie Jezusa, by kochać Boga całym swoim umysłem, jest czterokrotnie powtórzone w Nowym Testamencie. Boga nie zadowala pozbawione refleksji śpiewanie pieśni, pobieżna i pełna komunałów modlitwa lub bezmyślne powtarzanie frazy „Chwała Panu", gdy w danej chwili nie mamy Mu nic innego do powiedzenia. Jeśli uwielbienie jest pozbawione myślenia, to jest też pozbawione znaczenia. Musimy w nie zaangażować swój umysł.

Bezmyślne uwielbienie Jezus nazwał pustym powtarzaniem[7]. Nawet biblijne terminy i określenia mogą się stać wyświechtanymi sloganami, jeżeli się ich nadużywa i w rezultacie przestaje się dostrzegać ich znaczenie. To jednak przychodzi łatwiej niż podjęcie wysiłku, by czcić Boga nowymi słowami i sposobami. Dlatego namawiam cię do czytania Biblii w różnych tłumaczeniach oraz parafrazach. W ten sposób wzbogacisz swoje środki wyrazu w uwielbianiu.

Spróbuj chwalić Boga bez użycia takich słów, jak: *chwała*, *alleluja*, *dzięki* lub *amen*. Zamiast mówić: „Panie, chcę cię wielbić", sporządź listę synonimów i używaj nowych słów, takich jak na przykład: *podziwiam, szanuję, cenię, czczę, składam hołd* czy *doceniam*.

Bądź też *konkretny*. Jeśli ktoś podszedłby do ciebie i dziesięciokrotnie powtórzył, że cię uwielbia, to prawdopodobnie zastanowiłbyś się, *dlaczego*. Wolałbyś przecież usłyszeć choćby dwa konkretne komplementy niż dwadzieścia niejasnych uogólnień. Bóg zapatruje się na to tak samo.

Inny pomysł to wypisanie sobie różnych imion Boga i skupienie się na każdym z nich. Boże imiona nie są naszym wymysłem, one mówią o różnych aspektach Jego charakteru. W Starym Testamencie dowiadujemy się, że Bóg stopniowo objawiał się ludowi izraelskiemu poprzez przekazywanie mu swoich nowych imion. On nakazuje nam, byśmy chwalili Go po imieniu[8].

Bóg chce, by przemyślane było również nasze uwielbienie w zgromadzeniach. Paweł poświęca temu zagadnieniu cały czternasty rozdział pierwszego listu do Koryntian, który kończy słowami: „Wszystko czyńcie w odpowiedni i uporządkowany sposób"[9].

W związku z tym Bóg nalega, by uwielbienie podczas nabożeństw było zrozumiałe dla niewierzących, którzy się na nich znajdą. Paweł zauważa: „Wyobraźcie sobie, że na waszym nabożeństwie są obcy, a wy uwielbiacie Boga tylko w duchu. Jeśli oni was nie rozumieją, to jak mogą na waszą modlitwę powiedzieć *Amen*? W ten sposób możecie wspaniale chwalić Pana, lecz innym nie przyniesie to pożytku"[10]. Biblia nakazuje nam, byśmy byli wyczuleni na to, jak niewierzący odbierają nasze nabożeństwa. Ignorowanie tego nakazu to zarówno nieposłuszeństwo jak i brak miłości.

Boga cieszy to, gdy nasze uwielbienie jest praktyczne. Biblia mówi: „Składajcie swoje ciała jako żywą ofiarę, świętą i miłą Bogu, oto wasz duchowy akt uwielbienia"[11]. Dlaczego Bogu zależy na naszym ciele? Dlaczego nie mówi, byśmy składali swojego ducha? Dlatego, że bez naszego ciała nic na tej planecie nie zdziałamy. W wieczności otrzymamy nowe i doskonałe ciała, ale póki jesteśmy jeszcze na ziemi, Bóg chce, byśmy dali Mu te, które posiadamy. On do uwielbienia podchodzi praktycznie.

Niekiedy słyszymy, jak ktoś mówi: „Nie będę mógł przyjść dziś wieczorem na nabożeństwo, ale będę z wami *duchem*". Czy wiesz, co to znaczy? Tyle, co nic i nie ma żadnej wartości! Dopóki żyjemy na ziemi, duch każdego z nas może być tylko tam, gdzie ciało. Jeśli gdzieś nie ma naszego ciała, to nie ma tam też ducha.

W uwielbieniu mamy składać nasze ciała jako żywe ofiary. Ofiara kojarzy się zwykle z czymś martwym, ale Bóg chce, byśmy byli żywymi ofiarami. On chce, byśmy dla Niego *żyli*! Oczywiście z ofiarami jest problem – one lubią umykać z ołtarza i my często to robimy. W niedzielę w jednym z hymnów śpiewamy „Naprzód, naprzód przyjacielu", a już w poniedziałek można o nas powiedzieć, że jesteśmy „nieobecni, nieusprawiedliwieni".

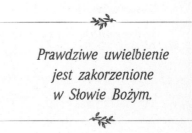

Prawdziwe uwielbienie jest zakorzenione w Słowie Bożym.

Liczne ofiary składane przez ludzi w czasach starotestamentowych sprawiały Bogu przyjemność, gdyż zapowiadały ofiarę, którą Jezus miał za nas złożyć na krzyżu. Dzisiaj cieszą Boga różne ofiary uwielbienia, takie jak: dziękczynienie, wychwalanie, pokora, pokuta, datki pieniężne, modlitwa, służenie innym i dzielenie się dobrami z potrzebującymi[12].

Prawdziwe uwielbienie wiąże się z kosztami. Dawid wiedział o tym i dlatego powiedział: Nie złożę Panu Bogu memu ofiar, które nic mnie nie kosztowały[13].

Uwielbienie kosztuje, ponieważ odbywa się kosztem naszego egocentryzmu. Nie możesz jednocześnie wywyższać Boga i siebie samego. Nie wysławiasz Boga, by być zauważonym lub by sprawić sobie przyjemność. Czyniąc to świadomie, odwracasz swoją uwagę od własnej osoby.

Gdy Jezus powiedział, żeby kochać Boga ze wszystkich sił, to wskazywał, że uwielbienie wymaga wysiłku i nakładu energii. Nie zawsze jest nam na rękę i niekiedy może się nawet wydawać uciążliwe. Bywają chwile, gdy jest ono wyłącznie wyrazem naszej woli. Bierne uwielbienie to pojęcie sprzeczne samo w sobie.

Kiedy chwalimy Boga, nawet gdy nie mamy na to ochoty lub gdy niewyspani wstajemy z łóżka, by się modlić, albo gdy mimo wycieńczenia pomagamy innym, to składamy Mu w ten sposób ofiarę uwielbienia. Bóg odczuwa wtedy radość.

DZIEŃ TRZYNASTY
MYŚLĄC O MOIM CELU

Główna myśl: Bóg chce mnie całego.

Werset do zapamiętania: „Kochaj Pana Boga twego z całego serca, całej duszy, całego umysłu i z całych sił" – Marek 12:30 (NIV).

Pytanie do rozważenia: Który rodzaj mojego uwielbienia jest teraz bardziej miły Bogu – ten publiczny, w gronie innych osób, czy ten zupełnie osobisty?

Gdy Bóg wydaje się być daleko

Pan ukrył się przed swoim ludem,
ale ja Mu ufam i pokładam w Nim nadzieję.

Izajasz 8:17 (TEV)

Bez względu na to, jak się czujesz, Bóg jest realny.

Łatwo jest chwalić Boga, gdy nasze życie układa się pomyślnie, czyli wtedy, kiedy On zapewnia nam pożywienie, daje przyjaciół, rodzinę, zdrowie i wiele miłych zdarzeń. Okoliczności nie zawsze jednak są sprzyjające. Jak wtedy wielbimy Boga? Co robimy, gdy wydaje nam się, że Bóg jest oddalony od nas o miliony lat świetlnych?

Najwyższym poziomem uwielbienia jest chwalenie Boga bez względu na ból, który odczuwamy, dziękowanie Mu, gdy nas doświadcza, ufanie Mu w obliczu pokus, zawierzenie Mu, gdy cierpimy i kochanie Go, gdy wydaje się, że pozostaje gdzieś daleko.

Przyjaźń często jest poddawana próbom poprzez oddzielenie odległością oraz niemożność porozumiewania się. W naszej przyjaźni z Bogiem nie zawsze będziemy *czuli* Jego bliskość. Autor wielu książek, Philip Yancey, zauważył coś takiego: „Każda relacja z drugim człowiekiem ma okresy bliskości i oddalenia. Podobnie jest w naszej relacji z Bogiem. Bez względu na to, jak jest zażyła, jej wahadło będzie się przemieszczało z jednego końca w drugi"[1]. Dzieje się tak wtedy, gdy uwielbianie staje się rzeczą trudną.

By doprowadzić do dojrzałości waszą wzajemną przyjaźń, Bóg wypróbowuje ją w okresach *pozornego* oddalenia. To taki czas, kiedy wydaje ci się, że On cię opuścił lub o tobie zapomniał. Masz wtedy wrażenie, że jest oddalony o całe lata świetlne. Święty Jan od Krzyża nazywa te dni duchowej posuchy, zwątpienia i pozornego odsunięcia się od nas Boga „mroczną nocą duszy", Henri Nouwen – „służbą nieobecności", A.W. Tozer – „służbą nocną", a jeszcze inni – „zmrożeniem serca".

Osobą, która po Jezusie żyła prawdopodobnie w najbliższych relacjach z Bogiem, był Dawid. Boga cieszyło, gdy mógł go nazywać człowiekiem według swojego serca[2]. Dawid często jednak skarżył się na domniemaną Bożą nieobecność: Panie, dlaczego trzymasz się na uboczu i z dala ode mnie? Dlaczego się ukrywasz, gdy cię najbardziej potrzebuję?[3] Dlaczego o mnie zapomniałeś? Dlaczego jesteś tak daleki? Dlaczego ignorujesz moje wołania o pomoc?[4] Dlaczego mnie opuściłeś?[5]

DZIEŃ CZTERNASTY:

GDY BÓG WYDAJE SIĘ BYĆ DALEKO

Oczywiście Bóg wcale nie opuścił Dawida i nie opuszcza też ciebie. On zawsze powtarza: *Nigdy* cię nie opuszczę ani nie zapomnę[6]. Bóg nie obiecał, że zawsze będziemy odczuwali Jego obecność, powiedział nawet, że niekiedy ukrywa przed nami swoją twarz[7]. Niekiedy wydaje nam się, że Bóg nagle zaginął w trakcie wykonywania swoich zadań w naszym życiu.

Floyd Mc Clung opisuje to następująco: „Budzisz się pewnego ranka i widzisz, że twój uduchowiony nastrój gdzieś prysł. Modlisz się, lecz nic się nie dzieje. Gromisz szatana, ale nic się nie zmienia. Stosujesz różne duchowe ćwiczenia... prosisz przyjaciół o modlitwę... wyznajesz każdy grzech, który potrafisz sobie przypomnieć, później prosisz o przebaczenie każdego, kogo znasz. Pościsz... nadal nic. Zastanawiasz się, jak długo będzie trwała ta duchowa ciemność. Dni? Tygodnie? Miesiące? Czy to się kiedyś skończy? Masz wrażenie, że twoje modlitwy odbijają się od sufitu i wracają do ciebie. W całkowitej rozpaczy wołasz: Co się ze mną dzieje?"[8].

Prawda jest taka, że wszystko jest w porządku! To, co się dzieje, jest częścią normalnego testowania i doprowadzania do dojrzałości naszej przyjaźni z Bogiem. *Każdy* chrześcijanin musi przez to przejść przynajmniej raz, a zwykle kilka razy. Bywa to bolesne i niepokojące, ale jest niezbędne dla rozwoju naszej wiary. Wiedza o tym natchnęła nadzieją Joba, gdy w swoim życiu nie odczuwał obecności Boga: „Idę na wschód, ale Go tam nie ma, idę na zachód, ale nie mogę Go znaleźć. Nie widzę Go na północy, ponieważ się ukrył. Kieruję się na południe, ale nie mogę Go znaleźć. On jednak wie, dokąd idę. I gdy wypróbuje mnie jak złoto w ogniu, to ogłosi mą niewinność"[9].

Bóg przyznaje, że niekiedy ukrywa przed nami swoją twarz.

Kiedy Bóg wydaje się być odległy, możemy odnosić wrażenie, że się na nas gniewa lub karze nas za jakiś grzech. Tak naprawdę, to grzech *oddziela nas* od bliskiej społeczności z Bogiem. Poprzez nieposłuszeństwo, konflikty z innymi, brak czasu dla Niego, przyjaźń ze światem i inne grzechy zasmucamy Jego Ducha i zubożamy relację z Nim[10].

Poczucie opuszczenia i oddalenia od Boga często jednak nie ma nic wspólnego z grzechem. Towarzyszy ono po prostu próbie wiary, którą wszyscy musimy przejść. Ten sprawdzian ma wykazać, czy nawet gdy nie odczuwamy w naszym życiu Jego obecności ani widocznych dowodów Jego działania, to nadal będziemy Go kochać, ufać Mu, być Mu posłusznymi i czcić Go.

Najczęściej popełnianym dziś przez chrześcijan błędem w uwielbianiu jest to, iż bardziej poszukują duchowych *doświadczeń* niż samego Boga. Poszukują uczuciowych doznań i kiedy one się pojawiają, to są przekonani, że naprawdę oddali chwałę Bogu. Błąd! Bóg często pozbawia nas pewnych uczuć, abyśmy na nich nie polegali. Zabieganie o emocjonalne doznania, nawet o poczucie bliskości z Chrystusem, nie jest uwielbieniem.

Kiedy jesteśmy jeszcze duchowymi niemowlętami, Bóg obdarza nas wieloma krzepiącymi uczuciami i odpowiada nawet na najbardziej niedojrzałe i egocentryczne modlitwy, tylko po to, byśmy wiedzieli, że On istnieje. Kiedy jednak wzrastamy w wierze, On chce, byśmy się tych przyzwyczajeń coraz bardziej wyzbywali.

Boża wszechobecność i manifestacja Jego obecności to dwie różne rzeczy. Pierwsza z nich to niepodważalny fakt, druga natomiast jest często tylko subiektywnym odczuciem. Bóg jest zawsze obecny, nawet wtedy,

Najczęściej popełnianym dziś przez chrześcijan błędem w uwielbianiu jest to, iż bardziej poszukują duchowych doświadczeń niż samego Boga.

gdy nie jesteśmy tego świadomi, a Jego obecność jest czymś zbyt doniosłym, by być mierzoną uczuciami.

Tak, On chce, byś *czuł* Jego obecność, ale bardziej zależy Mu na tym, byś Mu *ufał*. Wiara, a nie uczucia sprawiają Bogu radość.

Sytuacjami, które najbardziej rozwijają wiarę, są te, w których wydaje nam się, że nasze życie jest zrujnowane, a Boga nie da się znaleźć. To stało się udziałem Joba. Jednego dnia stracił *wszystko* – rodzinę, środki do życia, zdrowie i majątek. Najbardziej w tym wszystkim zniechęcające dla Joba mogło być Boże milczenie. Przez trzydzieści siedem rozdziałów księgi Joba czytamy, że Bóg nie wypowiedział do niego ani słowa.

W jaki sposób wielbisz Boga, kiedy nie rozumiesz, co się dzieje w twoim życiu, a Bóg milczy? Jak utrzymujesz z Nim kontakt, kiedy nie ma między wami komunikacji? W jaki sposób możesz mieć oczy zwrócone na Jezusa, kiedy są one pełne łez? Rób to, co Job: „Wtedy upadł na ziemię i wielbiąc Boga powiedział: Nagi wyszedłem z łona mej matki i nagi odejdę z tego świta. Bóg dał i Bóg zabrał, niech imię Pana będzie wywyższone[11].

Powiedz Bogu dokładnie, co czujesz. Wylej przed Panem swoje serce. Wyrzuć z siebie wszelkie emocje. Job uczynił tak, mówiąc: Nie mogę milczeć! Jestem rozgniewany i zgorzkniały. Muszę mówić![12]. Gdy wydawało Mu się, że Bóg jest daleko, wołał: O, gdzie się podziały moje najlepsze lata, gdy Boża przyjaźń błogosławiła mój dom[13]. Bóg potrafi sobie poradzić z naszym zwątpieniem, gniewem, obawami, żalem, rozczarowaniem i pytaniami.

Czy pomyślałbyś, że przyznanie się Bogu, iż straciłeś nadzieję, może być wyznaniem wiary? Ufając Bogu i jednocześnie odczuwając rozpacz, Dawid napisał: „Uwierzyłem, więc powiedziałem: Jestem całkowicie zrujnowany"[14]. To brzmi jak sprzeczność – ufam Bogu, ale czuję się życiowym rozbitkiem! Szczerość Dawida ujawnia jednak głębię jego wiary. Po pierwsze, on wierzył w Boga. Po drugie, wierzył, że Bóg wysłucha jego modlitwę. Po trzecie, wierzył, że Bóg pozwoli mu powiedzieć to, co myśli i nadal będzie go kochał.

Skoncentruj się na niezmiennej naturze Boga. Niezależnie od okoliczności i emocji, polegaj na niezmiennym charakterze Boga. Przypominaj sobie wszystkie Jego wieczne przymioty, które znasz: On jest dobry, kocha mnie, jest ze mną, wie o moich problemach, troszczy się o mnie i ma doskonały plan dla mojego życia. V. Raymond Edman powiedział: „W ciemności nigdy nie wątp w to, co Bóg powiedział ci, gdy było jasno".

Gdy życie Joba legło w gruzach i Bóg milczał, Job ciągle zauważał rzeczy, za które mógł Go wielbić. Oto one:

- Bóg jest dobry i pełen miłości[15]
- Bóg jest wszechmocny[16]
- Boga interesuje każdy szczegół mojego życia[17]
- On ma nad wszystkim władzę[18]
- Ma plan dla mojego życia[19]
- Chce mnie zbawić[20].

Ufaj, że Bóg spełni swoje obietnice. W czasie duchowej posuchy nie powinniśmy polegać na uczuciach, ale cierpliwie czekać na spełnienie Bożych obietnic i być świadomymi, że Bóg przenosi nas właśnie na wyższy poziom dojrzałości. Przyjaźń oparta na uczuciach to przyjaźń naprawdę płytka.

Nie martw się kłopotami. Okoliczności nie są w stanie zmienić charakteru Boga. Boża łaska nadal jest w pełni swej mocy i Bóg opowiada się *po twojej stronie*, nawet gdy tego nie czujesz. Mimo braku krzepiących ducha okoliczności Job trzymał się Bożego Słowa. On powiedział: „Nie odszedłem od nakazów Jego ust, nakazy te ceniłem bardziej niż mój codzienny chleb"[21].

To zawierzenie Bożemu Słowu skłaniało Joba do pozostania wiernym, mimo że wszystko wyglądało beznadziejnie i bezsensownie. Zachował silną wiarę, mimo że jego cierpienia osiągnęły swe apogeum: „Bóg może mnie zabić, ale nadal będę Mu ufał"[22].

Kiedy czujesz się porzucony przez Boga, ale nadal Mu ufasz, nie bacząc na swoje uczucia, to jest to najwspanialsza forma uwielbienia, jaką możesz Mu zaoferować.

Pamiętaj o tym, co Bóg do tej pory dla ciebie uczynił. Nawet gdyby Bóg nigdy nic dla ciebie nie zrobił, to i tak zasługiwałby na twoje dozgonne uwielbienie z powodu tego, co Jezus uczynił dla ciebie na krzyżu. **Syn Boga za nas umarł!** To największy powód do oddawania chwały.

Kiedy czujesz się porzucony przez Boga, ale nadal Mu ufasz, nie bacząc na swoje uczucia, to jest to najwspanialsza forma uwielbienia, jaką możesz Mu zaoferować.

Niestety, często zapominamy o tragicznych szczegółach tej krwawej ofiary, jaką Bóg złożył dla naszego dobra. Znajomość z kimś ważnym prowadzi często do beztroskiego samozadowolenia. Jeszcze przed ukrzyżowaniem Boży Syn został obdarty z ubrania, skatowany tak, że trudno Go było rozpoznać i wychłostany. Obrzucano go wyzwiskami i obelgami, włożono Mu na głowę koronę z ciernistej rośliny i z pogardą Go opluwano. Maltretowany i ośmieszany przez bezwzględnych ludzi, traktowany był gorzej niż zwierzę.

Półprzytomnego od upływu krwi zmuszano do niesienia ciężkiego krzyża na miejsce kaźni. Następnie przybito Go do niego i pozwolono umierać w męczarniach. Gdy się wykrwawiał, szydercy stali obok i obrzucali Go zniewagami, wyśmiewali Jego cierpienia i kwestionowali Jego boskość.

Gdy Jezus wziął na siebie grzechy i winy całego rodzaju ludzkiego, Bóg odwrócił wzrok od tego odrażającego widoku. Wtedy Jezus w rozpaczy zawołał: „Boże mój, Boże mój, czemuś mnie opuścił?" On mógł uratować siebie, ale wtedy nie byłoby ratunku dla nas.

Tragizm tej chwili trudno opisać słowami. Dlaczego Bóg pozwolił na tak okrutne i podłe potraktowanie swojego Syna? Dlaczego? Abyśmy mogli uniknąć wieczności w piekle i dzięki temu na zawsze zamieszkali w Jego chwale! Biblia mówi: „Chrystus był bez grzechu, ale ze względu na nas Bóg kazał Mu mieć udział w naszym grzechu, abyśmy przez związek z Nim mogli mieć udział w Jego sprawiedliwości"[23].

Jezus zrezygnował ze wszystkiego, abyś ty mógł mieć wszystko. Umarł, byś ty mógł żyć wiecznie. *Już choćby to* zasługuje na twoje ciągłe dziękczynienie i uwielbienie. Nigdy więcej nie powinieneś mieć kłopotu z określeniem, za co mógłbyś być Mu wdzięczny.

DZIEŃ CZTERNASTY
MYŚLĄC O MOIM CELU

Główna myśl: Bez względu na to, co czuję, Bóg jest realny.

Werset do zapamiętania: „Nigdy cię nie opuszczę ani nie zapomnę" – Hebrajczyków 13:5 (TEV).

Pytanie do rozważenia: Co mam robić, by mieć świadomość Bożej obecności, zwłaszcza wtedy, gdy wydaje mi się, że Bóg jest odległy?

PRZYSPOSOBIONY DO ŻYCIA
W BOŻEJ RODZINIE

Ja jestem krzewem winorośli, a wy jego gałązkami.

Jan 15:5 (CEV)

Chrystus czyni nas jednym ciałem
...Wszyscy należymy do siebie nawzajem
i jesteśmy od siebie zależni.

Rzymian 12:5 (GWT)

Przysposobieni do Bożej rodziny

Bóg jest tym, który stworzył wszystko
i wszystko jest dla Jego chwały.
On chce, by jak najwięcej Jego dzieci
miało udział w Jego chwale.

Hebrajczyków 2:10 (NCV)

Zobacz, jak bardzo kocha nas niebiański Ojciec
On pozwala nam nazywać się Jego dziećmi
i my nimi naprawdę jesteśmy!

I Jana 3:1 (NLT)

Zostałeś tak ukształtowany, aby należeć do Bożej rodziny.

Bóg chce mieć rodzinę i stworzył cię, byś stał się jej częścią. To drugi z celów, jaki On ma dla twojego życia i który wyznaczył jeszcze przed twoim narodzeniem. Cała Biblia jest historią Boga budującego rodzinę, która by Go kochała, czciła i razem z Nim sprawowała wieczne rządy. Pismo mówi: „Boży, niezmienny plan zawsze miał na celu adoptowanie nas do Jego własnej rodziny poprzez Jezusa Chrystusa. To dla Niego wielka radość"[1].

Ponieważ Bóg jest uosobieniem miłości, dlatego szczególnie ceni relacje z ludźmi. Jego cała natura jest nastawiona na nie i On utożsamia się z typowo rodzinnymi pojęciami: Ojciec, Syn i Duch. Trójjedyność Boga wyraża wzajemne relacje. Stanowi idealny przykład harmonii we wzajemnych stosunkach i dlatego powinniśmy poznać, co z tego wynika dla nas.

Bóg zawsze istniał w pełnym miłości związku z samym sobą, a więc nigdy nie był samotny. On *nie musiał* mieć rodziny, ale jej *pragnął*, dlatego powziął plan stworzenia nas, włączenia nas do swojej rodziny i dzielenia z nami wszystkiego, co posiada. To sprawia Bogu wielką przyjemność. Biblia mówi: „Dzień, w którym poprzez prawdę swego Słowa Bóg dał nam nowe życie, był dla Niego dniem radosnym, a my staliśmy się pierwszymi dziećmi Jego nowej rodziny"[2].

Kiedy swą wiarę składamy w Chrystusie, Bóg staje się naszym Ojcem, my stajemy się Jego dziećmi, inni wierzący stają się naszymi braćmi i siostrami, a kościół staje się naszą duchową rodziną. Boża rodzina to wszyscy chrześcijanie w przeszłości, w dniu dzisiejszym i w przyszłości.

Każda ludzka istota została *stworzona* przez Boga, ale nie każdy jest Bożym *dzieckiem*. Jedynym sposobem wejścia do Jego rodziny jest ponowne narodzenie się w niej. Członkami ludzkiej rodziny stajemy się z chwilą przyjścia na świat, ale członkami rodziny Bożej stajemy się poprzez powtórne narodziny. „Bóg dał nam przywilej ponownego narodzenia się i dlatego teraz możemy być członkami Jego rodziny"[3].

Zaproszenie do wejścia w skład Bożej rodziny jest skierowane do wszystkich,[4] jednak obwarowane jest pewnym warunkiem – wiarą w Jezusa. Biblia powiada: „Wszyscy jesteście Bożymi dziećmi poprzez wiarę w Chrystusa Jezusa"[5].

Twoja duchowa rodzina jest o wiele ważniejsza niż rodzina biologiczna, ponieważ będzie trwała wiecznie. Nasze ziemskie rodziny to wspaniały dar od Boga, ale mają one przemijający charakter, są kruche, często niszczone przez rozwody, oddalenie, starzenie się i nieuniknioną śmierć. Z drugiej strony, nasza duchowa rodzina – czyli społeczność z innymi wierzącymi – będzie trwała bez końca. To relacja dużo silniejsza i trwalsza niż związki krwi tu na ziemi. Kiedykolwiek apostoł Paweł po raz kolejny medytował nad wiecznym celem, jaki Bóg ma dla nas wszystkich, dawał się ponieść słowom uwielbienia: „Gdy myślę o mądrości i skali Jego planu, to padam na kolana i modlę się do Ojca wielkiej Bożej rodziny. Część tej rodziny jest już w Niebie, a część nadal na ziemi"[6].

KORZYŚCI Z PRZYNALEŻENIA DO BOŻEJ RODZINY

W chwili, gdy narodziłeś się duchowo do Bożej rodziny, otrzymałeś niesamowite prezenty urodzinowe: nazwisko rodowe, rodzinne podobieństwo, przywileje, rodzinną bliskość oraz prawo dziedziczenia[7]. Biblia mówi: „Ponieważ jesteście Jego dziećmi, wszystko, co On ma, należy do was"[8].

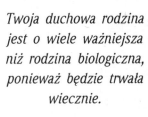

Nowy Testament kładzie duży nacisk na nasze bogate „dziedzictwo". Mówi nam, że: „Bóg zaspokoi wszystkie nasze potrzeby odpowiednio do Jego bogactw w Jezusie Chrystusie"[9]. Jako dzieci Boga możemy mieć udział w rodzinnym majątku. Tu na ziemi otrzymaliśmy

Twoja duchowa rodzina jest o wiele ważniejsza niż rodzina biologiczna, ponieważ będzie trwała wiecznie.

„bogactwa Jego łaski – cierpliwość, chwałę, mądrość, moc oraz miłosierdzie"[10]. W wieczności jednak odziedziczymy jeszcze więcej.

Apostoł Paweł powiedział: „Chciałbym, żebyście sobie uświadomili, jak bogate i wspaniałe dziedzictwo Bóg dał swojemu ludowi"[11]. Co dokładnie składa się na to dziedzictwo? Po pierwsze – na zawsze będziemy z Bogiem[12]. Po drugie – będziemy całkowicie przemienieni na wzór Jezusa[13]. Po trzecie – zostaniemy uwolnieni od bólu, śmierci i cierpienia[14]. Po czwarte – zostaniemy nagrodzeni za ziemską służbę oraz powołani do służby w wieczności[15].

Po piąte – będziemy mogli mieć udział w chwale Chrystusa[16]. Co za niesłychane dziedzictwo! Jesteśmy o wiele bogatsi niż nam się wydaje.

Biblia mówi: „Bóg zarezerwował dla swoich dzieci bezcenne bogactwo. Czeka ono na was w Niebie, czyste i nieskalane, niepodatne na zmiany i zepsucie"[17]. To oznacza, że twoje wieczne dziedzictwo jest czymś bezcennym, czystym, trwałym i chronionym. Nikt nie może cię go pozbawić, nie zniszczy go wojna, recesja gospodarcza ani siły natury. To wieczne dziedzictwo, a nie emerytura, jest czymś, czego powinieneś wyczekiwać i na co powinieneś pracować. Paweł mówi: „Cokolwiek robicie, czyńcie to z całego serca, tak jak dla Pana, a nie dla ludzi, wiedząc, że w nagrodę otrzymacie od Pana dziedzictwo"[18]. Emerytura to cel krótkowzroczny. Powinieneś żyć z perspektywą wieczności.

CHRZEST: UTOŻSAMIENIE SIĘ Z BOŻĄ RODZINĄ

Zdrowe rodziny mają własne poczucie dumy – dumy z przynależności. Ich członkowie nie wstydzą się, że do niej należą. Niestety, spotkałem wielu wierzących, którzy nigdy publicznie nie zidentyfikowali się z duchową rodziną tak, jak nakazał Jezus, czyli poprzez chrzest.

Chrzest nie jest jednym z rytuałów do wyboru, który można opóźniać czy odkładać na bliżej nieokreśloną przyszłość. On oznacza włączenie cię do Bożej rodziny i jest sposobem publicznego ogłoszenia światu, że nie wstydzisz się być częścią tej rodziny. Czy zostałeś już ochrzczony? Jezus zalecił ten doniosły akt każdemu, kto chce należeć do Jego rodziny. On powiedział: „Idźcie na cały świat i czyńcie uczniami wszystkie narody, chrzcząc je w imię Ojca, Syna i Ducha Świętego"[19].

DZIEŃ PIĘTNASTY:

PRZYSPOSOBIENI DO BOŻEJ RODZINY

Przez wiele lat zastanawiałem się, dlaczego ten wielki nakaz Jezusa nadaje chrztowi takie samo znaczenie jak pierwszoplanowemu zadaniu ewangelizacji i budującemu oddziaływaniu na innych. Dlaczego chrzest jest tak ważny? Później zrozumiałem, że jest tak dlatego, iż chrzest symbolizuje drugi z Bożych celów dla naszego życia, czyli udział w społeczności wiecznej, Bożej rodziny.

Pojęcie chrztu ma bardzo bogate znaczenie. Jest on wyznaniem twojej wiary, daje ci udział w pogrzebie i zmartwychwstaniu Chrystusa, symbolizuje twoją śmierć dla starego życia i ogłasza rozpoczęcie nowego życia – w Chrystusie. Jest on też uroczystym aktem włączenia cię do Bożej rodziny.

Chrzest to fizyczne zamanifestowanie pewnej duchowej prawdy. Symbolizuje to, co wydarzyło się w chwili, gdy Bóg przyjął cię do swojej rodziny: „Niektórzy z nas są Żydami, niektórzy poganami, inni niewolnikami lub ludźmi wolnymi. Jednak przez tego samego Ducha wszyscy zostaliśmy ochrzczeni w ciało Jezusa i wszyscy tego samego Ducha otrzymaliśmy"[20].

Chrzest *nie czyni* cię członkiem Bożej rodziny. By stać się jej częścią, musisz wykazać się wiarą w Chrystusa. Chrzest *wskazuje*, że należysz do Bożej rodziny, podobnie jak ślubna obrączka jest zewnętrznym przypomnieniem wewnętrznego postanowienia. To *akt inicjacji*, a nie coś, co odkładamy do czasu, aż duchowo dojrzejemy. Jedynym jego biblijnym warunkiem jest nasza wiara[21].

W czasach opisywanych w Nowym Testamencie ludzie byli chrzczeni z chwilą, gdy tylko uwierzyli. W dniu Pięćdziesiątnicy trzy tysiące osób zostało ochrzczonych *tego samego dnia*, w którym przyjęło Chrystusa. Dostojnik etiopski, o którym czytamy w Dziejach Apostolskich był ochrzczony *zaraz po tym,* jak się nawrócił, a Paweł i Sylas ochrzcili strażnika więziennego z Filipii oraz jego rodzinę *o północy*. W Nowym Testamencie nie czytamy o żadnych odkładanych w czasie chrztach. Jeśli nie zostałeś ochrzczony dla wyrażenia twojej wiary w Chrystusa, zrób to tak szybko, jak to możliwe, bo tak nakazał Jezus.

NAJWIĘKSZY ŻYCIOWY PRZYWILEJ

Biblia mówi: „Jezus oraz ludzie, których On uświęca, wszyscy należą do tej samej rodziny. Dlatego On nie wstydzi się nazywać ich swoimi braćmi i siostrami"[22]. Niech ta wspaniała prawda wypełni twój umysł. Jesteś członkiem Bożej rodziny i dlatego Jezus czyni cię świętym, a Bóg jest z ciebie dumny! Słowa Jezusa nie pozostawiają żadnych wątpliwości: „(Jezus) wskazał na swoich uczniów i powiedział: Oto moja matka i moi bracia. Każdy, kto czyni wolę mojego Ojca, jest moim bratem, siostrą i matką!"[23]. Być zaliczonym do Bożej rodziny to największy zaszczyt i najwyższy przywilej, na jaki kiedykolwiek moglibyśmy liczyć. Nic innego nie jest w stanie z tym się równać. Gdy poczujesz się kiedyś nieważny, niekochany, gdy stracisz poczucie bezpieczeństwa, pamiętaj, do kogo należysz.

Być zaliczonym do Bożej rodziny to największy zaszczyt i najwyższy przywilej, na jaki kiedykolwiek moglibyśmy liczyć.

DZIEŃ PIĘTNASTY
MYŚLĄC O MOIM CELU

Główna myśl: Zostałem przysposobiony do Bożej rodziny.

Werset do zapamiętania: „Boży niezmienny plan zawsze miał na celu adoptowanie nas do Jego rodziny poprzez Jezusa Chrystusa. To dla Niego wielka radość" – Efezjan 1:5 (NLT).

Pytanie do rozważenia: Co w praktyce oznacza dla mnie traktowanie innych wierzących, jak członków mojej rodziny?

Sprawa najwyższej wagi

Bez względu na to,
co mówię, w co wierzę i co czynię,
bez miłości jestem bankrutem.

I Koryntian 13:3 (Msg)

Kochać to znaczy
żyć zgodnie z Bożymi nakazami.
Jak już od początku słyszeliście,
Jego przykazanie brzmi:
żyj życiem miłości.

II Jana 1:6 (NCV)

Całe życie sprowadza się do miłości.

Ponieważ Bóg jest miłością, to najważniejszą lekcją, jakiej chciałby ci w życiu udzielić, jest nauczyć cię kochać. Kochając, stajesz się najbardziej do Niego podobny i dlatego miłość jest podstawą każdego z przykazań, które nam zostawił: „Cały dekalog można zawrzeć w tym jednym przykazaniu: miłujcie innych tak, jak miłujecie siebie samych"[1].

Uczenie się nieegoistycznej miłości to niełatwe zadanie. Jest sprzeczne z naszą naturą, skupioną na sobie i swoich potrzebach. Dlatego na nauczenie się miłości dostaliśmy cały czas naszego życia na ziemi. Oczywiście Bóg chce, byśmy kochali każdego, ale *szczególnie* zależy Mu na tym, byśmy kochali członków Jego rodziny. Jak wiemy, jest to drugi z najważniejszych celów naszego życia. Apostoł Piotr powiada: „Bożemu ludowi okazujcie szczególną miłość"[2] i przypomina o tym przy innej okazji:

„Jeśli mamy sposobność komuś pomagać, to czyńmy to. Jednak szczególną troskę okazujmy tym, którzy są w naszej Bożej rodzinie"[3].

Dlaczego Bóg nalega, byś w specjalny sposób kochał wierzących i im poświęcał najwięcej uwagi? Dlaczego oni mają pierwszeństwo w otrzymywaniu miłości? Ponieważ Bóg pragnie, by była ona czymś, co najbardziej wyróżnia Jego rodzinę. Jezus powiedział, że nasza wzajemna miłość – a nie podstawy naszej wiary – jest naszym najlepszym świadectwem dla świata. On powiedział: „Wasza mocna, *wzajemna* miłość pokaże światu, że jesteście moimi uczniami"[4].

DZIEŃ SZESNASTY:

SPRAWA NAJWYŻSZEJ WAGI

W Niebie wiecznie będziemy cieszyć się Bożą rodziną, ale przedtem, tu na ziemi, mamy do wykonania ciężką pracę, która przygotuje nas do kochania przez całą wieczność. Bóg uczy nas przez powierzanie nam „rodzinnych obowiązków", a najważniejszym z nich jest kochanie innych i to w praktyczny sposób.

Bóg chce, byś trwał w stałej, bliskiej społeczności z innymi wierzącymi, aby rozwinąć w sobie umiejętność kochania. Miłości nie można nauczyć się w odosobnieniu. Musisz być pośród ludzi – irytujących, niedoskonałych czy doprowadzających cię do frustracji. Poprzez społeczność z nimi przyswajasz sobie trzy istotne prawdy.

NAJWIĘKSZYM POŻYTKIEM Z ŻYCIA JEST MIŁOŚĆ

Miłość powinna być najwyższym priorytetem, nadrzędnym zadaniem i największą ambicją. Miłość jest nie tylko *ważną* częścią twojego życia, ale *najważniejszą*. Biblia mówi: „Niech miłość będzie waszym najważniejszym celem"[5].

Nie wystarczy powiedzieć, że miłość jest jedną z rzeczy, których w życiu pragniesz – tak jakby była ona jedną z pozycji w rankingu twoich wartości. Relacje z innymi muszą mieć w twoim życiu pierwszeństwo. Dlaczego?

Życie bez miłości jest bezwartościowe. Apostoł Paweł mówi: „Bez względu na to, co mówię, w co wierzę i co czynię, bez miłości jestem bankrutem"[6].

Często postępujemy tak, jakby relacje międzyludzkie były czymś, co można upchnąć w codziennym rozkładzie zajęć. Mówimy, że należy *znaj-*

dować czas dla naszych dzieci czy od czasu do czasu *spotkać się* z ludźmi. Taka postawa stwarza wrażenie, że społeczność z innymi to tylko część naszego życia, podobnie jak pozostałe nasze cele i obowiązki. Bóg jednak mówi, że relacje z innymi stanowią o treści naszego życia.

Cztery z dziesięciu przykazań Dekalogu dotyczą naszych relacji z Bogiem, natomiast pozostałe sześć – naszych stosunków z ludźmi. Przedmiotem wszystkich są jednak relacje! To, co dla Boga najważniejsze, Jezus zawarł w dwóch przykazaniach: kochajcie Boga i kochajcie ludzi. On powiedział: „Kochaj Boga z całego serca... To pierwsze z największych przykazań. Drugie z nich jest równie ważne: Kochaj twojego bliźniego jak samego siebie. Wszystkie inne przykazania, jak też wezwania ze strony proroków oparte są na tych dwóch przykazaniach"[7]. Drugim z naszych życiowych celów zaraz po miłości do Boga jest miłość do ludzi; jednej i drugiej uczymy się przez całe życie.

W życiu najbardziej liczą się relacje z innymi, a nie osiągnięcia czy zdobywanie rzeczy materialnych. Dlaczego więc pozwalamy, by w naszym życiu społeczność z innymi schodziła na dalszy plan? Gdy mamy bardzo napięty rozkład zajęć, zaczynamy kombinować, jak zredukować nasz czas, siły i zainteresowanie poświęcone innym, mimo że miłość do bliźniego wymaga od nas poświęceń. To, co najważniejsze dla Boga, zostaje zastąpione tym, co pilne.

Zaabsorbowanie różnymi sprawami to wielki wróg relacji międzyludzkich. Jesteśmy pochłonięci zarabianiem na utrzymanie, wykonywaniem pracy, płaceniem rachunków i dążeniem do przyziemnych celów, tak jakby te zadania były istotą naszego życia. Jednak jego sensem jest uczenie się, jak kochać Boga i ludzi. Życie minus miłość równa się zero.

Miłość trwa wiecznie. Kolejny powód, dla którego Bóg chce, byśmy uczynili miłość naszym priorytetem to fakt, że jest ona wieczna: „Te trzy rzeczy będą trwać wiecznie: wiara, nadzieja i miłość, a największą z nich jest miłość"[8].

Miłość zostawia po sobie spuściznę. Najtrwalszym śladem, jaki możesz zostawić po sobie na ziemi nie będzie twoja zamożność czy dokonania, ale to, jak traktowałeś ludzi. Matka Teresa powiedziała: „Ważnym jest nie to, co robisz, ale ile wkładasz w to miłości". Miłość jest tajemnicą nieprzemijającego dziedzictwa.

Byłem przy łóżkach wielu umierających w ostatnich chwilach ich życia – gdy stali na krawędzi wieczności. Nigdy nie słyszałem, by ktoś z nich powiedział: „Przynieście mi moje dyplomy – chcę jeszcze raz na nie spojrzeć! Pokażcie mi też moje trofea, medale i ten złoty zegarek, który dostałem". Gdy życie na ziemi dobiega końca, człowiek nie myśli o otaczaniu się cennymi przedmiotami. Wtedy chce, by byli wokół niego ludzie – ci, których kocha i z którymi jest związany.

*Społeczność z innymi
jest tym,
co liczy się najbardziej.*

W ostatnich chwilach życia uświadamiamy sobie, że społeczność z innymi jest tym, co liczy się w nim najbardziej. Mądrością jest pojąć to wystarczająco wcześnie. Nie czekaj na swą ostatnią godzinę na ziemi, by odkryć, że nic innego nie ma równie doniosłego znaczenia, jak ta prawda.

Będziemy ocenieni według naszej miłości. Trzecim powodem, dla którego warto uczynić miłość życiowym celem, jest fakt, że będzie ona kryterium, na podstawie którego będziemy ocenieni w wieczności. Jednym ze sposobów, w jaki Bóg określa naszą duchową dojrzałość, jest nasz stosunek do innych. W niebie Bóg nie zażąda: „Powiedz mi coś o przebiegu twojej kariery, stanie konta bankowego i twoich zainteresowaniach". Zamiast tego przyjrzy się, jak traktowaliśmy innych, zwłaszcza tych będących w potrzebie[9].

Jezus powiedział, że swą miłość możemy Mu okazywać poprzez kochanie Jego dzieci i troskę o ich praktyczne potrzeby: „Mówię wam, że to, co uczyniliście choćby najmniej znaczącemu z członków mojej rodziny, naprawdę uczyniliście mnie"[10].

Kiedy przeniesiesz się do wieczności, wszystko inne zostawisz za sobą. Tym, co ze sobą zabierzesz, będzie twój charakter. Dlatego Biblia powiada: „Jedyne, co się liczy, to wiara wyrażana poprzez miłość"[11].

Wiedząc to, chciałbym ci zasugerować, byś każdego ranka po przebudzeniu modlił się tak: „Boże, bez względu na to, czy uda mi się dziś zrobić coś ważnego, czy nie, chcę być pewny, że przeżywam ten dzień, kochając Ciebie oraz ludzi, ponieważ to jest sensem życia. Nie chcę tego dnia zmarnować". Dlaczego Bóg miałby ci podarować kolejny dzień, jeśli masz go zmarnować?

NAJLEPSZYM WYRAZEM MIŁOŚCI JEST CZAS

Ważność różnych spraw można mierzyć ilością czasu, który chcemy w nie inwestować. Im więcej go jakiejś sprawie poświęcamy, tym bardziej widać, jakie ma ona dla nas znaczenie i wartość. Jeśli chcemy poznać czyjeś priorytety, to po prostu przyglądamy się, jak ta osoba wykorzystuje swój czas.

Czas to najcenniejszy z darów, ponieważ dysponujemy z góry określoną jego ilością. Możesz zdobyć więcej pieniędzy, ale nie jesteś w stanie zyskać więcej czasu do przeżycia na ziemi. Gdy poświęcasz komuś czas, dajesz mu część swojego życia, której nigdy nie odzyskasz. Twój czas to twoje życie. Dlatego największym darem, jaki możesz komuś dać, jest twój czas.

Nie wystarczy stwierdzić, że relacje z innymi są ważne, musimy to udowodnić, inwestując w nie swój czas. Same słowa nic nie znaczą. „Moje dzieci, nasza miłość nie powinna być tylko mową, ona musi być prawdziwą miłością, wyrażaną poprzez działanie"[12]. Relacje z innymi wymagają czasu i wysiłku, a najlepszym sposobem potwierdzenia miłości jest poświęcanie czasu tym, których kochamy.

Treścią miłości nie jest to, co myślimy o czyichś sprawach, co dla niego robimy lub dajemy, ale to, na ile poświęcamy mu *siebie*. Nie rozumieją tego zwłaszcza mężczyźni. Wielu z nich mi powiedziało: „Nie rozumiem mojej żony i dzieci. Zapewniam im wszystko, czego potrzebują. Czego więcej mogą chcieć?". Oni chcą nas! Naszych oczu, uszu, zainteresowania i obecności – po prostu naszego czasu. Nic nie może tego zastąpić.

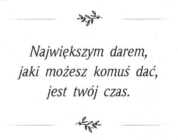

Największym darem, jaki możesz komuś dać, jest twój czas.

Najbardziej pożądanym darem miłości nie są brylanty, róże lub czekoladki, lecz *pełne uwagi* zainteresowanie. Miłość tak bardzo skupia się na drugiej osobie, że w danym momencie człowiek zapomina o sobie. Poświęcanie komuś uwagi znaczy tyle samo, co wyrażenie: „Cenię cię na tyle, by dać ci moją najcenniejszą rzecz – mój czas". Kiedykolwiek poświęcamy komuś swój czas, składamy w ten sposób ofiarę, a ofiara jest istotą miłości. Wzorem w tej kwestii pozostaje Jezus: „Bądźcie pełni wzajemnej miłości, naśladując przykład Chrystusa, który pokochał was i złożył siebie jako ofiarę Bogu, by zdjąć z was grzechy"[13].

Można dawać nie kochając, ale nie da się kochać nie dając. „Bóg tak pokochał świat, że dał..."[14]. Miłość oznacza rezygnację z pewnych rzeczy – niektórych naszych upodobań, wygód, zamierzeń czy bezpieczeństwa oraz poświęcenie naszych sił, pieniędzy oraz czasu dla dobra innych.

NAJLEPSZYM CZASEM DO OKAZYWANIA MIŁOŚCI JEST CHWILA OBECNA

Zwlekanie jest niekiedy uzasadnioną reakcją na otrzymane do wykonania, trywialne zadanie. Ale ponieważ miłość jest najważniejsza, to ustawia się ona na szczycie hierarchii naszych wartości. Biblia mówi o tym wielokrotnie: „Kiedy tylko mamy sposobność, czyńmy wszystkim dobro"[15]. „Wykorzystujcie każdą okazję do czynienia dobra"[16]. „Gdy tylko możecie, czyńcie dobro potrzebującym. Nigdy nie mówcie bliźniemu, żeby zaczekał do jutra, jeśli możecie pomóc mu dzisiaj"[17].

Dlaczego najlepszy czas do wyrażania miłości jest właśnie teraz? Dlatego, że nie wiesz, jak długo będziesz miał ku temu okazję. Okoliczności zmieniają się. Ludzie umierają. Dzieci dorastają. Nikt z nas nie ma gwarancji, że dożyje jutra. Jeśli chcesz okazywać miłość, czyń to już teraz.

Wiedząc, że pewnego dnia staniesz przed Bogiem, powinieneś sobie odpowiedzieć na kilka pytań. Oto one: Jak wytłumaczysz się z sytuacji, że twoje służbowe obowiązki lub prywatne plany były dla ciebie ważniejsze niż ludzie? Z kim powinieneś zacząć spędzać więcej czasu? Co powinieneś usunąć z rozkładu zajęć, by było to możliwe? Jakie powinieneś ponieść ofiary?

Największym pożytkiem z życia jest miłość. Najlepszym wyrazem miłości jest czas. Najlepszym czasem do okazywania miłości jest chwila obecna.

DZIEŃ SZESNASTY
MYŚLĄC O MOIM CELU

Główna myśl: Całe życie sprowadza się do miłości.

Werset do zapamiętania: „Cały dekalog można zawrzeć w tym jednym przykazaniu: miłujcie innych tak, jak miłujecie siebie samych" – Galacjan 5:14 (NIV).

Pytanie do rozważenia: Czy relacje z innymi są naprawdę moim najwyższym priorytetem? Jak uzyskać pewność, że tak jest?

Własne miejsce na ziemi

*Jesteście członkami Bożej rodziny,
obywatelami Bożego kraju
i wraz z wszystkimi innymi chrześcijanami
jesteście domownikami Bożego domu.*

Efezjan 2:19 (LB)

*Boża rodzina to kościół żywego Boga,
filar i fundament prawdy.*

I Tymoteusza 3:15 (GWT)

Jesteś powołany nie tylko do tego, by mieć przekonania, ale aby przynależeć.

Nawet w doskonałym i bezgrzesznym środowisku ogrodu Eden Bóg musiał powiedzieć: „Nie jest dobrze człowiekowi być samemu"[1]. Zostaliśmy stworzeni do życia w zbiorowości i rodzinie oraz trwania w społeczności z Bogiem i ludźmi. Nikt z nas nie jest w stanie sam osiągnąć wyznaczonych przez Boga celów.

Biblia ani słowem nie wspomina o samotnie żyjących świętych czy duchownych – pustelnikach, którzy odizolowali się od reszty wierzących i zaniechali społeczności z nimi. Pismo mówi, że „jesteśmy ze sobą połączeni, do siebie przystosowani, jesteśmy członkami tego samego ciała, współdziedzicami Bożych obietnic i również razem zostaniemy stąd zabrani"[2]. Nie możesz już dłużej żyć niezależnie od innych.

Mimo, że twoja relacja z Chrystusem jest osobista, Bóg nigdy nie zamierzał uczynić jej czymś prywatnym i ekskluzywnym. W Bożej rodzinie jesteśmy złączeni ze wszystkimi wierzącymi i będziemy do siebie należeć przez całą *wieczność*. Biblia mówi: „W Chrystusie wszyscy tworzymy jedno ciało i każdy z jego członków należy do wszystkich pozostałych"[3].

Naśladowanie Chrystusa oznacza nie tylko wiarę, ale i *przynależność*. Jesteśmy członkami Jego Ciała – Kościoła. C.S. Lewis zauważył, że słowo *członkostwo* ma chrześcijańskie pochodzenie, ale wraz z upływem czasu zostało pozbawione pierwotnego znaczenia. Sklepy oferują zniżki stałym klientom (posiadaczom kart członkowskich), a agencje reklamowe wykorzystują nazwiska klientów (członków) do wysyłania reklam pocztą elektroniczną. W kościołach członkostwo bywa często redukowane do wpisania kolejnej osoby na listę, bez stawiania jej jakichkolwiek wymagań.

Dla apostoła Pawła bycie „członkiem" Kościoła oznaczało jednocześnie bycie jednym z podstawowych narządów organizmu – niezastąpioną, integralną częścią Ciała Chrystusa[4]. Musimy odtworzyć i wprowadzać w życie biblijne znaczenie słowa „członkostwo". Kościół jest ciałem, a nie budowlą, organizmem, nie organizacją lub stowarzyszeniem.

By organy ciała służyły swojemu celowi, muszą być z nim połączone. To samo dotyczy nas, jako części Ciała Chrystusa. Każdy z nas został stworzony, by pełnić w nim szczególną rolę i jest to drugi z najważniejszych celów naszego życia. Nie urzeczywistnimy jednak tego celu, jeśli nie będziemy połączeni z żywym zgromadzeniem Bożych dzieci – lokalną wspólnotą wierzących. Rolę, jaką mamy spełnić w swoim życiu, odkrywamy poprzez relacje z innymi. Biblia mówi: „Każda z części ciała zyskuje swe znaczenie dzięki ciału jako całości, a nie w jakiś inny sposób. Ciało, o którym mówimy, to Chrystusowe Ciało ludzi wybranych. Każdy z nas znajduje swoje znaczenie i funkcję jako jedna z jego części. Ale czy będąc na przykład odciętym palcem, mielibyśmy jakiekolwiek znaczenie?"[5].

Jeśli któryś z organów zostanie z jakiegoś powodu oddzielony od ciała, to wkrótce uschnie i obumrze. Ono nie może istnieć niezależnie. Identycznie jest z nami. Gdy jesteśmy odłączeni lub oderwani od krwiobiegu wspólnoty, nasze duchowe życie zaczyna marnieć, aż w końcu zupełnie zanika[6]. Z tego właśnie powodu pierwszymi objawami duchowej degeneracji jest sporadyczny,

> *Rolę, jaką mamy spełnić w swoim życiu, odkrywamy poprzez relacje z innymi.*

niemal przypadkowy udział w nabożeństwach lub innych zgromadzeniach chrześcijan. Kiedy tylko przestajemy poważnie traktować społeczność z Kościołem, zaczynają się również obniżać wszystkie inne normy.

Członkostwo w Bożej rodzinie nie jest czymś błahym, co można lekko traktować. Kościół jest Bożą agendą, która ma do odegrania określoną rolę w świecie. Jezus powiedział: „Zbuduję kościół, którego nie pokonają moce piekła"[7]. Kościół jest niezniszczalny i będzie istniał wiecznie. On przetrwa wszechświat, podobnie jak twoja w nim funkcja. Ktoś, kto mówi, że nie potrzebuje kościoła, jest albo arogantem, albo ignorantem. Kościół ma tak wielkie znaczenie, że Chrystus umarł za niego na krzyżu. „Chrystus pokochał Kościół i oddał za niego życie"[8].

Kościół przetrwa wszechświat, podobnie jak twoja w nim funkcja.

Biblia nazywa Kościół Oblubienicą (narzeczoną) Chrystusa lub Jego Ciałem[9]. Nie wyobrażam sobie, bym mógł Jezusowi powiedzieć: „Kocham Cię Jezu, ale nie lubię Twojej żony" albo „Przyjmuję Ciebie, ale odrzucam Twoje ciało. Czynimy tak jednak zawsze, gdy lekceważymy kościół, umniejszamy mu lub na niego narzekamy. Bóg chce, byśmy zamiast tego kochali kościół, tak jak kocha go Jezus. Biblia mówi: „Kochajcie waszą duchową rodzinę"[10]. Niestety, wielu chrześcijan z kościoła korzysta, ale nie kocha go.

TWOJA LOKALNA SPOŁECZNOŚĆ

Słowo *kościół* od samego początku używane było przede wszystkim w odniesieniu do konkretnych, ulokowanych w określonych miejscach wspólnot, a rzadziej w stosunku do ogółu wierzących. Nowy Testament wprowadza pojęcie członkostwa w lokalnej wspólnocie. Jedyni chrześcijanie, którzy nie byli członkami lokalnej społeczności, to ci, których wyłączono za popełnienie szczególnie bulwersujących grzechów[11].

Biblia powiada, że chrześcijanin bez domu, jakim jest kościół, przypomina organ usunięty z ciała, owcę bez stada albo dziecko bez rodziny. To stan nienaturalny. Pismo mówi: „...wraz z wszystkimi innymi chrześcijanami jesteście domownikami Bożymi"[12].

Współczesna kultura niezależnego indywidualizmu zrodziła wiele duchowych sierot – „chrześcijan – skoczków", którzy przeskakują z jednego kościoła do drugiego i nie utożsamiają się z żadnym z nich, żadnemu się nie poświęcają ani za żaden nie biorą współodpowiedzialności. Wielu uważa, że można być „dobrym chrześcijaninem" bez przyłączania się (lub nawet uczęszczania) do kościoła, lecz Bóg na pewno nie zgodziłby się z tym. Biblia podaje wiele powodów, dla których powinniśmy poświęcić się lokalnej społeczności wierzących i być w niej aktywnymi.

DLACZEGO POTRZEBUJESZ KOŚCIELNEJ RODZINY?

Przynależność do kościelnej rodziny identyfikuje cię jako autentycznego chrześcijanina. Nie możemy twierdzić, że naśladujemy Chrystusa, jeśli nie należymy do jakiejś konkretnej grupy Jego uczniów. Jezus powiedział: „Wasza wzajemna miłość pokaże światu, że jesteście moimi uczniami"[13].

Fakt, że gromadzimy się w miłości jako Boża rodzina, pochodząc z różnych środowisk, reprezentując odmienne rasy i posiadając zróżnicowany status społeczny, to dla świata pełne mocy świadectwo[14]. Sami nie możemy tworzyć Ciała Chrystusa. By stać się Jego Ciałem, chrześcijanie muszą być *razem*, a nie w rozproszeniu[15].

Kościelna rodzina wyprowadza cię z egocentrycznej izolacji. Miejscowa wspólnota to szkoła, w której uczymy się funkcjonowania Bożej rodziny. To laboratorium do praktykowania bezinteresownej i pełnej współczucia miłości. Jako członkowie tej zbiorowości uczymy się dbać o innych i żyć ich sprawami: „Jeśli cierpi jedna część ciała, to cierpią też inne. A gdy któraś część naszego ciała dostępuje zaszczytu, to zaszczyt ten jest też udziałem pozostałych"[16]. Tylko poprzez kontakt ze zwykłymi, niedoskonałymi jak my wierzącymi możemy zobaczyć, czym jest prawdziwa społeczność i doświadczać nowotestamentowej prawdy, że jesteśmy wzajemnie złączeni i współzależni[17].

Biblijna społeczność to takie oddanie się sobie nawzajem, jakim wykazujemy się wobec Jezusa. Bóg oczekuje, że będziemy gotowi oddawać życie za innych. Wielu chrześcijan znających werset z Ew. Jana 3:16 nie zdaje sobie sprawy, co jest napisane w I liście Jana 3:16: „Jezus Chrystus oddał za nas swoje życie. A my powinniśmy oddawać swoje życie za braci"[18]. Oto rodzaj pełnej poświęcenia miłości, jaką Bóg pragnie, byśmy okazywali wierzącym – chęć kochania ich tak samo jak Jezus.

DZIEŃ SIEDEMNASTY:

Własne miejsce na ziemi

Kościelna rodzina pomaga ci rozwijać duchowe mięśnie. Dojrzałości nigdy nie osiągniesz poprzez samo chodzenie na nabożeństwa i bierną obserwację. Tylko pełny udział w życiu kościelnej wspólnoty zwiększy twoją duchową tężyznę. Biblia mówi: „Wykonując swe zadanie, każda część ciała pomaga rozwijać się innym, tak aby całe ciało rozwijało się, było zdrowe i pełne miłości"[19].

W Nowym Testamencie ponad pięćdziesiąt razy możemy znaleźć wyrażenie „jeden drugiemu" czy „jeden drugiego". Mamy przykazanie, by *kochać* jeden drugiego, *modlić się* jeden o drugiego oraz jeden drugiego *wspierać, napominać, pozdrawiać, uczyć, akceptować, szanować, nosić* wzajemnie *ciężary, przebaczać* i *ulegać* sobie nawzajem, *być oddanym* jeden drugiemu i wiele innych wzajemnych powinności. Na tym właśnie polega biblijne członkostwo! To są nasze „rodzinne obowiązki" i Bóg oczekuje, że będziemy je spełniali poprzez zaangażowanie w swoim kościele. *Z kim* współdziałamy w wykonywaniu tych obowiązków?

Wydawać by się mogło, że łatwiej jest być pobożnym, gdy nikt nas nie widzi i nie może kwestionować naszych decyzji. Jednak taki rodzaj świętości oparty jest na fałszu i niemożliwy do potwierdzenia. Izolacja rodzi złudzenia. Kiedy nikt nas nie obserwuje i nie komentuje naszych zachowań, wydaje nam się, że jesteśmy wystarczająco dojrzali. Jednak prawdziwa dojrzałość ujawnia się tylko w relacjach z innymi.

By rozwijać się, potrzebujesz nie tylko Biblii, ale i innych wierzących. Poczuwając się do wzajemnej odpowiedzialności i nawzajem się od siebie ucząc, rozwijamy się szybciej i pełniej. Kiedy inni przyswajają to, czego uczy ich Bóg, ty również dzięki temu uczysz się i rozwijasz.

Ciało Chrystusa potrzebuje ciebie. Bóg chce, byś odgrywał konkretną rolę w Jego rodzinie. Ta rola nazywa się służbą i stosownie do niej Bóg cię wyposażył: „Każdy z nas otrzymuje jakiś duchowy dar, by wspierać cały kościół"[20].

Wspólnota to miejsce, w którym Bóg chce, byś odkrywał, rozwijał i wykorzystywał swoje dary. Być może powierzona ci zostanie służba wykraczająca poza ramy lokalnej społeczności, ale wiedz, że będzie ona *uzupełnieniem* tej, którą już w niej wykonujesz. Jezus nie obiecywał, że będzie budował twoją czy moją służbę, ale że zbuduje *swój* Kościół.

Bierzesz udział w misji Chrystusa wobec świata. W czasach, gdy Jezus żył na ziemi, Bóg działał poprzez Jego fizyczne ciało, dzisiaj natomiast

Bóg działa poprzez duchowe Ciało swego Syna. Kościół jest Bożym narzędziem tu, na ziemi. Mamy okazywać Bożą miłość nie tylko w gronie chrześcijan, ale też nieść ją reszcie świata. To niesamowity przywilej, jaki otrzymały wszystkie Boże dzieci. Jako członkowie Ciała Chrystusa stanowimy Jego ręce, stopy, oczy i serce. W tym świecie działa On poprzez nas i każdy wierzący ma w tym mieć swój udział. Apostoł Paweł mówi: „Bóg sprawia, że każdy z nas, uzdolniony przez Jezusa Chrystusa, łączy się z Nim w Jego dziele – dobrym dziele, które dla nas przygotował i którego powinniśmy się podjąć"[21].

Boża rodzina chroni cię przed popadaniem w grzech. Nikt z nas nie jest odporny na wszelkie pokusy. W sprzyjającej sytuacji jesteśmy zdolni do każdego grzechu[22]. Bóg o tym wie i dlatego każdemu z nas powierzył obowiązek troszczenia się o życie duchowe innych chrześcijan. Biblia mówi: „Wspierajcie się wzajemnie na co dzień, aby nikt z was nie został zwiedziony"[23]. Powiedzenie „zajmij się raczej swoimi sprawami" nie jest zasadą chrześcijańską. Bóg wzywa nas do angażowania się w sprawy innych.

Jeśli wiesz, że ktoś z chrześcijan chwieje się duchowo, to twoim obowiązkiem jest zająć się nim i przywrócić go do zborowej społeczności. Apostoł Jakub powiada: „Jeśli znacie kogoś, kto odszedł od Bożej prawdy, nie przekreślajcie go, lecz przyprowadźcie z powrotem do Boga"[24].

Jezus nie obiecywał, że będzie budował twoją czy moją służbę, ale że zbuduje swój Kościół.

Innym z dobrodziejstw życia wspólnotowego jest też duchowa ochrona dla posłusznych Bogu, kościelnych przywódców. Duszpasterzom Bóg powierzył obowiązek troszczenia się i ochrony powierzonej im grupy wierzących oraz dbania o jej duchowe dobro[25]. Biblia mówi, że: „Ich służba to opieka nad waszymi duszami i oni wiedzą, że odpowiadają za was przed Bogiem"[26].

Szatan kocha samotnych, „niezrzeszonych" chrześcijan, którzy są odłączeni od żywego Ciała Chrystusa, oddzieleni od Bożej rodziny i nie poczuwają się do odpowiedzialności wobec duchowych przywódców. On wie, że ci ludzie są bezbronni i bezsilni wobec jego sztuczek.

TO WSZYSTKO ZNAJDZIESZ W KOŚCIELE

W napisanej przeze mnie książce pt. „Purpose-Driven® Church" („Kościół świadomy celu") wyjaśniam, jak ważną dla prowadzenia zdrowego życia jest przynależność do zdrowej wspólnoty kościelnej. Mam nadzieję, że ty również będziesz mógł tę książkę przeczytać, ponieważ ułatwi ci ona zrozumienie, iż Bóg zaplanował swój Kościół tak, by pomagał ci w realizacji pięciu celów, które wyznaczył dla twojego życia. Bóg stworzył Kościół, by zaspokoić pięć twoich najgłębszych potrzeb: potrzebę posiadania celu życia, spotkania ludzi, z którymi mógłbyś to życie dzielić, odkrycia zasad, którymi mógłbyś się kierować, wyboru zawodu, z którego mógłbyś się utrzymać oraz wyposażenia w siłę, dzięki której mógłbyś przez to życie kroczyć. Poza kościołem nie ma na ziemi innego miejsca, w którym mógłbyś zaspokoić wszystkie z tych potrzeb.

Boże cele dla Kościoła są identyczne jak tych pięć Jego celów dla naszego życia. Uwielbienie pomaga nam *skupić się na Bogu*, społeczność z wierzącymi *ułatwia nam rozwiązywanie życiowych problemów*, uczniostwo *wzmacnia naszą wiarę*, służba *umożliwia nam odkrycie talentów*, ewangelizacja pomaga nam *spełniać naszą misję*. Na całej ziemi nie ma drugiej takiej instytucji, jak Kościół!

TWÓJ WYBÓR

Kiedy rodzi się dziecko, automatycznie staje się ono częścią ogólnoludzkiej rodziny. Jednak by mieć zapewnioną właściwą pielęgnację i troskę, by wyrosnąć na zdrowego i silnego człowieka, potrzebuje też zostać członkiem konkretnej rodziny i mieć rodziców. To samo odnosi się do życia duchowego. Gdy rodzimy się na nowo, automatycznie stajemy się częścią ogólnoświatowej Bożej rodziny, nie mniej jednak potrzebujemy zostać członkami Bożej rodziny w miejscu, w którym żyjemy.

Różnica między osobą uczęszczającą do kościoła a jego *członkiem* polega na zaangażowaniu. Ci, którzy kościół tylko odwiedzają to bierni obserwatorzy, członkowie natomiast oddają się służbie. Uczęszczający nastawieni są na branie, członkowie na dawanie. Uczęszczający chcą korzystać z dobrodziejstw kościoła, nie przyjmując za niego żadnej odpowiedzialności. Podobni są do par, które chcą dzielić ze sobą życie bez zawierania małżeństwa.

Dlaczego przyłączenie się do lokalnej wspólnoty jest rzeczą ważną? Ponieważ dowodzi, że jesteśmy faktycznie, a nie tylko w teorii oddani naszym duchowym braciom i siostrom. Bóg chce, byśmy kochali ludzi *realnych*, a nie *idealnych*. Na poszukiwanie doskonałego kościoła możemy poświęcić nawet całe życie, ale nigdy go nie znajdziemy. Jesteśmy powołani do kochania niedoskonałych ludzi, tak jak kocha ich Bóg.

W Dziejach Apostolskich czytamy, że wierzący z Jerozolimy byli bardzo konkretni w swoim oddaniu innym. Poświęcili się społeczności. Biblia mówi: „zbierali się, by słuchać nauki apostolskiej, wspólnie żyli, spożywali posiłki i modlili się[27]. Bóg oczekuje, że w czasach współczesnych my również będziemy się w te rzeczy angażowali.

Życie chrześcijańskie to coś więcej niż poświęcenie się Chrystusowi, ono obejmuje też poświęcenie się innym wierzącym. Chrześcijanie w Macedonii to rozumieli. Apostoł Paweł powiedział: „Najpierw poświęcili się Panu, a potem z Bożej woli, również i nam"[28]. Z chwilą, gdy stajesz się Bożym dzieckiem, członkostwo w którejś z lokalnych wspólnot jest naturalnym, kolejnym krokiem wiary. Chrześcijaninem stajesz się poprzez poświęcenie się Chrystusowi, a członkiem wspólnoty poprzez swe oddanie konkretnej grupie wierzących. Pierwsza z decyzji niesie ze sobą zbawienie, druga – społeczność.

DZIEŃ SIEDEMNASTY
MYŚLĄC O MOIM CELU

Główna myśl: Jestem powołany nie tylko do tego, by mieć przekonania, ale aby przynależeć.

Werset do zapamiętania: „W Chrystusie wszyscy tworzymy jedno ciało i każdy z jego członków należy do wszystkich pozostałych" – Rzymian 12:5 (NIV).

Pytanie do rozważenia: Czy mój poziom zaangażowania w lokalnej wspólnocie świadczy o tym, że kocham i jestem oddany Bożej rodzinie?

Doświadczając wspólnego życia

Każdy z was jest częścią ciała Chrystusa
i wszyscy jesteście wybrani
do wspólnego życia w pokoju.

Kolosan 3:15 (CEV)

Jak to wspaniale i miło,
gdy Boży lud żyje razem w zgodzie.

Psalm 133:1 (TEV)

Życie jest po to, by je z kimś dzielić.

Bóg chce, byśmy doświadczali życia razem. Biblia nazywa to doświadczenie *społecznością*. W czasach dzisiejszych pojęcie to straciło jednak wiele ze swojego biblijnego znaczenia. Społeczność kojarzy się zazwyczaj ze zwykłymi kontaktami towarzyskimi, połączonymi z rozmowami, wspólnymi posiłkami i spędzaniem czasu w miłej atmosferze. Gdy ktoś pyta: „Gdzie jest twoja społeczność?", zazwyczaj ma na myśli: „Do której wspólnoty uczęszczasz?". Natomiast propozycję: „Pozostańcie tu po społeczności" z reguły należy rozumieć jako: „Nie wychodźcie od razu, bo mamy przygotowaną kawę, herbatę i ciastka".

Prawdziwa społeczność to coś znacznie więcej niż pokazywanie się na nabożeństwach. Oznacza *dzielenie życia z innymi*. Zawiera w sobie skupioną na bliźnich miłość, szczere dzielenie się, praktyczne służenie, ofiarne dawanie, współczujące wspieranie i wszystkie inne przykazania typu „czyńcie sobie nawzajem" lub „jeden drugiemu", które znajdujemy w Nowym Testamencie.

Jeśli chodzi o społeczność, to duże znaczenie ma jej wielkość – *im mniejsza tym lepsza*. Można wielbić Boga w tłumie, ale z tłumem nie można mieć społeczności. Kiedy grupa zaczyna przekraczać dziesięć osób, ktoś z niej odchodzi – zwykle osoba najcichsza – a kilku jej uczestników zaczyna w niej dominować.

Jezus usługiwał niewielkiej grupie uczniów. Mógł ich powołać więcej, ale wiedział, że dwunastka to maksymalna liczebność grupy, w której każdy mógłby być autentycznie zaangażowany.

Ciało Chrystusa, podobnie jak nasze własne, jest zbiorem wielu mikroskopijnych komórek. Całe życie tego ciała toczy się właśnie w nich. Z tego powodu każdy chrześcijanin powinien być zaangażowany w działalność niewielkiej grupy, jaka wchodzi w skład lokalnej wspólnoty. Mogą to być na przykład spotkania w grupie domowej, tzw. „małej grupie", szkole niedzielnej dla dorosłych czy studium biblijnym. Tam właśnie, a nie w dużej zbiorowości, rozwija się prawdziwa wspólnota. Jeśli wspólnotę porównać do statku, to małe grupy byłyby w nim szalupami.

Bóg dał niesamowite obietnice, jeśli chodzi o małe grupy wierzących: „Ponieważ gdy dwóch lub trzech zbiera się w moim imieniu, Ja jestem pośród nich"[1]. Niestety, nawet przynależność do takiej grupy nie gwarantuje ci doświadczania rzeczywistej wspólnoty. Wiele grup szkoły niedzielnej oraz grup domowych ugrzęzło w powierzchownych działaniach i nie zna sposobu na pogłębienie wzajemnych relacji. Jaka jest różnica między prawdziwą a pozorną społecznością?

W prawdziwej społeczności ludzie doświadczają autentyczności. Autentyczna społeczność to nie powierzchowne związki czy rozmowy o wszystkim i niczym. Taka społeczność polega na dzieleniu się czymś z głębi serca, niekiedy nawet rzeczami bolesnymi i osobistymi. Dochodzi do tego wtedy, gdy ludzie nie ukrywają, kim są naprawdę i co dzieje się w ich życiu. Mówią o swoich zranieniach, ujawniają swoje skrywane uczucia, przyznają się do porażek, wątpliwości, obaw i słabości oraz zwracają się o pomoc i modlitwę.

Autentyczność jest wyraźną przeciwnością tego, co znajdujemy w niektórych kościołach. Zamiast atmosfery uczciwości i pokory spotykamy się tam z udawaniem, odgrywaniem ról, uprawianiem kościelnego politykierstwa, sztuczną uprzejmością i płytkimi rozmowami. Ludzie wkładają maski, wysoko unoszą głowy i zachowują się tak, jakby ich życie było pasmem sukcesów. Takie postawy oznaczają śmierć prawdziwej społeczności.

Rzeczywistej społeczności doświadczamy tylko wtedy, gdy potrafimy otwarcie mówić o naszych sprawach. Biblia mówi: „Jeśli żyjemy w świetle, tak jak w świetle żyje Bóg, możemy mieć społeczność jeden z drugim... Jeśli ktoś z nas mówi, że jest bez grzechu, to samego siebie zwodzi"[2]. Świat

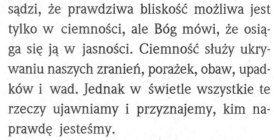

Autentyczna społeczność polega na dzieleniu się czymś z głębi serca, niekiedy nawet rzeczami bolesnymi i osobistymi.

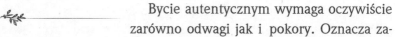

sądzi, że prawdziwa bliskość możliwa jest tylko w ciemności, ale Bóg mówi, że osiąga się ją w jasności. Ciemność służy ukrywaniu naszych zranień, porażek, obaw, upadków i wad. Jednak w świetle wszystkie te rzeczy ujawniamy i przyznajemy, kim naprawdę jesteśmy.

Bycie autentycznym wymaga oczywiście zarówno odwagi jak i pokory. Oznacza zaakceptowanie faktu, że pewne sprawy zostaną ujawnione, doświadczymy odrzucenia lub ktoś nas znów zrani. Dlaczego ktokolwiek miałby się zdecydować na takie ryzyko? Dlatego, że jest to jedyny sposób na duchowy rozwój i zdrowie emocjonalne. Biblia mówi: „Uczyńcie to waszym zwyczajem: wyznawajcie wasze grzechy jeden drugiemu i módlcie się o siebie nawzajem, byście mogli żyć razem w pełni i uzdrowieniu"[3]. Rozwijamy się tylko wtedy, gdy podejmujemy się jakiegoś kolejnego ryzyka, a najtrudniejszym do sprostania ryzykiem jest uczciwość wobec innych oraz samego siebie.

W prawdziwej społeczności ludzie doświadczają wzajemności. Wzajemność jest sztuką dawania oraz przyjmowania. To poleganie na sobie nawzajem. Biblia mówi: „Sposób, w jaki Bóg stworzył nasze ciała, jest wzorcem, który pozwala zrozumieć wspólne życie nas, jako Kościoła: każda z jego części jest zależna od pozostałych"[4]. Wzajemność jest istotą społeczności i przekłada się na: budowanie wielostronnych relacji, dzielenie się obowiązkami i pomaganie innym. Apostoł Paweł powiedział: „Chciałbym, żebyśmy pomagali sobie nawzajem swoją wiarą. Twoja wiara pomoże mnie, a moja tobie"[5].

Wszyscy jesteśmy bardziej konsekwentni w wierze, gdy idziemy za Chrystusem wraz z innymi i otrzymujemy od nich zachętę oraz wsparcie. Biblia nakazuje nam wzajemną odpowiedzialność, wzajemne wspieranie się, wzajemne usługiwanie sobie i wzajemne okazywanie szacunku[6]. Nowy Testament ponad pięćdziesięciokrotnie namawia nas, byśmy czynili różne dobre rzeczy „jeden drugiemu". Biblia mówi: „Dokładajcie wszelkich starań, by czynić to, co prowadzi do pokoju i wzajemnego zbudowania"[7].

Nie jesteś odpowiedzialny *za* wszystkich członków ciała Chrystusa, ale możesz być odpowiedzialny *wobec* każdego z nich. Bóg oczekuje, że będziesz robił wszystko, na co cię stać, by nieść im pomoc w potrzebie.

W prawdziwej społeczności ludzie doświadczają współczucia. Współczucie nie jest udzielaniem porad czy oferowaniem szybkiej pomocy, nie wymagającej wysiłku. Współczucie to stawianie się w czyimś trudnym położeniu i łączenie się z nim w jego bólu. Współczucie to pokazanie, że rozumie się czyjąś sytuację i że odczuć tej osoby nie uważamy za dziwne czy szalone. Dzisiaj przyjęło się to określać jako „empatię" lub „współodczuwanie", ale biblijne słowo brzmi po prostu „współczucie". Biblia mówi: „Jako święty lud... kierujcie się wobec innych serdecznym współczuciem, dobrocią, pokorą, łagodnością i cierpliwością"[8].

Współczucie zaspokaja dwie z podstawowych ludzkich potrzeb – potrzebę bycia rozumianym i potrzebę uzyskania potwierdzenia zasadności własnych uczuć. Zawsze, gdy rozumiemy i uznajemy sens czyichś uczuć, to tym samym budujemy z nim społeczność. Problem tkwi w tym, że zbyt często tak śpieszymy się z naprawianiem sytuacji, że nie mamy czasu wczuć się w czyjeś położenie. Podobnie się dzieje, gdy jesteśmy zaabsorbowani swoimi własnymi zmartwieniami. Użalanie się nad sobą wysysa z nas współczucie dla innych.

Zawsze, gdy rozumiemy i uznajemy sens czyichś uczuć, to tym samym budujemy z nim społeczność.

Istnieją różne poziomy społeczności i każdy z nich jest właściwy w innym czasie. Podstawowe poziomy *to społeczność w dzieleniu się* oraz *społeczność we wspólnym rozwa-*

żaniu Bożego Słowa. Poziom wyższy to *społeczność w służbie*, kiedy to razem udajemy się w podróże misyjne lub z pomocą humanitarną. Najwyższym i najbardziej intensywnym poziomem jest *społeczność w cierpieniu*[9]. Na tym poziomie łączymy się z drugą osobą w jej bólu i smutku, niosąc jej ciężary. Chrześcijanie znajdujący się na tym poziomie to ci, którzy za swą wiarę bardzo często doświadczają prześladowań, pogardy i męczeństwa.

Biblia mówi: „Pomagajcie sobie nawzajem w trudnościach i kłopotach, a wtedy spełnicie nakazy Pana"[10]. Najbardziej potrzebujemy siebie nawzajem w czasie kryzysu, przygnębienia i zwątpienia. Gdy okoliczności przygniatają nas tak, że chwieje się nasza wiara, szczególnie potrzebna nam jest niewielka grupa wierzących przyjaciół. Oni pomogą nam zachować wiarę i pokonać problemy. W małej grupie Ciało Chrystusa będzie dla nas bardziej realne i namacalne, nawet gdy Bóg wyda nam się odległy. Tego właśnie brakowało Jobowi w jego cierpieniach. On wołał: „Zrozpaczony człowiek potrzebuje troski swoich przyjaciół, nawet gdy zapomina o bojaźni Bożej"[11].

W prawdziwej społeczności ludzie doświadczają miłosierdzia. Społeczność to miejsce łaski, gdzie nie wypomina się błędów, ale się je usuwa. Społeczność ma miejsce tam, gdzie miłosierdzie bierze górę nad sprawiedliwością.

Wszyscy potrzebujemy miłosierdzia, ponieważ każdy z nas potyka się, upada i wymaga pomocy przy powracaniu na właściwą drogę. Powinniśmy okazywać miłosierdzie innym i być w stanie ją od nich przyjmować. Bóg mówi: „Gdy ktoś zgrzeszy, wybaczajcie i dodawajcie mu otuchy, aby się nie załamał"[12].

DZIEŃ OSIEMNASTY:

DOŚWIADCZANIE WSPÓLNEGO ŻYCIA

Nie można trwać w społeczności bez przebaczania. Bóg przestrzega: „Nigdy nie chowajcie w sobie urazy"[13], ponieważ gorycz i gniew zawsze szkodzą społeczności. Jako niedoskonali i grzeszni ludzie wcześniej czy później kogoś zranimy, o ile tylko będziemy ze sobą wystarczająco długo. Niekiedy robimy komuś przykrość z premedytacją, a niekiedy niechcący, jednak bez względu na to, jak do tego dochodzi, by stworzyć i utrzymać społeczność, potrzeba dużo łaski i miłosierdzia. Biblia mówi: „Bądźcie wobec siebie wyrozumiali i przebaczajcie tym, którzy was obrażają. Pamiętajcie, Pan wam przebaczył i dlatego wy przebaczajcie innym"[14].

Doświadczając Bożego miłosierdzia, zyskujemy motywację do okazywania go innym. Pamiętajmy, że nigdy nie będziemy musieli przebaczyć komuś bardziej niż przebaczył nam już Bóg. Kiedykolwiek ktoś nas rani, stajemy przed pewnym wyborem: Czy wykorzystać nasze siły i emocje do *wzięcia odwetu* czy do *znalezienia rozwiązania*? Nie da się osiągnąć obu tych celów jednocześnie.

Wielu ludzi niechętnie okazuje miłosierdzie, gdyż nie pojmuje różnicy między zaufaniem a przebaczeniem. Przebaczenie to uporanie się z przeszłością, zaufanie natomiast dotyczy tego, co się dopiero może wydarzyć.

Przebaczenie powinno być bezzwłoczne i niezależne od tego, czy winowajca cię o nie prosi, czy też nie. Zaufanie odbudowuje się przez dość długi czas i wiąże się z obserwacją zachowań danej osoby. Jeśli ktoś często nas rani, to zgodnie z Bożym nakazem, mamy mu natychmiast przebaczyć, ale nie mamy obowiązku pozwalać, by czynił to po raz kolejny. Musi on w końcu dowieść, że się zmienił. Najlepszym miejscem do odzyskiwania zaufania jest służąca wsparciem mała grupa, która zarówno zapewnia pomoc, jak i wymaga odpowiedzialności.

Jest jeszcze znacznie więcej korzyści płynących z przynależności do małej grupy, której zależy na tworzeniu prawdziwej społeczności. To podstawowa sfera naszego chrześcijańskiego życia, której nie możemy zlekceważyć. Przez ponad dwa tysiące lat chrześcijanie gromadzili się w małych grupach, by doświadczać społeczności. Jeśli nie byliśmy dotąd członkami takiej grupy, to naprawdę nie wiemy, co tracimy.

W następnym rozdziale zastanowimy się, co jest potrzebne do stworzenia takiej wspólnoty z innymi wierzącymi. Mam jednak nadzieję, że już ten bieżący rozdział wzbudził w tobie głód doświadczania autentyczności, wzajemności, praktycznie wyrażanego współczucia oraz miłosierdzia, które znajdujemy w prawdziwej społeczności. Zostałeś stworzony do życia we wspólnocie.

DZIEŃ OSIEMNASTY
MYŚLĄC O MOIM CELU

Główna myśl: W swoim życiu potrzebuję innych ludzi.

Werset do zapamiętania: „Pomagajcie sobie nawzajem w trudnościach i kłopotach, a wtedy spełnicie nakazy Pana" – Galacjan 6:2 (NLT).

Pytanie do rozważenia: Co mógłbym zrobić już dzisiaj, by mieć z kimś wierzącym bardziej szczere i zażyłe relacje?

Pielęgnując społeczność

Możecie stworzyć zdrową i silną społeczność,
która żyje w zgodzie z Bożą wolą
i korzysta z owoców swoich działań,
ale tylko wtedy, gdy podejmiecie niełatwy trud
dobrego współżycia z innymi,
traktując się nawzajem z godnością i czcią.

Jakub 3:18 (Msg)

Zbierali się, by słuchać nauki apostolskiej
i razem spożywać posiłki i modlić się.

Dzieje Apostolskie 2:42 (Msg)

Społeczność wymaga zaangażowania.

Tylko Duch Święty może stworzyć prawdziwą społeczność między wierzącymi, jednak pielęgnuje ją w oparciu o nasze decyzje i zaangażowanie. Apostoł Paweł wskazuje na tę podwójną odpowiedzialność, mówiąc: „Jesteście ze sobą złączeni pokojem poprzez Ducha Świętego, więc dokładajcie wszelkich starań, by to zachować"[1]. Do stworzenia chrześcijańskiej społeczności, w której panuje miłość, potrzeba Bożej mocy i naszego wysiłku.

Niestety wielu ludzi wychowało się w rodzinach, w których brakowało zdrowych relacji i osoby te nie wykazują cech i predyspozycji przydatnych w prawdziwej społeczności. Muszą się nauczyć, jak odnosić się do innych członków Bożej rodziny. Na szczęście Nowy Testament zawiera wiele wskazówek dotyczących życia w społeczności. Paweł pisze:

„Piszę wam o tym..., abyście wiedzieli, jak żyć w Bożej rodzinie. Tą rodziną jest kościół"[2].

Jeśli jesteś już zmęczony społecznością opartą na pozorach i chciałbyś kultywować autentyczną społeczność i kochającą się wspólnotę w małej grupie, szkole niedzielnej dla dorosłych lub w kościele, to będziesz musiał podjąć kilka trudnych decyzji i wziąć na siebie niejedno ryzyko.

Pielęgnowanie społeczności wymaga szczerości. Będziesz musiał starać się z miłością mówić ludziom prawdę o nich, nawet gdybyś wolał potraktować problem zdawkowo czy zignorować go. Kiedy ktoś z naszego otoczenia krzywdzi samego siebie lub innych poprzez grzeszne postępowanie, dużo łatwiej jest milczeć. Takie milczenie nie wynika jednak z miłości. Większość ludzi nie ma nikogo, kto kochałby ich na tyle, by powiedzieć im o nich prawdę (nawet tę bolesną), dlatego dalej brnie w samozniszczeniu. Często *wiemy*, co należy komuś powiedzieć, ale powstrzymują nas przed tym obawy. Są one czynnikiem sabotującym wiele społeczności, bo nikt w nich nie zdobył się na odwagę, by powiedzieć grupie prawdę, mimo że życie któregoś z jej członków popadło w ruinę.

Biblia namawia nas do „mówienia prawdy w miłości"[3], ponieważ społeczność cechuje się szczerością. Salomon powiedział: „Szczera odpowiedź to oznaka prawdziwej przyjaźni"[4]. Niekiedy oznacza to troskę, która każe nam upomnieć kogoś, kto grzeszy lub poddany jest silnej pokusie. Apostoł Paweł mówi: „Bracia i siostry, jeśli ktoś pośród was czyni zło, wy, którzy żyjecie w Duchu powinniście do niego pójść i w łagodności zawrócić go ze złej drogi"[5].

Życie wielu wspólnot chrześcijańskich jest płytkie, bo obawiają się choćby najmniejszego konfliktu. Kiedykolwiek pojawia się sprawa, która może spowodować napięcia lub dyskomfort, jej znaczenie jest natychmiast pomniejszane lub bywa ona tuszowana, by zachować fałszywe poczucie harmonii i pokoju. W ten sposób problem nigdy nie ulega rozwiązaniu i każdy żyje ze skrywaną frustracją. Każdy wie o problemie, ale nikt nie mówi o nim otwarcie. To tworzy chorą atmosferę tajemniczości, która sprzyja plotkom. Rozwiązanie proponowane przez apostoła Pawła było dość bezpośrednie: „Koniec z kłamstwami, koniec z udawaniem. Mówcie waszym bliźnim prawdę. W Ciele Chrystusa wszyscy przecież jesteśmy ze sobą połączeni. Kiedy kłamiesz innym, to skończysz na okłamywaniu samego siebie"[6].

Prawdziwa społeczność – czy to w małżeństwie, przyjaźni lub w kościele – jest zależna od szczerości. Tak naprawdę wejście z kimś w nieuchronny konflikt może być przyczynkiem do pogłębienia z nim relacji. Jeśli nie troszczysz się o kogoś na tyle, by go upomnieć i usunąć powstałe przeszkody, to nigdy nie staniecie się sobie bliscy. Kiedy konflikt jest właściwie rozgrywany, zbliżamy się do siebie poprzez odkrywanie istniejących między nami różnic, a następnie przez szukanie kompromisu. Biblia mówi: „Ostatecznie ludzie bardziej cenią szczerość niż pochlebstwa"[7].

*Kiedy konflikt
jest właściwie rozgrywany,
zbliżamy się do siebie.*

Szczerość to nie licencja na mówienie czegokolwiek, gdziekolwiek i kiedykolwiek się chce. Nie ma nic wspólnego z niegrzecznością czy brakiem taktu. Biblia mówi, że na wszystko jest właściwy czas i sposób[8]. Bezmyślnie wypowiedziane słowa pozostawiają trwałe rany, a Bóg chce, żebyśmy zwracali się do innych wierzących jak kochający członkowie rodziny: „Nigdy nie używajcie surowych słów, kiedy upominacie kogoś starszego, ale mówcie do niego tak, jakby był waszym ojcem. Do młodszych mówcie tak, jak do młodszych braci, do starszych kobiet tak, jakby były waszymi matkami, a do młodszych kobiet, jakby były waszymi siostrami"[9].

Niestety, wiele społeczności zostało rozbitych przez brak szczerości. Apostoł Paweł napomniał zbór w Koryncie za ich zmowę milczenia w kwestii dopuszczania niemoralności w ich gronie. Ponieważ nikt z nich nie miał odwagi stawić temu czoła, Paweł powiedział: „Nie powinniście godzić się na grzech pośród was i sądzić, że kiedyś zniknie. Ujawnijcie go i rozprawcie się z nim... Lepiej sprawić komuś przykrość i wzbudzić zażenowanie niż miałby być na wieki potępiony... Nie traktujcie tego jako nieistotny drobiazg, bo jest to coś zgoła przeciwnego... Gdy ktoś z waszych współbraci żyje w nieczystości, jest nieuczciwy, nie słucha Boga, źle traktuje innych, upija się, staje się chciwy czy agresywny, to nie zachowujcie się tak, jakby wszystko było w porządku. Nie przechodźcie nad tym do porządku dziennego, traktując grzech jako dopuszczalne zachowanie. Nie jesteśmy odpowiedzialni za to, co czynią niewierzący, ale czyż nie ciąży na nas odpowiedzialność za postępowanie ludzi z naszego kościoła?"[10].

Pielęgnowanie społeczności wymaga pokory. Zarozumiałość, samozadowolenie, upartość i duma niszczą społeczność szybciej niż cokolwiek innego. Duma wznosi mury między ludźmi; pokora buduje mosty. Jest jak oliwa, która wygładza i łagodzi wzajemne relacje. Z tego powodu Biblia mówi: „Przyobleczcie się w pokorę jeden wobec drugiego"[11]. Właściwym ubiorem do społeczności jest postawa pokory.

Reszta powyższego wersetu brzmi: „...ponieważ Bóg sprzeciwia się pysznym i obdarza łaską pokornych"[12]. Innym powodem, dla którego warto być pokornym, jest fakt, że duma blokuje Bożą łaskę w naszym życiu, a ona jest nam potrzebna do duchowego wzrostu, do zmian, do uzdrowienia i pomagania innym. Otrzymujemy Bożą łaskę dzięki pokornemu przyznaniu się, iż jej potrzebujemy. Biblia mówi, że będąc pysznymi, stajemy w opozycji wobec Boga! To głupi i niebezpieczny sposób na życie.

Pokorę można w sobie wypracować na wiele praktycznych sposobów, np. poprzez przyznanie się do słabości, cierpliwość wobec słabości innych, otwartość na pouczenia i kierowanie uwagi na zasługi innych, a nie na swoje. Apostoł Paweł radzi: „Żyjcie ze sobą w zgodzie. Nie próbujcie odgrywać kogoś ważnego, lecz cieszcie się towarzystwem zwykłych ludzi. I nie wyobrażajcie sobie, że wszystko już wiecie!"[13]. Do chrześcijan w Filipii apostoł pisze: „Bądźcie pokorni, uważając innych za lepszych od siebie. Nie zamykajcie się w kręgu własnych spraw, ale myślcie o innych ludziach, o ich sprawach"[14].

Pokora nie polega
na zaniżaniu swojej samooceny,
ale na myśleniu o sobie
w znacznie mniejszym stopniu.

Pokora nie polega na zaniżaniu swojej samooceny, ale na myśleniu o sobie w znacznie mniejszym stopniu. Pokora to myślenie wpierw o innych. Ludzie pokorni są tak skupieni na służeniu innym, że nie myślą o sobie.

Pielęgnowanie społeczności wymaga uprzejmości. Uprzejmość to szanowanie czyjejś odmienności, wrażliwość na potrzeby emocjonalne innych i cierpliwość w stosunku do ludzi, którzy nas drażnią. Biblia mówi: „Mamy bowiem obowiązek nieść brzemię liczenia się z wątpliwościami i obawami innych ludzi"[15]. Paweł powiedział Tytusowi: „Boże dzieci powinny być wielkoduszne i uprzejme"[16].

W każdej wspólnocie i małej grupie chrześcijan znajdzie się przynajmniej jedna „trudna" osoba, ale z reguły jest ich więcej. Ludzie ci mają być może szczególne potrzeby emocjonalne, cechuje ich poczucie niepewności, irytujące maniery i brak umiejętności współżycia z innymi. Wymagają szczególnej troski i względów.

DZIEŃ DZIEWIĘTNASTY:

PIELĘGNUJĄC
SPOŁECZNOŚĆ

Tych ludzi Bóg postawił między nami zarówno dla ich dobra, jak i naszego własnego. Ich obecność stwarza nam kolejne możliwości duchowego wzrostu i pozwala ocenić jakość społeczności: Czy będziemy ich kochać jak braci i siostry, i traktować w sposób godny?

W rodzinie akceptacja nie zależy od tego, na ile jesteśmy inteligentni, atrakcyjni fizycznie czy utalentowani. Ona bierze się z tego, że należymy do siebie nawzajem. Swoją rodzinę bronimy i ochraniamy. Któryś z jej członków może być nieco dziwny, ale mimo to jest jednym z nas. Biblia mówi o tym tak: „Bądźcie sobie oddani jak kochająca się rodzina. Prześcigajcie się w okazywaniu sobie nawzajem szacunku"[17].

Prawdę powiedziawszy, wszyscy mamy swoje dziwactwa i cechy uciążliwe dla otoczenia. Jednak społeczność nie polega na tym, by wszyscy byli prawie identyczni. Podstawą naszej społeczności jest nasz stosunek do Boga – jesteśmy rodziną.

Jednym ze sposobów nauczenia się uprzejmości jest dowiedzenie się, skąd ci ludzie pochodzą. Poznajemy ich osobistą historię. Kiedy zorientujemy się, przez co w życiu przeszli, staniemy się bardziej wyrozumiali. Zamiast myśleć o tym, jak daleką drogę mają jeszcze przed sobą, pomyślmy, jak daleko już zaszli mimo swoich trudnych przeżyć.

Innym sposobem nauczenia się uprzejmości jest nie bagatelizowanie czyichś wątpliwości. To, że my się czegoś nie obawiamy, nie oznacza, że to samo powinni odczuwać inni. Prawdziwa społeczność ma miejsce wtedy, gdy ludzie wiedzą, że mogą przyznać się do swych wątpliwości i obaw, nie narażając się na osąd ze strony innych.

Pielęgnowanie społeczności wymaga zaufania. Ludzie otwierają się, przyznają się do swoich zranień, skrytych potrzeb i pomyłek tylko w atmosferze serdecznej akceptacji i dyskrecji. Dyskrecja nie jest milczeniem w czasie, gdy nasz brat lub siostra grzeszy. Oznacza raczej, że to, czego dowiedzieliśmy się w naszej grupie, nie może poza nią wyjść oraz że grupa chce się tym problemem zająć, a nie plotkować o nim.

Bóg nienawidzi plotek, zwłaszcza, gdy są one skrywane pod płaszczykiem prośby o modlitwę za jakąś osobę. Bóg mówi: „Plotki roznoszą ludzie podli; oni przysparzają kłopotów i niszczą przyjaźnie"[18]. Plotka zawsze niesie ze sobą zranienia i podziały, podkopując społeczność. Bóg bardzo jasno stwierdza, że powinniśmy napominać tych, którzy powodują podziały wśród chrześ-

Społeczność kościoła jest ważniejsza niż dobre samopoczucie jednostki.

cijan[19]. W rezultacie twoich działań mogą wpaść w złość i opuścić grupę lub wspólnotę, ale społeczność kościoła jest ważniejsza niż dobre samopoczucie jednostki.

Pielęgnowanie społeczności wymaga częstotliwości. By budować prawdziwą społeczność, *potrzebujemy* częstych i regularnych kontaktów ze swoją grupą. Relacje wymagają czasu. Biblia mówi: „Nie opuszczajmy wspólnych zgromadzeń, jak to czynią niektórzy, ale zachęcajmy i napominajmy się wzajemnie"[20]. Naszym zwyczajem powinno być wzajemne spotykanie się. Przyzwyczajenie dotyczy czegoś, co robimy często, a nie okazjonalnie. By budować relacje z innymi, musimy im poświęcać czas i to *w całkiem sporych ilościach*. Oto, dlaczego w wielu kościołach społeczność jest tak płytka – ludzie nie spędzają ze sobą wystarczająco dużo czasu, a jeżeli już, to po to, by słuchać, jak mówi jedna osoba.

Społeczność nie jest zbudowana na zasadzie „każdemu to, co lubi", ale na przekonaniu, że potrzebujemy jej dla duchowego zdrowia. Jeśli chcemy pielęgnować prawdziwą społeczność, to będziemy musieli spotykać się z ludźmi, nawet gdy nam się nie chce, ponieważ wiemy, że jest to ważne. Pierwsi chrześcijanie spotykali się codziennie! „Gromadzili się każdego dnia w świątyni, spotykali się w małych grupach domowych na wieczerzę Pańską, z radością i dziękczynieniem spożywali wspólnie posiłki"[21]. Społeczność wymaga dużych nakładów czasu.

Jeżeli jesteś członkiem małej grupy domowej albo uczestnikiem szkoły niedzielnej dla dorosłych, to namawiam twoją grupę do przyjęcia wspólnego zobowiązania, które spełnia wymogi dziewięciu cech biblijnej społeczności. Oto one:

Będziemy ujawniać swoje prawdziwe uczucia (autentyzm), wspierać jeden drugiego (wzajemność), troszczyć się o siebie (współczucie, zrozumienie wzajemnych potrzeb), przebaczać sobie wzajemnie (miłosierdzie), mówić prawdę w miłości (szczerość), przyznawać się do słabości (pokora), szanować nawzajem swą odmienność (uprzejmość), nie plotkować i czynić grupę naszym priorytetem (duża częstotliwość spotkań).

Kiedy spojrzymy na listę tych cech, to stanie się dla nas oczywiste, dlaczego prawdziwa społeczność jest tak rzadkim zjawiskiem. Oznacza rezygnowanie z własnej egocentrycznej postawy i szkodliwej duchowej niezależności po to, by stać się współzależnymi. Jednak zyski wynikające z dzielenia się swoim życiem z innymi znacznie przewyższają jego koszty, a takie życie przygotowuje nas na przyszłość w Niebie.

DZIEŃ DZIEWIĘTNASTY
MYŚLĄC O MOIM CELU

Główna myśl: Społeczność wymaga zaangażowania.

Werset do zapamiętania: „Zrozumiemy, czym jest miłość, gdy uświadomimy sobie, że Jezus Chrystus oddał za nas swoje życie. A to znaczy, że my powinniśmy oddawać swoje życie za braci" – I Jana 3:16 (GWT)

Pytanie do rozważenia: Jak mógłbym już dzisiaj zacząć pielęgnować cechy prawdziwej społeczności w małej grupie oraz we wspólnocie?

Odnawiając zerwaną społeczność

Bóg odnowił naszą społeczność z Nim
przez Jezusa
i powierzył nam służbę
odnawiania innych społeczności.

II Koryntian 5:18 (GWT)

Relacje zawsze są warte odbudowywania.

Ponieważ w życiu chodzi o uczenie się, jak kochać, Bóg chce, abyśmy cenili wzajemne relacje i czynili wysiłki ku ich zachowaniu, a nie zrywaniu ich, gdy pojawia się na nich rysa, zranienie czy konflikt. Biblia mówi, iż Bóg powierzył nam służbę odbudowywania relacji[1]. Z tego powodu spora część Nowego Testamentu poświęcona jest nauczaniu, jak mamy się do siebie nawzajem odnosić. Apostoł Paweł napisał: „Jeśli naśladując Jezusa, czegokolwiek się nauczyliście, jeśli Jego miłość wprowadziła w waszym życiu jakieś zmiany, jeśli przebywanie w społeczności Ducha ma dla was znaczenie, to żyjcie ze sobą w zgodzie, kochajcie się i bądźcie oddanymi przyjaciółmi"[2]. Paweł nauczał, że umiejętność obcowania z innymi jest oznaką duchowej dojrzałości[3].

Skoro Chrystus pragnie, by Jego rodzina była znana ze swej wzajemnej miłości[4], to zerwane relacje są niechlubnym świadectwem przed niewierzącymi. Paweł był zakłopotany z tego właśnie powodu, że członkowie zboru w Koryncie podzielili się na zwalczające się frakcje i wnosili nawet przeciwko sobie nawzajem pozwy do sądów. Apostoł napisał: „Hańba wam! Na pewno jest wśród was choć jeden mądry, kto mógłby zażegnać spory między członkami kościoła"[5]. Odczuł wielki niepokój, że nikt w zborze nie był dość dojrzały, by rozwiązać konflikt w sposób godny i pojednawczy. W tym samym liście Paweł powiedział: „Powiem to z całą stanowczością: musicie umieć ze sobą właściwie współżyć"[6].

Jeśli w swoim życiu pragniesz przeżywać Boże błogosławieństwo i chcesz, by wiedziano, że jesteś Bożym dzieckiem, to musisz się nauczyć być osobą nastawioną do innych pokojowo i pojednawcą w sporach między chrześcijanami. Jezus powiedział: „Bóg błogosławi tych, którzy zabiegają o pokój, ponieważ oni będą nazwani Bożymi dziećmi"[7]. Zauważ, iż Jezus nie powiedział, że błogosławieni są ci, którzy *miłują* pokój, bo takimi są w zasadzie wszyscy ludzie. Nie powiedział też, że błogosławieni są ludzie spokojni, których nic nie jest w stanie wyprowadzić z równowagi. Jezus powiedział, że błogosławieni są ci, którzy o pokój *zabiegają*, czyli ci, którzy aktywnie przyczyniają się do rozwiązywania konfliktów. Pojednawców jest niewielu, gdyż wprowadzanie pokoju jest trudnym zadaniem.

Ponieważ zostałeś stworzony, by stanowić część Bożej rodziny i drugim co do ważności celem twojego życia na ziemi jest uczenie się, jak kochać i traktować innych, to przywracanie pokoju jest jedną z najistotniejszych umiejętności, jakie możesz w sobie wykształcić. Niestety, metod przywracania pokoju większości z nas nigdy nie uczono.

Przywracanie pokoju nie oznacza *unikania konfliktu*. Uciekanie przed problemem, udawanie, że on nie istnieje czy milczenie z obawy przed skutkami to zwykłe tchórzostwo. Jezus, Książę Pokoju, nigdy nie obawiał się konfliktów. Niekiedy, gdy służyło to ogólnemu dobru, nawet je *prowokował*. Czasami musimy unikać konfliktów, czasami musimy je sprowokować, a niekiedy musimy je rozwiązać. Dlatego też szczególnie potrzebujemy modlitwy o prowadzenie Ducha Świętego.

Przywracanie pokoju nie oznacza też *obłaskawiania* którejś ze stron konfliktu. Nieustanne uleganie innym, pozwalanie, by inni nami pomiatali i chodzili nam po głowie, nie jest tym, co Jezus miał na myśli. W walce ze złem On nie cofał się i trwał przy swoim stanowisku.

JAK ODBUDOWAĆ RELACJE?

Bóg wzywa wierzących do życia w zgodzie oraz wzajemnego zachęcania do pojednania się z Nim[8]. Oto siedem biblijnych kroków służących odbudowie społeczności.

Porozmawiaj z Bogiem, zanim porozmawiasz z innym człowiekiem. Przedyskutuj problem z Bogiem. Jeżeli najpierw pomodlisz się w sprawie konfliktu zamiast obmawiać kogoś, odkryjesz, że Bóg albo zmienia twoje nastawienie albo tę drugą osobę – i to bez twojego udziału. Każda z relacji stanie się lepsza, jeśli częściej będziesz się o nią modlił.

DZIEŃ DWUDZIESTY:

ODNAWIAJĄC
ZERWANĄ
SPOŁECZNOŚĆ

Używaj modlitwy do pozbywania się tego, co ci ciąży na sercu tak, jak robił to Dawid – za pośrednictwem psalmów. Mów Bogu o swoich frustracjach, wołaj do Niego. On nigdy nie będzie zaskoczony czy urażony twoją złością, bólem, niepewnością ani żadnym innym uczuciem. Dlatego mów Mu dokładnie, co czujesz. Większość konfliktów ma swe źródło w niezaspokojonych potrzebach. Niektóre z tych potrzeb może zaspokoić wyłącznie Bóg. Kiedy oczekujesz, że zrobi to jakiś człowiek – przyjaciel, współmałżonek, szef czy ktoś z rodziny – to skazujesz się na rozczarowanie i gorycz. Nikt poza Bogiem nie jest w stanie zaspokoić wszystkich naszych potrzeb.

Apostoł Jakub zauważył, że wiele ludzkich konfliktów wynika z niedostatku modlitwy: „Co powoduje między wami konflikty i spory?... Chcecie czegoś, ale tego nie otrzymujecie... Nie macie tego, bo nie prosicie o to Boga"[9]. Zamiast zwracać się do Boga, zwracamy się do innych, by rozwiązali nasz problem, a kiedy tego nie zrobią, wpadamy w gniew. Bóg pyta: „Dlaczego najpierw nie przyszedłeś z tym do mnie?".

Zawsze wykazuj inicjatywę. Nie ma znaczenia, czy w konflikcie jesteś agresorem, czy stroną pokrzywdzoną – Bóg chce, by pierwszy krok należał do ciebie. Nie czekaj, aż zrobi to twój antagonista. Udaj się do niego wcześniej. Odbudowywanie nadszarpniętych relacji z innym człowiekiem jest tak ważne, że Jezus dał mu pierwszeństwo nad relacjami ze zborem. On powiedział: „Jeśli przychodzisz do zgromadzenia wiernych, by złożyć ofiarę i przypomnisz sobie, że twój brat ma coś przeciwko tobie, zostaw twój dar przy ołtarzu, pójdź do swego brata, a gdy go przeprosisz i pojednasz się z nim, możesz wrócić i złożyć Bogu ofiarę"[10].

Kiedy stosunki z innymi są napięte albo zerwane, natychmiast zaplanuj „rokowania pokojowe". Nie zwlekaj, nie szukaj wymówek i nie obiecuj sobie, że kiedyś się tym zajmiesz. Umów się na spotkanie w cztery oczy tak szybko, jak to tylko możliwe. Odwlekanie pogłębia tylko wzajemną niechęć i pogarsza sprawę. Jeżeli istnieje konflikt, to czas niczego nie leczy, ale wprost przeciwnie – sprawia, że zranienia zaczynają się jątrzyć.

Szybkie podjęcie działań zmniejsza duchowe straty. Biblia mówi, że grzech, w tym nierozwiązane konflikty, blokują naszą społeczność z Bogiem, uniemożliwiają odpowiedź na nasze modlitwy[11] i oczywiście czynią naszą sytuację żałosną. Przyjaciele przypominali Jobowi, że zamartwianie się i jednoczesny gniew to głupie i bezsensowne zachowanie i że w ten sposób szkodzi on tylko sobie samemu[12].

Powodzenie „rokowań pokojowych" zależy często od wyboru dla nich właściwego czasu i miejsca. Nie spotykajcie się, kiedy któreś z was jest zmęczone, śpieszy się gdzieś lub ktoś mógłby wam przeszkadzać. Najlepszy czas jest wtedy, gdy oboje jesteście w dobrej formie.

Staraj się rozumieć odczucia drugiej strony. Bardziej niż ust używaj uszu. Zanim zaczniesz wyjaśniać jakiekolwiek nieporozumienie, najpierw wsłuchaj się w to, co druga strona ma do powiedzenia. Apostoł Paweł radzi: „Nie zamykajcie się w kręgu własnych spraw, ale myślcie o innych ludziach i o ich sprawach"[13]. Słowo „myślcie" użyte w tym fragmencie Biblii odpowiada greckiemu słowu „skopos", od którego pochodzą nazwy takich rzeczy, jak: teleskop czy mikroskop. Oznacza ono „zwracanie na coś bacznej uwagi"! Skup się zatem na odczuciach drugiej osoby, a nie na faktach. Zacznij od utożsamiania się z odczuciami drugiej osoby, a nie od poszukiwania rozwiązań.

Bóg chce, by pierwszy krok należał do ciebie.

Nie próbuj na samym początku wyperswadować rozmówcy jego odczuć. Słuchaj go i pozwól mu wyrzucić z siebie emocje, by nie zaczął okopywać się na swojej pozycji obronnej. Potakuj głową na znak, że go rozumiesz, nawet gdy się z nim nie zgadzasz. Odczucia nie zawsze są zgodne z prawdą i logiczne. Tak naprawdę urazy sprawiają, że ludzie myślą i działają w sposób bezsensowny. Psalmista przyznaje: „Czując się rozgoryczony i zraniony, byłem nierozumny jak zwierzę"[14]. Każdy z nas, czując się skrzywdzony, potrafi zachowywać się jak zranione zwierzę.

Biblia mówi o czymś odwrotnym: „W cierpliwości człowieka wyraża się jego mądrość i jego chlubą jest zapominanie o własnych krzywdach"[15]. Cierpliwość wynika z mądrości, a mądrość polega na umiejętności słuchania z perspektywy innych ludzi. Słuchając kogoś, pokazujemy mu, że cenimy jego opinie, że zależy nam na relacji z nim i że jest dla nas kimś ważnym. Tu sprawdza się pewna maksyma: ludzi nie obchodzi to, co my wiemy, jeśli nie wiedzą, że nas obchodzą.

By odbudowywać relacje, musimy: „...nieść ciężar troski o powstałe z naszego powodu wątpliwości i obawy innych ludzi... Chciejmy raczej dbać o innych niż o samych siebie i czyńmy to, co służy ich dobru..."[16]. Cierpliwe znoszenie wybuchów czyjegoś gniewu to prawdziwa ofiara, zwłaszcza, jeśli ta złość jest nieuzasadniona. Jednak pamiętajmy, że taką właśnie ofiarę poniósł dla nas Jezus. On zniósł niezasłużony i brutalny gniew po to, by nas zbawić: „Chrystus nie starał się sprawiać przyjemności sobie samemu. Psalmista mówi, że przyszedł po to, aby cierpieć, znosząc zniewagi ze strony przeciwników"[17].

Wyznaj swoją winę w danym konflikcie. Jeśli naprawdę chcesz odbudować relację, powinieneś zacząć od przyznania się do swoich błędów czy grzechu. Jezus powiedział, że to jest sposób na zobaczenie rzeczy z odpowiedniej perspektywy: „Najpierw pozbądź się belki z twojego oka, a dopiero później być może będziesz widział na tyle dobrze, by móc zająć się źdźbłem w oku bliźniego"[18].

Ponieważ w swoim życiu wszyscy mamy jakieś „białe plamy", to zanim spotkasz się z człowiekiem, z którym jesteś w konflikcie, być może byłoby dobrze poprosić kogoś z tzw. osób trzecich o ocenę twoich działań. Zwróć się też do Boga, by pokazał ci, jaka część problemu wynika z twojej winy. Spytaj Go, czy problem jest po twojej stronie, czy twoje oczekiwania nie są nierealistyczne i czy nie jesteś zbyt przewrażliwiony. Biblia mówi: „Jeśli twierdzimy, że jesteśmy bez grzechu, to sami się oszukujemy"[19].

Przyznanie się do błędu czy winy świetnie służy pojednaniu. Często sposób, w jaki chcemy rozwiązać konflikt, rani bardziej niż pierwotna jego przyczyna. Kiedy zaczniemy od pokornego przyznania się do swoich słabych stron i win, to spowodujemy, że złość oponenta zacznie naraz z niego uchodzić i odbierze mu chęć do ataku. On najpewniej przypuszczał, że będziemy mieli bojowe nastawienie. Nie używaj wymówek i nie przerzucaj winy na drugą stronę, po prostu przyznaj się do wszystkiego, co z twojej strony przyczyniło się do konfliktu. Weź na siebie odpowiedzialność za własne błędy i poproś o wybaczenie.

Atakuj problem, a nie osobę. Nie możesz rozwiązać problemu, jeśli koncentrujesz się na przypisywaniu winy oponentowi. Musisz zdecydować, o co ci chodzi. Biblia mówi: „Łagodna odpowiedź uśmierza gniew, lecz przykre słowo wywołuje złość"[20]. Nigdy nie zażegnasz konfliktu, używając ostrych słów, więc dobieraj je mądrze. Łagodna wypowiedź jest zawsze lepsza od złośliwej.

W rozwiązywaniu konfliktu tak samo ważne, jak to, *co* mówimy, jest to, *jak* mówimy. Jeśli powiemy coś w sposób obraźliwy, zostanie to przyjęte jako wyzwanie do walki. Bóg mówi: „Mądry i dojrzały człowiek znany jest ze swojej wyrozumiałości. Im bardziej uprzejme jego słowa, tym bardziej jest on przekonujący"[21]. Agresja słowna nigdy nie przybliży końca problemu. Będąc szorstkim, nigdy nie będziesz przekonujący.

W rozwiązywaniu konfliktu tak samo ważne, jak to, co mówimy, jest to, jak mówimy.

W czasach „zimnej wojny" oba wrogie sobie obozy uznały, iż pewne rodzaje broni są tak niebezpieczne i niszczycielskie, że nigdy nie powinny zostać użyte. Dzisiaj zakazana jest broń chemiczna i biologiczna, a arsenały nuklearne są redukowane lub niszczone. Dla dobra wzajemnych relacji zniszcz swoje zasoby „broni atomowej", takie jak: potępianie, niskie ocenianie oponenta, porównywanie go, przyklejanie mu etykietek, obrażanie, protekcjonalne traktowanie i sarkastyczny ton. Apostoł Paweł podsumowuje to w taki sposób: „Nie używajcie przykrych słów, ale tylko te, które pomagają, budują i dają to, co potrzebne, aby to, co mówicie, czyniło dobro tym, którzy was słuchają"[22].

Współpracuj na tyle, na ile to tylko możliwe. Paweł powiedział: „Róbcie wszystko, co w waszej mocy, by żyć ze wszystkimi w pokoju"[23]. Pokój zawsze ma swoją cenę. Niekiedy ceną jest nasza duma, innym razem rezygnacja z egocentryzmu. Dla dobra społeczności zrób wszystko, by osiągnąć kompromis, przystosuj się do innych i daj pierwszeństwo ich potrzebom, a nie twoim własnym[24]. Parafraza siódmego z błogosławieństw, które Jezus wypowiedział w Kazaniu na Górze brzmi tak: „Jesteście błogosławieni, gdy pokazujecie ludziom, jak ze sobą współpracować, a nie jak rywalizować czy walczyć. Wtedy możecie dowiedzieć się, kim naprawdę jesteście i jakie jest wasze miejsce w Bożej rodzinie"[25].

Podkreślaj wagę pojednania, a nie rozwiązania problemu. Nierealistycznym jest oczekiwanie, że wszyscy będą w każdej kwestii zgodni. W pojednaniu uwagę skupiamy na relacjach, natomiast w poszukiwaniu rozwiązania skupiamy się na problemie. Gdy koncentrujesz się na pojednaniu, problem traci na znaczeniu i często staje się mało istotny.

Nasze związki z ludźmi możemy odtworzyć nawet wtedy, gdy nie potrafimy pokonać dzielących nas różnic. Między chrześcijanami często dochodzi do szczerych nieporozumień i różnicy stanowisk, ale możemy się ze sobą nie zgadzać, nie będąc jednocześnie przykrymi dla swoich rozmówców. Te same brylanty wyglądają różnie, kiedy patrzy się na nie pod innym kątem. Bóg oczekuje od nas jedności, a nie identyczności i dlatego idąc z innymi wierzącymi ramię w ramię, możemy zachowywać swoje własne poglądy.

To nie oznacza jednak, że powinniśmy zrezygnować z poszukiwania rozwiązań. Być może potrzebna będzie dalsza dyskusja i omówienie sprawy, ale będziemy to robić w duchu zgody. Pojednanie oznacza, że zażegnujemy spór, a niekoniecznie to, że problem przestaje istnieć.

W pojednaniu uwagę skupiamy na relacjach, natomiast w poszukiwaniu rozwiązania skupiamy się na problemie.

Z kim powinieneś skontaktować się po przeczytaniu tego rozdziału? Z kim powinieneś odbudować relacje? Nie zwlekaj z tym ani chwili dłużej. Zatrzymaj się tutaj i powiedz Bogu o tej osobie. Później podnieś słuchawkę telefonu i rozpocznij proces pojednania. Siedem przedstawionych powyżej kroków wygląda dość prosto, jednak ich wykonanie nie jest rzeczą łatwą. Odnowienie zerwanych więzi wymaga wiele wysiłku. Dlatego Piotr nawołuje nas: „Starajcie się usilnie żyć z innymi w pokoju"[26]. Kiedy zabiegasz o pokój z bliźnimi, czynisz to, co robiłby sam Bóg. Dlatego właśnie pojednawców Bóg nazywa swoimi dziećmi[27].

DZIEŃ DWUDZIESTY
MYŚLĄC O MOIM CELU

Główna myśl: Relacje zawsze warto odbudowywać.

Werset do zapamiętania: „Róbcie wszystko, co w waszej mocy, by żyć ze wszystkimi w pokoju" – Rzymian 12:18 (TEV).

Pytanie do rozważenia: Co jest mi dziś potrzebne do odbudowania zerwanej relacji?

Chroniąc swój Kościół

Jesteście ze sobą złączeni pokojem
poprzez Ducha Świętego,
więc dokładajcie wszelkich starań,
by to zachować.

Efezjan 4:3 (NCV)

Przede wszystkim
niech waszym życiem rządzi miłość,
bo wtedy cały kościół
będzie trwał w zgodnej jedności.

Kolosan 3:14 (LB)

Twoim zadaniem jest chronić jedność twojego Kościoła.

Jedność w Kościele jest na tyle ważna, że Nowy Testament poświęca jej więcej uwagi niż niebu czy piekłu. Bóg głęboko pragnie, byśmy doświadczali *jedności* i harmonii z naszymi braćmi i siostrami.

Jedność jest duszą społeczności. Jeśli ją zniszczymy, wyrwiemy serce z Ciała Chrystusa. Ona jest treścią i kwintesencją Bożego pragnienia – by Jego Kościół żył w zgodnej wspólnocie. Najdoskonalszym przykładem jedności jest Boża Trójca. Ojciec, Syn i Duch Święty są tak zjednoczeni, że stanowią jedność. To Bóg jest najlepszym wzorem ofiarnej miłości, pokornego wyrzeczenia się siebie i doskonałej harmonii.

Tak jak każdy z rodziców, nasz niebiański Ojciec lubi patrzeć, jak Jego dzieci żyją w zgodzie. W ostatnich chwilach przed aresztowaniem Jezus modlił się gorliwie o naszą jedność[1]. W godzinach Jego dramatycznych duchowych rozterek o niej właśnie myślał najwięcej. To wskazuje, jak ważną jest kwestią.

Nic na świecie nie jest dla Boga cenniejsze niż Jego Kościół. On zapłacił za niego najwyższą cenę i chce, by był chroniony, zwłaszcza od ogromnych szkód ponoszonych z powodu podziałów, konfliktów i niezgody. Jeśli należymy do Bożej rodziny, to naszym obowiązkiem jest chronić jedność wspólnoty, w jakiej przebywamy. Jezus upoważnił nas do czynienia wszystkiego, co w naszej mocy, by Kościół zachował jedność, by ochronić społeczność i przyczynić się do zgodnego współ-

Nic na świecie nie jest dla Boga cenniejsze niż Jego Kościół.

życia w kościelnej rodzinie i pośród wszystkich wierzących. Biblia mówi: „Podejmujcie wszelkie wysiłki, by zachować jedność Ducha poprzez więź pokoju"[2]. Jak mamy to robić? Biblia udziela nam praktycznej rady.

Skupmy się na tym, co nas łączy, a nie na tym, co nas dzieli. Apostoł Paweł mówi: „Skoncentrujcie się na rzeczach, które prowadzą do zgody i wzajemnie troszczcie się o swój wzrost duchowy"[3]. Jako wierzący mamy jednego Pana, jedno Ciało, jednego Ojca, jednego Ducha, jedną nadzieję, jedną wiarę, jeden chrzest i jedną miłość[4]. Ponadto razem żyjemy, mamy udział w tym samym zbawieniu i tej samej przyszłości, a to są czynniki ważniejsze od wszelkich różnic, które można by wyliczyć. Na tych rzeczach, a nie na różnicach powinniśmy się skupiać.

Musimy pamiętać, że to Bóg zdecydował, że da nam odmienne osobowości, pochodzenie, rasę i upodobania, abyśmy te różnice nie tylko tolerowali, ale je cenili i czerpali z nich to, co najlepsze. Bóg oczekuje od nas jedności, a nie identyczności. Dla dobra jedności nigdy nie pozwalajmy jednak, by dzieliły nas różnice. Musimy skupiać się na tym, co ma największe znaczenie, czyli na tym, by kochać się nawzajem, tak jak Chrystus kocha nas i realizować pięć celów, które Bóg wyznaczył dla każdego z nas i dla swojego Kościoła.

Pojawienie się konfliktu jest zwykle oznaką tego, że nasze priorytety zastąpiły rzeczy mniej ważne, które Biblia nazywa „głupimi i niedorzecznymi sporami"[5]. Kiedy skupiamy się na osobowościach, upodobaniach, interpretacjach, stylach lub metodach, to zawsze dojdzie do podziałów.

Jednak gdy skoncentrujemy się na kochaniu innych i realizacji Bożych celów, to zapanuje harmonia. Apostoł Paweł prosił o to w słowach: „Niech między wami panuje prawdziwa zgoda, aby nie było w kościele podziałów. Błagam was, byście byli jednej myśli i trzymali się jednego celu"[6].

Bądźmy realistyczni w swoich oczekiwaniach. Kiedy sobie uświadomimy, czego Bóg pragnął, mówiąc o prawdziwej społeczności, to łatwo nam przychodzi zniechęcić się, widząc rozdźwięk między *ideałem* a *rzeczywistością* w kościele. Powinniśmy żarliwie kochać swoją wspólnotę, pomimo jej niedoskonałości. Tęsknota za ideałem przy jednoczesnym krytykowaniu istniejącego stanu rzeczy to przejaw niedojrzałości. Z drugiej strony poprzestawanie na tym, co jest, bez dążenia do ideału to tyle, co samozadowolenie. Dojrzałość uwidacznia się wtedy, gdy żyjemy w pozytywnym, twórczym napięciu.

Inni wierzący *będą* nas często zawodzić i sprawiać nam przykrość, ale to nie powinno być wymówką do zerwania z nimi społeczności. Są naszą rodziną, nawet jeśli ich zachowanie wskazuje na coś innego i nie możemy im po prostu powiedzieć: „odchodzę". Bóg chce od nas czegoś innego: „Okazujcie sobie nawzajem cierpliwość i wyrozumiałość wypływającą z miłości"[7].

> *Powinniśmy żarliwie kochać swoją wspólnotę, pomimo jej niedoskonałości.*

Ludzie rozczarowują się kościołem z wielu zrozumiałych powodów. Ich lista bywa całkiem długa. Mogą to być doznane krzywdy lub fakt, że w naszej wspólnocie panuje obłuda, brak troski, małoduszność, legalizm i inne grzechy. Zamiast przeżywać szok i rozczerowanie, pamiętajmy, że Kościół zawsze składa się z prawdziwych grzeszników, do których należymy i ja, i ty. Ponieważ jesteśmy grzesznikami, ranimy innych – niekiedy z premedytacją, czasami nieświadomie. Zamiast jednak opuszczać wspólnotę, powinniśmy w niej pozostać i zarówno indywidualnie, jak i wspólnymi siłami starać się rozwiązywać istniejące problemy. Drogą do wzmocnienia naszego charakteru i pogłębienia wzajemnych relacji nie jest ucieczka, ale pojednanie.

Porzucanie wspólnoty z chwilą poczucia pierwszego rozczarowania jest oznaką niedojrzałości. Bóg chce cię pewnych rzeczy nauczyć, innych wierzących również. Poza tym nie istnieje żaden doskonały kościół, do którego można by uciec. Każdy z nich ma swoje słabości i problemy. W krótkim czasie znów miałbyś poczucie zawodu.

Aktor komediowy Groucho Marx wsławił się powiedzeniem, że nie chciałby należeć do żadnego klubu, do którego pozwalano by wchodzić takim, jak on. Jeśli wspólnota miałaby być doskonała dla zadowolenia nas, to ta sama doskonałość wykluczałaby nas od razu z członkostwa, ponieważ my nie jesteśmy doskonali!

Dietrich Bonhoffer, niemiecki pastor prześladowany przez hitlerowców za opór przeciwko działaniom III Rzeszy napisał książkę na temat społeczności pt. „Life Together" (Życie razem). Autor sugeruje, że rozczarowanie wspólnotą, do której się chodzi, jest zjawiskiem pozytywnym, ponieważ niszczy złudne oczekiwanie, iż znajdzie się w nim doskonałość. Im prędzej pozbędziemy się iluzji, że nasza wspólnota musi być doskonała, by móc ją kochać, tym szybciej przestaniemy udawać i przyznamy, że *wszyscy* jesteśmy niedoskonali i potrzebujemy łaski. Taki jest początek prawdziwej społeczności.

Każdy kościół mógłby na swoim budynku umieścić informację: „Przyjmujemy ludzi niedoskonałych. To jest miejsce dla tych, którzy przyznają, że są grzesznikami, potrzebują łaski i chcą duchowo wzrastać".

Bonhoffer powiedział: „Ten, kto swoją wizję społeczności kocha bardziej niż samą chrześcijańską społeczność, staje się niszczycielem tej ostatniej... Jeśli codziennie nie dziękujemy Bogu za społeczność, w której nas umieścił, chociaż nie jest zbyt inspirująca i nie ma zbyt wiele do zaoferowania, natomiast jest w niej dużo słabości, małej wiary oraz problemów i jeśli wręcz przeciwnie – narzekamy, że wszystko w niej jest kiepskie i małostkowe, to tym sposobem utrudniamy Bogu wpływanie na jej rozwój"[8].

Raczej wspierajmy niż krytykujmy. Zawsze łatwiej siedzieć na widowni i przyglądać się tym, którzy służą niż samemu się zaangażować i mieć swój wkład w działania kościoła. Bóg nieustannie przestrzega nas przed krytykowaniem, porównywaniem i osądzaniem innych[9]. Kiedy krytykujemy to, co w dobrej wierze i z przekonaniem robi inny wierzący, to zaczynamy wchodzić w Boże kompetencje. „Jakie macie prawo krytykować czyichś sług? Tylko Pan może ich oceniać czy postępują właściwie"[10].

Apostoł Paweł dodaje, że nie powinniśmy osądzać chrześcijan, których przekonania różnią się od naszych ani nie powinniśmy czuć się od nich lepsi: „Dlaczego mielibyście krytykować czyny waszych braci, dlaczego mielibyście ich poniżać? Pewnego dnia wszyscy zostaniemy osądzeni i to nie według naszych standardów, ale standardów Chrystusa"[11].

Kiedy osądzamy innych wierzących, natychmiast dochodzi do czterech rzeczy: tracimy społeczność z Bogiem, ujawniamy naszą pychę i lęk, ściągamy na siebie Boży osąd i szkodzimy kościelnej społeczności. Duch krytycyzmu to kosztowna przywara.

DZIEŃ DWUDZIESTY PIERWSZY:

CHRONIĄC
SWÓJ KOŚCIÓŁ

Biblia nazywa szatana „oskarżycielem naszych braci"[12]. To do niego należy potępianie, krytykowanie i narzekanie na członków Bożej rodziny. Kiedy jednak my się tym zajmujemy, robimy szatanowi przysługę i współdziałamy z nim. Pamiętajmy, że inni chrześcijanie – niezależnie od tego, jak bardzo się z nimi nie zgadzamy – nie są naszymi prawdziwymi wrogami. Każda chwila, którą spędzamy na porównywaniu lub krytykowaniu innych wierzących, to czas, w którym powinniśmy budować jedność naszej społeczności. Biblia mówi: „Całą swą energię wkładajcie w utrzymywanie z innymi dobrych relacji. Pomagajcie im słowami zachęty i nie deprymujcie ich poprzez czyhanie na ich błędy"[13].

Nie zgadzajmy się na słuchanie plotek. Plotka to przekazywanie negatywnej informacji, kiedy dany problem nas nie dotyczy i nie zajmujemy się jego rozwiązaniem. Wiemy, że rozpowszechnianie plotek jest złe, ale jeśli chcemy chronić naszą wspólnotę, to nie powinniśmy ich *słuchać*. Słuchanie plotek jest jak przyjęcie do domu skradzionych rzeczy, czyli paserstwo i czyni nas współwinnymi przewinienia.

Kiedy ktoś w twojej obecności zaczyna plotkować, zdobądź się na odwagę i powiedz: „Proszę, przestań, nie chcę tego słuchać. Czy rozmawiałeś już z człowiekiem, o którym mówisz?". Ludzie, którzy przynoszą *nam* plotki, za naszymi plecami będą obmawiać również i *nas*. Nie można im ufać. Jeśli słuchamy plotek, to Bóg takich jak my nazywa intrygantami[14]. „Intryganci lubią słuchać intrygantów"[15]. „To ci, którzy dokonują podziałów w społecznościach i myślą tylko o sobie"[16].

Przykrym jest, że w Bożej owczarni największe zranienia pochodzą nie od wilków, lecz od innych owiec. Paweł przestrzegał przed „chrześcijanami kanibalami", którzy „kąsają i pożerają innych", niszcząc tym samym społeczność[17]. Biblia mówi, że takich intrygantów i podżegaczy należy unikać. „Plotka ujawnia sekrety innych, dlatego nie zadawajcie się z plotkarzami"[18]. By jak najszybciej zakończyć konflikt we wspólnocie lub małej grupie, należy w miłości napomnieć tych, którzy rozsiewają plotki i nalegać, by tego zaprzestali. Salomon zaznaczył: „Ogień gaśnie z braku drewna, a napięcia znikają, gdy ustają plotki"[19].

Posługujmy się Bożymi metodami w rozwiązywaniu konfliktów. Poza zasadami, które wymieniłem w poprzednim rozdziale, Jezus zaproponował Kościołowi proste rozwiązanie, składające się z trzech punktów: „Jeśli inny wierzący cię krzywdzi, to powiedz mu o tym i załatwcie to między sobą. Jeśli cię usłucha, to zyskałeś przyjaciela, jeśli nie, to weź ze sobą jeszcze jednego lub dwóch chrześcijan, by przez obecność świadków rozmowa była szczera i jeszcze raz do niego przemów. Jeżeli nadal się nie dostosuje, to powiedz o tym całemu zgromadzeniu"[20].

W czasie konfliktu kusi nas, by raczej wyżalić się osobie trzeciej niż z odwagą i miłością powiedzieć prawdę temu, który nas krzywdzi. To tylko pogarsza sytuację i zamiast tego powinniśmy zwrócić się bezpośrednio do naszego oponenta.

Konfrontacja na gruncie prywatnym to pierwszy krok i powinniśmy go zrobić jak najprędzej. Jeśli nie jesteśmy w stanie załatwić sprawy w układzie „sam na sam", to następnym krokiem jest pójście do naszego oponenta z jednym lub dwoma świadkami. Ich rolą będzie pomoc w uznaniu problemu przez obie strony konfliktu oraz przywrócenie dobrych relacji. Co powinieneś zrobić, gdy agresor nadal tkwi w uporze? Jezus mówi, aby skłonić tę osobę do publicznej konfrontacji przed wspólnotą. Jeśli nadal nie będzie chciała się podporządkować, to traktuj ją jak niewierzącą[21].

Wspierajmy pastora i innych przywódców. Nie ma idealnych przywódców, ale Bóg dał im odpowiedzialność i autorytet, niezbędne dla utrzymania jedności kościoła. W czasie osobistych konfliktów między członkami wspólnoty ich rola bywa bardzo niewdzięczna. Pastorzy często muszą podejmować się nieprzyjemnego zadania bycia mediatorami pomiędzy zranionymi, skłóconymi czy niedojrzałymi chrześcijanami. Ponadto ludzie spodziewają się po nich rzeczy niemożliwej – że znajdą rozwiązanie, które zadowoli *wszystkie* strony konfliktu. Tego nie potrafił nawet Jezus!

Biblia mówi wyraźnie, jak powinniśmy odnosic się do tych, którzy nam służą: „Współdziałajcie z waszymi przywódcami. Słuchajcie ich rad. Oni troszczą się o was i służą pod ścisłym nadzorem Boga. Postępujcie tak, by ze swego przywództwa czerpali radość, a nie doznawali z jej powodu przykrości. Dlaczego mielibyście czynić ich służbę cięższą?"[22].

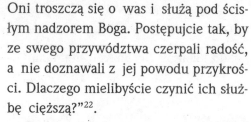

Szanując tych, którzy służą nam jako przywódcy, chronimy społeczność.

Pewnego dnia pastorzy staną przed Bogiem i zdadzą Mu sprawę z tego, jak się o nas troszczyli. „Ich zadaniem jest bowiem czuwanie nad waszymi duszami, a Bóg osądzi, czy dobrze je wykonali"[23]. Jednak odpowiedzialność spoczywa również na tobie. Zdasz Bogu sprawę z tego, na ile byłeś uległy swoim przywódcom.

Biblia daje pastorom bardzo konkretne instrukcje dotyczące postępowania z osobami, których działania zagrażają jedności kościoła. Pastorzy mają unikać sporów, łagodnie pouczać oponentów, modlić się o ich przemianę, przestrzegać osoby skore do kłótni, namawiać do życia w harmonii i jedności, napominać tych, którzy lekceważą przywódców oraz wyłączać ze wspólnoty wichrzycieli, którzy pomimo dwóch upomnień nie zmienili postępowania[24].

Szanując tych, którzy służą nam jako przywódcy, chronimy społeczność. Pastorzy i przywódcy potrzebują naszych modlitw, wsparcia, uznania i miłości. Otrzymaliśmy następujący nakaz: „Szanujcie przywódców, którzy tak ofiarnie wam służą i którym powierzono odpowiedzialność za prowadzenie i ostrzeganie was przed złem. Okazujcie im wdzięczność i szczerą miłość!"[25].

Zachęcam cię gorąco do przyjęcia współodpowiedzialności za czuwanie nad jednością twojej wspólnoty oraz przyczynianie się do niej. Włóż w to swój wysiłek, a Bóg będzie się cieszył. Nie zawsze będzie to łatwe. Niekiedy będziesz musiał zrobić to, co najlepsze dla Ciała Chrystusa, a nie dla ciebie samego, stawiając dobro innych na pierwszym miejscu. To jeden z powodów, dla których Bóg umieścił cię w kościelnej rodzinie

– masz uczyć się bezinteresowności i skupiać się na potrzebach braci i sióstr w Chrystusie. W społeczności uczysz się mówić „my" zamiast „ja", i „nasz" zamiast „mój". Bóg mówi: „Miejcie na uwadze waszych bliźnich i to, co dla nich najlepsze"[26].

Bóg błogosławi wspólnoty, które cechuje jedność. W pewnej kongregacji w USA każdy z członków podpisuje przymierze, w którym zobowiązuje się chronić jedność tej społeczności. W rezultacie kościół ten nigdy nie był areną konfliktu mogącego zagrozić jego wewnętrznej i duchowej integralności. Ponieważ w kościele tym panuje miłość i jedność, to wiele osób *chce* do niego należeć! W ciągu ostatnich siedmiu lat wspólnota ta ochrzciła ponad 9100 nowych wiernych. Jeśli Bóg ma zrodzić wiele nowych dzieci, szuka dla nich najpierw najlepszego z możliwych inkubatorów, czyli odpowiedniej wspólnoty.

Co ty osobiście czynisz, by twoja kościelna rodzina była grupą ludzi serdecznych i kochających? W twoim otoczeniu jest wiele osób, które poszukują miłości i poczucia przynależności. Prawda jest taka – każdy *potrzebuje* i chce być kochanym, a kiedy ludzie znajdą kościół, którego członkowie rzeczywiście darzą się miłością i nawzajem o siebie dbają, to przed przyjściem do tej wspólnoty nie powstrzymamy ich inaczej, jak tylko przez zamknięcie drzwi na klucz.

DZIEŃ DWUDZIESTY PIERWSZY
MYŚLĄC O MOIM CELU

Główna myśl: Jestem odpowiedzialny za ochronę jedności naszej wspólnoty kościelnej.

Werset do zapamiętania: „Skoncentrujcie się na rzeczach, które prowadzą do zgody i wzajemnie troszczcie się o swój wzrost duchowy" – Rzymian 14:19 (Ph).

Pytanie do rozważenia: Co obecnie czynię w celu czuwania nad jednością mojej duchowej rodziny?

CEL TRZECI:

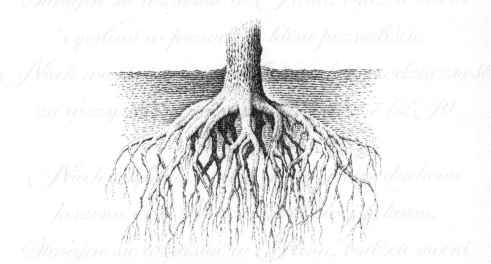

PRZEZNACZONY,
BY STAĆ SIĘ JAK CHRYSTUS

Niech zagłębią się w Nim wasze duchowe korzenie
i z Niego czerpią swój pokarm.
Starajcie się wzrastać w Panu,
bądźcie mocni i gorliwi w prawdzie, którą poznaliście.
Niech wasze życie przepełnia radość
i wdzięczność za wszystko, co uczynił.

Kolosan 2:7 (LB)

Przeznaczeni,
by upodabniać się do Chrystusa

Bóg wiedział od samego początku, co czyni.
On od razu postanowił, aby ci,
którzy Go pokochają – a wiedział, kto to będzie
– stali się podobni do Jego Syna...
W Nim widzimy pierwotnie zamierzony kształt naszego życia.

Rzymian 8:29 (Msg)

Gdy patrzymy na Syna,
to w całym Bożym stworzeniu
widzimy odwieczny Boży zamysł.

Kolosan 1:15 (Msg)

Zostaliśmy stworzeni, by upodobnić się do Chrystusa.

Od samego początku Bóg chciał nas uczynić podobnymi do Jego Syna, Jezusa. Do tego jesteśmy przeznaczeni i to jest jednym z trzech głównych celów naszego życia. Swój zamiar Bóg ogłosił w czasie aktu stwarzania: „Potem rzekł Bóg: Uczyńmy człowieka na nasz obraz i podobieństwo"[1].

Spośród wszystkich istot jedynie człowiek został stworzony na Boże podobieństwo. To wielki przywilej, który nadaje nam godność. Nie możemy dokładnie wiedzieć, co to znaczy być podobnym do Boga, bo Bóg jest wielki i niezmierzony, ale znamy najważniejsze aspekty tego podobieństwa: tak jak Bóg, jesteśmy *istotami duchowymi* – nasz duch jest nieśmiertelny i przeżyje nasze ziemskie ciała, jesteśmy obdarzeni *inte-*

lektem – możemy myśleć, rozumować i rozwiązywać problemy; tak jak Bóg pragniemy *relacji* z innymi – umiemy dawać i przyjmować prawdziwą miłość, mamy też w sobie wrodzoną *świadomość moralną* – potrafimy odróżniać dobro od zła, co czyni nas odpowiedzialnymi przed Bogiem.

Biblia mówi, że wszyscy, nie tylko wierzący, mają w sobie coś z obrazu Boga i dlatego zarówno morderstwo, jak i aborcja są rzeczami złymi[2]. Jednak obraz ten jest niepełny i został uszkodzony oraz zniekształcony przez grzech. Dlatego Bóg posłał Jezusa z misją odtworzenia w nas podobieństwa do Boga, które utraciliśmy.

Jak wygląda pełny „obraz i podobieństwo" Boga? Tak jak Jezus Chrystus! Biblia mówi, że Jezus jest „wiernym i widzialnym obrazem niewidzialnego Boga"[3].

Do opisania rodzinnego podobieństwa często używamy powiedzenia: „Jaki ojciec, taki syn". Kiedy ludzie dostrzegają w moich dzieciach podobieństwo do mnie, to jest mi przyjemnie. Bóg również chce, by Jego dzieci nosiły w sobie Jego podobieństwo i były Jego odbiciem. Biblia mówi: „Zostaliście stworzeni, by być jak Bóg, to znaczy naprawdę świętymi i sprawiedliwymi"[4].

Pozwól, że coś ci wyjaśnię: Nigdy nie staniesz się Bogiem. Jeśli myślisz inaczej, to znaczy, że zostałeś zwiedziony przez szatana. On obiecał Adamowi i Ewie, że kiedy posłuchają jego rady, to staną się jak bogowie[5]. Rzecznicy różnych religii oraz filozofii ruchu New Age nadal głoszą to odwieczne kłamstwo, że jesteśmy istotami boskimi lub że możemy zostać bogami.

To pragnienie stania się bogiem uwidacznia się w nas zawsze, gdy próbujemy rządzić okolicznościami, w których żyjemy i decydować o naszej przyszłości oraz o ludziach wokół nas. Jednak jako stworzenie nigdy nie staniesz się *Stworzycielem*. Bóg nie chce, byś stał się bogiem, ale byś był podobny do Boga – przyjął Jego wartości, postawę i charakter. Biblia mówi: „Przyjmijcie zupełnie nowy styl życia, życia podporządkowanego Bogu, odnowionego wewnętrznie i mającego wpływ na wasze postępowanie, a Bóg będzie w was kształtował swój charakter"[6].

Ostatecznym Bożym celem dla twojego życia na ziemi nie jest dostatek i wygoda, ale kształtowanie charakteru. On chce, byś wzrastał duchowo i stawał się podobnym do Chrystusa. Upodabnianie się do Chrystusa nie oznacza utraty osobowości czy bycia zaprogramowanym umysłowo. Bóg uczynił nas istotami unikalnymi i na pewno tej wyjątkowości nikomu z nas nie chce odebrać. Bycie takim jak Chrystus polega na przemianie charakteru, a nie osobowości.

Bóg chce, byś wykształcił w sobie charakter opisany przez Jezusa w Kazaniu na Górze[7], we fragmencie listu do Galacjan, mówiącym o owocach Ducha[8], w liście do Koryntian w rozdziale zwanym „rozdziałem miłości"[9] oraz przez apostoła Piotra w liście mówiącym o dobrym i owocnym życiu[10]. Zawsze, gdy będziemy zapominać, że przemiana charakteru to jeden z Bożych celów dla naszego życia, to życiowe okoliczności sprawią, że popadniemy w wielką frustrację. Bę-

Ostatecznym Bożym celem dla twojego życia na ziemi nie jest dostatek i wygoda, ale kształtowanie charakteru.

dziemy się zastanawiać, dlaczego spotkała nas ta ciężka sytuacja i dlaczego musimy przechodzić przez ten trudny okres. Jedna z odpowiedzi mówi, że życie już *z założenia* jest trudne! To sprawia, że się rozwijamy. Pamiętajmy, ziemia to nie niebo!

Wielu chrześcijan mylnie interpretuje daną przez Jezusa obietnicę „życia w obfitości"[11] jako cieszenie się doskonałym zdrowiem, wygodnym stylem życia, nieustającym uczuciem szczęścia, całkowitym spełnieniem marzeń i natychmiastowym uwolnieniem od problemów dzięki wierze i modlitwie. Jednym słowem, od chrześcijańskiego życia oczekuje się, że będzie łatwe. Spodziewamy się nieba na ziemi.

Taka postawa skupiona na własnych potrzebach każe traktować Boga jak złotą rybkę, która istnieje po to, by służyć zaspokajaniu naszych potrzeb. Jednak Bóg *nie jest* na twoich usługach i jeśli skłonisz się ku koncepcji, że życie powinno być przyjemne, to albo się srodze rozczarujesz, albo będziesz zaprzeczał istnieniu rzeczywistości, w której żyjesz.

Nigdy nie zapominaj, że to nie ty jesteś najważniejszy w życiu! Istniejesz dla Bożych celów, a nie odwrotnie. Dlaczego Bóg miałby urządzić *niebo na ziemi*, jeśli już na samym początku zaplanował dla nas prawdziwe niebo w wieczności? Czas, który spędzisz tu, na ziemi, Bóg dał ci po to, byś mógł kształtować i wzmacniać charakter, z którym wejdziesz do nieba.

DZIAŁANIE BOŻEGO DUCHA W TOBIE

Kształtowanie charakteru podobnego do Chrystusa jest zadaniem Ducha Bożego. Biblia mówi: „Gdy działa w nas Duch Pana, stajemy się coraz bardziej do Niego podobni i w jeszcze większym stopniu jesteśmy odbiciem Jego chwały"[12]. Proces przemieniania nas na wzór Jezusa nazywa się *uświęceniem* i jest kolejnym z Bożych celów dla naszego życia na ziemi.

Charakteru Jezusa nie bylibyśmy w stanie odtworzyć w sobie o własnych siłach. Postanowienia noworoczne, silna wola i najlepsze intencje nie wystarczą. Tylko Duch Święty ma moc dokonać zmian, których Bóg chce w naszym życiu. Biblia mówi: „Bóg działa w was, dając wam pragnienie słuchania Go i moc czynienia tego, co dla Niego miłe"[13].

Kiedy wspominamy o mocy Ducha Świętego, wielu myśli od razu o nadnaturalnych manifestacjach i emocjonalnym pobudzeniu. Jednak w większości przypadków Duch Święty wnika w nasze życie w taki sposób, że nie jesteśmy nawet tego świadomi, a nasze zmysły nie są w stanie tego zarejestrować. On często przemawia do nas przez łagodny szept[14].

DZIEŃ DWUDZIESTY DRUGI:

PRZEZNACZENI, BY UPODOBNIĆ SIĘ DO CHRYSTUSA

Podobieństwa do Chrystusa nie osiąga się przez zwykłe naśladownictwo, ale poprzez pozwolenie Mu, by w nas zamieszkał i żył. „Bo to jest właśnie tajemnica: Chrystus żyjący w was"[15]. Jak to się odbywa w naszym codziennym życiu? Poprzez wybory, jakich dokonujemy. W konkretnych sytuacjach decydujemy się na właściwe działanie i ufamy, że Duch Święty da nam moc, miłość, wiarę i mądrość, by ten zamiar wprowadzić w życie. Ponieważ Duch Święty mieszka w nas, to te rzeczy są zawsze dostępne dla tych, którzy o nie proszą.

Powinniśmy współdziałać z Duchem Świętym. W całej Biblii zauważamy pewną istotną prawdę: Duch Święty okazuje swą moc *w momen-*

cie, gdy my wykonujemy krok wiary. Kiedy Jozue napotkał przeszkodę nie do przebycia, wody Jordanu obniżyły się dopiero wtedy, gdy przywódcy Izraela zademonstrowali swe posłuszeństwo i wiarę, *wchodząc do rwącego nurtu rzeki*[16]. Nasze posłuszeństwo sprawia, że wyzwala się Boża moc, która zaczyna działać w naszym życiu.

Bóg oczekuje, że do nas będzie należał pierwszy krok. Nie czekajmy, aż staniemy się potężni i pewni siebie. Podążajmy do przodu mimo słabości i czyńmy to, co do nas należy, bez względu na obawy i odczucia. Tak właśnie odbywa się współdziałanie z Duchem Świętym i w ten sposób kształtuje się nasz charakter.

Biblia porównuje duchowy wzrost do ziarna, do budynku i do rosnącego dziecka. Każda z tych metafor zakłada aktywny udział obu ze stron: nasiona muszą być zasiane i pielęgnowane, budynki zbudowane – one nie wyrastają spod ziemi, a dzieci muszą jeść i zażywać ruchu, by prawidłowo się rozwijać.

Podczas gdy nasze wysiłki nie mają wpływu na zbawienie, to jednak od nich zależy nasz duchowy wzrost. Nowy Testament przynajmniej w ośmiu miejscach mówi, byśmy „dokładali wszelkich starań"[17], aby stawać się coraz bardziej podobnymi do Chrystusa. Nie możesz być biernym i czekać, aż coś się samo wydarzy.

W Efezjan 4:22-24 Paweł mówi o trzech obowiązkach związanych z upodabnianiem się do Jezusa. Po pierwsze, musimy zdecydować, że odrzucamy nasze dotychczasowe sposoby działania. „Wszystko, co wiąże się ze starym stylem życia musi odejść w zapomnienie. To zgnilizna i rzeczy bezużyteczne, dlatego odrzućcie je"[18].

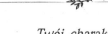

Twój charakter to w głównej mierze suma nawyków i przyzwyczajeń.

Po drugie, musimy zmienić sposób myślenia. „Niech Duch Boży zmienia wasze myślenie"[19]. Biblia mówi, iż jesteśmy „przemieniani" przez odnowienie naszych umysłów[20]. Grecki odpowiednik słowa „przemiana" to *metamorfosis* (znajdujemy je w greckim oryginale w Rzymian 12:2 i II Koryntian 3:18). Słowa metamorfoza używamy na przykład do opisania niesamowitej wprost przemiany gąsienicy w pięknego motyla. Jest to doskonała ilustracja tego, co dokonuje się w nas w wymiarze duchowym, kiedy pozwalamy Bogu kierować naszymi myślami – jesteśmy przemieniani od wewnątrz, stajemy się piękniejsi i uzyskujemy możliwość osiągania nowych wyżyn.

Po trzecie, musimy „ubrać się", przyoblec w charakter Chrystusa poprzez wykształcanie w sobie nowych nawyków, podobających się Bogu. Twój charakter to w głównej mierze suma nawyków i przyzwyczajeń, czyli sposób, w jaki działasz. Biblia mówi: „Przyobleczcie się w nowego człowieka, stworzonego, by być podobnym Bogu, w prawdziwej sprawiedliwości i świętości"[21].

By nas formować, Bóg używa swojego Słowa, ludzi i okoliczności. Wszystkie te trzy elementy są nieodzowne dla kształtowania się charakteru. Słowo Boże udostępnia nam *prawdę* potrzebną do wzrostu. Ludzie wierzący zapewniają nam *wsparcie*, a okoliczności tworzą *warunki* do upodabniania się do Chrystusa. Jeśli studiujesz i wprowadzasz w czyn Słowo Boże, utrzymujesz żywe kontakty z innymi wierzącymi i uczysz się ufać Bogu w trudnych okolicznościach, to możesz być pewien, że coraz bardziej upodabniasz się do Jezusa. Tym trzem powyższym elementom przyjrzymy się bliżej w następnych rozdziałach.

Wielu ludzi uważa, że do duchowego wzrostu potrzebujemy jedynie studiowania Biblii i modlitwy. Jednak obie te rzeczy, mimo całej swej doniosłości, nie wystarczą do zmiany wszystkiego, co w naszym życiu niedomaga. Bóg posługuje się też ludźmi. On zwykle woli działać poprzez nich niż dokonywać cudów, ponieważ chce, byśmy tworząc z nimi społeczność, byli od siebie nawzajem zależni. Chce, byśmy wzrastali razem.

W wielu religiach uważa się, że ludzie najbardziej dojrzali duchowo i święci to ci, którzy żyją w izolacji od innych, w klasztorach położonych na niedostępnych skałach, którzy są nieskażeni kontaktem ze zwykłymi śmiertelnikami. Tkwią oni jednak w wielkim błędzie. Dochodzenie do duchowej dojrzałości nie jest indywidualnym poszukiwaniem, dokonywanym w pojedynkę! Nie da się osiągnąć Chrystusowego podobieństwa, pozostając w oddzieleniu od innych chrześcijan. Musimy być wśród ludzi i współdziałać z nimi. Potrzebujemy być częścią kościoła oraz lokalnej społeczności. Dlaczego? Dlatego, że prawdziwa duchowa dojrzałość polega na uczeniu się kochać tak jak kochał Jezus i że nie można być podobnym do Niego bez utrzymywania relacji z innymi. Pamiętajmy – duchowa dojrzałość bierze się z miłości do Boga i ludzi.

Stawanie się podobnym do Chrystusa to długi i powolny proces wzrostu. Duchowej dojrzałości nie osiąga się ani natychmiast, ani automatycznie; jest ona stopniowym, postępującym procesem rozwoju, który potrwa do końca naszego życia. Nawiązując do tego apostoł Paweł mówi: „To będzie trwać dotąd, aż staniemy się dojrzałymi tak jak Chrystus i będziemy zupełnie tacy jak On"[22].

Jesteś jak rozpoczęta budowa. Twoja duchowa przemiana polegająca na kształtowaniu w tobie charakteru Jezusa potrwa do końca życia na ziemi i nawet wtedy nie będzie jeszcze zakończona. Stanie się ona kompletna dopiero w niebie albo w momencie powrotu Jezusa. Wtedy każdy nieukończony aspekt naszego charakteru przyjmie swą końcową, idealną formę. Biblia mówi, że kiedy w końcu zobaczymy Jezusa, to staniemy się doskonali jak On: „Nie potrafimy sobie nawet wyobrazić, jak to będzie, kiedy powróci Jezus. Wiemy jednak, że gdy On przyjdzie, my będziemy tacy jak On, gdyż zobaczymy Go takim, jakim jest naprawdę"[23].

Boga o wiele bardziej obchodzi to, kim jesteśmy, niż to, co czynimy.

Wiele zamieszania w chrześcijańskim życiu wynika z lekceważenia prawdy, że Bóg najbardziej zainteresowany jest kształtowaniem naszego charakteru. Martwimy się, gdy Bóg milczy w pewnych sprawach, o które się modlimy, na przykład w sprawie wyboru wykształcenia czy drogi zawodowej. Prawda jest taka, że istnieje *wiele* prac i zawodów, które mogą być objęte Bożą wolą dla naszego życia. Bóg jest zainteresowany tym, byśmy wszystko robili w taki sposób, jakby to czynił Jezus[24].

Boga o wiele bardziej obchodzi to, kim jesteśmy, niż to, co czynimy. Jesteśmy *istotami* ludzkimi, a nie ludzkimi *uczynkami*. Bóg bardziej interesuje się twoim charakterem niż karierą, ponieważ do wieczności zabierzesz ze sobą charakter, a nie karierę.

Biblia przestrzega: „Nie przystosowujcie się bezmyślnie do standardów tego świata, lecz skupcie waszą uwagę na Bogu. Zostaniecie wewnętrznie przemienieni. Ten świat ciągnie was w dół i zniża do swojego poziomu niedojrzałości, ale Bóg wydobywa z was to, co najlepsze i doprowadza do pełnej dojrzałości"[25]. By skoncentrować się na upodabnianiu się do Jezusa, musimy podejmować wybory niezgodne z wzorcami tego świata. Jeśli będziemy postępować inaczej, to takie czynniki, jak: przyjaciele, ludzkie autorytety, rodzice, współpracownicy oraz wartości lansowane w naszym kręgu kulturowym zaczną urabiać nas na swoje podobieństwo.

Niestety, wiele chrześcijańskich publikacji ujawnia, że nie brakuje wierzących, którzy porzucili życie dla Bożych celów i zajęli się zaspokajaniem własnych potrzeb oraz szukaniem emocjonalnej równowagi. To jednak nie jest uczniostwo, lecz narcyzm. Jezus nie po to umarł na krzyżu, byś mógł prowadzić wygodne i beztroskie życie. Jego cel sięga daleko głębiej: On chce, byś stał się taki jak On, zanim zabierze cię do nieba. To jest dla ciebie największy z przywilejów – bezpośrednia odpowiedzialność i ostateczny cel.

DZIEŃ DWUDZIESTY DRUGI
MYŚLĄC O MOIM CELU

Główna myśl: Zostaliśmy stworzeni, by upodobnić się do Chrystusa.

Werset do zapamiętania: „Gdy działa w nas Duch Pana, stajemy się coraz bardziej do Niego podobni i w jeszcze większym stopniu jesteśmy odbiciem Jego chwały" – II Koryntian 3:18 (NLT).

Pytanie do rozważenia: W których sferach mojego życia dzisiaj mógłbym prosić Ducha Świętego o moc potrzebną do stawania się podobnym do Jezusa?

Jak wzrastamy?

*Bóg chce, abyśmy we wszystkim
wzrastali tak, jak Chrystus.*

Efezjan 4:15 (Msg)

Nie żyjemy po to, by być jak dzieci.

Efezjan 4:14 (Ph)

Bóg chce, abyśmy wzrastali.

Dojrzewanie i nabywanie cech Jezusa Chrystusa to jeden z celów, jakie ma dla nas niebiański Ojciec. Niestety, miliony chrześcijan *starzeją się*, ale nigdy *nie dojrzewają*. Utknęli na etapie permanentnego duchowego niemowlęctwa, pozostając w pampersach i malutkich bucikach. Powód jest taki, że nigdy *nie chcieli* się rozwijać.

Wzrost duchowy nie dokonuje się automatycznie. On wymaga świadomego zaangażowania. Musisz *chcieć* wzrastać, *zdecydować* się na to, *czynić wysiłki*, by się rozwijać i *trwać* w tym procesie. Uczniostwo, czyli proces upodabniania się do Chrystusa, zaczyna się od podjęcia decyzji. Jezus wzywa nas, a my odpowiadamy. „Chodź i zostań moim uczniem – powiedział mu Jezus, a Mateusz powstał i poszedł za Nim"[1].

Gdy pierwsi uczniowie postanowili naśladować Jezusa, nie rozumieli wszystkich następstw swojej decyzji. Oni po prostu przyjęli Jego zaproszenie. By zacząć być uczniem, trzeba jedynie *zdecydować się* na to.

Nic nie wpływa na twoje życie tak mocno, jak zobowiązania, które na siebie przyjmujesz. One mogą przyczyniać się do twojego rozwoju lub mogą cię niszczyć, ale niezależnie od tego, jak by się działo, to właśnie one cię określają. Powiedz mi, w co się angażujesz, a ja powiem ci, kim będziesz za dwadzieścia lat. To, czemu się poświęcasz, odciska na tobie swoje piętno.

To właśnie w kwestii zaangażowania wielu ludzi mija się z celem, jaki wyznaczył im Bóg. Wielu obawia się zaangażować w cokolwiek i dlatego dryfują przez życie. Inni poświęcają się różnym, wykluczającym się nawzajem wartościom, co prowadzi ich do frustracji i osiągania miernych rezultatów. Jeszcze inni poświęcają się realizowaniu typowo doczesnych celów, takich jak stawanie się bogatym i popularnym, co kończy się poczuciem zawodu i rozgoryczenia. Każda z decyzji ma konsekwencje o wiecznym wymiarze, dlatego lepiej dokonywać mądrych wyborów. Apostoł Piotr nas przestrzega: „Jeśli wszystko, co nas otacza, ma obrócić się kiedyś w nicość, to jakże święte i pobożne życie powinniśmy prowadzić"[2].

Boży udział a nasz udział. Upodabnianie się do Chrystusa jest rezultatem dokonywania wyborów, jakie podejmowałby Jezus i poleganie na Jego Duchu, iż będzie pomagał wprowadzać te decyzje w czyn. Kiedy już poważnie postanowisz naśladować Chrystusa, to powinieneś zacząć działać według nowych wzorców. Będziesz musiał zrezygnować z wielu dotychczasowych obowiązków, bez których być może do-

To, czemu się poświęcasz, odciska na tobie swoje piętno.

tąd nie wyobrażałeś sobie życia, wykształcić w sobie nowe nawyki i świadomie zmienić sposób myślenia. Możesz być pewien, że Duch Święty pomoże ci w dokonywaniu tych zmian. Biblia mówi: „Nie przestawajcie pielęgnować swojego zbawienia z bojaźnią i drżeniem, bo to Bóg sam sprawia, że rodzi się w was chęć posłuszeństwa i pomaga wam wypełniać to, czego od was oczekuje"[3].

Powyższy werset wskazuje na dwa aspekty duchowego wzrostu: „pielęgnować" i „działać". Twoim zadaniem jest „pielęgnować", a Bożym – „działać". Wzrost duchowy jest wspólnym wysiłkiem podejmowanym wraz z Duchem Świętym. Boży Duch działa nie tylko w nas, ale również razem z nami.

Ten adresowany do wierzących werset nie mówi, jak zostać zbawionym, ale jak wzrastać. Nie podaje też recepty na to, jak zapracować na zbawienie, ponieważ nie jesteśmy w stanie dodać czegokolwiek do tego, co zrobił Jezus. Celem fizycznych ćwiczeń ogólnorozwojowych jest poprawienie kondycji ciała, a nie wchodzenie w jego posiadanie.

Kiedy „pielęgnujemy" nasze dzieci, to wiadomo, że już je mamy i pozostaje nam tylko dbać o ich rozwój. Rolnicy „dbają" o swoje grunty uprawne nie po to, by je *zdobyć*, ale po to, by *rozmnożyć* i wykorzystać to, co już posiadają. Bóg dał nam nowe życie i uczynił nas odpowiedzialnymi za dbanie o nie „z bojaźnią i drżeniem", a to oznacza, że powinniśmy traktować poważnie nasz duchowy wzrost! Gdy ludzie niedbale traktują kwestię własnego wzrostu duchowego, to

DZIEŃ DWUDZIESTY TRZECI:

JAK WZRASTAMY?

widać, że nie rozumieją, iż następstwa lekceważenia tej kwestii będą trwały wiecznie (o czym dowiedzieliśmy się już w rozdziałach 4. i 5.).

Zmień swojego automatycznego pilota. By zmienić swoje życie, powinieneś odmienić sposób myślenia. Za wszystkim, co robisz, zawsze podąża jakaś myśl, idea. Każde zachowanie jest motywowane pewnym przekonaniem, a każde działanie wynika z konkretnej postawy. Bóg objawił to już tysiące lat wcześniej, zanim jeszcze uświadomili to sobie psycholodzy: „Zwracajcie uwagę na to jak myślicie; wasze myśli kształtują wasze życie"[4].

Wyobraź sobie, że mkniesz po jeziorze szybką łodzią motorową, posługując się automatycznym pilotem ustawionym tak, by kierował łódź na wschód. Jeśli zdecydujesz się na zmianę kierunku, na przykład na zachód, to możesz to zrobić na to dwa sposoby. Jeden z nich polega na tym, że bierzesz w ręce koło steru i własną siłą *zmuszasz* ślizgacz do zwrócenia się w stronę przeciwną niż ustawiony był automatyczny pilot. Upierając się, możesz częściowo udaremnić działanie pilota, ale z jego strony będziesz napotykał nieustanny opór. Twoje ręce w końcu się zmęczą, puścisz koło steru, a motorówka natychmiast skieruje się na wschód, bo tak została na początku zaprogramowana.

Tak się dzieje, kiedy próbujesz zmieniać swoje życie w oparciu o swoją silną wolę. Mówisz do siebie: „*Zmuszę się*, by mniej jeść, więcej ćwiczyć, narzucę sobie samodyscyplinę, będę lepiej organizował swój czas i przestanę się spóźniać". Tak, silna wola *może* dać krótkotrwałe zmiany, ale w rezultacie spowoduje stres, ponieważ nie uporałeś się z główną przyczyną problemu. Powstałe zmiany nie będą takie, jakich oczekiwałeś i nie będziesz się czuł z nimi naturalnie, więc w końcu zrezygnujesz – porzucisz dietę i nie będą cię już więcej obchodziły ćwiczenia. Prędko powrócisz do dotychczasowych przyzwyczajeń.

Istnieje jednak droga lepsza i łatwiejsza: zmiana swojego automatycznego pilota, czyli sposobu myślenia. Biblia mówi: „Pozwólcie, by Bóg zmienił was w nowych ludzi poprzez zmianę waszego myślenia"[5]. Pierwszym krokiem, jaki możesz zrobić w kierunku duchowego wzrostu, jest zmiana twojego rozumowania i wartościowania. Zmiana pojawi się zawsze najpierw w umyśle. Sposób *myślenia* zadecyduje o *uczuciach*, a uczucia będą miały wpływ na *postępowanie*. Apostoł Paweł powiedział: „Musi dojść do duchowej odnowy waszych myśli i postaw"[6].

By stać się jak Chrystus, musisz myśleć tak jak On. Nowy Testament nazywa tę umysłową przemianę *pokutą*, a w języku greckim odpowiednik tego słowa oznacza dosłownie tyle, co „przemianę umysłu". A więc pokutujesz, gdy zmieniasz sposób myślenia poprzez przyjęcie norm, według których Bóg myśli o człowieku, grzechu, Bogu, innych ludziach, życiu, naszej przyszłości itd. Przyswajasz sobie w ten sposób postawy i punkt widzenia Chrystusa.

Mamy biblijny nakaz, by „myśleć tak jak myślał Chrystus"[7]. Odbywa się to w dwóch etapach. W pierwszej fazie tej umysłowej przemiany porzucamy *niedojrzałe* myśli, które charakteryzują się egoizmem i egocentryzmem. Biblia mówi: „Przestańcie rozumować jak dzieci. W stosunku do zła bądźcie jak one, ale w myśleniu bądźcie dojrzałymi"[8]. Małe dzieci z natury są całkowicie samolubne. Myślą tylko o sobie i o swoich potrzebach. Nie potrafią dawać, potrafią jedynie brać. Ich myślenie jest ewidentnie niedojrzałe. Niestety, wielu dorosłych ludzi nigdy nie osiągnęło poziomu wyższego niż ten właśnie. Biblia naucza, że egocentryczne myślenie jest źródłem grzesznego postępowania: „Ci, którzy żyją dla zaspokajania swoich potrzeb, myślą tylko o tym, czego pragnie ich grzeszne ja"[9].

Sposób myślenia zadecyduje o uczuciach, a uczucia będą miały wpływ na postępowanie.

Następna faza wdrażania myślenia na wzór Chrystusa polega na tym, *by zacząć* myśleć *dojrzale*, czyli skupić się na innych, a nie na sobie. W I Liście do Koryntian, w słynnym trzynastym rozdziale (zwanym przez niektórych rozdziałem miłości) Paweł opisuje, czym jest prawdziwa miłość. Swoje rozważania kończy stwierdzeniem, że myślenie o innych jest oznaką dojrzałości: „Kiedy byłem dzieckiem, mówiłem jak dziecko, myślałem jak dziecko i tak jak ono rozumowałem. Gdy jednak stałem się dorosłym, raz na zawsze porzuciłem dziecięcy sposób myślenia"[10].

W dzisiejszych czasach wielu ludzi uważa, że duchową dojrzałość można zmierzyć ilością wiedzy biblijnej oraz znajomością doktryny. Owszem, wiedza jest *jednym* z przejawów dojrzałości, ale nie jedynym. Życie chrześcijanina to coś daleko więcej niż jego przekonania czy składane przezeń deklaracje. Ono obejmuje przede wszystkim postępowanie i charakter. Nasze uczynki powinny być zgodne z tym, co wyznajemy, a nasze wierzenia i przekonania poparte postawą wzorowaną na Chrystusie.

Chrześcijaństwo to nie religia ani filozofia, ale relacje i styl życia. Podstawą tego stylu jest myślenie o innych, a nie o sobie, czyli takie, jakim wyróżniał się Jezus. Biblia mówi: „Powinniśmy myśleć o tym, co służy dobru innych i zadowalać raczej ich niż siebie samych. Nawet Chrystus nie starał się zadowalać samego siebie"[11].

Myślenie o innych jest fundamentem naszego upodabniania się do Chrystusa i najważniejszym przejawem duchowego wzrostu. Tego rodzaju postawa jest dla człowieka czymś nienaturalnym, sprzecznym z kulturą, która go ukształtowała, czymś rzadkim i bardzo trudnym do stosowania w życiu. Na szczęście możemy liczyć na pomoc: „Bóg dał nam swego Ducha. Dlatego nie musimy myśleć w ten sam sposób jak ludzie tego świata"[12]. W kilku następnych rozdziałach przyjrzymy się narzędziom stosowanym przez Ducha Świętego we wspomaganiu naszego duchowego wzrostu.

DZIEŃ DWUDZIESTY TRZECI
MYŚLĄC O MOIM CELU

Główna myśl: Na rozwój nigdy nie jest za późno.

Werset do zapamiętania: „Niech Bóg sprawi w was całkowitą przemianę umysłu. Wtedy będziecie w stanie rozpoznawać wolę Bożą, czyli to, co dobre, miłe Jemu i doskonałe" – Rzymian 12:2 (TEV).

Pytanie do rozważenia: W jakiej sferze życia powinienem zaprzestać myśleć po swojemu i przyjąć Boże myślenie?

Transformacja poprzez Prawdę

By żyć, ludzie potrzebują
czegoś więcej niż pożywienia;
muszą się żywić każdym Bożym słowem.

Mateusz 4:4 (NLT)

Boże, pełne łaski Słowo może was uczynić tym,
czym Bóg chce, byście się stali i dać wam wszystko,
czego moglibyście potrzebować.

Dzieje Apostolskie 20:32 (Msg)

Prawda nas przemienia.

Wzrost duchowy jest procesem zastępowania fałszu prawdą. Jezus modlił się: „Uświęć ich swoją prawdą, twoje słowo jest prawdą"[1]. Uświęcenie wymaga objawienia. Duch Boży używa Słowa Bożego, by zmieniać nas na obraz Syna Bożego. By stać się takimi jak On, musimy wypełnić nasze życie Jego Słowem. Biblia mówi: „Poprzez Słowo jesteśmy uformowani i przygotowani do zadań, jakie wyznaczył nam Bóg"[2].

Słowo Boże różni się od każdego innego słowa – jest żywe[3]. Jezus powiedział: „Słowa, które wam głoszę, są duchem i życiem"[4]. Gdy Bóg przemawia, rzeczy się zmieniają. Wszystko, co nas otacza, istnieje dlatego, że Bóg stworzył to poprzez swoje Słowo. On wszystko powołał do istnienia. Bez Bożego Słowa nikt z nas nigdy by się nie urodził. Apostoł Jakub pisał: „Bóg postanowił dać nam życie poprzez słowo prawdy, abyśmy mogli być najważniejsi ze wszystkiego, co stworzył"[5].

Biblia to coś znacznie więcej niż przewodnik po doktrynach wiary. Słowo Boże inicjuje życie, wzbudza wiarę, przeobraża, budzi lęk w diable, dokonuje cudów, uzdrawia rany, kształtuje charakter, zmienia okoliczności, budzi radość, pokonuje wrogość, pomaga odpierać pokusy, daje nadzieję, uwalnia moc, oczyszcza umysły, powołuje rzeczy do istnienia i gwarantuje nam wieczną przyszłość! Nie da się żyć bez Bożego Słowa! Nigdy nie sądźmy, że to Słowo nam się należy. Traktujmy je jako rzecz tak elementarną dla naszego życia jak pożywienie. Job powiedział: „Słowa Jego ust ceniłem sobie bardziej niż codzienny chleb"[6].

Duch Boży używa Słowa Bożego, by zmieniać nas na obraz Syna Bożego.

Słowo Boże jest duchowym pożywieniem, które musimy przyjmować, by zrealizować cel, dla którego żyjemy. Biblia nazywana jest naszym mlekiem, chlebem, treściwym pokarmem, a nawet słodkim deserem[7]. Ten czterodaniowy posiłek stanowi duchowe menu zapewniające duchową moc i wzrost. Apostoł Piotr udziela nam pewnej rady: „Poszukujcie czystego, duchowego mleka, byście poprzez nie mogli wzrastać w swym zbawieniu"[8].

TRWANIE W SŁOWIE BOŻYM

W dzisiejszych czasach drukuje się więcej Biblii niż kiedykolwiek, ale Biblia pozostawiona nietkniętą na półce z książkami nie ma żadnej wartości. Miliony wierzących zostało dotkniętych duchową anoreksją i wyniszczają się z powodu duchowego niedożywienia. Aby być zdrowym uczniem Jezusa, karmienie się Słowem Bożym należy traktować jako priorytet. Jezus nazywa to *trwaniem* w Jego Słowie i mówi: „Jeśli wytrwacie w moim Słowie, wtedy rzeczywiście będziecie moimi uczniami"[9]. Codzienne trwanie w Słowie Bożym wiąże się z trzema ważnymi decyzjami i wynikającymi z nich działaniami.

Musisz zaakceptować jego autorytet. Biblia musi stać się podstawową normą twojego życia – kompasem, który wskazuje kierunek, zbiorem porad, z których korzystasz, chcąc podejmować mądre decyzje oraz wzorcem, za pomocą którego wszystko oceniasz. Biblia zawsze powinna stanowić pierwsze i ostatnie słowo w twoim życiu.

Wiele problemów wynika z tego, że nasze codzienne wybory opieramy na niemiarodajnych autorytetach: trendach kulturowych („przecież każdy tak robi"), tradycji („zawsze tak się robiło"), rozumie („to brzmi sensownie") albo uczuciach („to wydaje się dobre"). Jednak wszystkie te trzy kryteria skażone są upadkiem człowieka. Potrzeba nam doskonałej, niezawodnej normy, która nigdy nie skieruje nas w niewłaściwym kierunku. Tylko Boże Słowo odpowiada tym wymaganiom. Salomon w swej księdze stwierdza, że „każde Boże Słowo jest prawdziwe"[10], a Paweł wyjaśnia: „Wszystko zawarte w Piśmie jest Bożym Słowem. W całości jest przydatne do nauki, pomaga ludziom w ich codziennych sprawach, poucza ich i pokazuje, jak żyć"[11].

We wczesnych latach swojej służby, Billy Graham przechodził okres, w którym poddawał w wątpliwość wiarygodność i autorytet Biblii. Pewnej nocy upadł na kolana, zapłakał i powiedział Bogu, że pomimo iż nie rozumie niektórych fragmentów Biblii, to od tej chwili w pełni jej zaufa jako jedynemu autorytetowi w sprawach życia i służby. Od tamtej pory życie Billy'ego obdarzone jest błogosławieństwem, które przejawia się w jego niezwykłej duchowej sile i skuteczności działania.

Najważniejszą decyzją, jaką możesz dzisiaj podjąć, jest określenie tego, co będzie najwyższym autorytetem twojego życia. Zdecyduj o tym, nie zważając na standardy, którymi kieruje się dzisiejsze społeczeństwo czy tradycja. Odrzuć poleganie na ludzkiej inteligencji i na własnych uczuciach. Jako najwyższy autorytet wybierz Biblię. Dokonując wszelkich życiowych wyborów, najpierw zastanów się, co o danej sprawie czy sytuacji mówi Biblia. Postanów, że kiedy Bóg mówi, byś coś zrobił, to zawierzysz Bożemu Słowu i wykonasz Jego polecenia bez względu na to, czy widzisz w tym sens i czy masz na to ochotę, czy nie. Jako osobiste potwierdzenie wiary przyjmij następujące słowa Pawła: „Wierzę we wszystko, co jest zgodne z Prawem żydowskim oraz w to, co napisali prorocy"[12].

Musisz przyswajać Jego Prawdę. Nie wystarczy Biblii tylko wierzyć, trzeba jeszcze wypełniać nią umysł, tak aby Duch Święty mógł cię przemieniać poprzez zawartą w niej Prawdę. Istnieje pięć czynności, które to umożliwiają. Otóż Prawdę należy: przyjąć, czytać, studiować, zapamiętywać i rozważać.

Po pierwsze, *przyjmuj* z otwartością Boże Słowo, kiedy go słuchasz. Przypowieść o siewcy pokazuje, jak nasza wrażliwość na Słowo Boże decyduje o tym, czy zakorzeni się ono w naszym życiu i czy wyda owoc. Jezus wymienił trzy postawy ludzkie utrudniające przyjęcie Słowa Bożego: zamknięty umysł (nieurodzajna, sucha gleba), płytkość myślenia (bardzo cienka warstwa gleby) oraz rozproszony umysł (gleba zachwaszczona), po czym powiedział: „Zastanówcie się więc, czy uważnie słuchacie"[13].

Zawsze, gdy wydaje nam się, że nie wzięliśmy nic z kazania lub z wykładu o tematyce biblijnej, powinniśmy przyjrzeć się swojej postawie, a zwłaszcza temu, czy przeszkodą nie jest pycha. Bóg może do nas przemówić nawet przez najbardziej nudnego kaznodzieję, o ile wykazujemy pokorę i chęć uczenia się. Apostoł Jakub radzi: „W duchu pokory przyjmujcie i zapraszajcie do waszego życia Słowo, które zaszczepione i zakorzenione w sercach, ma moc zbawić wasze dusze"[14].

Po drugie, przez prawie dwa tysiące lat historii Kościoła tylko księża mieli prawo osobiście *czytać* Biblię, ale teraz może mieć do niej dostęp każdy, kto zechce. Pomimo to wielu wierzących chętniej sięga po swoją ulubioną codzienną gazetę niż po Biblię. Nic dziwnego, że nie wzrastają. Potrafimy przez trzy godziny oglądać telewizję, a potem przez trzy minuty czytać Biblię i spodziewamy się, że pojawi się u nas duchowy wzrost.

Wielu ludzi, którzy uważają, iż wierzą każdemu słowu Biblii, nigdy nie przeczytało jej w całości.

Wielu ludzi, którzy uważają, iż wierzą każdemu słowu Biblii, nigdy nie przeczytało jej w całości. Jeśli jednak będziesz czytał Biblię codziennie przez piętnaście minut, to przeczytasz ją w ciągu roku. Jeśli każdego dnia okroisz czas z oglądania telewizji o pół godziny i zamiast tego oddasz się studiowaniu Biblii, to w ciągu roku będziesz miał okazję przeczytać Biblię dwukrotnie.

Codzienna lektura Biblii sprawi, że będziesz znajdował się w zasięgu Bożego głosu. Właśnie dlatego Bóg kazał królom Izraela zawsze mieć przy sobie egzemplarz Jego Słowa: „Powinien mieć je przy sobie zawsze i czytać każdego dnia"[15]. Jednak nie wystarczy Słowo Boże mieć na wyciągnięcie ręki, należy je ponadto regularnie czytać. Prostą pomocą w tym względzie jest ułożenie planu codziennego czytania Biblii. To uchroni cię od dowolnego przerzucania uwagi z księgi na księgę i pomijania ważnych części Słowa Bożego.

Po trzecie, *badanie* lub studiowanie Biblii jest kolejnym praktycznym sposobem trwania w Słowie. Studiowanie Biblii tym różni się od czytania, że towarzyszą mu dwie dodatkowe czynności: zadawanie pytań na podstawie tekstu i zapisywanie spostrzeżeń. Jeśli czytając Biblię, nie zapisywałeś swoich myśli na kartce lub w komputerze, to znaczy, że jeszcze jej poważnie nie studiowałeś.

Brak miejsca nie pozwoli mi opisać tu różnych metod studiowania Biblii, jednak są na ten temat dostępne różne książki, z jedną mojego autorstwa włącznie[16]. Tajemnicą właściwego studiowania Biblii jest umiejętność zadawania właściwych pytań. Różne metody opierają się na różnych pytaniach. Odkryjemy znacznie więcej, gdy zatrzymamy się na chwilę i zadamy proste pytania, takie jak: kto? co? kiedy? gdzie? dlaczego? oraz jak?. Biblia mówi: „Naprawdę szczęśliwi są ci, którzy uważnie studiują przynoszące wolność, doskonałe Boże Prawo, nie tylko je zapamiętując, ale także według niego postępując"[17].

Czwartym elementem trwania w Bożym Słowie jest *zapamiętywanie* go. Zdolność zapamiętywania jest Bożym darem. Może uważasz, że masz słabą pamięć, ale prawda wygląda tak, że potrafisz zapamiętać miliony pomysłów, idei, prawd, faktów i liczb. Pamiętasz to, co jest dla ciebie ważne. Jeśli Słowo Boże jest dla ciebie naprawdę ważne, to zrobisz wszystko, aby je zapamiętać.

Zapamiętywanie wersetów biblijnych daje wprost nieocenione korzyści. Pomaga odpierać pokusy, podejmowa mądre decyzje, radzić sobie ze stresem, budować zaufanie, udzielać dobrych rad i dzielić się z innymi swoją wiarą[18].

Pamięć jest jak mięśnie. Im więcej ich używasz, tym stają się silniejsze, a zatem im więcej posługujesz się pamięcią, tym łatwiej ci zapamiętywać fragmenty Biblii. Mógłbyś zacząć od wybrania kilku wersetów z tej książki, które cię szczególnie poruszyły – zapisz je na kartce i noś przy sobie. Następnie przez resztę dnia czytaj je na głos. Uczyć się na pamięć Pisma możesz wszędzie, zarówno kiedy pracujesz, ćwiczysz, prowadzisz samochód, czekasz na coś czy leżysz w łóżku. Trzy metody dobrego zapamiętywania wersetów są następujące: 1) powtarzaj 2) powtarzaj i 3) powtarzaj. Biblia mówi: „Pamiętajcie, co mówił Jezus i niech Jego słowa wzbogacają wasze życie i czynią was mądrymi"[19].

Piątym elementem trwania w Bożym Słowie jest *rozważanie* go, co niektóre tłumaczenia Biblii nazywają „medytacją". Wielu ludziom pojęcie medytacji kojarzy się z wyłączeniem umysłu i pozwoleniem na dryfowanie myśli w niekontrolowanym kierunku. To jednak jest raczej odwrotnością medytacji, którą zaleca Biblia. Medytacja opisywana w Piśmie oznacza myślenie *skupione* na konkretnym problemie, konkretnej kwestii. Wymaga ona sporego wysiłku. Wybieramy jakiś werset i rozważamy go w swoim umyśle.

DZIEŃ DWUDZIESTY CZWARTY:

TRANSFORMACJA
POPRZEZ PRAWDĘ

Jak już wspominałem w 11 rozdziale tej książki, jeśli wiesz, co to znaczy martwić się, to wiesz też, co znaczy medytować. Martwienie się to intensywne myślenie skupione na czymś negatywnym. Medytacja ma taki sam mechanizm, jednak skupiamy się w niej na Bożym Słowie, a nie na naszych kłopotach.

Żadne inne przyzwyczajenie nie przyczyni się do przemiany naszego życia i nie upodobni nas do Jezusa bardziej niż codzienne rozważanie Pisma Świętego. Kiedy poświęcamy czas na kontemplację Bożej prawdy i poważnie zastanawiamy się nad przykładem Jezusa, to jesteśmy „przemieniani na Jego obraz i mamy coraz większy udział w chwale"[20].

Jeśli dotrzemy do wszystkich fragmentów Biblii, gdzie Bóg mówi o medytacji, to będziemy mile zaskoczeni, dowiedziawszy się, jakie dobrodziejstwa obiecał On tym, którzy regularnie rozważają Jego Słowo. Jednym z powodów, dla których Bóg nazwał Dawida „człowiekiem według swojego serca"[21], był fakt, że psalmista wprost rozkoszował się rozważaniem Bożego Słowa. Dawid powiedział: „Jakże kocham Twe nauki! Myślę o nich całymi dniami"[22]. Zastanawianie się nad Bożą Prawdą jest kluczem do otrzymywania odpowiedzi na modlitwy i sekretem udanego życia[23].

Musisz stosować w życiu Boże zasady. Przyjmowanie, czytanie, uczenie się na pamięć i rozważanie Bożego Słowa są bezcelowe, jeśli nie mają przełożenia na codzienne, praktyczne życie. Musisz być „wykonawcą Słowa"[24]. To bodaj najtrudniejsza część chrześcijańskiego życia, ponieważ szatan zwalcza takie działania szczególnie zajadle. Nie przeszkadza mu, że regularnie uczestniczysz w grupach domowych czy nawet uczęszczasz do szkoły biblijnej, jeśli nic nie robisz z tym, czego się tam dowiadujesz.

Zwodzimy samych siebie, jeśli wydaje nam się, że ponieważ słuchamy, czytamy czy studiujemy Bożą prawdę, to też zgodnie z nią żyjemy. W rzeczywistości, możemy być tak pochłonięci zaliczeniem roku w szkole biblijnej czy udziałem w chrześcijańskich konferencjach, że nie znajdujemy czasu na wprowadzanie w czyn tego, czego się nauczyliśmy. Zapominamy o tym po drodze do następnej klasy lub w ferworze przygotowań do kolejnej konferencji. Studiowanie

Prawda nas wyswobodzi, ale najpierw ujawni nasz żałosny stan!

Pisma Świętego staje się bezprzedmiotowe, jeśli nie zamierzamy wprowadzać w życie biblijnych prawd. Jezus powiedział: „Każdy kto słucha mego słowa i stosuje je w życiu, jest jak mądry człowiek, który buduje swój dom na skale"[25]. Chrystus wspomniał też, że Boże błogosławieństwo jest następstwem posłuszeństwa prawdzie, a nie jedynie znajomości jej. Oto, co konkretnie powiedział: „Oto wiecie już teraz wszystko. Postępujcie zgodnie z tym, czego się nauczyliście, a będziecie błogosławieni"[26].

Innym powodem, dla którego unikamy stosowania Bożej prawdy w życiu, jest obawa, że będzie to zbyt trudne, a nawet bolesne. Prawda nas wyswobodzi, ale najpierw ujawni nasz żałosny stan! Boże Słowo demaskuje nasze motywy, wskazuje nasze błędy, karci nas za grzechy i wymaga od nas zmian. Człowiek w swej naturze wzbrania się przed zmianami, dlatego wprowadzanie Bożego Słowa w czyn jest działaniem trudnym. Z tego powodu dobrze jest rozmawiać o tych trudnościach z innymi chrześcijanami.

Nie da się przecenić znaczenia biblijnej grupy dyskusyjnej, zwanej grupą domową. Dzięki innym poznajemy często prawdy, których nigdy nie odkrylibyśmy sami. Oni niejednokrotnie pomagają nam dostrzec rzeczy, które inaczej uszłyby naszej uwadze oraz wspierają nas w praktycznym zastosowaniu Bożych prawd w życiu.

Najlepszym sposobem na to, by być wykonawcą Bożego Słowa, jest po przeczytaniu, przestudiowaniu czy rozważeniu fragmentu Biblii określenie i zapisanie na kartce, jaki praktyczny krok zamierzamy podjąć w następstwie tego, czego się nauczyliśmy. Rozwiń w sobie taki nawyk. Ten aktywny krok powinien być *osobisty* (angażujący *ciebie*), *praktyczny* (dający ci szansę *zrobienia* czegoś) i *wymierny* (*z datą* zakończenia zadania). Każdy z takich kroków będzie dotyczył twojej relacji z Bogiem, z innymi ludźmi i twojego charakteru.

Zanim przeczytasz następny rozdział książki, pomyśl przez chwilę o następującej kwestii: O czym Bóg powiedział ci *już* w swoim Słowie, a ty mimo to nie zacząłeś tego wykonywać? Wypisz kilka zobowiązań, które pomogą ci spełnić to, o czym myślisz. Możesz powiedzieć o tym przyjacielowi, aby czuć się przed nim odpowiedzialnym i zmobilizowanym do działania. D.L. Moody powiedział kiedyś: „Biblia nie została nam dana po to, by pogłębiać naszą wiedzą, ale by zmieniać nasze życie".

DZIEŃ DWUDZIESTY CZWARTY
MYŚLĄC O MOIM CELU

Główna myśl: Prawda przemienia mnie.

Werset do zapamiętania: „Jeśli wytrwacie w moim Słowie, wtedy rzeczywiście będziecie moimi uczniami i poznacie prawdę, a ona was wyswobodzi" – Jan 8:31-32 (KJV).

Pytanie do rozważenia: O czym Bóg powiedział mi już w swoim Słowie, ale nie zacząłem tego jeszcze praktykować?

Transformacja
poprzez życiowe problemy

Ponieważ nasze nieznaczne i krótkotrwałe utrapienia
przyniosą nam niewyczerpane błogosławieństwo Boże
na całą wieczność.

II Koryntian 4:17 (NIV)

To płomień cierpienia sprawia,
że powstaje w nas złoto pobożności.

Madame Guyon

Gdy Bóg dopuszcza jakiś problem, zawsze towarzyszy temu jakiś cel. Bóg posługuje się okolicznościami, by kształtować twój charakter. W rzeczywistości, w dziele upodobniania cię do Jezusa, opiera się On bardziej na okolicznościach niż na fakcie, że czytasz Biblię. Powód jest oczywisty: okoliczności nie opuszczają nas przez dwadzieścia cztery godziny na dobę.

Jezus przestrzegał nas, że w życiu nie braknie nam problemów[1]. Nikt z ludzi nie jest odporny na ból czy niepodatny na cierpienie i nikt nie jest w stanie prześliznąć się przez życie bez trosk i problemów. Całe życie jest długą sekwencją problemów. Zawsze, gdy uda ci się rozwiązać jakiś problem, w kolejce czeka już następny, by w końcu zająć miejsce poprzedniego. Nie wszystkie one są poważne, ale każdy z nich ma znaczenie w procesie duchowego wzrostu. Apostoł Piotr zapewnia nas, że problemy są czymś naturalnym: „Nie bądźcie zaskoczeni, gdy musicie przechodzić przez ogień doświadczeń i nie myślcie, że spotyka was coś dziwnego i nieoczekiwanego"[2].

Bóg używa problemów, by zbliżyć nas do siebie. Biblia mówi: „Pan jest bliski tym, którzy mają złamane serca, wspiera duchowo rozbitych"[3]. Twoje najgłębsze i najbardziej intensywne doświadczanie uwielbienia Boga pojawia się z reguły w najcięższych sytuacjach, kiedy jesteś załamany, czujesz się opuszczony, nie widzisz wyjścia z opresji, a twój ból jest niemożliwy do opisania – wtedy zwracasz się z tym wszystkim do Boga. To właśnie cierpiąc, uczysz się modlić w sposób najbardziej szczery i autentyczny. Odczuwając wewnętrzny ból, nie masz sił ani ochoty na modlitwę płytką i wymuszoną.

Joni Eareckson Tada powiedziała: „Kiedy życie pięknie nam się układa, często zaniedbujemy poznawanie Jezusa, naśladowanie Go, powoływanie się na Jego Słowa i mówienie o Nim. Tak naprawdę, *poznawać* możemy Go tylko w cierpieniu". Przechodząc ciężkie chwile, możemy nauczyć się o Bogu tego, czego nie dowiedzielibyśmy się, żyjąc bez większych trosk.

Bóg mógł wydostać Józefa z więzienia[4], Daniela z lwiej jamy[5], mógł nie dopuścić, aby Jeremiasz został wrzucony do grząskiej studni[6], by Paweł stał się trzykrotnym rozbitkiem na morzu[7] i aby młodzi Hebrajczycy zostali wrzuceni do rozpalonego pieca[8], ale Bóg postanowił inaczej. On pozwolił, by te rzeczy się wydarzyły i w rezultacie tego wszystkie z wymienionych osób zbliżyły się do Niego.

Twoje najgłębsze i najbardziej intensywne doświadczanie uwielbienia Boga pojawia się z reguły w najcięższych sytuacjach.

Problemy zmuszają nas do szukania pomocy u Boga i polegania na Nim, a nie na samych sobie. Apostoł Paweł mógł coś o tym powiedzieć: „Sądziliśmy, że mamy już poumierać i widzieliśmy swą całkowitą bezradność, ale było to dobre, bo zaraz potem powierzyliśmy całą tę sytuację w ręce Boga, bo tylko On mógł nas uratować"[9]. Nigdy nie dowiemy się, że Bóg jest wszystkim, czego potrzebujemy, jeśli Bóg nie stanie się wszystkim, co mamy.

Bez względu na przyczynę, żaden z naszych problemów nie pojawi się bez Bożego przyzwolenia. Wszystko, co dzieje się w życiu Bożego dziecka, jest przefiltrowane przez niebiańskiego Ojca i On zamierza tego użyć dla naszego dobra nawet wtedy, gdy szatan i ludzie uważają nasze problemy za tragedię i sytuację bez wyjścia.

Ponieważ Bóg wszystkim suwerennie rządzi, to wszelkie wydarzenia w naszym życiu, które uważamy za wypadki lub przypadki są etapami dobrego planu, jaki On ma dla nas. Ponieważ każdy dzień naszego życia został wpisany do Bożego kalendarza zanim się urodziliśmy[10], to wszystko, czego doświadczamy, ma swoje duchowe znaczenie. Wszystko! Rzymian 8:28-29 wyjaśnia, dlaczego tak jest: „Wiemy, że Bóg sprawia, iż wszystko razem działa dla dobra tych, którzy Go kochają i są powołani zgodnie z Jego zamysłem. Gdyż Bóg z góry poznał swoich ludzi i wybrał ich, by stali się podobni do Jego Syna"[11].

Wszystko, czego doświadczamy, ma swoje duchowe znaczenie.

ZROZUMIEĆ RZYMIAN 8:28-29

Fragment ten należy do najbardziej przekręcanych i źle rozumianych w całej Biblii. On nie mówi, że Bóg sprawia, iż wszystko sprzyja temu, co nam się podoba. To oczywiście nie może być prawdą. Fragment ten nie mówi też, że Bóg sprawia, iż wszystko sprzyja temu, by każdy problem tu na ziemi miał swe pomyślne rozwiązanie, swój „happy end". To również nie może pokrywać się z prawdą, gdyż wiele rzeczy w życiu doczesnym kończy się cierpieniem i frustracją.

Żyjemy w upadłym, zdegenerowanym świecie. Tylko w Niebie wszystko odbywa się idealnie, tak jak postanowił Bóg. Dlatego jesteśmy zachęcani, by modlić się słowami: „Niech się dzieje Twoja wola jak w Niebie tak i na ziemi"[12]. By w pełni zrozumieć Rzymian 8:28-29, musimy ten fragment zanalizować zdanie po zdaniu.

„Wiemy, że..." Nasza nadzieja w trudnych okresach życia nie wynika z pozytywnego myślenia, myślenia magiczno-życzeniowego czy wrodzonego optymizmu. Ta pewność opiera się na prawdzie, że Bóg ma całkowitą władzę nad światem, w którym żyjemy i że nas kocha.

„Bóg sprawia..." Za wszystkim, co widzimy i odbieramy zmysłami, stoi Wielki Twórca i Projektant. Twoje życie i jego treść nie są rezultatem działania przypadkowych sił, zrządzenia losu czy szczęśliwego trafu, lecz mistrzowskiego planu, twórczego projektu. Dzieje świata i ludzkości to *Jego własna historia*. To Bóg „pociąga za sznurki", On ma wpływ na wszystko i na wszystkich. My popełniamy błędy, ale Bóg nie. Jego pomyłka jest *niemożliwa*, ponieważ On jest Bogiem.

„Wszystko..." Boży plan dla twojego życia obejmuje *wszystko*, co może ci się przydarzyć, czyli błędy, grzechy i zranienia. Zawierają się w nim również choroby, długi, klęski, rozwody i śmierć bliskich osób. Bóg może wydobyć dobro nawet z największego zła. On dokonał tego na krzyżu, na wzgórzu Golgoty.

„Wszystko razem..." Nie oddzielnie czy niezależnie. Wszystkie wydarzenia w twoim życiu pozostają ze sobą w odpowiedniej korelacji i działają na twoją korzyść zgodnie z Bożym planem. To nie są oderwane od siebie fakty, ale powiązane ze sobą etapy procesu, w którym upodabniasz się do Jezusa. By upiec ciasto, musisz użyć mąki, soli, jaj, cukru i tłuszczu. Jeśli te składniki jemy osobno, to są dosyć niesmaczne, ale jeśli połączymy je razem i upieczemy, to efekt będzie bardzo przyjemny dla podniebienia. Jeśli powierzysz Bogu wszystkie twoje „niesmaczne" i przykre doświadczenia, to On połączy je tak, że wyniknie z tego coś naprawdę dobrego.

„Współdziała dla dobra..." W tych słowach nie chodzi o to, że wszystko, co wydarzy się w naszym życiu, jest dobre. Wiele z tego, co nas spotyka, jest złe i krzywdzące, lecz Bóg specjalizuje się w wydobywaniu dobra z tego, co wydaje się być złe. W drzewie genealogicznym Jezusa[13] wymienione są cztery kobiety: Tamar, Rahab, Rut i Batszeba. Tamar uwiodła swojego teścia, w wyniku czego zaszła w ciążę. Rahab była prostytutką. Rut nie była nawet Żydówką i złamała prawo, wychodząc za mąż za Żyda. Batszeba popełniła cudzołóstwo z Dawidem, co doprowadziło do zabójstwa jej męża. Osoby te nie miały nieposzlakowanej reputacji, jednak Bóg zamienił zło w dobro i w rodzie, do którego należały te kobiety, narodził się Jezus. Boże zamysły są większe niż nasze problemy, cierpienia czy nawet grzech i są w stanie całkowicie się z nimi uporać.

„Tych, którzy kochają Boga i są powołani..." Obietnica ta skierowana jest wyłącznie do Bożych dzieci. Nie do wszystkich. Wszystko działa na niekorzyść tych, którzy trwają w nieposłuszeństwie Bogu i upierają się przy swoim.

„Zgodnie z Jego zamysłem..." Co to za zamysł? Abyśmy „stawali się takimi, jak Chrystus". Bóg zezwala na wszystko, co dzieje się w naszym życiu właśnie po to, abyśmy się do tego celu zbliżali.

FORMOWANIE CHARAKTERU JEZUSA

Jesteśmy jak klejnoty obrabiane przy użyciu jubilerskiego młoteczka i dłuta. Te narzędzia to życiowe przeciwności i problemy. Jeśli młoteczek okaże się za słaby do usunięcia nierównych kantów, Bóg posłuży się młotem parowym. On czyni tak, kiedy trwamy w sprzeciwie wobec Jego woli i nic innego nie skutkuje. Bóg użyje wszystkiego, co niezbędne.

Każdy życiowy problem jest okazją do kształtowania charakteru i im trudniejszy problem, tym większa możliwość wyrabiania duchowych mięśni i moralnych włókien. Apostoł Paweł powiedział: „Wiemy, że doczesne trudności wyrabiają w nas cierpliwość, a cierpliwość kształtuje charakter"[14]. To, co dzieje się w twoim życiu w sposób widoczny, nie jest tak ważne jak to, co dokonuje się wewnątrz ciebie. Okoliczności, w których znajdujesz się w różnych momentach życia, są tymczasowe, natomiast charakter każdego z nas jest wieczny.

Biblia często porównuje próby życiowe do wytapiania metalu w tyglu, gdzie dochodzi do oddzielenia nieczystości od pozyskiwanego surowca. Apostoł Piotr powiedział: „Życiowe trudności służą temu, by pokazać, jak czysta jest nasza wiara. Czystość wiary cenniejsza jest niż złoto"[15]. Kiedy zapytamy złotnika, skąd

To, co dzieje się w twoim życiu w sposób widoczny, nie jest tak ważne jak to, co dokonuje się wewnątrz ciebie.

ma pewność, że srebro jest już oczyszczone, jego odpowiedź będzie następująca: „Wiem o tym, gdy widzę na jego powierzchni swoje odbicie". Kiedy jesteśmy doświadczani, ludzie mogą w nas dostrzec odbicie Chrystusa. Apostoł Jakub powiedział: „Gdy wasza wiara poddawana jest naciskom, to wydostaje się ona na wierzch i pokazuje swoje prawdziwe kolory"[16].

Ponieważ Bóg chce, byś stawał się taki jak Jezus, to będzie nas prowadził przez takie same doświadczenia, przez jakie prowadził swego Syna. Te doświadczenia to samotność, pokusy, napięcia psychiczne, niezasłużona krytyka, odrzucenie i wiele innych problemów. Biblia mówi, że Jezus „uczył się posłuszeństwa poprzez cierpienia i dzięki cierpieniu stał się doskonały"[17]. Dlaczego Bóg miałby zachować nas od tego, czego pozwolił doświadczać swemu Synowi? Apostoł Paweł powiedział:

„Przechodzimy dokładnie przez to, co Jezus. Jeśli razem z Nim przeżywamy ciężkie chwile, to również z Nim będziemy doświadczać chwil dobrych i miłych"[18].

PODEJŚCIE DO PROBLEMÓW WZOROWANE NA JEZUSIE

Problemy nie prowadzą do urzeczywistniania Bożych celów w sposób automatyczny. Wielu ludzi szybciej staje się zgorzkniałymi niż lepszymi i nigdy się nie rozwija. Musimy reagować na trudności i cierpienia tak, jak Jezus.

Pamiętaj, że Boży plan jest dobry. Bóg wie, co jest dla ciebie najlepsze i zawsze ma na uwadze twój najlepiej pojęty interes. Oto, co powiedział Jeremiaszowi: „Plany, jakie dla ciebie mam, służą twojemu powodzeniu, a nie twojej szkodzie. One zapewnią ci nadzieję i pomyślną przyszłość"[19]. Józef zrozumiał tę prawdę i powiedział swoim braciom, którzy sprzedali go kupcom niewolników: „Chcieliście mi zaszkodzić, ale Bóg obrócił to na moją korzyść"[20].

Król Hiskiasz wyraża podobny pogląd, mówiąc o chorobie zagrażającej jego życiu: „To dla mojego własnego dobra musiałem przechodzić tak ciężkie doświadczenia"[21]. Jeśli Bóg, słysząc nasze prośby, nie zsyła nam natychmiastowej ulgi lub ukojenia, to pamiętajmy następujący werset: „Bóg czyni dla nas to, co najlepsze, a Jego karcenie jest zawsze słuszne i ma na celu nasze najwyższe dobro – uczestnictwo w Jego świętości"[22].

Ważne jest, aby twoja uwaga była skupiona na Bożym planie, a nie na cierpieniach czy problemach. Dzięki temu Jezus zniósł męki na krzyżu, a my jesteśmy zachęcani do naśladowania Go: „Kierujmy nasz wzrok na Jezusa, naszego przywódcę i nauczyciela. On był skłonny umrzeć haniebną śmiercią na krzyżu, ponieważ wiedział o radości, która czeka Go potem"[23]. Corrie ten Boom, która przeżyła obóz koncentracyjny w Ravensbruck, mówiła kiedyś o mocy, jaką daje skupianie się wyłącznie na Bożych planach. Oto jej słowa: „Jeśli patrzysz na to, jaki jest świat, czujesz przygnębienie. Jeśli zajrzysz w głąb siebie, zaniepokoisz się. Ale jeśli skierujesz wzrok na Chrystusa, odczujesz pokój". To, na czym się koncentrujesz, decyduje o tym, co czujesz. Tajem-

DZIEŃ DWUDZIESTY PIĄTY:

TRANSFORMACJA
POPRZEZ ŻYCIOWE PROBLEMY

nicą wytrwałości jest świadomość, że nasze cierpienia są przemijające, natomiast nagroda jest wieczna. Życie Mojżesza było wypełnione problemami, „ponieważ wypatrywał on swojej nagrody"[24]. Również apostoł Paweł przeżył wiele trudności i niemało wycierpiał. On powiedział tak: „Nasze doczesne kłopoty są mało istotne i nie potrwają długo. Jednak mimo to, dadzą nam przeżyć, wspaniałą chwałę, która będzie trwać wiecznie"[25].

Nie ulegaj krótkowzrocznemu sposobowi myślenia. Niech twoje wysiłki będą skupione na ostatecznym rezultacie: „Jeśli mamy być uczestnikami Jego chwały, musimy też uczestniczyć w Jego cierpieniach. Nasze obecne cierpienia są niczym w porównaniu z chwałą, którą kiedyś od Niego otrzymamy"[26].

Raduj się i dziękuj. Biblia mówi, abyśmy „dziękowali Bogu we wszystkich okolicznościach, bo taka jest Boża wola dla nas w Jezusie Chrystusie"[27]. Czy jest to w ogóle możliwe? Zauważmy, że Bóg nie mówi, by składać dzięki za wszystkie okoliczności, ale we wszystkich okolicznościach. Bóg nie oczekuje, byś dziękował za zło, grzech, cierpienia czy ich bolesne konsekwencje tu na ziemi. Zamiast tego chce, byś dziękował Mu za to, że wykorzysta te problemy do realizacji swoich celów.

Biblia mówi, abyśmy zawsze „radowali się w Panu"[28], a nie abyśmy radowali się ze swojego cierpienia. To byłby zwykły masochizm. Mamy radować się w Panu. Bez względu na to, co się dzieje, możemy cieszyć się Bożą miłością, opieką, mądrością, mocą i wiernością. Jezus powiedział: „Prawdziwe to szczęście, gdy was nienawidzą, odsuwają się od was i znieważają dlatego, że należycie do mnie! Cieszcie się, gdy się tak dzieje! Radujcie się, bo w niebie czeka was wspaniała nagroda"[29].

Możemy też cieszyć się tym, że Bóg towarzyszy nam w cierpieniach. Nie służymy jakiemuś odległemu czy obojętnemu na nasze sprawy Bogu, który siedząc w wygodnym fotelu, prawi nam morały. On wczuwa się w nasze cierpienia. Jezus zrobił to, przyjmując ludzkie ciało, a Duch Święty czyni to teraz. Bóg nigdy nie zostawi nas samym sobie.

Nie poddawaj się. Bądź cierpliwy i wytrwały. Biblia mówi: „Wiedzcie, e właśnie dzięki trudom wzrasta wasza wytrwałość. Nie unikajcie więc problemów, bo w ten sposób pozwalacie rozwijać się wytrwałości, a dzięki niej ukształtuje się wasz charakter i staniecie się ludźmi w pełni dojrzałymi, pozbawionymi wad"[30].

Kształtowanie charakteru jest powolnym procesem. Kiedykolwiek próbujemy unikać życiowych kłopotów lub od nich uciekać, to znaczy, że chcemy przejść przez ten proces na skróty i w rezultacie opóźniamy nasz wzrost. Kończy się to jeszcze większym i bezwartościowym cierpieniem, które wynika z odrzucenia Bożych celów. Gdy uświadomimy sobie, że modelowanie naszych charakterów będzie miało konsekwencje w wieczności, to mniej będziemy modlić się „pociesz mnie", a więcej „przekształć mnie", „użyj tego tak, abym stał się bardziej podobny do Ciebie".

Wiesz, że dojrzewasz, gdy dostrzegasz Boże działanie w pozornie przypadkowych, trudnych i w twojej ocenie bezsensownych okolicznościach życiowych.

Jeśli masz problemy, to nie pytaj dlaczego spotkało to akurat ciebie, ale czego Bóg chce cię przez to nauczyć. Następnie zaufaj Mu i czyń to, co wiesz, że jest właściwe: „Musicie wytrwać do końca, wykonując Boży plan, abyście otrzymali to, co wam obiecał"[31]. Zamiast poddawać się, rozwijaj się.

DZIEŃ DWUDZIESTY PIĄTY
MYŚLĄC O MOIM CELU

Główna myśl: Za każdym problemem stoi jakiś cel.

Werset do zapamiętania: „Wiemy, że Bóg sprawia, iż wszystko razem działa dla dobra tych, którzy Go kochają i są powołani zgodnie z Jego zamysłem" – Rzymian 8:28 (NIV).

Pytanie do rozważenia: Jaki problem w moim dotychczasowym życiu przyczynił się do mojego największego wzrostu?

Pokusy a wzrost

Szczęśliwy człowiek, który się nie poddaje
i nie czyni zła, gdy jest kuszony,
ponieważ później otrzyma w nagrodę koronę życia,
jaką Bóg obiecał tym, którzy Go kochają.

Jakub 1:12 (LB)

Moje pokusy były dla mnie
nauczycielami Bożych prawd.

Marcin Luter

Każda pokusa jest okazją do czynienia dobra.

Na drodze do duchowej dojrzałości pokusa może stać się stopniem wiodącym wzwyż, a nie głazem, o który się potykamy. Dzieje się tak wtedy, gdy uświadomimy sobie, że jest ona okazją zarówno do zrobienia czegoś dobrego jak i złego. Pokusa umożliwia po prostu dokonanie jakiegoś wyboru. Podczas, gdy pokusy są główną bronią szatana służącą do niszczenia nas, Bóg chce używać ich do naszego rozwoju. Zawsze, kiedy decydujesz się na czyn dobry, a nie zły, twój charakter upodabnia się do charakteru Chrystusa.

By to zrozumieć, musisz najpierw określić cechy charakteru Jezusa. Jednym z najbardziej zwięzłych opisów Jego charakteru jest „owoc Ducha": „Kiedy Duch Święty kieruje naszym życiem, to wytwarza w nas taki owoc, jak: miłość, radość, pokój, cierpliwość, uprzejmość, dobroć, wierność, łagodność i opanowanie"[1].

Tych dziewięć cech owocu Ducha stanowi rozszerzenie Największego Przykazania Miłości i wspaniały opis Jezusa Chrystusa. Jezus jest *dos-*

konała miłością, radością, pokojem, cierpliwością i wszystkimi innymi cechami owocu Ducha, jakie mogą uosabiać człowieka. Mieć owoc Ducha Świętego, oznacza być takim, jak Chrystus.

Jak zatem Duch wytwarza tych dziewięć cech w naszym życiu? Czy dokonuje tego natychmiast? Czy zbudzisz się pewnego ranka i zauważysz, że wszystkie te cechy nagle się w tobie wykształciły? Nie, owoc zawsze dojrzewa *powoli.*

Oto jedna z najważniejszych duchowych prawd, jakie kiedykolwiek poznamy: Bóg wspomaga rozwój owocu Ducha w naszym życiu, dopuszczając sytuacje, w których jesteśmy kuszeni do wyrażania zupełnie innych cech niż te, które charakteryzują Jego owoc. Kształtowanie charakteru zawsze wiąże się z dokonywaniem wyborów, a pokusy nas przed nimi stawiają.

Bóg wspomaga rozwój owocu Ducha, dopuszczając sytuacje, w których jesteśmy kuszeni do wyrażania zupełnie innych cech niż te, które charakteryzują Jego owoc.

Przykładem może być fakt, że Bóg uczy nas *kochać* poprzez to, że stawia w naszym otoczeniu niezbyt *miłych* ludzi. Nie wykazujemy się charakterem, gdy kochamy ludzi sympatycznych i kochających nas. Bóg uczy nas prawdziwej *radości,* gdy jesteśmy przygnębieni i zwracamy się z tym do Niego. Szczęście zależy od okoliczności zewnętrznych, niezależnych od nas, natomiast radość wynika z naszego stosunku do Boga.

Bóg daje nam prawdziwy *pokój* nie poprzez spełnianie naszych życzeń, ale przez dopuszczanie w naszym życiu okresów chaosu i zagubienia. Nietrudno odczuwać wewnętrzny pokój, gdy obserwujemy piękny zachód słońca lub wypoczywamy na wakacjach. Prawdziwego pokoju uczymy się, decydując się ufać Bogu w okolicznościach, w których jesteśmy kuszeni do zamartwiania się i obaw. Podobnie jest *z cierpliwością.* Nabywamy ją poprzez okoliczności, w których jesteśmy zmuszeni do czekania, kuszeni do gniewania się i okazywania niezadowolenia.

Bóg używa sytuacji będących prawdziwym wyzwaniem dla owocu Ducha, by dać nam możliwość wyboru. Nikt nie może twierdzić, że jest dobrym człowiekiem, jeśli nigdy nie był kuszony do czynienia zła. Nikt nie może twierdzić, że jest wierny, jeśli nigdy nie miał sposobności, by

okazać się niewiernym. Uczciwość kształtuje się poprzez zwalczanie pokusy bycia nieuczciwym; pokora wzrasta, gdy rezygnujemy z dumy, a wytrwałość rozwija się w nas zawsze wtedy, gdy pokonujemy pokusę poddania się. Za każdym razem, kiedy odpieramy jakąś pokusę, stajemy się
bardziej podobni do Jezusa.

JAK DZIAŁA POKUSA?

Świadomość, że działanie szatana jest zupełnie prze-
widywalne, może nam być bardzo pomocna. On używa
zawsze tej samej strategii i przestarzałych chwytów,
stosowanych od momentu stworzenia człowieka. Każda z pokus działa według tego samego schematu. Dlatego apostoł Paweł powiedział: „...aby nie przechytrzył
nas szatan, którego zamiary dobrze przecież znamy"[2].
Z Biblii dowiadujemy się, że kuszenie odbywa się w czterech fazach i szatan praktykował to zarówno na Adamie i Ewie,
jak i na Jezusie.

W pierwszej fazie szatan znajdzie w nas określone *pragnienie*. Może być ono grzeszne w swej naturze, tak jak żądza zemsty czy chęć pa-
nowania nad innymi albo zupełnie przyzwoite i normalne, jak pragnienie bycia kochanym i cenionym czy pragnienie odczuwania przyjemności. Pokusa ujawnia się wtedy, gdy szatan sugeruje ci (w myślach), abyś
poddał się złym żądzom albo zaspokoił pozytywne pragnienia w niewłaś-
ciwy sposób lub w nieodpowiednim czasie. Zawsze bądź ostrożny, gdy
ogarnia cię ochota, by zrobić coś w najłatwiejszy sposób, czyli pójść na
tak zwane „skróty". To właśnie może być pokusa. Szatan szepcze:
„Zasługujesz na to! Powinieneś to mieć już teraz! To będzie wspaniałe...
Zapewni ci wygodne życie... Sprawi, że świetnie się poczujesz!".

Nam się wydaje, że pokusy są wokół nas, ale Bóg mówi, że one powstają *w nas samych*. Jeśli nie powstało w tobie określone pragnienie
czy żądza, to odpowiednia do nich pokusa może na ciebie nie działać.
Pokusa zawsze ma swój początek w twoim umyśle, a nie w okolicznościach. Jezus powiedział: „To właśnie we wnętrzu, w jego sercu, rodzą
się złe myśli, pożądania, kradzieże, morderstwa, cudzołóstwa, a także
chciwość, podłość, oszustwo, nieprzyzwoitość, zazdrość, oszczerstwo, za-

rozumiałość i wszelka głupota. Te wszystkie brudy pochodzą z ludzkiego wnętrza"[3]. Jakub z kolei powiada, że „jest w nas cała armia złych pragnień"[4].

Druga faza kuszenia to wzbudzenie *wątpliwości*. Szatan chce, byś zwątpił w to, co Bóg mówi o grzechu: „Czy to naprawdę coś złego? Czy Bóg rzeczywiście powiedział, żebym tego nie robił? Czy Bóg nie ustanowił tego zakazu dla kogoś innego albo na inny czas? Czy Bóg nie chce, abym był szczęśliwy?" Biblia przestrzega: „Miejcie się na baczności! Nie pozwólcie, by złe myśli czy pokusy spowodowały, że ktoś z was odwróci się od żywego Boga"[5].

Trzecia faza kuszenia to *zwiedzenie*. Szatan nie potrafi mówić prawdy i nazywany jest ojcem kłamstwa[6]. Wszystko, co mówi, jest fałszywe albo tylko częściowo prawdziwe. Szatan oferuje ci swoje kłamstwa, byś zastąpił nimi to, co Bóg powiedział już w swoim Słowie.

> *Nam się wydaje,*
> *że pokusy są wokół nas,*
> *ale Bóg mówi,*
> *że one powstają w nas samych.*

Szatan mówi: „Na pewno nie umrzesz. Będziesz mądrzejszy od Boga. Zaręczam, że to ci się uda. Nikt się nigdy o tym nie dowie. To rozwiąże twój problem. Poza tym, wszyscy tak robią. To tylko niewiele znaczący grzech". Jednak mały grzech jest jak wczesny okres ciąży – na początku jej nie widać, ale później nie można jej już ukryć.

Czwarta faza kuszenia to *nieposłuszeństwo*. W końcu zaczynasz działać zgodnie z myślami, które pielęgnowałeś w umyśle. To, co zrodziło się jako myśl czy pomysł, zamienia się w postępowanie. Zaczynasz ulegać wszystkiemu, co przyciąga twoją uwagę. Wierzysz już w kłamstwa szatana i wpadasz w pułapkę, przed którą ostrzega apostoł Jakub: „Ulegamy pokusie, gdy ona nas zwabi i wpadamy w pułapkę naszych pragnień i złych myśli. Te pragnienia i myśli rodzą złe czyny, a te z kolei pociągają za sobą śmierć. Nie dajcie się zatem, drodzy bracia, wprowadzić w błąd"[7].

POKONYWANIE POKUS

Zrozumienie tego, jak działają pokusy, jest samo w sobie pożyteczne, jednak by je skutecznie zwalczać, musisz podjąć konkretne działania.

Nie dawaj się zawstydzać. Wielu chrześcijan jest przerażonych samym faktem posiadania grzesznych myśli i ma głębokie poczucie winy, że nie są wolni od pokus. Po prostu wstydzą się, że są kuszeni. To wynika z niezrozumienia, czym jest dojrzałość. *Nigdy* nie będziesz w stanie uodpornić się na wszelkie pokusy.

W pewnym sensie możemy uważać pokusy za komplementy pod naszym adresem. Szatan nie musi kusić tych, którzy już wypełniają jego złą wolę – oni już do niego należą. Kuszenie jest oznaką tego, że szatan nas nienawidzi, a nie symptomem naszej słabości czy zamiłowania do rzeczy ziemskich. Jest to też elementem naszego człowieczeństwa i życia w upadłym świecie. Nie powinno nas to zaskakiwać, szokować czy zniechęcać. Musimy być świadomi nieuchronności pokus – nigdy nie będziemy w stanie całkowicie ich uniknąć. Biblia mówi: „Kiedy jesteście kuszeni...", a nie „Jeśli jesteście kuszeni...". Apostoł Paweł radzi: „Pamiętajcie, że pokusy, które spotykają was w życiu, nie różnią się od tych, których doświadczają inni"[8].

Bycie kuszonym to nie grzech. Jezus był poddawany pokusom, ale nigdy nie zgrzeszył[9]. Pokusa staje się grzechem, kiedy jej ulegamy. Marcin Luter powiedział: „Nie możesz powstrzymać ptaków, by latały wokół twojej głowy, ale możesz nie pozwolić im zbudować gniazda w twoich włosach". Podobnie nie jesteś w stanie powstrzymać diabła od poddawania ci złych myśli, ale możesz podjąć decyzję, by ich do siebie nie dopuszczać i według nich nie postępować.

Wielu ludzi nie dostrzega różnicy między fizycznym pociągiem do jakiejś osoby a seksualnym pobudzeniem i pożądaniem. Te rzeczy nie są tożsame. W każdym z nas Bóg zaszczepił określone seksualne potrzeby i jest to dobre. Odczuwanie fizycznego zafascynowania i seksualne pobudzenie to naturalne i spontaniczne reakcje na piękno, które wszczepił w nas Bóg. Jednak pożądanie to świadomy akt naszej woli. Pożądanie jest decyzją, by popełnić w naszym umyśle to, co chcielibyśmy uczynić z naszym ciałem. Możemy czuć do osoby płci

Kuszenie jest oznaką tego, że szatan nas nienawidzi, a nie symptomem naszej słabości czy zamiłowania do rzeczy ziemskich.

przeciwnej fizyczny pociąg czy nawet być pobudzonymi seksualnie, ale nie grzeszymy, ponieważ nie wybieramy pożądania. Wielu ludzi, zwłaszcza chrześcijan płci męskiej, ma poczucie winy z powodu działania darowanych im przecież przez Boga hormonów. Gdy odruchowo zwrócą uwagę na atrakcyjnie wyglądającą kobietę, to wyrzucają sobie pożądanie, czując wstyd i potępiając siebie. Jednak pociąg do kogoś nie jest pożądaniem, dopóki nie zaczniemy nad nim medytować i rozkoszować się nim.

W rzeczywistości, im bardziej wzrastasz w wierze, tym częściej szatan będzie cię kusił. W momencie, gdy stałeś się Bożym dzieckiem, szatan tak jak zawodowy zabójca „przyjął na ciebie zlecenie". Jesteś celem jego ataku, a on spiskuje, by cię zniszczyć.

Niekiedy, gdy się modlisz, szatan podsuwa ci dziwne lub złe myśli po to, abyś poczuł się zagubiony i zawstydzony. Nie niepokój się tym i nie dawaj się temu zawstydzić, ale bądź świadomy, że szatan obawia się twoich modlitw i zrobi wszystko, byś się nie modlił. Zamiast winić się, że przyszło ci na myśl coś, co uważasz za złe, traktuj to jako próbę zdezorientowania cię ze strony szatana i natychmiast skup się na Bogu.

Rozpoznawaj wzorzec, według którego jesteś kuszony i bądź na to przygotowany. Są sytuacje, które czynią nas bardziej podatnymi na pokusy niż innych. Niektóre okoliczności sprawiają, że potykasz się niemal natychmiast, podczas gdy inne praktycznie nie mają na ciebie wpływu. W tych sytuacjach szatan dostosowuje pokusy do twoich indywidualnych słabości, dlatego powinieneś te słabości poznawać, ponieważ szatan zna je na pewno. On wie, gdzie są twoje czułe miejsca i cały czas stara się wciągnąć cię w okoliczności, w których łatwo ci będzie zgrzeszyć. Apostoł Piotr ostrzega: „Bądźcie czujni! Diabeł jest przygotowany, by was dopaść i tylko czeka, by was zastać drzemiącymi"[10]. Spytaj samego siebie, *kiedy* jesteś najbardziej kuszony. *Którego* dnia tygodnia? O jakiej porze dnia? Spytaj, *gdzie* jesteś najbardziej kuszony. W pracy? W domu? U znajomych? W kawiarni? Na lotnisku albo w motelu za miastem?

Zadaj też sobie pytanie, *kto jest z tobą*, gdy jesteś kuszony. Przyjaciele? Współpracownicy? Obcy tłum? Jesteś sam? Pokusy napotykasz również wtedy, gdy jesteś zmęczony, samotny, znudzony, przygnębiony lub zestresowany. Zapytaj też, *jak się czujesz* w momencie kuszenia. Może to nastąpić, gdy masz poczucie krzywdy, odczuwasz gniew lub przygnębienie, a też po odniesieniu wielkiego sukcesu czy po wzniosłym duchowym przeżyciu.

Powinieneś poznać sposób, w jaki szatan szczególnie chętnie cię kusi i unikać tych sytuacji, na ile to tylko możliwe. Biblia powtarza nam wielokrotnie, by spodziewać się pokus i być na nie przygotowanymi[11]. Apostoł Paweł powiedział: „Nie dawajcie diabłu szansy"[12]. Mądre planowanie zmniejsza możliwość wystawiania się na pokusy. Weź sobie do serca radę z Przypowieści Salomona: „Planujcie z uwagą to, co chcecie robić... Unikajcie zła i idźcie prostą drogą. Nie schodźcie nawet na krok z właściwej drogi"[13]. „Boży ludzie nie wchodzą na złe drogi i ostrożnie patrzą, dokąd idą"[14].

Zwracaj się do Boga o pomoc. Niebo posiada całodobowe, nieprzerwane połączenie z chrześcijanami na ziemi. Bóg chce, byś prosił Go o pomoc w pokonywaniu pokus. On powiedział: „Wzywajcie mnie w czasach kłopotów. Ja was uratuję, a wy oddacie mi chwałę"[15].

DZIEŃ DWUDZIESTY SZÓSTY:

POKUSY A WZROST

Taka modlitwa przypomina mi używanie kuchenki mikrofalowej, gdyż jest szybka i konkretna: Na pomoc! S.O.S! Alarm! Gdy atakuje nas pokusa, nie mamy czasu na długie rozmowy z Bogiem, więc po prostu do Niego wołamy. Dawid, Daniel, Piotr, Paweł i miliony innych zanosili takie natychmiastowe modlitwy, by uzyskać pilną pomoc w przeciwnościach.

Biblia zapewnia nas, że nasze wołanie o pomoc będzie wysłuchane, ponieważ Jezus rozumie naszą walkę. On napotykał takie same pokusy jak my. On „rozumie nasze słabości, ponieważ doświadczał takich samych pokus jak my, ale mimo to nie zgrzeszył"[16].

Jeśli Bóg czeka, aż zwrócimy się do Niego o pomoc w czasie pokusy, to dlaczego nie mielibyśmy prosić Go o nią częściej? Szczerze mówiąc, niekiedy *nie chcemy* przyjmować pomocy. *Chcemy* natomiast poddać się pokusie, nawet jeśli zdajemy sobie sprawę, że to zła decyzja. Wydaje nam się wtedy, że wiemy lepiej niż Bóg, co jest dla nas dobre, a co nam nie służy.

Przy innych okazjach wstydzimy się prosić Boga o pomoc, ponieważ stale przegrywamy z tą samą pokusą. Jednak Bóg nigdy się nie irytuje, nie ulega znudzeniu i nie traci cierpliwości, jeśli tylko do Niego powracamy. Biblia mówi: „Przybliżmy się z ufnością do tronu Boga, gdyż tam jest łaska. Tam otrzymamy miłosierdzie i znajdziemy łaskę pomocną w trudnych chwilach"[17].

Boża miłość jest nieprzemijająca, a Jego cierpliwość wieczna. Gdybyś potrzebował wołać do Boga nawet sto razy dziennie, by pokonać jakąś pokusę, On nadal będzie chętny obdarzyć cię miłosierdziem i łaską, zatem przychodź do Niego bez wahania. Proś Go o moc do czynienia właściwych rzeczy, a następnie oczekuj, że ją otrzymasz.

Pokusy utrzymują nas w zależności od Boga. Tak jak korzenie wzmacniają się, gdy wiejący wiatr pochyla drzewo, tak i my, opierając się pokusie, stajemy się bardziej podobni do Jezusa. Kiedy się potykasz – a jest tak na pewno – nie uważaj tego za tragedię. Zamiast ulegać pokusie i poddawać się, zwracaj się do Boga w oczekiwaniu, że ci pomoże i pamiętaj o nagrodzie, która jest ci obiecana: „Ludzie, którzy nie ulegają pokusom i pozostają silnymi, powinni być szczęśliwi. Po tym jak dowiodą swej wiary, Bóg nagrodzi ich wiecznym życiem.[18]"

DZIEŃ DWUDZIESTY SZÓSTY
MYŚLĄC O MOIM CELU

Główna myśl: Każda z pokus jest okazją do uczynienia czegoś dobrego.

Werset do zapamiętania: „Bóg błogosławi ludzi, którzy cierpliwie znoszą próby. Później dostaną koronę życia, jaką Bóg obiecał tym, którzy go kochają" – Jakub 1:12 (NLT).

Pytanie do rozważenia: Jaką cechę charakteru Chrystusa mogę w sobie wykształcić wtedy, gdy zwalczam pokusę, która atakuje mnie najczęściej?

Zwalczając pokusy

Unikaj więc wszystkiego,
co rodzi nieczyste myśli, ale lgnij do tego,
co wzbudza w tobie
potrzebę właściwego postępowania.

II Tymoteusza 2:22 (LB)

Pamiętajcie, że wszystkie pokusy,
które pojawiają się w waszym życiu,
nie są niczym nowym ani dziwnym,
a Bóg jest wierny.
On nie dopuści do was pokus na tyle silnych
byście nie mogli im się oprzeć.
Gdy będziecie kuszeni
On wskaże wam sposób jak je przezwyciężyć.

I Koryntian 10:13 (NLT)

Zawsze jest jakieś wyjście.

Niekiedy może ci się wydawać, że jakiejś pokusie nie będziesz w stanie się oprzeć, ale to jest kłamstwo z piekła rodem. Bóg obiecał, że nigdy nie włoży *na* ciebie więcej niż da *ci* sił do radzenia sobie z tym. On nie dopuści żadnej pokusy, której nie mógłbyś odeprzeć. Do ciebie jednak należy stosowanie na co dzień czterech metod pokonywania pokus.

Przenieś uwagę na coś innego. Może to brzmieć zaskakująco, ale Biblia w *żadnym* miejscu nie mówi byśmy "przeciwstawiali się pokusom", lecz diabłu[1], a to już *zupełnie* inna kwestia, którą omówię później. Zamiast tego Pismo radzi, by skupić naszą uwagę na czymś pozytywnym, bo samo odpędzanie złych myśli nic nie da. Ono jedynie zwiększa nasze zainteresowanie pokusą i dodaje jej powabu.

Zawsze, gdy próbujesz wyprzeć jakąś myśl ze swojego umysłu, przenika ona jeszcze głębiej, do twojej świadomości i pamięci. Sprzeciwiając się jej, tylko ją wzmacniasz. Znajduje to potwierdzenie szczególnie w przypadku pokus. Nie poradzisz sobie z nimi, próbując zwalczać atrakcyjne odczucia, jakie one ze sobą niosą. Im bardziej walczysz z przyjemnym, choć grzesznym odczuciem, tym bardziej ono pochłania twoje myśli i zaczyna cię sobie podporządkowywać. Wzmacniasz je zawsze, gdy tylko o nim myślisz.

Bitwa z grzechem jest wygrywana lub przegrywana w umyśle. Cokolwiek pochłania twoją uwagę, pochłonie też ciebie samego.

Ponieważ pokusę zawsze poprzedza myśl, to najlepszym sposobem zneutralizowania jej zwodniczej siły przyciągania jest przeniesienie swojej uwagi na inne rzeczy. Nie zwalczaj złej myśli, lecz zmień przedmiot swojego zainteresowania w danej chwili i skoncentruj się na czymś innym. To pierwszy z kroków do pokonania pokusy.

Bitwa z grzechem jest wygrywana lub przegrywana w umyśle. Cokolwiek pochłania twoją uwagę, pochłonie też ciebie samego. Dlatego właśnie Job powiedział: „Zawarłem przymierze z moimi oczami, że nie będę patrzył z pożądaniem na kobiety"[2]. Dawid natomiast modlił się następująco: „Zachowaj mnie od zwracania uwagi na rzeczy bezwartościowe"[3].

Czy oglądałeś kiedyś w telewizji reklamę jakiegoś smakołyku i nagle poczułeś głód? Czy słyszałeś kiedyś, jak ktoś kaszle i poczułeś nagłą potrzebę odchrząknięcia? Czy widziałeś kiedyś, jak ktoś ziewa i poczułeś impuls, by również to zrobić? To jest właśnie siła sugestii. W sposób naturalny idziemy w kierunku tego, co pochłania naszą uwagę. Im więcej o czymś myślimy, tym większy ma to na nas wpływ. Dlatego właśnie powtarzanie sobie rzeczy typu „muszę mniej jeść", „muszę przestać palić" czy „muszę przestać pożądać" to strategia walki, która zwróci się przeciw nam samym. Ona sprawia, że koncentrujemy się na tym, czego chcielibyśmy nie robić. To jest jak mówienie: „Nigdy nie postąpiłbym tak jak mój brat". Wypowiadając coś takiego, skazujemy się niemalże na to, że postąpimy właśnie w podobny sposób.

Większość diet odchudzających i zdrowotnych nie odnosi skutku, ponieważ sprawia, że ciągle myślimy o przyjemnościach jedzenia. One niemal gwarantują, że nieustannie będziemy głodni. Tak samo mówca, który powtarza sobie, że w czasie swojej przemowy nie może się denerwować w rezultacie jeszcze bardziej potęguje swój stres. Zamiast tego powinien skupić się na czymkolwiek innym niż swoje odczucia – na Bogu, na znaczeniu swego przemówienia czy na potrzebach słuchaczy.

Pokusa zaczyna się od przyciągnięcia twojej uwagi. To, co przyciąga twoją uwagę, rozbudza z kolei twoje emocje. Następnie emocje stymulują cię do określonych działań, a to, co robisz, przebiega zgodnie z tym, co myślisz. Im bardziej starasz się czegoś nie robić, tym silniej cię to wciąga.

Lekceważenie pokusy jest daleko bardziej skuteczne niż próby jej zwalczania. Gdy twój umysł skoncentruje się na czymś innym, pokusa traci swą siłę oddziaływania. Jeśli pokusa „mówi" do ciebie przez telefon, nie prowadź z nią rozmowy, lecz odłóż słuchawkę.

Niekiedy polega to na fizycznym opuszczeniu miejsca, w którym jesteśmy kuszeni. W takiej sytuacji wystarczy tylko uciec, czyli na przykład wstać i wyłączyć telewizor. Odejść od grupy ludzi, którzy plotkują. Wyjść z kina w trakcie filmu, gdy z jego powodu czujemy niesmak. By uniknąć użądlenia, powinniśmy przebywać z dal od pszczół. Rób wszystko, co w twojej mocy, by przenieść swoją uwagę i zająć się czymś innym.

W sensie duchowym nasze umysły są najbardziej wrażliwym organem. By zmniejszyć siłę pokusy, możemy zająć je Bożym Słowem i innymi dobrymi myślami. Złe myśli pokonamy, kierując naszą uwagę na rzeczy lepsze. Zło zwalczymy dobrem[4]. Szatan nie będzie w stanie przyciągnąć naszej uwagi, gdy będziemy pochłonięci czymś właściwym. Dlatego właśnie Biblia wielokrotnie powtarza nam, abyśmy stale koncentrowali swe myśli na Bogu i Jego woli: „Skupcie swoje myśli na Jezusie, Bożym wysłańcu i najwyższym kapłanie naszej wiary"[5]. „Nie zapominajmy, że Jezus Chrystus urodził się jako potomek Dawida, będąc jednocześnie Bogiem, czego dowodzi Jego zmartwychwstanie"[6].

„Wypełniajcie wasze umysły tym, co dobre i zasługujące na pochwałę, czyli rzeczami prawdziwymi, szlachetnymi, właściwymi, czystymi, miłymi i godnymi"[7].

Jeśli poważnie chcesz zwalczać pokusy, to musisz właściwie kierować swoim umysłem i kontrolować, co do niego dociera. Najmądrzejszy człowiek, jaki żył na ziemi, dał nam przestrogę: „Uważajcie na to, o czym myślicie, bo to kształtuje wasze życie"[8]. Nie pozwalaj, by do twojego umysłu dostawały się śmieci. Przyjmuj informacje i treści w sposób świadomy i selektywny. Uważnie wybieraj sprawy, o których chcesz myśleć. Naśladuj w tym apostoła Pawła: „Ujarzmiamy każdą naszą myśl i poddajemy ją Chrystusowi"[9]. To trzeba ćwiczyć przez całe życie, ale z pomocą Ducha Świętego jesteś w stanie przeprogramować twój sposób myślenia.

Przyznawaj się do swojej walki wierzącemu przyjacielowi albo grupie wsparcia. Nie musisz ogłaszać tego całemu światu, ale będzie ci potrzebna przynajmniej jedna osoba, z którą możesz szczerze porozmawiać o swojej walce. Biblia mówi: „Lepiej mieć przyjaciela niż być samotnym... Jeśli upadamy, przyjaciel może nam pomóc, ale gdy upadamy, nie mając przyjaciela, to nasz stan jest naprawdę ciężki"[10].

Postawmy sprawę jasno: Jeśli przegrywasz bitwę z uporczywym, złym nawykiem, uzależnieniem lub pokusą i wpadasz w powtarzający się cykl w sekwencji „dobre intencje – upadek – poczucie winy", to w pojedynkę sobie nie poradzisz. Potrzebujesz pomocy innych. Niektóre pokusy można pokonać wyłącznie z pomocą partnera, który się o ciebie modli, wspiera cię i wobec którego czujesz się w pewnym sensie odpowiedzialny.

DZIEŃ DWUDZIESTY SIÓDMY:

ZWALCZAJĄC POKUSY

Boży plan twojego wzrostu i wolności obejmuje też innych chrześcijan. Autentyczna, szczera społeczność stanowi alternatywę dla twojej samotnej walki przeciw tym grzechom, które nie chcą opuścić twojego życia. Bóg mówi, że to jedyny sposób na uwolnienie od nich: „Wyznawajcie sobie nawzajem grzechy i módlcie się jeden o drugiego, tak abyście doznali uzdrowienia"[11].

Czy naprawdę chcesz zostać uzdrowiony od tej uciążliwej pokusy, która bez przerwy i wciąż na nowo ma nad tobą przewagę? Bóg podsuwa ci bardzo jasne rozwiązanie: Nie próbuj dławić w sobie pokusy, lecz wy-znawaj ją. Nie ukrywaj jej, lecz ujawnij. Ujawnienie swoich odczuć jest początkiem procesu uzdrowienia.

Ukrywając swoje zranienia, tylko je potęgujesz. W ciemności prob-lemy przybierają na sile i stają się coraz większe, jednak wystawione na światło prawdy, stopniowo zanikają. Duchowo możemy być chorzy na tyle, na ile ukrywamy coś przed innymi. Dlatego zdejmij maskę, przestań udawać, że jesteś doskonały i zrób krok w kierunku uwolnienia.

W naszym kościele Saddleback Church byliśmy świadkami niesamo-witej skuteczności działań opartych na tej właśnie zasadzie. Na jej pod-stawie opracowaliśmy program o nazwie „Świętujmy Duchowe Uzdrowienie". Słu-żył on szukaniu uwolnienia od z pozoru beznadziejnych uzależnień i natarczywych pokus. Program ten składał się z ośmiu prak-tycznych kroków w procesie duchowego uzdrowienia. Jego podstawą były nauki Je-zusa z Kazania na Górze i prowadzony był w małych grupach wzajemnego wsparcia.

W rzeczywistości tym,
o czym nie chcemy mówić,
są właśnie sfery naszego życia,
z którymi sobie nie radzimy.

W ciągu ostatnich dziesięciu lat około pięciu tysięcy osób zostało uwol-nionych od różnego rodzaju złych przyzwyczajeń, zranień psychicznych i uzależnień. Dzisiaj program ten wykorzystuje się w tysiącach kościo-łów w USA. Polecałbym go każdej wspólnocie wierzących.

Szatan chce, byś sądził, że twoje grzechy i pokusy są na tyle dziwne i nienormalne, że nie powinieneś się do nich nikomu przyznawać. Tym-czasem prawda jest taka, że wszyscy jesteśmy poddawani pokusom złym i nie podobającym się Bogu. Wszyscy walczymy z takimi samymi poku-sami[12] i każdy z nas grzeszy[13]. Miliony ludzi czuje to samo, co ty i sta-cza taką samą duchową walkę, jak być może ty teraz.

Powodem, dla którego ukrywamy nasze błędy i winy, jest pycha. Chce-my, by inni myśleli, że mamy pełną kontrolę nad naszymi sprawami. W rzeczywistości tym, o czym nie chcemy mówić, są właśnie sfery na-szego życia, z którymi sobie nie radzimy: trudności finansowe, małżeń-stwo, dzieci, myśli, sprawy seksu, ukrywane nawyki i zainteresowania oraz wiele innych. Jeśli z tymi problemami moglibyśmy radzić sobie sami, to już dawno należałyby one do przeszłości. Jednak to nie jest możliwe. Siła woli i osobiste postanowienia nie wystarczą.

Niektóre problemy są w nas zbyt zakorzenione, zanadto weszły nam w nawyk i przerastają nas, byśmy sami mogli się ich pozbyć. Potrzebujemy niewielkiej grupy lub choćby jednej osoby, która będzie dla nas wsparciem i zachętą, będzie się o nas modlić, bezwarunkowo nas kochać, a my z kolei będziemy ją na bieżąco informować o naszej duchowej walce. Później, w razie potrzeby będziemy mogli służyć jej tym samym.

Zawsze, gdy ktoś mi wyzna, że jestem pierwszą osobą, przed którą odważył się na szczerość w danej sprawie, to bardzo się z tego cieszę, gdyż wiem, że dozna ulgi, a może nawet uwolnienia. Zostanie otwarty wentyl wewnętrznego napięcia i po raz pierwszy osoba ta być może zobaczy światełko nadziei na przyszłość. Dzieje się tak zawsze, gdy robimy to, co Bóg chce, byśmy czynili, przyznając się do naszych duchowych zmagań wierzącej, zaufanej osobie.

Pozwól, że zadam ci trudne pytanie: Czy twoje udawanie, że wszystko jest w porządku, nie jest kamuflażem dla jakiegoś problemu w twoim życiu? O czym obawiasz się powiedzieć? Nie musisz przecież samemu rozwiązywać swojego problemu. Tak, przyznanie się do swoich słabości przed innymi jest lekcją pokory, ale to właśnie jej brak sprawia, że twoja sytuacja się nie polepsza. Biblia mówi: „Bóg przeciwstawia się pyszałkom, ale okazuje łaskę pokornym. Zatem ukorzcie się przed Bogiem"[14].

Przeciwstawiaj się diabłu. Kiedy już ukorzysz się przed Bogiem i poddasz Mu się, to powinieneś przeciwstawić się diabłu. Fragment z Jakuba 4:7 mówi: „Stawiajcie opór diabłu, a on od was ucieknie". Nie powinieneś wystawiać się na ataki szatana przez swą bierność, ale zwalczać go.

Nowy Testament często opisuje chrześcijańskie życie jako duchową walkę przeciw złym mocom, używając takich pojęć, jak walka, zdobywanie czy pokonywanie. Chrześcijan niejednokrotnie porównuje się do żołnierzy walczących na terytorium wroga.

Jak można odpierać ataki szatana? Apostoł Paweł mówi: „Potrzebny wam będzie hełm zbawienia oraz miecz Ducha, czyli Słowo Boże"[15]. Pierwszy krok to przyjęcie Bożego zbawienia. Nie będziesz w stanie powiedzieć diabłu „nie", dopóki nie powiesz najpierw „tak" Bogu. Bez Chrystusa jesteś wobec diabła bezbronny, ale gdy masz „hełm zbawienia", twój umysł jest chroniony przez Boga. Pamiętaj, że jeżeli wierzysz Bogu, szatan nie może cię do niczego zmusić. On może ci tylko różne rzeczy sugerować.

Drugi krok to posługiwanie się Słowem Bożym jako bronią przeciwko szatanowi. Jezus dał tego przykład, kiedy był kuszony na pustyni. Zawsze, gdy szatan podsuwał jakąś pokusę, Jezus kontrował to, cytując Pismo. On nie wdawał się z diabłem w dyskusję. W reakcji na jego namowy, by przerwać post i dzięki swej boskiej mocy stworzyć coś do jedzenia, Jezus nie powiedział mu: „Nie jestem głodny". Jego odpowiedzi polegały wyłącznie na przytaczaniu stosownych urywków z Biblii. My powinniśmy czynić to samo. W Bożym Słowie jest moc i szatan się jej obawia.

Nawet nie próbuj sprzeczać się z diabłem. W doborze argumentów on jest znacznie lepszy od nas, gdyż jest przebiegły, inteligentny i ma tysiące lat praktyki w zwodzeniu ludzi. Nie uda ci się zbić go z tropu twoją logiką czy najbardziej trzeźwą opinią, ale możesz użyć broni, której on się obawia najbardziej – Bożej Prawdy. Właśnie dlatego znajomość wersetów na pamięć jest tak ważna w odpieraniu pokus. Gdy jesteś kuszony, masz do tych urywków szybki dostęp. Tak jak Jezus, w swym sercu możesz przechowywać prawdę, która pozostaje tam gotowa do wykorzystania.

Jeśli nie znasz na pamięć żadnych biblijnych wersetów, to znaczy, że twoja broń pozbawiona jest naboi. Zachęcam cię, byś uczył się na pamięć jednego wersetu na tydzień do końca życia. Wyobraź sobie, o ile będziesz wtedy silniejszy.

Bądź świadomy swoich słabości. Bóg ostrzega nas przed próżnością i zbytnią pewnością siebie, bo jest to sposób na doprowadzenie do katastrofy. Prorok Je-

Nawet nie próbuj sprzeczać się z diabłem. W doborze argumentów on jest znacznie lepszy od nas, gdyż jest przebiegły, inteligentny i ma tysiące lat praktyki w zwodzeniu ludzi.

remiasz powiedział: „Serce jest najbardziej zwodnicze i zepsute"[16]. To oznacza, że jesteśmy dobrzy w okłamywaniu samych siebie. W odpowiednich okolicznościach każdy z nas jest zdolny do popełnienia dowolnego grzechu. Nigdy nie powinieneś tracić czujności i sądzić, że pokusy nie mają na ciebie wpływu.

Nie wystawiaj się beztrosko na sytuacje, w których występują pokusy. Unikaj ich[17]. Pamiętaj, że łatwiej jest trzymać się z dala od pokus niż później uwolnić się od ich mocy. Biblia mówi: „Nie bądźcie naiwni i pewni siebie. Nie stanowicie wyjątku. Możecie upaść tak łatwo, jak każdy inny. Zapomnijcie o zaufaniu we własne siły, bo jest bezużyteczne. Pielęgnujcie w sobie jednak zaufanie do Boga"[18].

DZIEŃ DWUDZIESTY SIÓDMY
MYŚLĄC O MOIM CELU

Główna myśl: Zawsze jest jakaś droga wyjścia.

Werset do zapamiętania: „Bóg jest wierny. On nie dopuści do was pokus na tyle silnych, byście nie mogli im się oprzeć. Gdy będziecie kuszeni, On wskaże wam sposób, jak je przezwyciężyć" – I Koryntian 10:13 (NLT).

Pytanie do rozważenia: Kogo mógłbym poprosić, by stał się moim duchowym partnerem i pomagał mi zwalczać uporczywe pokusy, modląc się o mnie?

To wymaga czasu

Wszystko na ziemi ma swój czas i porę.

Kaznodziei Salomona 3:1 (CEV)

Jestem pewny,
że Bóg, który rozpoczął w was to dobre dzieło,
będzie z wami i pomoże wam wzrastać
w swojej łasce aż do dnia powrotu Jezusa Chrystusa.

Filipian 1:6 (LB)

Do dojrzałości nie dochodzi się na skróty.

By stać się dorosłym, potrzeba czasu. Na osiągnięcie dojrzałości owoce oczekują cały sezon. To samo dotyczy owocu Ducha. Rozwoju takiego charakteru, jaki miał Jezus, nie da się przyśpieszyć. Duchowy wzrost, tak jak wzrost fizyczny, wymaga czasu.

Jeśli zerwiesz owoc zbyt wcześnie, to straci swój smak. W Ameryce zbiera się zwykle niedojrzałe pomidory, by nie pogniotły się w transporcie. Następnie, zanim zostaną sprzedane, spryskuje się je dwutlenkiem węgla, co sprawia, że natychmiast stają się czerwone. Traktowane gazem pomidory są jadalne, ale ich smak nie może się równać smakowi tych, którym pozwolono dojrzeć do końca.

O ile my martwimy się tempem naszego rozwoju, Bóg przejmuje się tym, na ile w tym rozwoju przybywa nam sił. Bóg patrzy na nasze życie z perspektywy wieczności i dlatego nigdy się nie śpieszy.

Lane Adams porównała kiedyś proces duchowego wzrostu do strategii, jaką stosowali alianci wyzwalający wyspy na Pacyfiku podczas II wojny światowej. Najpierw „zmiękczali" siły wroga na konkretnej wyspie, osłabiając jego opór poprzez ostrzeliwanie umocnień z okrętów wojennych. Następnie niewielka grupa żołnierzy piechoty morskiej dokonywała inwazji wyspy i zajmowała przyczółek, z którego mogła by prowadzić dalsze działania. Po całkowitym opanowaniu przyczółka rozpoczynali długi proces stopniowego oswobadzania reszty wyspy.

> *O ile my martwimy się tempem naszego rozwoju, Bóg przejmuje się tym, na ile w tym rozwoju przybywa nam sił.*

W końcu cała wyspa przechodziła pod kontrolę aliantów, choć nie obywało się to bez kolejnych bitew i ofiar w ludziach.

Do powyższych działań Adams utworzyła następującą paralelę: Zanim Chrystus zajmie nasze życie podczas naszego nawrócenia, niekiedy musi nas „zmiękczyć" przez dopuszczenie do naszego życia problemów, z którymi sami nie potrafimy sobie poradzić. Podczas gdy niektórzy otwierają swoje życie dla Chrystusa po Jego pierwszym zapukaniu, większość z nas stawia opór i zajmuje pozycje obronne. Przed twoim nawróceniem Jezus pozostawał na zewnątrz twojego życia i mówił: „Oto stoję przed drzwiami twojego serca i ostrzeliwuję je".

W momencie, gdy otwierasz się na Chrystusa, Bóg zajmuje przyczółek twojego życia. Być może wtedy myślisz, że poddałeś Mu już *wszystko*, ale nie zdajesz sobie sprawy, że w twoim życiu są sfery, o których istnieniu jeszcze nie wiesz. Możesz oddać Bogu tylko tyle, ile jesteś tego w danym momencie świadomy. Nie ma w tym nic złego. Kiedy Jezus otrzymuje przyczółek w naszym życiu, rozpoczyna kampanię zdobywania coraz większych jego terytoriów aż podporządkuje go sobie całkowicie. W międzyczasie dojdzie do wielu potyczek i bitew, ale końcowy rezultat nigdy nie będzie pozostawiał wątpliwości. Bóg obiecał, że „ten, który rozpoczął w nas dobre dzieło, doprowadzi je do końca"[1].

Uczniostwo jest procesem dostosowywania się do Chrystusa. Biblia mówi: „Zbliżamy się do prawdziwej dojrzałości, tej miary naszego rozwoju, przez którą rozumie się pełnię Chrystusa w nas"[2]. Podobieństwo do Chrystusa jest twoim ostatecznym celem, lecz ta podróż potrwa całe życie.

Jak dotąd, dowiedzieliśmy się, że ta podróż oznacza *wiarę* (poprzez uwielbianie), *przynależność* (poprzez społeczność) i *upodabnianie* się (poprzez uczniostwo). Każdego dnia Bóg chce, byś się stał choć trochę bardziej podobny do Niego: „Rozpoczęliście nowe życie, w którym się odnawiacie i stajecie się tacy jak Ten, który was stworzył"[3].

W dzisiejszych czasach mamy tendencję skracania oczekiwania i szybkiego osiągania efektów, ale Bóg jest bardziej zainteresowany siłą i stabilnością. Chcemy szybkich napraw, docierania do celu najkrótszą drogą oraz znajdowania rozwiązań na poczekaniu. Chcemy kazania, seminarium lub doświadczenia, które natychmiast rozwiąże wszystkie problemy, usunie wszelkie pokusy i uwolni nas od narastających stresów i cierpień. Jednak prawdziwa dojrzałość nigdy nie jest skutkiem pojedynczego doświadczenia czy przeżycia, bez względu na to, jak byłoby ono mocne czy poruszające. Wzrost następuje stopniowo. Biblia mówi: „Nasze życie stopniowo staje się jaśniejsze i piękniejsze, gdy Bóg ma do niego przystęp, a my stajemy się tacy jak On"[4].

DLACZEGO TO MUSI TRWAĆ TAK DŁUGO?

Mimo, że Bóg *mógłby* nas przemienić natychmiast, to zdecydował, że będzie nas kształtował powoli. Jezus nie stara się przyśpieszać rozwoju swoich uczniów. Tak jak Bóg pozwolił Izraelitom zdobywać Ziemię Obiecaną „po kawałku"[5], by nie ugięli się pod ciężarem nowych wyzwań, tak i Jezus woli działać w naszym życiu na zasadzie małych, postępujących kroków.

Dlaczego przemiana i dojrzewanie trwają tak długo? Istnieje kilka tego przyczyn.

Jesteśmy opornymi uczniami. Niekiedy musimy powtórzyć lekcję czterdzieści czy pięćdziesiąt razy, by naprawdę ją przyswoić. Problemy powracają, a my myślimy: „Znowu to samo! Przecież się tego uczyłem!". Bóg jednak wie lepiej. Dzieje Izraela pokazują, jak szybko ludzie zapominają lekcji, które Bóg im przekazuje i wracają do swoich dawnych zachowań. Potrzebujemy ciągłego powtarzania i ujawniania naszej niewiedzy.

Sporo musimy się oduczyć. Wielu ludzi udaje się do doradcy lub innego specjalisty z problemami dotyczącymi kłopotów osobistych lub relacji z innymi, które narastały przez *całe lata* i mówią: „Chcę, by pan coś z tym zrobił. Mam na to godzinę czasu". Naiwnie spodziewają się szybkiego rozwiązania od dawna rozwijającego się i głęboko zakorzenionego problemu. Ponieważ większość naszych trudności – i każde z naszych złych przyzwyczajeń – nie powstały z dnia na dzień, to oczekiwanie, że znikną one natychmiast, jest zupełnie nierealistyczne. Nie ma takiej pigułki, modlitwy czy „złotej reguły", która mogłaby naprawić zniszczenia dokonane w ciągu wielu lat. Na usuwanie i wymianę tego, co złe, potrzeba wielu lat ciężkiej pracy. Biblia określa to jako zdejmowanie z siebie starego „ja" i ubieranie się w nową naturę[6]. Mimo, że w chwili nawrócenia otrzymaliśmy zupełnie nową naturę, to nadal mieliśmy i ciągle jeszcze mamy stare nawyki, wartości i wzorce postępowania, które muszą być usunięte i zastąpione tym, co Boże.

Obawiamy się upokarzającego poznania prawdy o sobie. Wskazywałem już na to, że prawda nas wyswobodzi, ale często obnaża ona najpierw nasz żałosny obraz. Lęk przed odkryciem wad naszej osobowości i charakteru sprawia, że żyjemy w niewoli zaprzeczania faktom. Tylko wtedy, gdy Bóg rzuci światło swej prawdy na nasze wady, upadki i zwlekanie z wprowadzaniem zmian, my możemy zacząć nad nimi pracować. Właśnie dlatego nie możesz wzrastać, jeśli w twojej postawie brak będzie pokory i chęci uczenia się.

Nie ma wzrostu bez zmiany;
nie ma zmiany
bez obaw czy strat
i nie ma strat bez bólu.

Wzrost bywa bolesny i często nas przeraża. Nie ma wzrostu bez zmiany; nie ma zmiany bez obaw czy strat i nie ma strat bez bólu. Każda zmiana oznacza utratę czegoś. Musimy odejść od starych rzeczy, by móc doświadczać nowych. Boimy się tych strat, nawet jeśli dawne życie było dla nas szkodliwe, bo tak jak para zużytych butów, było przynajmniej wygodne i znane.

Ludzie często tworzą swą tożsamość w oparciu o swoje wady. Mawiają: „Taki już jestem" albo „Zawsze tak mi wychodzi". Nasza nieuświadomiona obawa dotyczy tego, że „jak pozbędziemy się swoich przyzwyczajeń, urazów czy przestaniemy żyć po swojemu, to kim właściwie będziemy?". Taki lęk może w dużej mierze spowalniać nasz wzrost.

Przyzwyczajenia powstają stopniowo. Pamiętaj, że twój charakter jest całkowitą sumą twoich przyzwyczajeń. Nie możesz twierdzić, że jesteś miły, jeśli uprzejmość nie wypływa z ciebie w sposób *naturalny* – kiedy okazujesz serdeczność, nawet się nad tym nie zastanawiając. Nie możesz twierdzić, że jesteś uczciwy, jeśli nie masz nawyku postępowania *zawsze* uczciwie. Mąż, który twierdzi, że jest wierny swojej żonie, przez *większość* czasu wcale nie jest jej wierny! Nasz charakter określają wszystkie nasze przyzwyczajenia.

Istnieje tylko jeden sposób na wypracowanie w sobie przyzwyczajeń wskazujących na charakter podobny do Chrystusa: musimy je ćwiczyć, a to wymaga czasu. Nie ma nawyków, które nabywamy w jednej chwili. Paweł zachęcał Tymoteusza tymi słowami: „Ćwicz się w tym, co dobre i poświęć temu życie, aby każdy widział twój wzrost"[7].

DZIEŃ DWUDZIESTY ÓSMY:

TO WYMAGA CZASU

Jeśli wprawiasz się w czymś wystarczająco długo, to stajesz się w tym dobry. Powtórka jest matką charakteru i umiejętności. Te tworzące charakter przyzwyczajenia zwane są często „duchową musztrą" i na ich temat wydano już mnóstwo świetnych książek.

NIE ŚPIESZ SIĘ BEZ POTRZEBY

Dążąc do duchowej dojrzałości, masz kilka sposobów na współpracę z Bogiem w celu jej osiągnięcia.

Wierz, że Bóg działa w twoim życiu, nawet gdy tego nie czujesz. Duchowy wzrost oznacza niekiedy mozolną pracę – jeden krok za jednym razem. Oczekuj stopniowych zmian. Biblia mówi: „Wszystko na ziemi ma swój czas i porę"[8]. W naszym duchowym życiu w pewnym sensie również występują sezony czy pory roku. Niekiedy następuje w nas szybki, niemal gwałtowny wzrost (wiosna), po którym przychodzi okres stabilizowania się i próba wytrwałości (jesień i zima).

A co z tymi problemami, nawykami i zranieniami, które chciałbyś, aby w cudowny sposób znikły? Dobrą rzeczą jest modlić się o cud, ale nie bądź zawiedziony, gdy odpowiedź przyjdzie w postaci stopniowych zmian. Z biegiem czasu leniwie płynący strumień wypłucze nawet najtwardszą ze skał i wielkie głazy zamieni w kamienie. Z czasem z małej sadzonki powstanie drzewo tak olbrzymie, że z jego drewna można będzie zbudować nawet kilka domów.

Zapisuj to, czego się dowiedziałeś lub nauczyłeś. Nie chodzi o kronikę wydarzeń, ale notowanie tego, czego się uczysz. Zapisuj swoje przemyślenia i życiowe lekcje, jakich Bóg ci udziela na temat swojej osoby, ciebie samego, życia, relacji itp. Mając to uwiecznione w formie pisemnej, możesz do tego wracać, uczyć się na pamięć czy przekazywać innym[9]. Powodem, dla którego powinniśmy powtarzać te lekcje, jest fakt, że często je zapominamy. Stałe przeglądanie duchowego dziennika zaoszczędzi ci wiele niepotrzebnych trudności i cierpień. Biblia mówi: „Zawsze powinniśmy trzymać się tego, o czym słyszeliśmy, aby nie chybić celu"[10].

Miej cierpliwość zarówno względem Boga jak i siebie. Jednym ze źródeł wielkich życiowych frustracji jest fakt, że Boży plan działań rzadko zgadza się z naszym. Często śpieszymy się, kiedy Bóg chce, byśmy czekali. Fakt, że w naszym życiu robimy pozornie małe postępy, może być przyczyną zmartwienia. Pamiętaj, że Bóg nigdy się nie śpieszy, ale zawsze zdąża na czas. On wykorzysta całe twoje życie, by przygotować cię do roli, jaką będziesz miał do spełnienia w wieczności.

Biblia pełna jest przykładów tego, jak Bóg uruchamia długie procesy rozwijania ludzkich charakterów, zwłaszcza w przypadku duchowych przywódców. On poświęcił osiemdziesiąt lat na przygotowanie Mojżesza, włączając w to czterdzieści lat na pustyni. Przez 14 600 dni Mojżesz wyczekiwał i zastanawiał się: „Czy to już czas?", ale Bóg odpowiadał „Jeszcze nie".

W przeciwieństwie do tego, co mówią tytuły znanych poradników, nie istnieją żadne „łatwe kroki do osiągnięcia dojrzałości" ani sposoby, „jak w krótkim czasie osiągnąć świętość". Kiedy Bóg chce, by powstał grzyb, to wystarczy mu na to jedna noc, ale gdy chce, by wyrósł wielki dąb, to trwa to nawet sto lat. Wspaniałe dusze rozwijają się pośród walk, burz i okresów cierpienia. Bądź cierpliwy, przechodząc ten proces. Apostoł Jakub radzi: „Nie szukajcie uwolnienia od problemów zbyt wcześnie.

Pozwólcie im wykonać w was swoją pracę, abyście stali się dojrzałymi i dobrze rozwiniętymi"[11].

Nie zniechęcaj się. Kiedy Habakuk popadł w przygnębienie, ponieważ sądził, że Bóg działa zbyt powoli, Bóg powiedział mu tak: „Rzeczy, które zaplanowałem, nie staną się natychmiast. Nieśpiesznie i pewnie nadejdzie czas, gdy wizja się urzeczywistni. Jeśli wydaje ci się, że rzeczy dzieją się zbyt wolno, nie martw się, ponieważ na pewno dojdą one do skutku. Bądź tylko cierpliwy! One nie opóźnią się nawet o jeden dzień!"[12]. Zwłoka nie oznacza Bożej odmowy.

Pamiętaj, jak daleko już zaszedłeś, a nie tylko, jak daleko musisz jeszcze iść. Nie jesteś jeszcze tam, gdzie chciałbyś być ani już tam, gdzie byłeś przedtem. Bóg nie zakończył jeszcze w tobie swego dzieła, dlatego nieustannie idź do przodu. Nawet ślimak dzięki swojej wytrwałości dostał się do arki Noego.

DZIEŃ DWUDZIESTY ÓSMY
MYŚLĄC O MOIM CELU

Główna myśl: Do dojrzałości nie ma drogi na skróty.

Werset do zapamiętania: „Jestem pewny, że Bóg, który rozpoczął w was to dobre dzieło, będzie z wami i pomoże wam wzrastać w swojej łasce aż do dnia powrotu Jezusa Chrystusa" – Filipian 1:6 (LB).

Pytanie do rozważenia: W jakiej sferze mojego duchowego wzrostu powinienem być bardziej cierpliwy i wytrwały?

CEL CZWARTY:

UKSZTAŁTOWANY, BY SŁUŻYĆ BOGU

Jesteśmy tylko sługami Bożymi...
Każdy z nas wykonuje pracę,
którą powierzył mu Bóg:
ja zasiałem nasienie w waszych sercach,
Apollos zaś podlewał, ale nie my,
lecz Bóg sprawił, że zazielenił się ogród waszych serc.

I Koryntian 3:5-6 (TEV)

Podejmując się zadań

Tylko dzięki Bogu staliśmy się tym, kim jesteśmy.
On przecież postanowił już przed wiekami,
że uzdolnieni przez Chrystusa,
powinniśmy żyć dla innych.

Efezjan 2:10 (LB)

Uwielbiłem Cię na ziemi,
wypełniając aż do ostatniego szczegółu to,
co mi powierzyłeś.

Jan 17:4 (Msg)

Znalazłeś się na ziemi, aby coś tu wnieść.

Nie zostałeś stworzony po to, by korzystać z zasobów – jeść, oddychać i zajmować miejsce na tej planecie. Bóg zaprojektował cię tak, aby twoje życie mogło coś zmienić. Wiele dobrze sprzedających się książek radzi, jak *brać* z życia jak najwięcej, ale nie to jest celem, dla którego Bóg nas stworzył. Zostaliśmy stworzeni, aby *wnieść* coś do życia innych istot, a nie tylko brać. Bóg chce, abyś coś oddał. To jest czwarty z Bożych celów dla twojego życia i nazywa się służbą lub posłannictwem. Szczegółowy tego opis znajdziemy w Biblii.

Zostałeś stworzony, by służyć Bogu. Biblia mówi: „Bóg stworzył nas, byśmy wiedli życie pełne dobrych uczynków, które z góry dla nas przygotował"[1]. Te dobre uczynki to twoja służba. Kiedykolwiek służysz komuś w jakikolwiek sposób, służysz tym samym Bogu[2], realizując jednocześnie jeden z wyznaczonych ci celów. W następnych dwóch rozdziałach powiem o tym, z jaką uwagą Bóg ukształtował cię dla swoich celów. To, co powiedział Jeremiaszowi, jest prawdą również w odniesieniu do ciebie: „Zanim uformowałem cię w łonie matki, wybrałem cię. Zanim się urodziłeś, już wyznaczyłem cię do wykonania szczególnego dzieła"[3]. Zostałeś umieszczony na tej planecie, by wykonać konkretne zadanie.

Zostałeś zbawiony, by służyć Bogu. Biblia mówi: „Bóg zbawił nas i wybrał do swojej świętej pracy nie dlatego, że na to zasłużyliśmy, lecz dlatego, że taki był Jego plan"[4]. Bóg odkupił cię, byś mógł wykonać Jego „świętą pracę". Nie jesteś zbawiony przez służbę, ale jesteś zbawiony dla służby. W Bożym królestwie każdy z nas ma swoje miejsce, cel, funkcję oraz rolę do spełnienia. To nadaje naszemu życiu wielkie znaczenie i wartość.

Wykupienie dla nas zbawienia kosztowało Jezusa życie. Biblia przypomina nam: „Bóg zapłacił za nas wielką cenę, więc używajmy naszych ciał do wielbienia Go"[5]. Nie służysz Bogu z poczucia winy, strachu czy obowiązku, ale z radości i głębokiej wdzięczności za to, co dla nas uczynił. Jesteśmy mu winni nasze życie. Dzięki zbawieniu nasza przeszłość została wybaczona, teraźniejszość nabrała znaczenia, a przyszłość jest zabezpieczona. Mając na uwadze te niesamowite dobrodziejstwa, apostoł Paweł powiedział: „Ze względu na Boże miłosierdzie składajcie swoje ciała Bogu jako żywą ofiarę poświęconą służbie dla Niego"[6].

DZIEŃ DWUDZIESTY DZIEWIĄTY:

PODEJMUJĄC SIĘ ZADAŃ

Apostoł Jan nauczał, że nasza wypływająca z miłości służba innym wskazuje na to, że jesteśmy rzeczywiście zbawieni. Oto, co powiedział: „Nasza wzajemna miłość dowodzi, że przeszliśmy ze śmierci do życia"[7]. Jeśli nie mam w sobie miłości do innych ani pragnienia, by im służyć i skupiam się tylko na własnych potrzebach, to powinienem poddać też w wątpliwość przekonanie, że Chrystus rzeczywiście przebywa w moim życiu. Zbawione serce to takie, które chce służyć.

Innym terminem określającym służbę Bogu i zarazem najczęściej źle pojmowanym jest słowo kapłaństwo. Kiedy większość ludzi słyszy to słowo, to w kontekście kościoła kojarzy im się ono z pastorami, księżmi i osobami duchownymi. Bóg jednak mówi, że kapłanem jest każdy członek Jego rodziny. W Biblii słowo *sługa* i *kapłan* są synonimami i taka sama relacja zachodzi miedzy służbą a kapłaństwem. Jeśli jesteśmy chrześcijanami, to jesteśmy też sługami, a służąc, spełniamy jednocześnie kapłańską posługę.

Gdy chora teściowa apostoła Piotra została uzdrowiona przez Jezusa, natychmiast wstała i zaczęła usługiwać Jezusowi i Jego uczniom[8], używając swego nowego daru, jakim było zdrowie. To samo dotyczy nas. Jesteśmy uzdrawiani, by służyć innym. Jesteśmy błogosławieni, aby być błogosławieństwem. Jesteśmy zbawieni, aby służyć, a nie zajmować się własną osobą i czekać na Niebo.

Czy zastanawiałeś się kiedyś, dlaczego Bóg nie zabiera nas do Nieba natychmiast po tym, jak przyjmiemy Jego łaskę? Dlaczego pozwala nam zostawać w tym upadłym świecie? On zostawia nas tutaj po to, byśmy realizowali Jego cele. Gdy przyjmujemy zbawienie, Bóg od razu chce nas do tych celów używać. Bóg ma dla nas *służbę* w kościele oraz *misję* w świecie.

Jeśli nie mam w sobie miłości do innych, ani pragnienia, by im służyć i skupiam się tylko na własnych potrzebach, to powinienem poddać też w wątpliwość przekonanie, że Chrystus rzeczywiście przebywa w moim życiu.

Jesteś powołany, by służyć Bogu. Dojrzewając, być może uważałeś, że powołanie przez Boga dotyczy tylko pastorów, misjonarzy, zakonnic i innych pracowników instytucji kościelnych. Biblia jednak mówi, że każdy z nas jest powołany do służby[9]. Twoje powołanie do zbawienia obejmuje też powołanie do służby. Te dwie rzeczy są ze sobą tożsame. Niezależnie od tego, gdzie pracujesz i jaki masz zawód, Bóg powołał cię do służby na pełnym etacie. Chrześcijanin, który nie służy to sprzeczność sama w sobie.

Biblia mówi: „On zbawił nas i powołał, byśmy byli Jego ludem, nie dla naszych zasług, ale dla Jego własnych celów"[10]. Apostoł Piotr dodaje: „Zostaliście wybrani, by mówić o wspaniałości Boga, który was powołał"[11]. Zawsze, gdy używamy danych nam przez Boga umiejętności, by służyć innym, realizujemy w ten sposób swoje powołanie. „Teraz należycie do Boga, abyście mogli być użytecznymi w służbie dla Niego"[12]. Przez jaką część czasu jesteś użyteczny w służbie dla Boga? W niektórych kościołach w Chinach nowi wierzący witani są słowami: „Jezus ma teraz nową parę oczu do patrzenia, nową parę uszu do słuchania, nową parę rąk do pomagania i nowe serce do kochania innych".

Jednym z powodów, dla których powinieneś być złączony z duchową rodziną, czyli kościołem, jest spełnianie swojego powołania, by służyć innym wierzącym w praktyczny sposób. Biblia mówi: „Wszyscy tworzycie Ciało Chrystusa i każdy z was jest oddzielną i niezbędną jego częścią"[13]. Ciału Chrystusa niezwykle potrzebna jest służba każdego z nas – zapytaj o to w jakimkolwiek kościele. Każdemu z nas powierzono określoną rolę i wszystkie z nich są ważne. W Bożych oczach żadna ze służb nie jest mało znacząca.

Podobnie nie ma w kościele czegoś takiego, jak mało istotne formy posługiwania. Niektóre z nich są dostrzegalne, a niektóre wykonywane w sposób nie rzucający się w oczy, jakby zakulisowy, ale wszystkie są jednakowo cenne. Drobne lub niewidoczne posługiwanie często odgrywa największą rolę. W moim domu najważniejszym oświetleniem nie jest duży żyrandol w pokoju gościnnym, lecz niewielka lampka przy łóżku, która chroni mnie przed skręceniem kostki podczas wstawania w nocy. Nie ma żadnego związku między rozmiarami a znaczeniem. Każda forma posługiwania jest ważna, ponieważ by funkcjonować, musimy być od siebie nawzajem zależni.

Co się dzieje, gdy któraś z części ciała przestaje funkcjonować? Zaczyna się proces chorobowy. Cierpi reszta ciała. Wyobraźmy sobie, że nasza wątroba decyduje się na niezależne i samodzielne życie: „Jestem zmęczona! Nie chcę już służyć żadnemu ciału! Chcę mieć rok wolnego, by w końcu dobrze się najeść. Muszę robić to, co dla mnie samej jest najlepsze! Niech inne organy przejmą moje obowiązki". Co by się wtedy stało? Nasze ciało umarłoby. W dzisiejszych czasach tysiące zborów ginie z powodu chrześcijan, którzy nie mają ochoty na służbę. Siedzą w oddali w charakterze obserwatorów, a Ciało Chrystusa choruje.

Mamy nakaz służenia Bogu. Jezus nie mylił się, mówiąc: „Wasza postawa powinna być taka jak moja, ponieważ ja, Mesjasz, nie przyszedłem po to, by mi służono, ale by służyć i oddać swoje życie"[14]. Dla chrześcijan służba nie jest kwestią wyboru, czymś, co możemy wpisać do naszego rozkładu zajęć, gdy zostanie nam trochę wolnego czasu. Ona jest sednem naszego istnienia. Jezus przyszedł, by „służyć" i by „dawać" – i te dwa czasowniki powinny określać również nasze życie. Służenie i dawanie są kwintesencją pięciu celów, dla jakich Bóg cię stworzył. Matka Teresa kiedyś powiedziała: „Święte życie polega na służeniu Bogu z uśmiechem".

Jezus nauczał, że duchowa dojrzałość sama w sobie nie jest naszym ostatecznym celem. Jest ona przeznaczona do wykorzystywania jej w służbie. Rozwijamy się po to, by dawać siebie innym. Nie wystarczy tylko coraz więcej się uczyć. Musimy działać zgodnie z tym, co już wiemy i praktykować to, w co uważamy, że wierzymy. *Przemyślenia* bez możliwości ich *wyrażenia* powodują *frustrację*. Zdobywanie wiedzy nie powiązane ze służbą prowadzi do duchowej stagnacji. Znane porównanie Jeziora Galilejskiego do Morza Martwego nadal nie traci na znaczeniu. Jezioro Galilejskie jest pełne życia, ponieważ do-

> *Duchowa dojrzałość sama w sobie nie jest naszym ostatecznym celem. Jest ona przeznaczona do wykorzystywania jej w służbie.*

pływające doń rzeki zasilają je świeżą wodą, jednak by nie stać się zastałym i obumierającym akwenem, ma również swoje odpływy. W przeciwieństwie do niego, w Morzu Martwym nie ma żadnych form życia, gdyż żadne rzeki nie odprowadzają jego wód.

Ostatnią rzeczą, jaką wielu chrześcijan powinno dziś robić, jest uczęszczanie na jeszcze jedną grupę domową. Oni już znacznie więcej wiedzą niż stosują w życiu. Tym, czego najbardziej potrzebują, jest doświadczenie nabywane *w służbie*, w której mogą rozwijać swoje duchowe mięśnie.

Służenie jest odwrotnością naszych wrodzonych skłonności. Najczęściej jesteśmy bardziej zainteresowani tym, by otrzymywać niż dawać. Mówimy wtedy: „Szukam kościoła, który zaspokoiłby moje potrzeby i był dla mnie błogosławieństwem" zamiast powiedzieć: „Szukam miejsca, gdzie mógłbym służyć i być błogosławieństwem". Oczekujemy, że inni ludzie będą nam służyć, ale nie bierzemy pod uwagę, że te role mogłyby się odwrócić. Jednak, gdy dojrzewamy w Chrystusie, nasza uwaga powinna coraz bardziej koncentrować się na służbie. Dojrzały naśladowca Jezusa przestaje pytać, kto zaspokoi jego potrzeby, a zaczyna pytać, czyje potrzeby on może zaspokoić. Czy kiedykolwiek zadałeś sobie to pytanie?

PRZYGOTOWANIE DO WIECZNOŚCI

Pod koniec naszego życia staniemy przed Bogiem, a On oceni, w jakim stopniu przez ten czas spędzony na ziemi służyliśmy innym. Biblia mówi: „Każdy z nas będzie musiał osobiście zdać sprawę ze swojego życia przed Bogiem"[15]. Pomyślmy o tym: pewnego dnia Bóg porówna, jak wiele czasu i energii poświęciliśmy sobie, z tym, ile zainwestowaliśmy w służenie innym.

Wszystkie wymówki tłumaczące nasz egocentryzm zabrzmią bardzo żenująco: „Byłem zbyt zajęty", „Realizowałem swoje własne cele" lub „Byłem pochłonięty pracą, należnym mi odpoczynkiem i zabezpieczaniem sobie emerytury". Na wszystkie wymówki Bóg odpowie: „Niestety, niewłaściwa odpowiedź. Ja cię stworzyłem, zbawiłem, powołałem i nakazałem ci prowadzić życie oddane służbie. Czego w tym nie zrozumiałeś?". Biblia ostrzega niewierzących: „On wyleje swój gniew na tych, którzy żyją dla siebie"[16], a dla niektórych chrześcijan będzie to oznaczało utratę wiecznej nagrody.

Tylko wtedy żyjemy w pełni, gdy pomagamy innym. Jezus powiedział: „Jeśli chcecie zachować swoje życie dla siebie, to stracicie je. Tylko ci, którzy zrezygnują ze swego życia dla mojej sprawy i głoszenia Dobrej Nowiny, dowiedzą się, co znaczy żyć naprawdę"[17]. Ta prawda jest tak ważna, że w Ewangeliach powtarzana jest pięć razy. Jeśli nie służysz, to po prostu egzystujesz, bo twoje życie może się spełnić tylko w służbie. Bóg chce, byś uczył się kochać i służyć innym z samozaparciem.

SŁUŻBA A ZNACZENIE

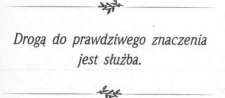

Drogą do prawdziwego znaczenia jest służba.

Każdy z nas poświęca czemuś życie. Co to jest: kariera, sport, hobby, rozgłos, bogactwo? Żadna z tych rzeczy nie będzie miała wiecznego znaczenia. Drogą do prawdziwego znaczenia jest służba. Właśnie dzięki niej odkrywasz sens swojego życia. Biblia mówi: „Każdy z nas znajduje swoje znaczenie i cel jako część Jego ciała"[18]. Gdy razem służymy w Bożej rodzinie, nasze życie nabiera znaczenia o wiecznym wymiarze. Apostoł Paweł powiedział: „Chcę, abyście byli świadomi, że wasze znaczenie wzrasta, a nie maleje... ponieważ stanowicie Ciało Chrystusa"[19].

Bóg chce cię używać do zmieniania świata. On chce przez ciebie działać. Nie jest ważna *długość* twojego życia, lecz jego *wkład* w życie innych. Nie jest ważne to, *jak długo* będziesz żył, ale *jak.*

Jeśli nie jesteś zaangażowany w żadną służbę, to co jest twoją wymówką? Abraham był stary, Jakub bojaźliwy, Lea niezbyt ładna, Józef wyzyskiwany, Mojżesz jąkał się, Gedeon był ubogi, Rahab była niemoralna, Dawid popełnił cudzołóstwo i miał wiele rodzinnych problemów, Eliasz miał skłonności samobójcze, Jeremiasz był frustratem, Jonasz ociągał się, Noemi owdowiała, Jan Chrzciciel był oryginałem, Piotr był porywczy, Marta lubiła się zamartwiać, Samarytanka miała na koncie kilka nieudanych związków, Zacheusz był pogardzany, Tomasz miał wątpliwości, Paweł był słabego zdrowia, a Tymoteusz był nieśmiały. Oto cała paleta wad i przykładów nieprzystosowania, jednak każdego z nich Bóg użył do służby. On posłuży się również tobą, jeśli przestaniesz szukać wymówek.

DZIEŃ DWUDZIESTY DZIEWIĄTY
MYŚLĄC O MOIM CELU

Główna myśl: Służba nie jest kwestią wyboru.

Werset do zapamiętania: „Tylko dzięki samemu Bogu staliśmy się tym, kim jesteśmy. On przecież postanowił już przed wiekami, że uzdolnieni przez Chrystusa, powinniśmy żyć dla innych" – Efezjan 2:10.

Pytanie do rozważenia: Co powstrzymuje mnie od przyjęcia Bożego powołania do służenia Mu?

Ukształtowani, by służyć

Twoje ręce uczyniły mnie i ukształtowały.

Job 10:8 (NIV)

Ludzie, których ukształtowałem,
będą rozgłaszać moją chwałę.

Izajasz 43:21 (NJB)

Zostałeś ukształtowany, by służyć Bogu.

Powołując do życia różne stworzenia, Bóg obdarzył je specyficznymi umiejętnościami. Niektóre zwierzęta poruszają się biegając, inne skacząc, ryjąc korytarze lub latając. Każde z nich ma do odegrania szczególną rolę, zależną od tego, w co Bóg je wyposażył. To samo dotyczy ludzi. Każdy z nas został unikalnie zaprojektowany, ukształtowany, by wykonywać określone rzeczy.

Zanim architekci stworzą projekt nowego budynku, najpierw zastanawiają się, jakie będzie jego przeznaczenie i jak będzie się z niego korzystało. Zamierzona funkcja budynku zawsze determinuje jego formę. Zanim Bóg cię stworzył, najpierw zdecydował, jaką rolę będziesz spełniał na ziemi. On z detalami zaplanował, jak będziesz mógł Mu służyć, a następnie ukształtował cię stosownie do zadań, jakie chciał ci powierzyć. Jesteś taki, jaki jesteś, ponieważ Bóg stworzył cię do konkretnej służby.

Biblia mówi: „Jesteśmy Bożym dziełem, stworzonym w Chrystusie Jezusie do dobrych uczynków"[1]. Jesteś wykonanym przez Boga dziełem sztuki, a nie produktem z linii montażowej, wytworzonym masowo i bez zastanawiania się. Jesteś unikalnym, jedynym w swym rodzaju arcydziełem.

Bóg świadomie ukształtował nas tak, byśmy służyli Mu w sposób, który uczyni nasze usługiwanie odmiennym od innych. On uważnie wymieszał „koktajl", jakim jest DNA każdego z nas. Dawid sławił Boga za Jego niezwykłe i bardzo osobiste podejście do szczegółów: „Ty uczyniłeś wszystkie delikatne części mego ciała i ukształtowałeś mnie w łonie mojej matki. Dzięki ci, że uczyniłeś mnie w tak złożony sposób! Twoje dzieło jest wspaniałe"[2]. Ethel Waters kiedyś powiedziała, że „Bóg nie robi bubli".

Bóg nigdy nie marnotrawi niczego.

Bóg nie tylko ukształtował cię przed urodzeniem, ale z góry zaplanował każdy dzień twojego życia, by w ten sposób wspomóc proces kształtowania cię. Psalmista Dawid mówi dalej: „Każdy dzień mojego życia jest zapisany w Twojej księdze. Każda chwila była Ci znana, zanim jeszcze nastała"[3]. To oznacza, że nic, co dzieje się w twoim życiu, nie może być nieważne. Bóg używa *wszelkich sytuacji*, by formować cię dla posługiwania innym oraz służby Jego sprawie.

Bóg nigdy nie marnotrawi niczego. Nie dałby ci umiejętności, zainteresowań, talentów, darów, osobowości i szczególnych życiowych doświadczeń, gdyby nie miały one służyć Jego chwale. Zauważając powyższe czynniki i rozumiejąc je, jesteś w stanie odkrywać Bożą wolę dla twojego życia.

JAK BÓG PRZYGOTOWUJE NAS DO SŁUŻBY?

Biblia mówi, że zostaliśmy cudownie stworzeni. Każdy z nas jest kombinacją wielu różnych czynników.

Kiedy Bóg powierza nam jakieś zadanie, to jednocześnie wyposaża nas we wszystko, co jest niezbędne do jego wykonania. Tę wyjątkową kombinację zdolności można nazwać twoim „KSZTAŁTEM". Angielskie SHA-PE – po polsku KSZTAŁT – jest akrostychem utworzonym z pierwszych liter takich określeń, jak:

Spiritual gifts	– dary duchowe	**K**olekcja darów duchowych
Heart	– serce	**SZ**czególne upodobania serca
Abilities	– umiejętności	**TA**lenty
Personality	– osobowość	**Ł**ączne doświadczenia
Experience	– doświadczenia	**T**woja osobowość

KSZTAŁT – Kolekcja twoich darów duchowych

Każdemu wierzącemu Bóg udziela duchowych darów, by używał ich w służbie[4]. Są to szczególne, wspierane Bożą mocą zdolności do służby, dawane wyłącznie Bożym dzieciom. Biblia mówi: „Kto nie ma w sobie Ducha Świętego, nie może otrzymać darów pochodzących od Bożego Ducha"[5].

Na duchowe dary nie możesz zapracować ani zasłużyć, dlatego też nazywają się darami. Są wyrazem Bożej łaski. „Chrystus hojnie rozdzielił swe dary pośród nas"[6]. Nie ty również decydujesz, który dar otrzymasz, a którego nie – wybór należy do Boga. Apostoł Paweł wyjaśnia: „Dary te rozdaje tylko i wyłącznie Duch Święty. Tylko On decyduje, które z darów mają mieć poszczególne osoby"[7].

Ponieważ Bóg kocha różnorodność i chce, by każdy z nas był kimś szczególnym, to żaden z darów nie jest przydzielany *wszystkim*[8]. Tak samo żadna z osób nie otrzymuje wszystkich darów. Jeśli miałbyś wszystkie, to nie potrzebowałbyś innych ludzi, a to godziłoby w jeden z Bożych celów, mianowicie uczenie nas, jak kochać innych i wzajemnie na sobie polegać.

Duchowe dary nie są nam udzielane dla osobistych korzyści, ale dla dobra *innych*, podobnie też nasi bliźni nie otrzymują ich dla siebie samych, ale po to, by służyły pozostałym, między innymi tobie i mnie. Biblia mówi: „Duchowe dary dawane są każdemu z nas jako narzędzie do wspierania całego Kościoła"[9]. Bóg zaplanował udzielanie darów tak, aby Jego dzieci były sobie nawzajem potrzebne. Gdy swych darów używamy razem z innymi, to wszyscy na tym korzystamy. Jeśli inni nie posługują się swoimi darami, to czujemy się zawiedzeni i oszukani, ale jest też odwrotnie – jeśli my nie używamy swych darów, tracą na tym inni. Dlatego Biblia zaleca nam odkrywanie i rozwijanie naszych duchowych darów. Czy poświęciłeś już choć trochę czasu na

DZIEŃ TRZYDZIESTY:

UKSZTAŁTOWANI, BY SŁUŻYĆ

odkrycie swoich? Nie odpakowany prezent nie reprezentuje sobą większej wartości.

Zawsze, gdy zapominamy tych podstawowych prawd o darach, pojawiają się problemy w kościele. Dwoma, bardzo powszechnymi, jest zazdrość o dary oraz narzucanie darów innym. Z pierwszym problemem spotykamy się wtedy, gdy porównujemy swoje dary z darami innych, czujemy niezadowolenie z tych, które otrzymaliśmy od Boga i jesteśmy zazdrośni, a nawet urażeni tym, jak Bóg używa innych. Drugi problem pojawia się, gdy oczekujemy, że wszyscy inni będą mieli taki sam dar jak

Nie odpakowany prezent nie reprezentuje sobą większej wartości.

my, czynili to, co polecono czynić nam, że będą odczuwali taki sam entuzjazm jak my. Biblia mówi: „W kościele są różne rodzaje służby, ale służymy temu samemu Panu"[10].

Niekiedy przesadnie podkreślamy znaczenie darów duchowych, zaniedbując tym samym inne czynniki, których Bóg używa do formowania nas dla służby. Twoje dary ujawniają tylko jeden *aspekt odkrywania* Bożej woli dla twojej służby, ale nie pokazują całego obrazu zagadnienia. Bóg kształtuje swoich sług również na cztery inne sposoby.

KSZTAŁT – **SZ**czególne upodobania twojego serca

Biblia używa słowa „serce" dla określenia siedliska naszych pragnień, nadziei, zainteresowań, ambicji, marzeń oraz uczuć. Twoje serce reprezentuje źródło wszystkich twoich motywacji – to, co lubisz robić i co cię najbardziej w życiu obchodzi. W naszych czasach posługujemy się również pojęciem serca, mówiąc: „Kocham cię z całego serca".

Biblia mówi: „Tak jak woda pokazuje odbicie twarzy, tak serce pokazuje, jaki jest człowiek"[11]. Serce ujawnia *prawdziwe* twoje „ja", to kim rzeczywiście jesteś, a nie to, co *myślą* o tobie inni czy to, kim się możesz stać w zaistniałych okolicznościach. Serce decyduje o tym, dlaczego *mówisz* to, co mówisz, *czujesz* to, co czujesz i *czynisz* to, co czynisz[12].

W kategoriach fizycznych, każdy z nas ma inny puls. Tak jak każdy z nas wyróżnia się unikalnymi liniami papilarnymi, wzorem siatkówki oka i barwą głosu, tak i nasze serca różnią się między sobą rytmem pracy. To zupełnie niezwykłe, że spośród miliardów ludzi, jacy kiedykolwiek żyli, nikt nie miał i nie ma takiego pulsu, jak ty lub ja.

W podobny sposób każdego z nas Bóg obdarzył czymś w rodzaju pulsu naszych uczuć. Rytm ten potrafi przyśpieszać, gdy myślisz o pewnych sprawach, zajęciach czy okolicznościach, które cię interesują. Instynktownie o pewne rzeczy się troszczysz, a o niektóre nie. To właśnie może stanowić wskazówkę, gdzie powinieneś służyć.

Synonimem słowa „serce" jest słowo „pasja". Do wielu rzeczy podchodzisz z pasją, a są i takie, które w ogóle cię nie obchodzą. Niektóre doświadczenia pobudzają cię i pochłaniają twoją uwagę, podczas gdy inne działają na ciebie odpychająco lub śmiertelnie cię nudzą. Te rzeczy ujawniają naturę twojego serca.

Kiedy dorastałeś, można było zapewne zauważyć, że interesowały cię rzeczy, które nie interesowały nikogo innego w twojej rodzinie. Skąd  te zainteresowania? One pochodzą od Boga. Dając ci je jeszcze przez narodzeniem, On miał w tym określony cel. Twój uczuciowy rytm serca jest kolejnym sposobem na zrozumienie rodzaju służby, jaki powinieneś wykonywać. Nie lekceważ swoich zainteresowań. Zastanów się, jak możesz wykorzystać je dla Bożej chwały. To, że pewne rzeczy lubisz robić, wynika z konkretnego powodu.

Biblia wielokrotnie podkreśla: „Służcie Panu całym sercem"[13]. Bóg chce, byś służył Mu z pasją, a nie z obowiązku. Ludzie rzadko kiedy są dobrzy w wykonywaniu zadań, których nie lubią i co do których nie mają przekonania. On chce, byś swoje naturalne zainteresowania używał w służbie Jemu oraz ludziom. Wsłuchiwanie się w wewnętrzne impulsy może wskazać na służbę, jaką Bóg chce, byś pełnił.

Po czym możesz poznać, czy służysz Bogu z całego serca? Pierwszym sygnałem jest *entuzjazm*. Kiedy robisz to, co *lubisz*, nikt nie musi cię do tego motywować, namawiać czy nadzorować przebiegu twoich działań. Robisz to z czystej przyjemności. Nie potrzebujesz za to nagrody, pochwał ani zapłaty, ponieważ taką służbę zwyczajnie lubisz. Prawdą jest też coś odwrotnego – kiedy nie masz do czegoś serca, to łatwo się do tego zniechęcasz.

Drugą cechą służenia Bogu całym sercem jest *skuteczność*. Kiedykolwiek robisz to, do czego Bóg dał ci szczególną *skłonność*, to jesteś w tym dobry. Pasja jest siłą napędową doskonałości. Jeśli nie angażujesz się emocjonalnie w jakieś zadanie, to jest mało prawdopodobne, że wykonasz je ze świetnym rezultatem. Z kolei największe osiągnięcia w każdej dziedzinie mają ci, którzy robią coś z pasją, a nie z obowiązku, czy dla korzyści.

Kiedy robisz to, co lubisz, *nikt nie musi cię do tego motywować.*

Wielokrotnie można usłyszeć ludzi mówiących: „Przyjąłem się do tej pracy, choć jej nienawidzę, bo chcę dobrze zarobić, a dzięki temu kiedyś ją rzucę i zajmę się tym, co lubię". Takie podejście jest pomyłką. Nie trać życia na pracę, która nie wyraża twoich zamiłowań i naturalnych skłonności. Pamiętaj, że najważniejszymi rzeczami w życiu nie są sprawy materialne. Od pieniędzy daleko ważniejsze jest znaczenie. Najbogatszy niegdyś człowiek świata powiedział: „Proste, bogobojne życie jest lepsze niż życie bogacza z ciągłymi zmartwieniami"[14].

Nie poprzestawaj na prowadzeniu „dobrego" życia, ponieważ dobre życie nie jest rzeczą wystarczająco dobrą. Ostatecznie nie daje ono spełnienia. Możesz mieć wiele do przeżycia, ale nie wiedzieć, po co żyjesz. Zamiast skupiać się na „lepszym" życiu, nastaw się na służenie Bogu w sposób wyrażający twoje codzienne pasje i radość w działaniu. Określ, co lubisz robić, do czego Bóg dał ci zamiłowanie, a następnie rób to dla Jego chwały.

DZIEŃ TRZYDZIESTY
MYŚLĄC O MOIM CELU

Główna myśl: Zostałem ukształtowany, aby służyć Bogu.

Werset do zapamiętania: „Bóg działa poprzez każdego z nas w różny sposób, ale mimo to dzięki służbie nas wszystkich osiąga swoje cele" – I Koryntian 12:6 (Ph).

Pytanie do rozważenia: Czy widzę siebie w jakiejś służbie dla innych, którą wykonywałbym z pasją i przyjemnością?

Rozumiejąc swoją odmienność

Ukształtowałeś mnie najpierw wewnątrz,
a później na zewnątrz,
uformowałeś mnie w łonie mojej matki.

Psalm 139:13 (Msg)

Tobą możesz być tylko ty.

Bóg zaprojektował każdego z nas tak, aby w całym świecie nie było duplikatów. Nikt nie ma tej samej kombinacji czynników, co stanowi o tym, że jest odmienny od pozostałych. To oznacza, że nikt na całej ziemi nigdy nie będzie mógł pełnić roli, jaką Bóg przewidział właśnie dla ciebie. Jeśli jednak w swój unikalny sposób nie przyczyniasz się do prawidłowego funkcjonowania i rozwoju Ciała Chrystusa, to może się to zmienić. Biblia mówi: „Bóg obdarza nas różnego rodzaju niezwykłymi zdolnościami, ale wszystkie one pochodzą z jednego źródła – od Ducha Świętego. Różne są rodzaje Bożej służby, ale wszystko to robimy dla jednego Pana"[1]. W poprzednim rozdziale zapoznaliśmy się z dwoma rodzajami darów i predyspozycji: darami duchowymi oraz gorliwym sercem. Teraz przyjrzymy się pozostałym składnikom naszej wyjątkowości, która ma służyć Bogu.

KSZTAŁT – wykorzystywanie twoich TAlentów

Twoje zdolności to talenty, z którymi się urodziłeś. Niektórzy mają naturalną umiejętność łatwego wypowiadania się. Wydaje się, że mówili już w momencie opuszczania łona matki! Inni posiadają wrodzoną sprawność fizyczną i świetną koordynację ruchów. Jeszcze inni są dobrzy w matematyce, muzyce czy też pracach mechanicznych i monterskich.

Gdy Bóg chciał, by zbudowano przybytek Arki Przymierza i wykonano przedmioty rytualne, to przygotował artystów i rzemieślników, których wyposażył w „zdolności, talenty, poznanie i wszechstronną zręczność w rzemiośle, a także w pomysłowość... we wszelkiej artystycznej pracy"[2]. Również dzisiaj Bóg obdarza tymi darami tysiące ludzi, by mogli Mu służyć.

Wszystkie nasze zdolności pochodzą od Boga. Nawet zdolności używane do grzesznych czynów pochodzą od Boga. Są one po prostu nadużywane lub wykorzystywane niezgodnie ze swoim przeznaczeniem. Biblia mówi: „Bóg dał nam zdolności do wykonywania określonych rzeczy"[3]. Ponieważ nasze naturalne umiejętności są od Boga, to są tak samo ważne i „uduchowione" jak nasze dary duchowe. Jedyna różnica polega na tym, że te pierwsze otrzymaliśmy, przychodząc na świat.

Jedna z najbardziej pospolitych wymówek dla wstrzymywania się od służby brzmi: „Po prostu nie mam nic do zaoferowania". Takie argumenty są zupełnie niedorzeczne. W każdym z nas drzemią dziesiątki, a nawet setki nie odkrytych i dotąd nie wykorzystanych zdolności. Wiele badań ujawniło, że przeciętny człowiek posiada od pięciuset do siedmiuset różnych umiejętności i uzdolnień, czyli dużo więcej niż zapewne sobie to uświadamia.

Na przykład mózg człowieka potrafi przechować około stu trylionów informacji. Może on wydawać piętnaście tysięcy poleceń na minutę, jeśli chodzi o sam układ trawienny. Nasz nos jest w stanie odróżniać dziesięć tysięcy zapachów. Nasz zmysł dotyku może wyczuć rzecz grubości jednej pięciotysięcznej części centymetra, a nasz język potrafi wykryć jedną cząsteczkę chininy w dwóch milionach cząsteczek wody. Jesteśmy ogromnym rezerwuarem niesamowitych zdolności, cudownym Bożym stworzeniem. Jednym z obowiązków kościoła jest znajdowanie ich i wykorzystywanie do służby Bogu.

Wszystkie uzdolnienia mogą być użyte dla Bożej chwały. Apostoł Paweł powiedział: „Cokolwiek czynicie, czyńcie wszystko dla Bożej chwały"[4]. Biblia pełna jest przykładów rozmaitych darów, które Bóg używa dla swojej chwały. Oto tylko niektóre z umiejętności, o których wspomina: zdolności artystyczne, architektura, administrowanie, pieczenie, budowa statków, wytwarzanie słodyczy, prowadzenie dyskusji, projektowanie, balsamowanie, haftowanie, grawerowanie, rolnictwo, rybołówstwo, ogrodnictwo, przywództwo, zarządzanie, murarstwo, komponowanie i wykonywanie muzyki, wyrób broni, wytwarzanie urządzeń, hodowla, myślenie filozoficzne, wynalazczość, stolarstwo, żegluga morska, handel, służenie w wojsku, krawiectwo, nauczanie, pisarstwo i poezja. Biblia mówi: „I choć Bóg jest jeden i niezmienny, w rozmaity sposób wykonuje w nas i przez nas swoją pracę"[5]. Bóg wyznaczył ci w kościele miejsce, w którym twoje umiejętności mogą się w końcu ujawnić i prowadzić do ważnych zmian. Tylko od ciebie zależy, czy to miejsce odnajdziesz.

Niektórym ludziom Bóg dał umiejętność zdobywania pieniędzy. Mojżesz powiedział Izraelitom: „Pamiętajcie o Panu Bogu waszym, ponieważ to on daje wam zdolność pomnażania bogactwa"[6]. Osoby z takimi zdolnościami są dobre w zakładaniu firm, dokonywaniu transakcji i osiąganiu zysków. Jeśli ktoś ma taki dar, to powinien go używać dla Bożej chwały. Jak? Po pierwsze, uświadamiając sobie, że jego uzdolnienia pochodzą od Boga i wyrażając Mu za to uznanie. Po drugie, jeśli posiadamy np. firmę – dokładając starań, by sprzyjała ona zaspokajaniu życiowych potrzeb innych ludzi i dzieleniu się wiarą z niewierzącymi. Po trzecie – oddając przynajmniej jedną dziesiątą dochodów Bogu dla okazywania Mu czci[7]. W końcu – stawiając sobie za cel bycie raczej *budowniczym Królestwa* Bożego niż swojej fortuny. Wyjaśnię to szerzej w rozdziale 34.

Bóg chce, byśmy robili to, co potrafimy. Jesteś jedyną osobą na ziemi, która może używać twoich zdolności. Nikt inny nie może spełnić twojej roli, ponieważ to ty posiadasz dane przez Boga niepowtarzalne cechy i talenty. Biblia mówi, że Bóg wyposaża nas „we wszystko, co jest potrzebne do wypełniania Jego woli"[8]. By odkryć Bożą wolę dla swojego życia, powinieneś poważnie zastanowić się, w czym jesteś dobry i zarazem nad tym, co ci zupełnie nie wychodzi.

Bóg chce, byśmy robili to, co potrafimy.

Jeśli Bóg nie obdarował cię silnym i czystym głosem, to na pewno nie będzie oczekiwał, że zostaniesz artystą operowym. On nigdy nie poprosi cię o poświęcenie życia zadaniu, do którego nie masz zdolności. Z drugiej strony, posiadane przez ciebie zdolności są silnym wskazaniem na to, co Bóg chce, byś zrobił ze swym życiem. Istnieją sposoby poznawania Bożej woli względem nas. Jeśli jesteś dobry w projektowaniu, pozyskiwaniu pracowników, rysowaniu czy organizowaniu, to możesz śmiało założyć, że Boży plan dla twojego życia również obejmuje którąś z tych zdolności. Bóg żadnych zdolności nie marnuje, On dopasowuje nasze powołanie do naszych możliwości.

DZIEŃ TRZYDZIESTY PIERWSZY:

ROZUMIEJĄC
SWOJĄ ODMIENNOŚĆ

Wrodzone predyspozycje nie zostały ci dane tylko po to, byś mógł biologicznie przetrwać; Bóg dał ci je ze względu na twoją służbę. Apostoł Piotr powiedział: „Każdemu z nas Bóg dał pewne szczególne zdolności; używajcie ich więc, udzielając sobie wzajemnej pomocy, bo w ten sposób możecie przekazywać różne Boże błogosławieństwa"[9].

W chwili, gdy piszę te słowa, w naszym kościele Saddleback Church prawie siedem tysięcy osób używa swoich zdolności, świadcząc każdy rodzaj usług, jaki można sobie wyobrazić: naprawiają podarowany samochód, który ma być przeznaczony dla kogoś, kto go potrzebuje, wyszukują okazji do kupienia czegoś przez kościół po niskiej cenie, zajmują się architekturą terenu należącego do kościoła, prowadzą i porządkują jego dokumenty, robią dekoracje, układają programy, świadczą opiekę medyczną, przygotowują posiłki, komponują pieśni, nauczają muzyki, piszą wnioski o dotacje, trenują drużyny sportowe, zbierają materiały do kazań, tłumaczą je na angielski lub inne języki i podejmują się jeszcze wielu innych specjalistycznych działań. Nowym członkom mówi się: „W czymkolwiek jesteście dobrzy, poświęćcie się temu dla potrzeb kościoła!".

KSZTAŁT – Twoja osobowość

Nie jesteśmy do końca świadomi, jak szczególnym jest każdy z nas. Cząsteczki DNA mogą się łączyć na miliony sposobów. Liczba tych kombinacji obliczana jest na 10 do 2.400.000.000 potęgi. Świadczy to o tym, że możliwość znalezienia osoby dokładnie takiej jak ty czy ja, jest praktycznie zerowa. Jeśli mielibyśmy tę liczbę rozpisać do jej pełnej, nie skróconej postaci i gdyby każde z zer zajmowało jeden centymetr, to potrzebowalibyśmy na to arkusza papieru o długości pięćdziesięciu tysięcy kilometrów.

Ujmijmy to nieco bardziej obrazowo. Niektórzy naukowcy skalkulowali, że ilość wszystkich cząsteczek we wszechświecie daje liczbę dziesięć z siedemdziesięcioma sześcioma zerami, a to jest dużo mniej niż kombinacji DNA każdego z ludzi. Unikalność ludzkiej jednostki stanowi fakt naukowy. Stwarzając cię, Bóg użył jakby specjalnej formy odlewniczej. Nigdy nie było i nie będzie nikogo dokładnie takiego, jak ty czy ja.

Rzeczą oczywistą jest to, że Bóg kocha różnorodność – rozejrzyjmy się tylko wokół! Każdego z nas stworzył z unikalną kombinacją cech osobowości. Powołał do życia *introwertyków* i *ekstrawertyków*. Stworzył ludzi, którzy lubią *schematy* i rutynę oraz tych, którzy cenią *różnorodność*. Jednych uczynił *refleksyjnymi*, a drugich *emocjonalnymi*. Niektórzy pracują najlepiej, gdy samodzielnie wykonują powierzone im zadanie, inni zaś sprawdzają się lepiej w pracy zespołowej. Biblia mówi: „Bóg działa przez różnych ludzi na różne sposoby, ale swoje cele osiąga dzięki służbie ich wszystkich"[10].

Biblia daje nam mnóstwo dowodów na to, że Bóg używa wszystkich typów osobowości. Piotr był *sangwinikiem*, Paweł *cholerykiem*, a Jeremiasz *melancholikiem*. Kiedy spojrzymy na różnice osobowości, jakie istniały w gronie dwunastu apostołów, to nie trudno się domyślić, dlaczego niekiedy dochodziło między nimi do konfliktów.

Jeżeli chodzi o służbę, to żaden temperament nie jest ani dobry, ani zły. Potrzebujemy wszystkich rodzajów osobowości, by zachować równowagę i charakter. Świat byłby bardzo nudnym miejscem, gdyby wszyscy byli do siebie podobni.

Twoja osobowość będzie miała wpływ na to, *jak* i *gdzie* użyjesz swoich zdolności i darów. Dwóch ludzi może mieć na przykład ten sam dar ewangelizowania, ale jeśli jeden z nich jest introwertykiem, a drugi ekstrawertykiem, to ten dar będzie się przejawiał w zupełnie inny sposób.

Drwale wiedzą, że lepiej jest ścinać drzewa wzdłuż słojów, a nie w poprzek. Podobnie, gdy ktoś jest zmuszany do usługiwania w sposób, który nie pasuje do jego charakteru i temperamentu, to odczuwa stres i wiele uciążliwości, musi zdobywać się na dodatkowy wysiłek i energię, a jego rezultaty pozostawiają sporo do życzenia. Właśnie dlatego kopiowanie czyjejś służby nigdy się nie sprawdza. Ja nie mam twojej osobowości, a ty nie masz osobowości twojego pastora. Bóg stworzył nas, byśmy byli sobą! Możesz uczyć się na przykładach innych osób, ale to, czego się dowiadujesz, powinieneś „filtrować" przez swoją unikalną osobowość. W dzisiejszych czasach mamy dostęp do wielu książek i innych pomocy, które mają za zadanie ułatwić nam zrozumienie naszej osobowości, tak byśmy wiedzieli, jak używać jej dla Boga.

Tak jak przyciemnione szkło, nasza osobowość odbija Boże światło w wielu kolorach. Dzięki temu Boża rodzina doznaje bogatego i zróżnicowanego błogosławieństwa. My osobiście również na tym zyskujemy.

Miło jest robić to, do czego Bóg nas stworzył.

Miło jest robić to, do czego Bóg nas stworzył. Gdy usługujesz innym w sposób odpowiadający osobowości, którą otrzymałeś od Boga, to doświadczasz spełnienia, zadowolenia i widzisz, że twoje życie jest owocne.

KSZTAŁT – Łączne doświadczenia

Jesteś ukształtowany przez różne życiowe doświadczenia, na większość których nie miałeś wpływu. Bóg do nich dopuścił, by cię odpowiednio uformować[11]. Określając twoje szczególne predyspozycje do służby Bogu, powinieneś wziąć pod uwagę przynajmniej sześć doświadczeń ze swojej przeszłości:

- Doświadczenia z życia *rodzinnego*: Czego nauczyłeś się, dorastając w swojej rodzinie?

- Doświadczenia *szkolne*: Jakie były twoje ulubione przedmioty szkolne?

- Doświadczenia *zawodowe*: W jakich pracach byłeś najskuteczniejszy i które najbardziej lubiłeś?

- Doświadczenia *duchowe*: Jakie przeżycia z Bogiem miały dla ciebie największe znaczenie?

- Doświadczenia *w służbie*: Czy służyłeś już Bogu kiedyś w przeszłości?

- *Bolesne* doświadczenia: Z jakich problemów, zranień i ciężkich prób wyciągnąłeś życiowe lekcje?

Tej ostatniej kategorii – *bolesnych* doświadczeń – Bóg używa najbardziej, by przygotować nas do usługiwania. Bóg nigdy nie dopuszcza, by zostało zmarnowane w naszym życiu jakieś zranienie! W rzeczywistości, twoja najbardziej owocna służba będzie najprawdopodobniej wynikiem twojego największego zranienia. Kto lepiej niż rodzice dziecka z zespołem Downa mógłby usługiwać innej parze, której dziecko dotknięte jest w podobny sposób? Kto lepiej niż były alkoholik mógłby pomóc innemu, nadal zmagającemu się z tym demonem i szukającemu uwolnienia od nałogu? Kto lepiej niż porzucona przez męża żona mógłby pocieszyć inną kobietę, przechodzącą przez podobną gehennę?

Bóg celowo dopuszcza w twoim życiu do przykrych doświadczeń, bo chce cię wyposażyć do służby innym. Biblia mówi: „Bóg daje nam ulgę i posila we wszelkich problemach, tak byśmy i my byli pociechą i pomocą dla innych, gdy są strapieni"[12].

Jeśli chcesz być używany przez Boga, musisz zrozumieć pewną Bożą prawidłowość: doświadczenia, o których myślisz z największą niechęcią i żalem, które chcesz ukryć i zapomnieć, są przeżyciami, które Bóg chce użyć do pomocy innym. One są podstawą twojego usługiwania!

By Bóg mógł używać twoich bolesnych doświadczeń, musisz chcieć się nimi dzielić. Powinieneś przestać je ukrywać i szczerze przyznać się do win, porażek i obaw. Uczynienie tego okaże się prawdopodobnie twoją najbardziej efektywną służbą. Ludzie zawsze odczuwają więcej zachęty, gdy mówimy im, jak Bóg pomógł nam w słabości niż kiedy chełpimy się naszymi osiągnięciami.

By Bóg mógł używać twoich bolesnych doświadczeń, musisz chcieć się nimi dzielić.

Apostoł Paweł rozumiał tę prawdę i dlatego potrafił być szczery i mówić o swoich lękach i depresjach: „Drodzy bracia, powinniście się dowiedzieć o trudnościach, z jakimi borykaliśmy się w Azji. Byliśmy tak zgnębieni i przytłoczeni, że baliśmy się nawet o swoje życie. Lecz wszystko obróciło się ku dobremu, bo dzięki temu całkowicie zawierzyliśmy Bogu. Tylko On mógł nas uratować, gdyż potrafi wskrzeszać zmarłych. Ocalił nas od śmierci i ufamy, że nadal będzie nam pomagał"[13].

Jeśli Paweł utrzymywałby w tajemnicy swoje doświadczenie zwątpienia i przygnębienia, to miliony ludzi nigdy nie odniosłyby z tego żadnych duchowych korzyści. Tylko te doświadczenia, którymi dzielimy się z innymi, mogą być pomocne. Znany pisarz Aldous Huxley powiedział: „Doświadczenie to nie to, co się dzieje w twoim życiu. Doświadczenie polega na tym, co robisz z tym, co się dzieje w twoim życiu". Co zrobisz z nagromadzonym bagażem trudnych przeżyć? Nie marnuj cierpień, niech służą one innym.

Mam nadzieję, że zastanawiając się na tymi pięcioma sposobami formowania cię przez Boga, bardziej docenisz suwerenność Jego decyzji i lepiej zrozumiesz, jak On przygotowuje cię do służby. Używanie twoich indywidualnych predyspozycji to sekret owocnej i dającej spełnienie służby[14]. Będziesz w niej najbardziej skuteczny, kiedy swoich zdolności i duchowych darów użyjesz w sferach, ku którym pociąga cię serce i w sposób, który najlepiej wyraża twoją osobowość i osobiste doświadczenia. Im lepiej je dostosujesz do służby, tym większa będzie z niej korzyść.

DZIEŃ TRZYDZIESTY PIERWSZY
MYŚLĄC O MOIM CELU

Główna myśl: Nikt inny nie może być mną.

Werset do zapamiętania: „Każdemu z nas Bóg dał pewne szczególne zdolności, używajcie ich więc udzielając sobie wzajemnej pomocy, bo w ten sposób możecie przekazywać różne Boże błogosławieństwa" – I Piotra 4:10 (LB).

Pytanie do rozważenia: Które z otrzymanych od Boga zdolności lub osobistych doświadczeń mógłbym zaoferować mojemu kościołowi?

Używając tego, co dał nam Bóg

*Ponieważ widzimy, że zostaliśmy uczynieni
tymi wspaniale ukształtowanymi
i funkcjonującymi częściami Ciała Chrystusa,
to działajmy i bądźmy tym,
do czego nas stworzono.*

Rzymian 12:5 (Msg)

*To, kim jesteś, jest Bożym darem dla ciebie,
a to, co ze sobą robisz, to twój dar dla Boga.*

przysłowie duńskie

Bóg zasługuje na to, co najlepsze.

On ukształtował cię w określonym celu i oczekuje, że to, co ci powierzył, wykorzystasz jak najlepiej. On nie chce, byś martwił się, że jakichś zdolności nie masz lub zazdrościł ich innym. Zamiast tego pragnie, byś skupił się na otrzymanych od Niego talentach.

Kiedy próbujemy służyć Bogu w sposób, do którego nas nie wyposażył, to działamy tak, jakbyśmy wpychali kwadratową belkę do okrągłego otworu. To bardzo frustrujące, daje mierne efekty i oznacza też stratę czasu, talentów i sił. Największy pożytek z życia osiągamy wtedy, gdy służymy Bogu zgodnie z naszymi predyspozycjami. By to czynić, należy te predyspozycje w sobie odkryć, nauczyć się je akceptować i cieszyć się nimi, a następnie rozwijać je aż do wykorzystania pełnego ich potencjału.

POZNAJ SWOJE PREDYSPOZYCJE

Biblia mówi: „Nie działajcie bezmyślnie, ale próbujcie odkrywać i czynić to, co Bóg chce, byście czynili"[1]. Nie pozwól, by dni mijały ci bezużytecznie. Zacznij odkrywać i precyzować to, czym Bóg pragnie, byś był i co chce, byś dla Niego robił.

Zacznij od oceny swoich darów i zdolności. Zastanów się głębiej nad tym, w czym jesteś dobry oraz nad tym, co ci nie wychodzi. Apostoł Paweł radzi: „Starajcie się trzeźwo określać własną wartość oraz umiejętności"[2]. Sporządź listę swoich silnych i słabych stron. Poproś innych o szczere opinie na ten temat. Powiedz im, że szukasz prawdy, a nie zabiegasz o komplementy. Duchowe dary i wrodzone zdolności inni zawsze mogą wiarygodnie potwierdzić. Jeśli ktoś uważa, że nadaje się na nauczyciela lub wokalistę, a nikt poza nim się z tym nie zgadza, to o czym to może świadczyć? Jeśli ktoś chce wiedzieć, czy ma dar przywództwa, to niech obejrzy się do tyłu! Jeśli nikt za nim nie idzie, to na pewno nie jest liderem.

Zadaj sobie następujące pytania: W jakiej dziedzinie mojego życia dostrzegłem owoce, które *potwierdzili inni*? W czym mi się już powiodło? Sprawdzanie duchowych darów i sporządzanie wykazu osobistych zdolności ma pewną wartość, ale ich użyteczność jest dosyć ograniczona. Po pierwsze są znormalizowane, a więc nie biorą pod uwagę specyfiki danej osoby. Po drugie, w Biblii nie znajdujemy żadnej definicji duchowych darów, tak więc każda z nich będzie tylko czyjąś własną opinią i odbiciem nauczania danego kościoła. Kolejny problem wiąże się z tym, że im bardziej dojrzewasz, tym bardziej wykazujesz cechy, które charakteryzują niektóre z darów. Często ludzie służą, nauczają czy hojnie dają z powodu swojej dojrzałości, a nie dlatego, że taki jest ich duchowy dar.

Najlepszym sposobem odkrycia darów i zdolności jest eksperymentowanie z różnymi rodzajami służb. W młodości setki razy sprawdzałem i weryfikowałem swoje dary i zdolności, i dopóki nie zająłem się nauczaniem, to nie mogłem stwierdzić, że mam do tego dar. Dopiero *po tym*, jak zacząłem korzystać z okazji do publicznych wystąpień, pojawiły się rezultaty, a inni potwierdzali moje umiejętności. Wtedy dopiero uświadomiłem sobie, że Bóg mnie do tego wyposażył.

Wiele publikacji sugeruje odwróconą kolejność procesu odkrywania: „Odkryj swój duchowy dar, a wtedy dowiesz się, jakiej służby masz się podjąć". To jednak działa w zupełnie odwrotny sposób – najpierw zacznij służyć, wypróbuj różne rodzaje służb, a dopiero wtedy odkryjesz swoje dary. Dopóki nie zaangażujesz się w służbę, nie będziesz wiedział, do czego najlepiej się nadajesz.

Nigdy nie dowiesz się, w czym jesteś dobry, zanim nie spróbujesz w tym swoich sił.

Każdy z nas ma bardzo wiele nierozpoznanych zdolności i darów, o których nie wie, ponieważ nigdy z nich nie korzystał. Dlatego zachęcam, byś próbował robić rzeczy, których nie robiłeś nigdy przedtem. Bez względu na to, ile masz lat, namawiam cię, byś nigdy nie przestał eksperymentować. Spotkałem wielu ludzi, którzy odkryli swoje ukryte talenty w wieku lat siedemdziesięciu czy osiemdziesięciu. Znam kobietę po dziewięćdziesiątce, która bierze udział w biegach przełajowych i nie wiedziała, że ma do nich zamiłowanie, dopóki nie ukończyła siedemdziesiątego ósmego roku życia.

Nie próbuj wyszukiwać w sobie darów, zanim nie zaczniesz jakiejś służby. Po prostu zacznij służyć. Swoje dary odkryjesz poprzez zaangażowanie się w coś istotnego. Spróbuj nauczać, kierować, organizować, grać na instrumencie czy pracować z młodzieżą. Nigdy nie dowiesz się, w czym jesteś dobry, zanim nie spróbujesz w tym swoich sił. Kiedy okaże się, że coś nie jest twoją domeną, to nie traktuj tego jako porażki, ale jako eksperyment. To, w czym jesteś dobry, i tak się w końcu ujawni.

Przyjrzyj się swoim upodobaniom i osobowości. Apostoł Paweł radzi: „Uważnie sprawdzajmy, jacy naprawdę jesteśmy i jakie otrzymaliśmy zadanie, a następnie się temu zadaniu poświęcmy"[3]. Jeszcze raz wspomnę, że ważną rzeczą jest poznanie opinii osób, które nas najlepiej znają. Zadaj sobie następujące pytania: Co tak naprawdę sprawia mi największą radość? Kiedy najbardziej czuję, że naprawdę żyję? Podczas jakich działań potrafię stracić rachubę czasu? Czy wolę schematy, czy różnorodność? Czy widzę siebie bardziej w pracy zespołowej, czy indywidualnej? Czy jestem introwertykiem, czy ekstrawertykiem? Czy mam naturę bardziej racjonalną, czy emocjonalną? Czy wolę rywalizować, czy współdziałać?

Przeanalizuj swoje doświadczenia i wyciągaj lekcje, jakie z nich wynikają. Spójrz wstecz na swoje życie i zastanów się, jak ono cię ukształtowało. Mojżesz powiedział Izraelitom: „Dzisiaj pamiętajcie, czego nauczyliście się o Panu z waszych doświadczeń z Nim"[4]. Zapomniane doświadczenia są bezwartościowe, dlatego dobrze jest prowadzić swego rodzaju duchowy dziennik. Apostoł Paweł martwił się, że wierzący w Galacji zmarnują pamięć ciężkich doświadczeń, przez które przechodzili. Powiedział im: „Tak wiele cierpieliście dla Ewangelii, a teraz chcecie to wszystko po prostu odrzucić? Mam nadzieję, że tego nie uczynicie!"[5].

Rzadko dostrzegamy Boże cele w cierpieniu, porażce czy towarzyszącemu im niekiedy zażenowaniu. Myjąc nogi Piotra, Jezus powiedział: „Trudno ci teraz pojąć, dlaczego tak czynię, ale kiedyś to zrozumiesz"[6]. To, jak Bóg zamierzał obrócić jakiś problem w dobro, pojmujemy zazwyczaj z opóźnieniem.

Wyciąganie lekcji z doświadczeń wymaga czasu. Polecałbym ci poświęcić jeden weekend na przegląd swojego dotychczasowego życia. Zatrzymaj się i spójrz, jak Bóg działał w różnych momentach twojego życia, a potem zastanów się, jak używać tych lekcji w służbie innym[7].

ZAAKCEPTUJ SWOJĄ ODMIENNOŚĆ I CIESZ SIĘ NIĄ

Ponieważ Bóg wie, co jest dla ciebie najlepsze, z wdzięcznością powinieneś zaakceptować unikalny sposób, w jaki cię ukształtował. Biblia mówi: „Jakież mamy prawo krytykować Boga? Czy gliniane naczynie może mieć pretensję do garncarza, że je uformował w taki, a nie inny sposób? Kiedy garncarz wytwarza naczynia, to robi z gliną, co zechce!"[8].

Twoja odmienność została określona poprzez suwerenną Bożą decyzję i służy Jego celom, dlatego nie powinieneś z tego powodu czuć się zawiedziony czy też ją odrzucać. Zamiast próbować upodabniać się do kogoś innego, powinieneś cieszyć się cechami, jakimi Bóg obdarował tylko ciebie i nikogo więcej. „Jednakże Chrystus zgodnie z własnym wyborem każdemu z nas udzielił szczególnych zdolności ze swego skarbca darów"[9].

By zaakceptować swoją odmienność, należy między innymi zdać sobie sprawę z własnych ograniczeń. Nie ma osoby, która byłaby ekspertem w każdej dziedzinie i nikt nie jest powołany, aby takim być. Wszyscy mamy swoje określone role. Paweł pojął, że jego powołanie nie polega na osiągnięciu wszystkiego, co tylko można osiągnąć ani zadowoleniu wszystkich ludzi, ale na zajęciu się konkretną służbą, do jakiej Bóg go stworzył[10]. Poświadczają to jego słowa: „Naszym celem jest pozostawanie w granicach planu, jaki Bóg dla nas wyznaczył"[11].

Słowo *granice* odnosi się do faktu, że Bóg przydziela każdemu z nas pewną dziedzinę służby. Twoja odmienność określa twoje konkretne umiejętności. Kiedy staramy się rozszerzać zasięg naszej służby poza zakres wyznaczony nam przez Boga, to zaczynamy doświadczać stresu. Tak jak każdy z uczestników biegu na 400 metrów ma przydzielony swój pas, po którym ma biec, tak i każdy z nas indywidualnie powinien „wytrwale biec w zawodach, do których wyznaczył nas Bóg"[12]. Nie zazdrość biegaczowi, który jest na pasie startowym obok ciebie, lecz skup się na tym, by dobiec do mety.

Bóg chce, byś korzystał z predyspozycji, w które cię wyposażył. Biblia mówi: „Czyńcie to, co powinniście czynić, gdyż wtedy doznacie zadowolenia z dobrze wykonanej pracy i nie będziecie chcieli porównywać się z innymi"[13]. Szatan będzie usiłował ograbić cię z radości służenia na różne sposoby: kusząc cię, byś porównywał swoją służbę do służby innych oraz byś dostosował ją do ich wymagań. Obie te rzeczy są śmiertelnymi pułapkami, które będą cię odciągały od służenia Bogu w sposób, jaki on dla ciebie zamierzył. Kiedykolwiek tracisz radość ze służby, zastanów się od razu, czy przyczyną nie była któraś z tych pokus.

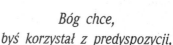

*Bóg chce,
byś korzystał z predyspozycji,
w które cię wyposażył.*

Biblia przestrzega nas przed porównywaniem się z innymi: „Wykonujcie swą służbę należycie, a wtedy będziecie mieli powód do dumy. Nie porównujcie się jednak do innych"[14]. Istnieją dwa zasadnicze powody, dla których nigdy nie powinniśmy porównywać naszej osobowości, służby oraz jej owoców z kimkolwiek innym. Po pierwsze, czyniąc tak, zawsze znajdziemy kogoś, o kim myślimy, że swoją służbę wykonuje lepiej niż my – wtedy możemy poczuć się zniechęceni. Podobnie też zawsze znajdziemy kogoś, kto nie wygląda na tak skutecznego w działaniu jak my i pojawi się w nas pewien rodzaj pychy. Obie z tych postaw uniemożliwią nam służbę i pozbawią nas radości z jej wykonywania.

Apostoł Paweł powiedział, że porównywanie się z innymi jest rzeczą głupią. Oto, co powiedział: „Nie ważmy się klasyfikować czy porównywać z tymi, którzy uważają się za niezrównanych.

DZIEŃ TRZYDZIESTY DRUGI:

Używając tego, co dał nam Bóg

Oni oceniają siebie tylko według swojej miary i porównują siebie wyłącznie ze sobą. To zwykła głupota"[15]. W tłumaczeniu „The Message" czytamy o tym tak: „Porównując się w ten sposób, klasyfikując i rywalizując, zupełnie chybiają celu"[16].

Ludzie, którzy nie rozumieją twoich specyficznych predyspozycji do służby, będą cię krytykowali i próbowali nakłonić do tego, co według nich powinieneś czynić. Zignoruj to. Paweł często miał do czynienia z krytykantami, którzy nie rozumieli jego służby i w związku z tym rzucali w niego oszczerstwami. Jego reakcja była zawsze taka sama: „unikajcie porównywania się, pochopnych ocen i szukajcie uznania tylko u Boga"[17].

Jednym z powodów, dla których Bóg używał Pawła w tak potężny sposób, było to, że apostoł nigdy nie pozwalał, by krytyki pod jego adresem osłabiały jego służbę, nie porównywał jej do służby innych i nie dawał się wciągać w bezowocne dyskusje na jej temat. John Bunyan kiedyś powiedział: „Jeśli moje życie jest bezowocne, to nie ma znaczenia kto mnie chwali, a jeśli przynosi ono owoce, to nie ma znaczenia kto mnie krytykuje".

STALE ROZWIJAJ SWOJE PREDYSPOZYCJE

Przypowieść Jezusa o talentach pokazuje, że Bóg oczekuje, abyśmy wykorzystali jak najlepiej to, co On nam dał. Mamy pielęgnować nasze dary i zdolności, utrzymywać w sobie zapał, rozwijać charakter i osobowość, i poszerzać zakres naszych doświadczeń, abyśmy byli coraz bardziej skuteczni w służbie. Apostoł Paweł powiedział Filipianom tak: „Modlę się, aby... rosła wasza duchowa wiedza i rozeznanie"[18], a Tymoteuszowi przypominał: „Rozbudź w sobie na nowo Boży dar, który otrzymałeś"[19].

Jeśli nie ćwiczysz swoich mięśni, to słabną i zaczynają zanikać. W ten sam sposób, jeśli nie wykorzystasz zdolności i umiejętności otrzymanych od Boga, to utracisz je. Przypowieść Jezusa o talentach miała tę prawdę podkreślić. Powołując się na przykład sługi, który nie zrobił użytku ze swego jedynego talentu, Mistrz powiedział: „Weźcie jego talent i dajcie temu, który ma ich dziesięć"[20]. Nie używając tego, co otrzymaliśmy, narażamy się na utratę tej rzeczy. Wykorzystuj zdolności, które posiadasz, a Bóg będzie je ze swojej strony zwiększał. Paweł powiedział Tymoteuszowi: „Korzystaj z uzdolnień, jakie otrzymałeś od Boga... Poświęć się bez reszty swojej pracy, aby wyraźne były twoje postępy"[21].

Wszystkie otrzymane dary mogą być wzbogacane i powiększane poprzez wykorzystywanie ich w codziennym życiu. Nikt na przykład nie otrzymuje w pełni rozwiniętego daru nauczania. Jednak dzięki nabywaniu wiedzy, współpracy z uczniami i praktyce dobry nauczyciel staje się lepszym nauczycielem, a po upływie pewnego czasu nawet wybitnym. Nie poprzestawaj na darach tylko częściowo rozwiniętych. Zmobilizuj się i ucz się tyle, ile tylko jesteś w stanie. „W służbie Panu staraj się dawać z siebie wszystko, byś nie musiał wstydzić się przed Nim swego dzieła"[22]. Korzystaj z każdej możliwości szkolenia się i dokształcania, by rozwijać swoje naturalne predyspozycje oraz umiejętności przydatne w służbie.

W niebie będziemy służyć Bogu wiecznie. Teraz możemy przygotowywać się do tej służby poprzez „odbycie praktyk" tu, na ziemi. Tak jak sportowcy intensywnie przygotowują się do olimpiady, tak i my powinniśmy trenować przed wielkim dniem, który nas czeka: „Zawodnicy godzą się na wyrzeczenia, bo chcą zdobyć laur zwycięstwa, my natomiast spodziewamy się nieprzemijającej nagrody w niebie"[23].

Przygotowujemy się zatem do wiecznych obowiązków i nagród.

DZIEŃ TRZYDZIESTY DRUGI
MYŚLĄC O MOIM CELU

Główna myśl: Bóg zasługuje na to, co najlepsze.

Werset do zapamiętania: „Staraj się jak najlepiej wykonywać swoją służbę Bogu jako pracownik, który nie musi się wstydzić swojego dzieła i który dokładnie wypełnia słowo prawdy" – II Tymoteusza 2:15 (NIV).

Pytanie do rozważenia: Jak mogę zrobić najlepszy użytek z tego, co dał mi Bóg?

Jak działają prawdziwi słudzy?

Ktokolwiek chciałby być wielkim,
musi stać się sługą.

Marek 10:43 (Msg)

Można ich rozpoznać po sposobie działania,
podobnie jak drzewo rozpoznaje się po owocach.

Mateusz 7:16 (CEV)

Służysz Bogu, służąc innym.

Dzisiejszy świat definiuje wielkość jako władzę, bogactwo, prestiż i pozycję w społeczeństwie. Jeśli ktoś oczekuje, że będzie obsługiwany przez innych, to ta definicja jest mu szczególnie bliska. W naszej egocentrycznej kulturze, w której króluje hasło *Najpierw Ja*, działanie w charakterze sługi nie jest popularne.

Jezus jednak mierzył wielkość jakością służby, a nie statusem społecznym. Bóg określa twoją wielkość tym, jak wielu ludziom służysz, a nie tym, jak wielu ludzi służy tobie. Jest to zupełnym przeciwieństwem tego, co głosi świat, dlatego niełatwo ci to zrozumieć, a jeszcze trudniej stosować w życiu. Uczniowie Jezusa sprzeczali się na temat tego, kto z ich grona zasługiwał na najwyższą pozycję, a dwa tysiące lat później chrześcijańscy przywódcy nadal walczą o swe znaczenie w kościołach i przykościelnych organizacjach.

Napisano tysiące książek na temat przywództwa, natomiast bardzo niewiele na temat służenia innym. Niemal każdy chce przewodzić, a mało kto pragnie służyć. Ludzie wolą być raczej generałami niż szeregowcami. Nawet chrześcijanie pragną być *usługującymi przywódcami* niż po prostu sługami. Jednak upodabnianie się do Jezusa oznacza stanie się sługą. Tym mianem Jezus określał siebie.

Chociaż jesteś świadomy, że twoja niepowtarzalna osobowość jest ważna ze względu na służbę Bogu, to rzeczą jeszcze istotniejszą jest to, byś posiadał serce sługi. Pamiętaj, że Bóg ukształtował cię specyficznie dla *służby*, a nie dla zaspokajania twoich potrzeb. Bez pasji, z jaką działają słudzy, będziemy kuszeni, by wykorzystać własne predyspozycje do osobistych celów. Inną z pokus będzie powoływanie się na swoją odmienność, by znaleźć wymówkę, kiedy nie będzie się chciało zaspokoić którejś z ważnych potrzeb bliźniego.

Bóg często sprawdza nasze serca, prosząc nas o służenie w sprawach, do których *nie* mamy predyspozycji. Jeśli widzisz, że ktoś wpadł do głębokiego dołu, to Bóg oczekuje, że tej osobie pomożesz, a nie powiesz jej: „Nie mam daru miłosierdzia". Jeśli nie masz szczególnych zdolności do wykonania pewnych zadań, to mimo wszystko Bóg może cię poprosić o podjęcie się ich, gdy w pobliżu nie będzie osoby, która ma konkretny dar do ich wykonania. Twoją *główną* służbą powinna być dziedzina, do

Twoja indywidualna odmienność wskazuje na rodzaj służby, do której jesteś powołany, natomiast to, czy jest w tobie zapał i zaangażowanie sługi, wskaże na twoją duchową dojrzałość.

której masz szczególne predyspozycje, ale twoja *drugoplanowa* służba ma miejsce wszędzie tam, gdzie w danej chwili jesteś po prostu potrzebny.

Twoja indywidualna odmienność wskazuje na rodzaj służby, do której jesteś powołany, natomiast to, czy jest w tobie zapał i zaangażowanie sługi, wskaże na twoją duchową dojrzałość. Nie potrzeba żadnego talentu czy daru, by po spotkaniu chrześcijańskim wyrzucić śmieci czy

ustawić krzesła, tak jak stały przedtem. Sługą może być każdy. Wymaga to tylko wykazania się odrobiną dobrej woli.

Można przez całe życie służyć w kościele i nigdy nie być prawdziwym *sługą*. By nim zostać, trzeba mieć odpowiednią wewnętrzną motywację. Skąd się dowiedzieć, czy masz serce do służby, którą wykonujesz? Odpowiedź Jezusa brzmi tak: „Poznacie, kim są po sposobie ich działania"[1].

Prawdziwi słudzy oddają się do dyspozycji. Słudzy nie zajmują się rzeczami, które ograniczają ich gotowość do służby. Są gotowi podjąć służbę, kiedy tylko zostaną do niej wezwani lub zauważą ważną potrzebę. Podobnie jak żołnierze, słudzy nieprzerwanie pełnią określone obowiązki: „Żaden żołnierz pełniący służbę nie oddaje się swoim własnym, codziennym sprawom, ponieważ chce zadowolić tego, który go zwerbował"[2]. Jeśli służymy tylko wtedy, gdy jest nam to na rękę, to nie jesteśmy prawdziwymi sługami. Prawdziwi słudzy robią to, co potrzebne, nawet gdy jest to nieco uciążliwe czy niezbyt przyjemne.

Czy jesteś dyspozycyjny dla Boga w każdej chwili? Czy możliwa jest sytuacja, że On krzyżuje twoje plany, a tobie to nie przeszkadza? Jako sługa nie decydujesz, kiedy i gdzie masz służyć. Bycie sługą oznacza, że twój codzienny rozkład zajęć podporządkowujesz Bogu i pozwalasz Mu zakłócać go zawsze, gdy tylko będzie widział taką potrzebę.

Jeśli na początku każdego dnia będziesz sobie przypominał, że jesteś Bożym sługą, to fakt kolidowania służby z twoimi prywatnymi sprawami nie będzie dla ciebie większym problemem, ponieważ twoje priorytety będą się pokrywały z tym, do czego Bóg chce cię używać. Nieoczekiwane zmiany porządku swych zajęć słudzy traktują jako Boże powołanie do kolejnego zadania i cieszą się, że dzięki temu mają możliwość służenia.

Prawdziwi słudzy są wyczuleni na potrzeby innych. Słudzy zawsze rozglądają się, gdzie mogliby komuś pomóc. Kiedy widzą jakąś ważną potrzebę, to starają się ją zaspokoić przy pierwszej nadarzającej się okazji, tak jak mówi o tym Biblia: „Kiedy tylko mamy możliwość, czyńmy to, co dobre dla innych, zwłaszcza dla członków naszej Bożej rodziny"[3]. Gdy Bóg stawia na twojej drodze osobę potrzebującą, to daje ci tym samym okazję do rozwoju twojej służby. Zauważ, że Bóg mówi, iż potrzeby kościoła powinny mieć dla nas pierwszeństwo, a nie znajdować się na samym końcu listy rzeczy do zrobienia.

Z powodu braku wyczulenia na potrzeby innych oraz braku spontaniczności, tracimy wiele możliwości służenia. Wielkie okazje do służby nigdy nie trwają długo. One szybko mijają i niekiedy już nigdy się nie powtórzą. Być może tylko raz w życiu otrzymasz szansę usłużenia konkretnemu człowiekowi, dlatego wykorzystaj moment, w którym ona się pojawia. „Nigdy nie mówmy swoim bliźnim by jeszcze poczekali, jeżeli możemy im pomóc już teraz"[4].

John Wesley był niezwykłym Bożym sługą. Jego życiowe motto brzmiało: „Czyń wszelkie dobro, na jakie cię stać wszystkimi środkami, jakie posiadasz, każdym sposobem, jaki znasz, wszędzie, gdzie tylko możesz, zawsze, gdy możesz, wszystkim ludziom, którym możesz i tak długo, jak tylko możesz". *Na tym* polega wielkość. Możesz zacząć od znalezienia sobie drobnych, niepozornych zadań, których inni nie kwapią się podjąć. Czyń te małe rzeczy tak, jakby były bardzo ważne, ponieważ Bóg ci się przygląda.

Prawdziwi słudzy robią, co mogą, posługując się tym, co posiadają. Prawdziwi słudzy nie szukają wymówek, nie ociągają się, nie czekają na lepsze okoliczności i nigdy nie mówią, że zrobią coś wkrótce lub kiedy nadejdzie właściwy czas. Oni po prostu robią to, co ma być zrobione. Biblia mówi: „Jeśli czekacie na idealne warunki do działania, to nigdy niczego nie dokonacie"[5]. Bóg oczekuje, że będziemy czynić to, co potrafimy, posługując się tym, co posiadamy i gdziekolwiek się znajdujemy. Niedoskonała służba to zawsze więcej niż najlepsze intencje.

Jednym z powodów, dla których wielu ludzi nigdy nie służy, jest obawa, że się do służby nie nadają. Uwierzyli kłamstwu, że Bogu mogą służyć tylko osoby wybitne i lubiące publiczne wystąpienia. Ten mit stworzyły kościoły, dla których skuteczność działania i widowiskowość stały się swoistym bożkiem, a takie podejście zniechęca do angażowania się ludzi o zwykłych talentach, mało rzucających się w oczy.

Być może ktoś ci już mówił: „Jeśli nie możesz zrobić tego profesjonalnie, nie rób tego wcale". Cóż, Jezus nigdy nikomu tak nie powiedział! Prawda jest taka, że coś, co robimy po raz pierwszy, z reguły wychodzi nam słabo, ale dzięki temu możemy się uczyć. W naszym kościele Saddleback Church stosujemy zasadę bycia „wystarczająco dobrym", co oznacza, że służba nie musi być doskonała, by Bóg mógł ją błogosławić, a nas używać. Wolimy widzieć zaangażowanie tysięcy zwyczajnych ludzi niż tworzyć doskonały kościół, w którym służy tylko wąska elita.

Prawdziwi słudzy wykonują każde zadanie z jednakowym oddaniem. Cokolwiek słudzy czynią, „robią to z całego serca"[6]. Skala podejmowanego zadania nie ma znaczenia. Tym, co się liczy, jest tylko to, czy jest coś do zrobienia, czy nie.

Nigdy w życiu nie osiągniesz stanu, w którym będziesz zbyt ważny, by zajmować się usługiwaniem innym. Bóg nigdy cię z tego nie wyłączy. Usługiwanie w niepozornych, prostych rzeczach jest niezrównanym treningiem twojego charakteru. Biblia mówi: „Jeśli myślicie, że jesteście zbyt ważni, by pomagać potrzebującym, to sami siebie zwodzicie i jesteście niewiele warci"[7]. To właśnie w tych małych usługach rozwijamy się na podobieństwo Chrystusa.

Jezus specjalizował się właśnie w drobnych zadaniach, takich jak: mycie nóg innym, pomoc dzieciom, przygotowywanie śniadania czy służenie trędowatym. Niczego nie uważał za rzecz *poniżej* Jego poziomu, ponieważ przyszedł po to, aby służyć. On nie czynił tych rzeczy *pomimo* swojej wielkości, on je czynił *z powodu* swojej wielkości i oczekuje od nas, że będziemy Go w tym naśladować[8].

Małe zadania często odsłaniają wielkie serce. Serce sługi daje się poznać w pozornie mało znaczących czynach, które innym nawet nie przyjdą na myśl. Przykładem może był apostoł Paweł znoszący drwa na ognisko, by ogrzać się razem z pozostałymi rozbitkami ze statku[9]. Był tak samo zmęczony jak wszyscy inni, ale zrobił to, co wszystkim było potrzebne. Gdy masz serce sługi, żadne zadanie nie wydaje ci się umniejszające twojemu znaczeniu.

W małych zadaniach często kryją się wielkie okazje. Drobne rzeczy w naszym życiu determinują duże rzeczy. Nie szukaj wielkich zadań, które mógłbyś wykonać dla Boga. Czyń to, co nie wydaje ci się zbyt doniosłe, a Bóg wyznaczy dla ciebie rzeczy, które chce, byś wykonywał. Zanim zaczniesz robić to, co niezwykłe, najpierw zacznij służyć w sposób zupełnie zwyczajny[10].

Zawsze będzie więcej tych, którzy chcą robić dla Boga rzeczy „wielkie" niż tych, którzy będą skłonni czynić rzeczy drobne i niepozorne. W wyścigu do stanowisk przywódczych uczestniczą tłumy, ale

> *W małych zadaniach często kryją się wielkie okazje.*

dla tych, którzy chcą być sługami jest mnóstwo miejsca i duże pole do działania. Niekiedy służysz osobom mającym władzę, a niekiedy ludziom będącym w potrzebie. W obu przypadkach, kiedy jesteś gotowy czynić wszystko, co konieczne, wykształcasz w sobie serce sługi.

Prawdziwi słudzy są wierni swojemu powołaniu. Słudzy powinni do końca wypełniać swoje zadania, wywiązywać się z obowiązków i dotrzymywać obietnic. Nie pozostawiają pracy niedokończonej i nie rezygnują, kiedy pojawi się zniechęcenie. Są godni zaufania i spolegliwi.

Wierność zawsze była rzadką cechą[11]. Większość ludzi nie wie, czym jest zobowiązanie. Niekiedy je przyjmują, ale później zrzucają je z siebie z najdrobniejszego powodu i to bez chwili wahania, wyrzutów sumienia czy żalu. Jakże często się zdarza, że kościoły czy organizacje muszą improwizować w swoich działaniach, ponieważ wolontariusze niedostatecznie się przygotowali, w ogóle nie przyszli czy nawet nie zatelefonowali, że się nie pojawią.

Czy inni mogą na ciebie liczyć? Czy są obietnice, których chcesz dotrzymać, ślubowania, którym pragniesz być wierny oraz zobowiązania, które masz zamiar szanować? To jest sprawdzian – Bóg testuje twoją wierność. Jeśli zaliczysz test, to znajdziesz się w dobrym towarzystwie, czyli u boku Abrahama, Mojżesza, Samuela, Dawida, Daniela, Tymoteusza i Pawła, którzy zostali nazwani wiernymi Bożymi sługami. Zyskasz też coś znacznie większego – Bóg obiecał nagrodzić twoją wierność w wieczności. Wyobraź sobie, jakie będzie to uczucie, gdy któregoś dnia Bóg powie: „Bardzo dobrze dobry i wierny sługo. Wiernie rozporządzałeś tym, co ci powierzyłem, więc teraz otrzymasz znacznie więcej. Uczcijmy to razem!"[12].

Wierni słudzy nigdy nie przechodzą na emeryturę. Służą wytrwale tak długo, jak tylko wykazują oznaki życia. Mogą cieszyć się emeryturą po zakończeniu pracy zawodowej, ale nigdy nie przestają służyć.

Prawdziwi słudzy starają się nie „błyszczeć". Słudzy nie starają się promować swojej osoby ani zwracać na siebie uwagi. Zamiast działać w celu zrobienia na kimś wrażenia i pracować na popularność i podziw, ludzie ci „wkładają na siebie odzienie pokory, by służyć innym"[13]. Jeśli zyskają uznanie za swoją służbę, to przyjmują je z pokorą i nie pozwalają, by zyskany rozgłos rozpraszał ich w działaniu dla Boga.

Paweł ujawnia pewnego rodzaju służbę, która z pozoru wyglądała na duchową, ale tak naprawdę była tylko maską, działaniem na pokaz i próbą przyciągnięcia uwagi innych[14]. Jej celem była chęć zrobienia wrażenia swoją rzekomą duchowością. Na tym polegał grzech faryzeuszy. Pomoc potrzebującym, jałmużnę, a nawet modlitwę zamienili w przedstawienie dla publiczności. Jezus nienawidził takiej postawy i przestrzegał: „Postępujcie właściwie nie z chęci zyskania uznania w oczach innych, pozbawiacie się bowiem w ten sposób Bożej nagrody"[15].

W żaden sposób nie da się połączyć promowania własnej osoby oraz służby. Prawdziwi słudzy nie służą w celu uzyskania pochwały czy aplauzu. Żyją i działają ze względu na jedynego Widza. Paweł ujął to tak: „Gdyby mi nadal zależało na przypodobaniu się ludziom, nie mógłbym być sługą Chrystusa"[16].

Wielkich i znaczących Bożych sług rzadko spotyka się w świetle jupiterów, gdyż oni tego unikają, na ile to tylko możliwe. Wystarcza im, że mogą służyć dyskretnie, pozostając w cieniu. Doskonałym tego przykładem był Józef. On nie starał się zwracać na siebie uwagi, lecz skromnie i nie rzucając się w oczy służył Potyfarowi, potem strażnikowi więziennemu, piekarzowi oraz podczaszemu faraona. Bóg błogosławił go za taką postawę. Kiedy faraon wyniósł Józefa na wysoki urząd, ten nadal wykazywał postawę sługi, nawet wobec swych braci, którzy go zdradzili.

Niestety, w dzisiejszych czasach wielu przywódców zaczyna jako słudzy, a kończy jako gwiazdorzy. Uzależniają się od tego, że są obiektem powszechnego podziwu i nie zdają sobie sprawy, że nieustanne przebywanie w świetle jupiterów stopniowo odbiera im wzrok.

Być może służysz w jakimś oddalonym zakątku i wydaje ci się, że prawie nikt o tobie nie wie i nie docenia twoich działań. Posłuchaj: Bóg postawił cię tam, gdzie jesteś dla pewnego celu. On nie tylko wie, ile włosów masz na głowie, ale zna też twój adres. Warto pozostać tam, gdzie już jesteś, aż Bóg nie przeniesie cię w inne miejsce. On ci objawi, czy chce, byś zmienił miejsce. Twoja służba ma znaczenie dla Bożego królestwa. „A gdy Chrystus powróci na ziemię, zajaśniejecie z Nim i będziecie z Nim dzielić całą Jego wspaniałą chwałę. Tymczasem poprzestańcie na skromnej, codziennej służbie"[17].

W Ameryce powstało ponad siedemset pięćdziesiąt miejsc zwanych „Aleją Sławy" i ponad czterysta pięćdziesiąt publikacji pod tytułem „Osobowości" („Who is who?"), jednak nie znajdziemy w nich zbyt wiele informacji o prawdziwych sługach. Dla prawdziwych sług rozgłos się nie liczy, ponieważ znają różnicę pomiędzy sławą a rzeczywistym znaczeniem. W twoim zewnętrznym wyglądzie zapewne istnieje kilka cech, bez których mógłbyś się obejść. Jednak to, co znajduje się we wnętrzu twojego ciała, jest niezbędne. To samo dotyczy Ciała Chrystusa. Najważniejszą służbą jest niejednokrotnie to, co trudno zauważyć[18].

DZIEŃ TRZYDZIESTY TRZECI:

JAK DZIAŁAJĄ
PRAWDZIWI SŁUDZY?

W niebie Bóg jawnie i otwarcie nagrodzi wielu swoich cichych i mało znanych sług – ludzi, o których nigdy przedtem nie słyszeliśmy. To ci, którzy uczyli dzieci z zaburzeniami emocjonalnymi, sprzątali po niedołężnych starcach, opiekowali się chorymi na AIDS czy służyli na wiele innych, niezauważalnych sposobów.

Mając to na uwadze, nie zniechęcaj się, jeśli twoja służba jest mało dostrzegalna lub ktoś uważa, że i tak powinieneś to robić, bo to twój chrześcijański obowiązek. Nie ustawaj w służbie Bogu! „Rzuć się w wir służby Mistrzowi, mając pewność, że nic, co dla Niego robisz, nie jest stratą czasu ani niepotrzebnym wysiłkiem"[19]. Nawet najmniejsza z posług jest zauważana przez Boga i zostanie nagrodzona. Zapamiętaj słowa Jezusa: „A jeśli jako moi uczniowie pochylicie się nawet nad kimś najmniejszym, aby podać mu kubek wody, nie ominie was nagroda"[20].

DZIEŃ TRZYDZIESTY TRZECI
MYŚLĄC O MOIM CELU

Główna myśl: Służąc innym, służę Bogu.

Werset do zapamiętania: „Jeśli podacie szklankę zimnej wody jednemu z moich najbardziej niepozornych naśladowców, na pewno będzie wam to wynagrodzone" – Mateusz 10:42 (NLT).

Pytanie do rozważenia: Która z sześciu cech prawdziwego sługi stanowi dla mnie największe wyzwanie?

Myśląc jak sługa

Mój sługa Kaleb myśli inaczej niż tamci
i jest mi całkowicie posłuszny.

IV Mojżeszowa 14:24 (NCV)

Myślcie o sobie tak,
jak myślał o sobie Chrystus.

Filipian 2:5 (Msg)

Służba ma swój początek w umyśle.

Bycie sługą wymaga przestawienia umysłu, zmiany codziennych postaw. Boga zawsze bardziej interesuje nie to, *co* robisz, ale *dlaczego* to robisz. Postawy liczą się bardziej niż dokonania. Król Amasjasz stracił Boże względy, ponieważ „czynił to, co prawe w Bożych oczach, lecz nie ze szczerego serca"[1]. Postawa prawdziwego sługi obejmuje pięć elementów wymienionych poniżej.

Słudzy myślą bardziej o innych niż o sobie. Słudzy skupiają się na innych, a nie na sobie samych. Prawdziwa pokora nie polega na tym, by umniejszać swojej wartości, ale by mniej o sobie myśleć. Słudzy to ci, którzy zapominają o sobie. Apostoł Paweł powiedział: „Nie zamykajcie się w kręgu własnych spraw, ale myślcie o innych ludziach i o ich sprawach"[2]. To, co Biblia nazywa „utraceniem życia", jest zapominaniem o sobie w służbie innym. Kiedy przestajemy skupiać się na naszych własnych potrzebach, stajemy się świadomi potrzeb tych, którzy żyją wokół nas.

Jezus „wyrzekł się samego siebie i przybrał postać sługi"[3]. Kiedy ostatni raz wyrzekłeś się siebie dla dobra innych? Nie możesz być sługą, jeśli wypełnia cię twoje „ego". Tylko wtedy, gdy zapominasz o sobie, robisz rzeczy godne zapamiętania.

Niestety, nasza służba zbyt często polega na dbaniu głównie o siebie. Służymy, by inni darzyli nas sympatią i podziwiali lub byśmy mogli osiąg-

*Prawdziwi słudzy
nie wykorzystują Boga
do własnych celów,
ale pozwalają, by Bóg używał ich
do Jego celów.*

nąć jakieś swoje cele. To jednak manipulacja, nie służba. Przez cały czas myślimy tylko o sobie i o tym, jak jesteśmy wspaniałomyślni i utalentowani. Niektórzy próbują używać służby jako karty przetargowej wobec Boga: „Zrobię to dla Ciebie Panie, jeśli Ty zrobisz coś dla mnie". Prawdziwi słudzy nie wykorzystują Boga do własnych celów, ale pozwalają, by Bóg używał ich do Jego celów.

Bezinteresowność, podobnie jak wierność, jest cechą niezwykle rzadko spotykaną. Apostoł Paweł spośród wszystkich znanych mu ludzi, jako bezinteresownego potrafił wymienić tylko Tymoteusza[4]. Myślenie typowe dla sługi jest trudne, ponieważ rzuca wyzwanie największemu problemowi, którym jest fakt, iż z natury jesteśmy egoistyczni. Myślimy przede wszystkim o sobie. Z tego powodu nauka pokory wymaga wielu codziennych zmagań i jest lekcją, którą musimy przyswajać wciąż od nowa. Okazje do tego, by stawać się sługą, nadarzają się nam wielokrotnie każdego dnia i stawiają nas przed wyborem zaspokojenia potrzeb własnych lub potrzeb naszych bliźnich. Wyparcie się siebie samego jest podstawą wszelkiej służby.

Postawę sługi możemy ocenić po sposobie reagowania w sytuacjach, gdy inni traktują nas jak sługi. Jak odnosisz się, gdy ktoś uważa, że twoja służba to coś, do czego jesteś zobowiązany, gdy stara się narzucać ci swoje kierownictwo i traktuje jak kogoś gorszego od siebie? Biblia mówi: „Jeśli ktoś próbuje was nieuczciwie wykorzystywać, to jest to dla was możliwość ćwiczenia się w służbie"[5].

Słudzy myślą kategoriami zarządców, a nie właścicieli. Słudzy pamiętają, że wszystko należy do Boga. Opisywany w Biblii zarządca był sługą, któremu powierzono administrowanie majątkiem. Tego rodzaju sługą był Józef, przebywając w więzieniu w Egipcie. Potyfar powierzył mu administrowanie swoim domem, strażnik więzienny – zakładem penitencjarnym. W końcu faraon uczynił go swoją prawą ręką w rządzeniu całym państwem. Służba i zarządzanie idą w parze[6], ponieważ Bóg oczekuje, że będziemy godni zaufania w obu tych sferach. Biblia mówi: „Jedyną rzeczą wymaganą od takich sług jest wierność wobec ich pana"[7]. Jak radzimy sobie ze środkami, które Bóg nam powierzył?

By stać się prawdziwym sługą, będziesz musiał rozwiązać kwestię znaczenia pieniędzy w swoim życiu. Jezus powiedział: „Nikt nie może służyć dwóm panom jednakowo gorliwie... Nie możecie służyć zarówno Bogu, jak i pieniądzom"[8]. Nasz Pan nie użył słów „nie powinniście służyć", ale „nie możecie służyć". Nie możemy, ponieważ jest to zwyczajnie niemożliwe. Życie dla służby a życie dla bogactwa to dwie wzajemnie wykluczające się sprawy. Jakie życie wybierzemy? Jeśli jesteś prawdziwym Bożym sługą, to nie możesz gdzieś na boku, po kryjomu zajmować się gromadzeniem majątku. Cały twój czas należy do Boga. On oczekuje od ciebie wyłączności – tego, że będziesz służył jedynie Jemu – a nie wierności w czasie wolnym od innych zajęć.

Największy potencjał zastąpienia Boga czymś innym tkwi w pieniądzach. Nic innego nie odwodzi ludzi od służby bardziej niż pieniądze. Ich tłumaczenie wygląda często tak: „Kiedy zrealizuję swoje finansowe cele i odłożę trochę pieniędzy, to zajmę się służbą Bogu". Jest to bardzo niemądra decyzja, której mogą żałować przez całą wieczność. Kiedy Jezus jest twoim Panem, to pieniądze służą tobie, byś realizował różne cele, ale gdy twoim panem staną się pieniądze, to wówczas ty stajesz się ich niewolnikiem. Bogactwo z pewnością nie jest grzechem, ale jest nim brak używania go dla Bożej chwały. Tych, którzy służą Bogu, zawsze bardziej interesuje służba niż pieniądze.

Biblia bardzo jasno daje do zrozumienia, że Bóg używa pieniędzy, by wypróbować naszą wierność jako sług. Dlatego właśnie Jezus mówił więcej o pieniądzach niż o niebie czy piekle. On powiedział: „Jeśli nie byliście godni zaufania w posługiwaniu się ziemskim bogactwem, to kto wam powierzy bogactwa prawdziwe?"[9]. Sposób dysponowania pieniędzmi ma wpływ na to, na ile Bóg nam w życiu błogosławi.

W rozdziale 31. wspomniałem o dwóch typach ludzi: tych, którzy budują Boże Królestwo i tych, którzy budują fortuny. Zarówno jedni, jak i drudzy potrafią zapewnić swoim przedsięwzięciom rozwój, dokonując odpowiednich transakcji i osiągając zyski. Twórcy fortun gromadzą bogactwo dla siebie i to niezależnie od wysokości ich dochodów, natomiast dla twórców Królestwa istnieją zupełnie inne zasady gry. Oni też starają się zarabiać jak najwięcej, ale czynią to po to, by dawać pieniądze innym. Używają swych zasobów do wspierania Bożego Kościoła i misji, jaką ma on do spełnienia w świecie.

W naszym kościele Saddleback Church mamy grono profesjonalistów oraz biznesmenów, którzy starają się zarabiać jak najwięcej, by jak najwięcej przeznaczyć na sprawę Królestwa Bożego. Zachęcam cię do porozmawiania z twoim pastorem i utworzenia w waszej wspólnocie grupy osób, które swoimi szczególnie wysokimi dochodami chciałyby przyczyniać się do rozwoju Bożego królestwa.

Słudzy myślą o swojej pracy, a nie o tym, co robią inni. Nie krytykują innych, zaangażowanych w służbę ani się nie porównują z nimi i nie rywalizują. Są zbyt zajęci wykonywaniem pracy, którą powierzył im Bóg.

DZIEŃ TRZYDZIESTY CZWARTY:

MYŚLĄC JAK SŁUGA

Rywalizacja pomiędzy Bożymi sługami jest absurdalna z wielu względów: wszyscy należymy do tej samej „drużyny", naszym głównym celem jest wywyższanie Boga, a nie siebie samych, otrzymaliśmy różniące się między sobą zadania i każdy z nas jest unikalnie ukształtowany przez Stwórcę. Apostoł Paweł powiedział: „Nie będziemy porównywać się jeden z drugim, tak jakby ktoś byłby lepszy, a ktoś gorszy. W naszym życiu mamy znacznie ciekawsze rzeczy do zrobienia. Każdy z nas jest kimś niepowtarzalnym"[10].

Pomiędzy Bożymi sługami nie ma miejsca na małostkową zazdrość. Kiedy jesteśmy pochłonięci służbą, nie mamy czasu myśleć źle o innych. Każda chwila spędzona na krytykowaniu ich to chwila, którą można poświęcić służbie. Marta nie zachowywała się jak prawdziwa służebnica, narzekając w obecności Jezusa, że jej siostra Maria nie pomaga jej w pracy.

Słudzy bowiem nie uskarżają się, że ktoś działa nie fair, nie spotykają się, żeby sobie z innymi ponarzekać ani nie czują urazy do tych, którzy nie służą. Oni po prostu ufają Bogu i nieprzerwanie służą.

Nie do nas należy ocena innych sług Mistrza. Biblia mówi: „Kimże jesteście, by krytykować czyjegoś sługę? To Pan ocenia, czy Jego sługa wypełnia swe obowiązki, czy nie"[11]. Nie jest też naszym zadaniem bronić się przed krytyką. Pozwól zająć się tym swojemu Panu. Naśladuj Mojżesza, bo okazał on prawdziwą pokorę, gdy jego rodacy stawiali mu niesłuszne zarzuty i Nehemiasza, którego reakcja na krytykę brzmiała tak: „Podjąłem się ważnej pracy i nie mogę teraz do was przybyć"[12].

Jeśli służysz tak jak Jezus, to możesz spodziewać się krytyki. Świat, a nawet duża część Kościoła nie rozumieją tego, co dla Boga ma wartość. Jeden z najpiękniejszych przykładów miłości wobec Jezusa został potępiony przez uczniów. Maria przyniosła najcenniejszą rzecz, jaką miała, czyli drogie perfumy i wylała je na nogi Jezusa. Jej hojny gest uczniowie nazwali *stratą*, ale Jezus powiedział, że był on potrzebny i miał swoje *znaczenie*[13]. To, co robimy dla Chrystusa, nigdy nie jest daremne, niezależnie od tego, co mówią inni.

Słudzy opierają swą tożsamość na Chrystusie. Ponieważ pamiętają, że są kochani i akceptowani dzięki łasce, słudzy nie muszą udowadniać swej wartości. Chętnie podejmują się zadań, które ludzie z niską samooceną uważają za umniejszające. Jednym z najlepszych przykładów służenia z zachowaniem poczucia własnej wartości jest Jezus umywający nogi uczniom. Dzisiejszym odpowiednikiem ówczesnego umywania nóg jest współczesna praca pucybuta, czyli zajęcie nie cieszące się bynajmniej prestiżem. Jezus jednak wiedział, kim jest, dlatego ta czynność nie była zagrożeniem dla jego samooceny. Biblia mówi: „Świadomy tego, że Ojciec wszystko Mu powierzył i że od Niego przyszedł i do Niego odchodzi, Jezus wstał od stołu, zdjął szatę i przepasał ręcznikiem swe biodra"[14].

Jeśli zamierzasz być sługą, musisz związać swą tożsamość z Chrystusem. Efektywnie służyć mogą tylko ludzie z poczuciem własnej wartości. Osoby pozbawione tej cechy zawsze się martwią, czy są dobrze odbierane przez innych, czy też nie. Obawiają się okazać jakąkolwiek słabość i dlatego przywdziewają maskę wielkiej pewności siebie, stwarzając rozmaite pozory. Im mniej w nas zdrowej samooceny, tym bardziej chcemy, by inni nam służyli i akceptowali nas.

Henri Nouwen kiedyś powiedział: „By służyć innym, powinniśmy oddać za nich życie, czyli zaprzestać mierzyć nasze znaczenie i wartość ich miarą... W ten sposób staniemy się wolni, by móc zatroszczyć się o ich potrzeby". Kiedy swą tożsamość opieramy na naszej relacji z Chrystusem, doznajemy uwolnienia od nadmiernych oczekiwań innych ludzi oraz naszych wyobrażeń o tych oczekiwaniach. Osiągnąwszy taki stan, jesteśmy gotowi służyć swym bliźnim najlepiej, jak tylko umiemy.

Słudzy nie muszą wieszać na swoich ścianach dyplomów i odznaczeń, by dodać powagi swojej służbie. Im nie zależy, by ich tytułowano i nie starają się uchodzić za osoby ponadprzeciętne. Dla nich symbole społecznego statusu i prestiżu nie mają znaczenia, a własnej wartości nie mierzą na podstawie osiągnięć. Paweł powiedział: „Możecie się chełpić swoimi dokonaniami, ale jedyne uznanie, jakie się liczy, pochodzi od Pana"[15].

Jeśli można mówić o kimś, kto miał najlepszy powód, by chlubić się swoimi rodzinnymi powiązaniami i pochodzeniem, to był nim z pewnością Jakub, przyrodni brat Jezusa. Rozpoczynając swój list stanowiący część Nowego Testamentu określił siebie jako „sługę Boga i Pana Jezusa Chrystusa"[16]. Im bardziej zbliżamy się do Jezusa, tym mniej odczuwamy potrzebę promowania własnej osoby.

Słudzy myślą o służbie jako o okazji, a nie obowiązku. Lubią pomagać ludziom, zaspokajać potrzeby innych i po prostu usługiwać. Służą Bogu z radością[17]. Dlaczego służą z radością? Ponieważ kochają Boga, są wdzięczni za Jego łaskę, wiedzą, że służenie Mu to sposób na najlepsze wykorzystanie życia. Wiedzą też, że Bóg obiecał im nagrodę. Jezus powiedział: „Ojciec wyróżni i nagrodzi każdego, kto mi służy"[18], a Paweł: „On nie zapomni, z jakim trudem Mu służyliście i okazywaliście swą miłość, troszcząc się o innych chrześcijan"[19].

Im bardziej zbliżamy się do Jezusa, tym mniej odczuwamy potrzebę promowania własnej osoby.

Wyobraź sobie, co by się stało, gdyby chociaż dziesięć procent wszystkich chrześcijan poważnie podeszło do swojej roli bycia sługą. Wyobraź sobie, ile dobra mogłoby z tego wyniknąć. Czy chcesz zostać jednym z tych ludzi? Nie ma znaczenia, w jakim jesteś wieku, bo Bóg będzie cię używał, jeśli tylko zaczniesz działać i myśleć jak sługa. Albert Schweitzer powiedział: „Jedynymi naprawdę szczęśliwymi ludźmi są ci, którzy nauczyli się służyć innym".

DZIEŃ TRZYDZIESTY CZWARTY
MYŚLĄC O MOIM CELU

Główna myśl: By zostać sługą, muszę myśleć jak sługa.

Werset do zapamiętania: „Przyjmijcie postawę taką, jak Jezus" – Filipian 2:5 (NIV).

Pytanie do rozważenia: Czy zwykle odczuwam potrzebę, by mi służono, czy szukam wszelkich możliwych sposobów, by samemu służyć innym?

Boża moc w naszych słabościach

Jesteśmy słabi..., ale dzięki Bożej mocy
będziemy z Nim żyć, by wam służyć.

II Koryntian 13:4 (NIV)

Jestem z wami, a to wszystko,
czego wam potrzeba.
Moja moc najlepiej ujawnia się w ludziach słabych.

II Koryntian 12:9 (LB)

Bóg lubi posługiwać się ludźmi słabymi.

Każdy ma jakieś słabości. Tak naprawdę jesteśmy *kłębkami* wad i nie-doskonałości: fizycznych, emocjonalnych, intelektualnych i duchowych. Mogą też istnieć niezależne od nas okoliczności, które nas osłabiają, na przykład trudności finansowe czy bariery w relacjach z innymi. Najważ-niejsze jest jednak, by wiedzieć, jak sobie z nimi radzić. Zwykle zaprze-czamy istnieniu naszych słabości, bronimy je, usprawiedliwiamy i jed-nocześnie ich nienawidzimy. To sprawia, że utrudniamy Bogu używanie ich w taki sposób, w jaki On sobie tego życzy.

Bóg patrzy na nasze słabości z innej perspektywy. On mówi: „Moje myśli i drogi są wyższe od myśli i dróg waszych"[1] i dlatego często działa zupełnie inaczej, niż my tego oczekujemy. Myślimy, że Bóg dla swej chwały chce wykorzystywać wyłącznie naszą siłę, ale On pragnie posłu-giwać się również naszymi słabościami.

Biblia mówi: „Bóg celowo wybrał to, co świat uważa za słabe i głupie po to, by zawstydzić silnych i mających się za mądrych"[2]. Fakt, iż posiadasz słabości, nie jest dziełem przypadku. Bóg świadomie je w twoim życiu dopuszcza, by móc przez ciebie manifestować swą moc.

Siła i samodzielność człowieka nigdy nie robiły wrażenia na Bogu. W rzeczywistości skłania się On ku ludziom słabym, którzy potrafią się do tego przyznać. Tych, którzy uznają swe słabości i szukają w nich pomocy u Boga Jezus określa jako „ubogich w duchu". To pierwsza z ludzkich postaw, które on błogosławi[3].

Biblia pełna jest przykładów tego, jak chętnie Bóg używał niedoskonałych, zwyczajnych ludzi, by pomimo swych słabości dokonywali rzeczy nadzwyczajnych. Jeśli Bóg chciałby się posługiwać tylko ludźmi doskonałymi, to nic by z tego nie wyszło, bo każdy ma jakieś wady. Fakt, że Bóg używa osoby niedoskonałe, powinien być dla nas naprawdę krzepiącą wiadomością.

Słabość czy też „cierń", jak określił to apostoł Paweł[4], nie jest grzechem, występkiem czy wadą charakteru, którą możesz zmienić, np. objadanie się lub brak cierpliwości. Słabość jest ograniczeniem, które odziedziczyłeś i którego nie masz siły się pozbyć. Może to być ograniczenie natury *fizycznej*, jak defekt w budowie anatomicznej, przewlekła choroba, wrodzona anemiczność czy niepełnosprawność. Może to być również ograniczenie natury *emocjonalnej*, wynikające ze zranionych uczuć, bolesnych wspomnień, zaburzeń osobowości czy odziedziczonych cech psychicznych. Może to być też ograniczenie w kwestii talentu czy *intelektu*. Nie wszyscy jesteśmy błyskotliwi i utalentowani.

Kiedy myślisz o swoich indywidualnych ograniczeniach, to być może nieraz zdarzało ci się pomyśleć: „Bóg mnie nigdy nie użyje". On jednak nie jest ograniczony naszymi ograniczeniami. Tak naprawdę Bóg lubi napełniać swą mocą zupełnie zwyczajne naczynia. Biblia mówi: „Jesteśmy jak gliniane naczynia, w których przechowywany jest skarb. Prawdziwa moc pochodzi od Boga, a nie od nas"[5]. Jesteśmy jak

Jeśli Bóg chciałby się posługiwać tylko ludźmi doskonałymi, to nic by z tego nie wyszło, bo każdy ma jakieś wady.

pospolite naczynia – kruche, posiadające skazy i łatwo się tłukące. Jednak Bóg będzie nas używał, jeśli pozwolimy Mu działać poprzez nasze słabości. By tak się mogło dziać, powinniśmy brać przykład z Pawła.

Przyznawaj się do słabości. Nie kryj swoich niedoskonałości. Przestań udawać, że wszystko potrafisz i ze wszystkim sobie radzisz. Bądź uczciwy wobec siebie samego i innych. Zamiast nieustannie zaprzeczać i wynajdywać kolejne wymówki, zacznij określać swoje słabości. Dobrze jest wszystkie je zapisać.

W Nowym Testamencie zapisane są dwa wielkie wyznania, które wskazują na to, czego potrzebujemy, by prowadzić właściwe życie. Pierwsze z nich wypowiedział Piotr i było ono skierowane do Jezusa: „Ty jesteś Chrystus, Syn Żywego Boga"[6]. Drugie wypowiedział Paweł wobec tłumów wielbiących go niczym Boga: „Jesteśmy tylko ludźmi, tak jak i wy"[7]. Jeśli chcesz, by Bóg cię używał, musisz wiedzieć, kim jest Bóg i kim ty jesteś. Wielu chrześcijan, zwłaszcza przywódców, zapomina o tej drugiej prawdzie: Jestem tylko człowiekiem! Jeśli przyznanie się do tego miałoby u ciebie spowodować nawet kryzys psychiczny, to Bóg nie zawaha się, by do tego dopuścić, ponieważ cię kocha.

Ciesz się ze swoich słabości. Apostoł Paweł powiedział: „Najchętniej więc chlubić się będę słabościami, aby zamieszkała we mnie moc Chrystusa. Dlatego ze względu na Niego mam upodobanie w słabościach, w zniewagach, w potrzebach, w prześladowaniach i w uciskach. Bo kiedy jestem słaby, wtedy mogę być mocny"[8]. Na początku słowa te wydają się brzmieć bezsensownie. Chcemy przecież być wolni od słabości, a nie odczuwać z ich powodu zadowolenie! To zadowolenie jest jednak wyrazem wiary w Bożą dobroć i miłość oraz w to, że On wie, co jest dla nas najlepsze.

Paweł podaje nam kilka powodów, by cieszyć się z naszych wrodzonych ograniczeń. Po pierwsze, one determinują naszą zależność od Boga. Odnosząc się do swej słabości, której Bóg nie chciał z jego życia usunąć, apostoł Paweł mówi: „Skoro wiem, że jest to pożyteczne dla sprawy Chrystusa, z radością godzę się na ten „cierń"– obelgi, cierpienia, prześladowania i trudności. Będąc bowiem słaby, jestem mocny, a im mniej sam posiadam, tym bardziej liczę na Niego"[9]. Kiedykolwiek czujesz się słaby, Bóg przypomina ci, byś na Nim polegał.

Nasze słabości chronią nas też przed arogancją. Utrzymują nas w pokorze. Paweł powiedział: „Moje przeżycia były tak wspaniałe, że Bóg chcąc uchronić mnie od pychy, umieścił w moim ciele cierń, który sprawia, że zawsze jestem świadom swoich ograniczeń"[10]. By mieć pod kontrolą nasze „ego", Bóg często dołącza do naszej największej zalety lub umiejętności naszą największą słabość. Ograniczenia mogą działać jako regulator powstrzymujący nas przed zbyt szybkim działaniem i próbą wyręczania w czymś Boga.

Kiedy Gedeon powołał do armii trzydzieści dwa tysiące rekrutów, którzy mieli pokonać Midianitów, Bóg okroił ich liczbę zaledwie do trzystu. W ten sposób każdy idący do walki Izraelita miał przeciwko sobie czterystu pięćdziesięciu żołnierzy przeciwnika. Z ludzkiego punktu widzenia miało to wszelkie znamiona masowego samobójstwa, ale Bóg uczynił tak po to, by Izrael wiedział, że to Boża moc zapewniła im zwycięstwo, a nie ich siła bojowa.

Nasze słabości są zachętą w relacjach między wierzącymi. Podczas gdy poczucie siły rozbudza ducha niezależności („nie potrzebuję niczyjej pomocy"), nasze ograniczenia pokazują, jak bardzo potrzebujemy innych. Gdy razem z kimś spleciemy wiotkie włókna naszego życia, powstanie lina o wielkiej wytrzymałości. Vance Havner zażartował kiedyś: „Chrześcijanie są delikatni jak płatki śniegu, ale kiedy się razem połączą, mogą wstrzymać ruch na drogach".

Słabości zwiększają przede wszystkim naszą zdolność współodczuwania z innymi i służenia im. W takim stanie potrafimy lepiej rozumieć ich słabości i być bardziej wrażliwymi na ich potrzeby. Bóg chce, byś tu na ziemi służył w taki sposób, jak służył Jezus. To oznacza, że masz służyć tak, by inni mogli znajdować uleczenie w twoich ranach. Największe twoje życiowe przesłanie dla bliźnich i najbardziej skuteczna służba znajdą swe źródło w twoich naj-

Twoja najbardziej skuteczna służba znajduje swe źródło w twoich najgłębszych zranieniach.

głębszych zranieniach. Rzeczy, których najbardziej się wstydzisz, które sprawiają ci największe zakłopotanie i których nie chcesz ujawniać przed innymi, mogą być właśnie tymi niezbędnymi narzędziami, jakich Bóg użyje dla uzdrawiania innych.

Znany misjonarz Hudson Taylor powiedział kiedyś: „Wszyscy duchowi giganci, których Bóg używał, byli ludźmi słabymi". Słabością Mojżesza był jego temperament, który pchnął go do zabicia Egipcjanina, do uderzenia w skałę, do której miał tylko przemówić i do rozbicia tablic z dziesięcioma przykazaniami. Jednak mimo to Bóg przemienił Mojżesza w najpokorniejszego człowieka na ziemi[11].

Słabością Gedeona była niska samoocena i bojaźliwość, ale Bóg uczynił go „mężem walecznym"[12]. Słabością Abrahama był strach. Dla zachowania swego życia dwukrotnie wmawiał obcym, że Sara nie jest jego żoną, lecz siostrą. Jednak Bóg przemienił Abrahama w „ojca wszystkich wierzących"[13]. Impulsywny, pozbawiony silnej woli Piotr stał się „skałą"[14], cudzołożnik – król Dawid stał się człowiekiem, o którym Bóg powiedział: „Znalazłem Dawida, syn Jessego, męża według serca mojego"[15], a Jan, jeden z zadufanych w sobie „synów gromu", stał się tzw. apostołem miłości.

DZIEŃ TRZYDZIESTY PIĄTY:

BOŻA MOC
W NASZYCH SŁABOŚCIACH

Tę listę można by jeszcze wydłużać. „Mam przytaczać dalsze przykłady? Zbyt wiele czasu zabrałoby mi przypominanie czynów wiary Gedeona, Baraka, Samsona, Jeftego, Dawida, Samuela i wszystkich proroków... Ich słabość stała się ich siłą"[16]. Bóg specjalizuje się w zamienianiu słabości w siłę. On chce wziąć w swe ręce twoje słabości i dokonać z nimi czegoś wielkiego.

Mów szczerze o swych słabościach. Służba bierze początek w zupełnym odkryciu się przed innymi. Im bardziej przestajesz udawać i mówisz o swoich wewnętrznych walkach, tym bardziej Bóg używa cię do służenia innym.

O takim odkryciu się Paweł wspominał we wszystkich swych listach. Mówił otwarcie o:

- swoich porażkach: „Potrafię chcieć dobra, ale nie udaje mi się go czynić. Kiedy próbuję zerwać ze złem, mimo wszystko je czynię"[17].
- swoich odczuciach: „Otworzyłem przed wami serce"[18].
- swoich frustracjach: „Byliśmy tak zdruzgotani i przytłoczeni, że baliśmy się nawet o swoje życie"[19].
- swoich obawach: „Przyszedłem do was pełen słabości – nieśmiały i drżący"[20].

Odkrycie się jest oczywiście ryzykowne. Boimy się zrezygnować ze swoich „zabezpieczeń" i otworzyć przed innymi nasze życie wewnętrzne.

Gdy ujawniamy nasze porażki, uczucia, frustracje i obawy, ryzykujemy odrzucenie. Jednak wynikające z tego dobrodziejstwa są tego warte. Odkrycie się przed innymi uwalnia w sferze emocjonalnej. Uśmierza stresy, usuwa lęki i jest pierwszym krokiem do życia w wolności.

Mogliśmy się już przekonać, że „Bóg daje łaskę pokornym", ale wielu ludzi błędnie pojmuje znaczenie pokory. Ona nie oznacza poniżania samego siebie czy zaprzeczania, że posiadamy pewne atuty. Pokora to szczerość w odniesieniu do naszych słabości. Im bardziej jesteśmy szczerzy, tym więcej otrzymujemy Bożej łaski. Będziemy też dostępować łaski ze strony innych ludzi. Odkrywanie się jest sposobem zbliżenia się do innych. W naturalny sposób przyciągają nas ci, u których widzimy pokorę. Pretensjonalność i udawanie odpychają, natomiast autentyczność pociąga, a odkrycie się przed inną osobą jest ścieżką do bliskich relacji.

Dlatego właśnie Bóg chce wykorzystywać twoje słabości, a nie tylko silne strony. Jeśli wszyscy ludzie będą widzieć wyłącznie twoje zalety, mogą się zniechęcić i myśleć, że nigdy ci nie dorównają. Gdy jednak widzą, że Bóg używa cię pomimo twoich słabości, to skłania ich do myślenia, że prawdopodobnie mógłby użyć również i ich. Twoje atuty mogą prowadzić do niepotrzebnej rywalizacji, ale twoje słabości mogą dać poczucie więzi z innymi.

W pewnym momencie naszego życia musimy zdecydować, czy chcemy na ludziach robić *wrażenie*, czy też wywierać na nich *wpływ*. By robić to pierwsze, nie trzeba się z ludźmi nawet spotykać, można to robić na odległość. Aby jednak mieć na nich wpływ, trzeba się do nich zbliżyć, a wtedy będą w stanie dostrzegać również nasze wady. Nie ma w tym nic złego. Najważniejszą cechą przydatną w duchowym przywództwie nie jest doskonałość, lecz wiarygodność. Ludzie muszą być w stanie im ufać, bo inaczej za nimi nie pójdą. Jak zabiegać o wiarygodność? Nie udawaj chodzącej doskonałości, lecz bądź szczery i uczciwy w prezentowaniu samego siebie.

Chwała w słabości. Apostoł Paweł powiedział: „Takim przeżyciem warto się chlubić, ale nie będę tego robił. Chcę być dumny tylko ze swej słabości i z tego, że Bóg w swej potędze używa jej dla swojej chwały"[21].

Zamiast kreować się na kogoś całkowicie przekonanego o swojej wspaniałości i niezrównanego we wszystkim, patrz na siebie jak na trofeum łaski. Kiedy szatan wytyka ci twoje wady i niewłaściwe postępki, uznaj to za fakt i zanieś chwałę Jezusowi, bo On zna i rozumie wszystkie twoje słabości[22] oraz Duchowi Świętemu, który pomaga ci w pokonywaniu cielesnej natury[23].

Niekiedy jednak Bóg zamienia twoją siłę w słabość, ponieważ chce cię używać w jeszcze większym stopniu. Jakub lubił posługiwać się manipulacją i spędził swoje życie na układaniu podstępnych planów oraz uciekaniu przed konsekwencjami swoich czynów. Pewnej nocy mocując się z Bogiem, zawołał: „Nie puszczę Cię aż mi nie pobłogosławisz". Bóg się na to zgodził, po czym chwycił go za udo i przetrącił mu staw biodrowy. Jakie było znaczenie tego zdarzenia?

Bóg „poraził" siłę Jakuba (mięśnie uda są najsilniejszymi w całym organizmie) i zamienił ją w słabość. Od tego dnia począwszy, Jakub utykał na nogę i już nigdy nie był w stanie biec. To zmusiło go, by niezależnie od tego, czy sobie życzył, czy nie, polegał na Bogu. Jeśli chcesz, by Bóg ci błogosławił i używał w wielki sposób, musisz zgodzić się na „utykanie" do końca życia, ponieważ Bóg używa ludzi słabych.

DZIEŃ TRZYDZIESTY PIĄTY
MYŚLĄC O MOIM CELU

Główna myśl: Bóg działa w moim życiu najskuteczniej, gdy przyznaję się do swoich słabości.

Werset do zapamiętania: „Moja łaska wam wystarczy, a moja moc staje się doskonała w waszej słabości" – II Koryntian 12:9 (NIV).

Pytanie do rozważenia: Czy nie ograniczam Bożej mocy w moim życiu, próbując ukrywać swe słabości? W jakiej dziedzinie powinienem zdobyć się na szczerość, by móc pomagać innym?

„Owocem sprawiedliwych

jest drzewo życia, a ten, kto

pozysk...   ...ędrcem"

Przyp...   ...(NIV)

„O...   ...ych

jest drz...   ...ten, kto

pozyskuje dusze, jest mędrcem

Przypowieści Salomona 11:50 (NIV)

„Owocem sprawiedliwych

jest drzewo życia, a ten, kto

pozyskuje dusze, jest mędrcem"

Przypowieści Salomona 11:50 (NIV)

CEL PIĄTY:

POWOŁANY, BY WYPEŁNIĆ MISJĘ

*Owocem sprawiedliwych jest drzewo życia,
a ten, kto pozyskuje dusze, jest mędrcem.*

Przypowieści Salomona 11:30 (NIV)

Powołani do spełnienia misji

W ten sam sposób,
w jaki powierzyłeś mi misję na świecie,
tak i ja im ją powierzam.

Jan 17:18 (Msg)

Najważniejszą rzeczą jest to,
bym wykonał swą misję, to jest dzieło,
które zlecił mi Jezus.

Dzieje Apostolskie 20:24 (NCV)

Zostałeś powołany do pełnienia misji.

Bóg działa w całym świecie i chce, byś się do Jego działań przyłączył. To zadanie nazywa się *misją*. Bóg chce, byś pełnił służbę zarówno w Kościele, czyli Ciele Chrystusa, jak i podjął się misji w świecie, w którym żyjesz. Twoja służba jest usługiwaniem *Bożym dzieciom*[1], a misja jest tym, co dajesz z siebie *niewierzącym*. Wypełnianie misji wśród tego świata jest piątym z Bożych celów dla Twojego życia.

Twoja życiowa misja ma być pełniona zarówno we *współpracy* z innymi, jak i *indywidualnie*. W tej pierwszej sferze dzielisz swe obowiązki i odpowiedzialność z każdym innym chrześcijaninem, a w drugiej realizujesz zadanie przydzielone wyłącznie tobie. W następnych rozdziałach będziemy omawiać obie z nich.

Słowo „misja" po łacinie znaczy tyle, co „wysyłać kogoś". Fakt, że jesteś chrześcijaninem, jest równoznaczny z tym, że zostałeś *posłany* do świata w charakterze reprezentanta Jezusa Chrystusa. Jezus powiedział: „Tak jak Ojciec posłał mnie, tak i ja was posyłam"[2].

Jezus jasno pojmował swą życiową misję na ziemi. Mając dwanaście lat, powiedział: „Czyż nie wiedzieliście, że w tym, co jest Ojca mego, Ja być muszę?"[3], a dwadzieścia jeden lat później, umierając na krzyżu, rzekł: „Dokonało się"[4]. Te dwa stwierdzenia, niczym okładki księgi, wyznaczają ramy dobrze przeżytego życia – życia świadomego celu. Jezus wypełnił misję, którą powierzył mu Ojciec.

Misja, którą Jezus wykonywał na ziemi, jest teraz naszą misją, ponieważ stanowimy Jego ciało. To, co On czynił w ciele fizycznym, my mamy kontynuować jako Jego ciało duchowe, czyli Kościół. Czym jest misja? Misja to przedstawianie ludzi Bogu! Biblia mówi: „Chrystus zmienił nas z wrogów w przyjaciół i powierzył nam zadanie zachęcania ludzi, by stali się również Jego przyjaciółmi"[5].

Bóg chce wybawić ludzi z mocy szatana i pojednać się z nimi, tak by móc zrealizować pięć celów, dla jakich nas stworzył: byśmy Go kochali, byśmy byli członkami Jego rodziny, byśmy stawali się takimi jak On, byśmy Mu służyli oraz byśmy mówili o Nim innym ludziom. Z chwilą, gdy do Niego zaczęliśmy należeć, Bóg chce używać nas do pozyskiwania ludzi dla Niego. On zbawia nas i wysyła nas do nich. Biblia mówi: „Zostaliśmy wysłani, by mówić w imieniu Jezusa"[6]. Jesteśmy wysłannikami Bożej miłości i zwiastunami Jego celów dla całego świata.

ZNACZENIE TWOJEJ MISJI

Wypełnianie twojej życiowej misji na ziemi stanowi jedną z podstaw życia dla Bożej chwały. Biblia podaje wiele powodów, dla których twoja misja jest czymś tak bardzo ważnym.

Twoja misja jest kontynuacją misji Jezusa na ziemi. Jako naśladowcy Chrystusa mamy przejąć to, co On rozpoczął. Jezus wzywa nas, byśmy nie tylko *przyszli do* Niego, ale też abyśmy *w Jego imieniu* poszli do innych. Twoja misja jest na tyle ważna, że Jezus mówił o tym pięciokrotnie, na pięć różnych sposobów i w pięciu różnych księgach biblijnych[7]. To tak, jakby mówił: „*Naprawdę* bardzo mi zależy, byście zrozumieli potrzebę misji!". Zapoznajmy się z tymi pięcioma poleceniami Jezusa, a pojmiemy szczegóły naszej misji na ziemi, czyli: kiedy, gdzie, dlaczego i jak.

DZIEŃ TRZYDZIESTY SZÓSTY:

Powołani do spełnienia misji

W swoim Wielkim Misyjnym *Poleceniu* Jezus powiedział: „Idźcie do wszystkich narodów i czyńcie je moimi uczniami. Chrzcijcie je w imię Ojca, Syna i Ducha Świętego, ucząc je wszystkiego, co wam przekazałem"[8]. To zadanie zostało powierzone każdemu naśladowcy Jezusa, nie tylko pastorom i specjalnie przeszkolonym misjonarzom. Ono pochodzi od Jezusa i nie pozostawia nam żadnej alternatywnej możliwości. Powyższe słowa Jezusa nie są Jego Wielką Misyjną Sugestią. Jeśli należysz do Bożej rodziny, to misja jest twoim obowiązkiem. Zlekceważenie jej oznacza nieposłuszeństwo Bogu.

Być może nie zdawałeś sobie dotąd sprawy, że Bóg czyni cię odpowiedzialnym za niewierzących, którzy żyją wokół ciebie. Biblia mówi: „Musicie ich ostrzegać, by mogli zachować swe życie. Jeśli nie będziecie upominać zgubionych ludzi, by zeszli ze złej drogi, to pomrą w swych grzechach. A ja uczynię was odpowiedzialnymi za ich śmierć"[9]. Być może jesteś jedynym chrześcijaninem, którego pewne osoby

Jezus wzywa nas, byśmy nie tylko przyszli do Niego, ale też abyśmy w Jego imieniu poszli do innych.

będą mogły poznać w swoim życiu i dlatego twoją misją jest podzielenie się z nimi wieścią o Jezusie.

Twoja misja to wspaniały przywilej. Chociaż fakt bycia używanym przez Boga wiąże się z wielką odpowiedzialnością, to jest on dla nas również wielkim wyróżnieniem i honorem. Paweł powiedział: „Bóg dał nam też przywilej zachęcania ludzi, by skorzystali z Jego dobroci i pojednali się z Nim"[10]. Twoja misja niesie ze sobą dwa wspaniałe przywileje: pracę z Bogiem oraz reprezentowanie Go. Stajesz się Bożym partnerem w tworzeniu Jego królestwa. Paweł nazywa cię współpracownikiem[11].

Jezus zabezpieczył nasze zbawienie, przyjął nas do swej rodziny, obdarzył swoim Duchem, a następnie uczynił nas swoimi przedstawicielami w świecie. To naprawdę wielki przywilej! Biblia mówi: „Jesteśmy wysłannikami Chrystusa. Bóg używa nas do przekonywania innych, aby porzucili spory i pojednali się. Mówimy w imieniu samego Chrystusa – stańcie się Bożymi przyjaciółmi"[12].

Mówienie innym, jak mogą otrzymać życie wieczne, jest najważniejszą rzeczą, jaką możesz dla nich zrobić. Jeśli twój znajomy miałby raka czy

AIDS, a ty znałbyś lekarstwo, to nieprzekazanie mu tej bezcennej informacji miałoby wszelkie znamiona zbrodni. Czymś jeszcze gorszym jest nieujawnianie prawdy o przebaczeniu, prawdziwym celu życia, Bożym pokoju czy wiecznym życiu. Jesteśmy w posiadaniu największej „rewelacji" w całej historii świata i przekazywanie jej innym, jest największą przysługą, jaką możemy im wyświadczyć.

Jednym z problemów chrześcijan „okrzepłych w wierze" jest to, że zapominają, jak beznadziejne było ich życie bez Jezusa. Musimy pamiętać, że wszyscy ludzie, nawet gdy robią *wrażenie* zadowolonych z życia, upajają się sukcesem czy wydają się, jakby byli „w czepku urodzeni", bez Chrystusa są beznadziejnie zgubieni i skazani na wieczne oddzielenie od Boga. Biblia mówi: „W nikim innym (poza Chrystusem) nie ma zbawienia"[13]. Każdy potrzebuje Jezusa.

Twoja misja ma znaczenie o wiecznym wymiarze. Ona będzie miała wpływ na to, gdzie niektórzy ludzie znajdą się w wieczności, dlatego jest ważniejsza niż jakakolwiek kariera, dokonania czy prywatne cele, jakie zamierzasz w tym życiu osiągnąć. Konsekwencje podjętej przez ciebie misji będą trwały wiecznie, natomiast konsekwencje twojej pracy zawodowej nie. Nic, co kiedykolwiek uda ci się zrobić, nie będzie miało takiej wagi, jak to, że pomagasz innym ustanowić ich wieczne relacje z Bogiem.

Wielkie Polecenie Misyjne zostało powierzone każdemu naśladowcy Jezusa.

Dlatego musisz myśleć o swojej misji w kategoriach najwyższego priorytetu, rzeczy pilnej do wykonania. Jezus powiedział: „Musimy więc spełnić zadanie wyznaczone nam przez Tego, który mnie posłał. Do nadejścia nocy zostało już niewiele czasu, a wtedy nic już nie będzie można zdziałać"[14]. Zegar twojej życiowej misji nieubłaganie odmierza czas, dlatego nie opóźniaj jej o kolejny dzień. Już teraz rozpocznij dzieło pozyskiwania innych dla Boga! Z tymi, których przyprowadzisz do Jezusa, będziesz miał do świętowania całą wieczność, ale do tego, by ich dla Niego zdobyć, masz tylko krótkie życie tu na ziemi.

Nie oznacza to jednak, że masz porzucić pracę zawodową i bezwarunkowo stać się pełnoetatowym ewangelistą. Bóg chce, byś dzielił się z innymi Dobrą Nowiną tam, gdzie jesteś. Jako student, matka, nauczyciel, sprzedawca, kierownik... Niezależnie, co w życiu robisz, powinieneś nieustannie poszukiwać ludzi, których Bóg stawia na twojej drodze, aby przekazywać im prawdę Ewangelii.

Twoja misja nadaje twojemu życiu sens. William James powiedział: „Najlepszym wykorzystaniem życia jest spędzenie go na czymś, co wykroczy poza jego doczesne ramy". Prawda jest taka, że tym, co ma trwać, jest tylko Boże królestwo. *Wszystko* inne osiągnie w końcu swój kres. Dlatego właśnie powinieneś prowadzić życie świadome celu – życie poświęcone oddawaniu chwały, budowaniu społeczności, duchowemu wzrostowi, usługiwaniu i wypełnianiu misji na ziemi. Skutki tych działań będą trwać wiecznie!

Jeśli nie uda ci się wykonać powierzonej przez Boga misji, to zmarnujesz dane ci przez Niego życie. Apostoł Paweł powiedział: „Ale życie ma dla mnie sens tylko wtedy, kiedy zgodnie z zadaniem postawionym mi przez Pana mogę opowiadać innym dobrą nowinę o wielkiej Bożej miłości i dobroci"[15]. Na tej planecie są ludzie, do których z Ewangelią zdoła dotrzeć tylko jedna osoba. Taką osobą możesz być ty. Zależy to od miejsca, gdzie mieszkasz i specyficznej roli, jaką Bóg ci wyznaczył. Jeśli dzięki tobie znajdzie się w Niebie choćby jedna osoba, będzie to oznaczało, że twoje życie wywarło wpływ na to, co będzie w wieczności. Zacznij rozglądać się po swoim osobistym polu misyjnym i pytaj Boga: „Panie, kogo postawiłeś na drodze mego życia, bym mówił mu o Jezusie?"

Boży termin zamknięcia historii świata związany jest z wykonaniem naszej misji. W dzisiejszych czasach rośnie zainteresowanie powtórnym przyjściem Chrystusa i końcem świata. Kiedy to wszystko się wydarzy? Uczniowie zadali to samo pytanie Jezusowi na krótko przed Jego wniebowstąpieniem i otrzymali następującą odpowiedź: „Nie waszą sprawą jest znać czas, który Ojciec w swym autorytecie odpowiednio wyznaczy. Otrzymacie jednak moc, gdy zstąpi na was Duch Święty i będziecie moimi świadkami w Jerozolimie, w całej Judei i Samarii, i aż po krańce świata"[16].

Kiedy uczniowie chcieli rozmawiać o proroctwach, Jezus zmienił temat i mówił im o ewangelizacji. Zależało Mu, by skupili się na swojej misji w świecie. To, co powiedział, wyrażało w skrócie następującą myśl: „Szczegóły mojego powrotu nie powinny was interesować. Tym, co do was należy, *jest* sprawa misji i na tym skoncentrujcie waszą uwagę!"

Spekulowanie na temat dokładnych ram czasowych powrotu Jezusa jest daremnym i niedorzecznym zajęciem, gdyż Jezus powiedział: „Nikt jednak nie zna ani dnia, ani godziny, kiedy nastąpi ten koniec. Ani aniołowie, ani nawet Syn Boży, to wie jedynie Ojciec"[17]. Jeśli Jezus powiedział, że nawet On nie zna dnia ani godziny, kiedy to nastąpi, to dlaczego my mielibyśmy taką wiedzę posiadać? Wiemy jednak na pewno rzecz następującą: Jezus nie powróci, zanim wszyscy, którzy z woli Bożej mieli usłyszeć Ewangelię, nie usłyszą jej. Jezus powiedział: „Dobra Nowina o Bożym królestwie będzie ogłaszana po całym świecie, każdemu narodowi. Wtedy nadejdzie koniec"[18]. Jeśli chcemy, by Jezus powrócił wcześniej, to skupmy się na spełnianiu naszej misji, a nie na wyczerpującym interpretowaniu proroctw, prowadzącym donikąd.

Łatwo jest rozproszyć się i stracić z pola widzenia misję, bo szatan robi wszystko, byś zajmował się wszystkim, poza dzieleniem się swą wiarą z innymi.

Łatwo jest rozproszyć się i stracić z pola widzenia misję, bo szatanowi zależy na tym, byś zajmował się wszystkim, poza dzieleniem się swą wiarą z innymi. On będzie chciał, byś robił mnóstwo dobrych rzeczy, z wyjątkiem prowadzenia innych do nieba. W momencie, gdy poważnie potraktujesz sprawę misji, możesz się spodziewać, że diabeł zacznie cię zarzucać przeróżnymi pokusami oraz nowymi zainteresowaniami. Kiedy widzisz, że do tego dochodzi, pamiętaj słowa Jezusa: „Jeśli ktoś zajmuje się innymi sprawami, a nie zadaniem, jakie mu wyznaczyłem, nie nadaje się do Królestwa Bożego"[19].

JAKA JEST CENA WYPEŁNIANIA MISJI?

Wypełnianie misji będzie wymagało od ciebie rezygnacji z twoich priorytetów i przyjęcie tych zadań, które ma dla ciebie Bóg. Bożych spraw nie da się po prostu dołączyć jako „dodatku" do swoich własnych. Tak jak Jezus, powinieneś prosić: „Ojcze, niech się dzieje Twoja wola, a nie moja"[20]. Składaj przed Nim to, co uważasz za należne sobie prawa, mów Mu o swoich oczekiwaniach, marzeniach, planach i ambicjach. Zaprzestań egoistycznych modlitw w stylu: „Panie, błogosław moje zamierzenia" i zamiast tego powiedz: „Panie, pomagaj mi robić to, co chciałbyś błogosławić!". Daj Bogu czystą kartkę ze swoim podpisem u dołu i poproś, by wpisał tam wszystkie szczegóły Jego woli dla twojego życia. Biblia mówi: „Powierzcie się Bogu zupełnie, bez reszty i stańcie się narzędziami używanymi do Jego zaszczytnych celów"[21].

Jeśli poświęcisz się wykonywaniu twojej życiowej misji bez względu na jej koszty, to będziesz doświadczał takich Bożych błogosławieństw, jakie są udziałem niewielu ludzi. Nie ma nic, czego Bóg nie uczyniłby dla mężczyzny czy kobiety, którzy poświęcili się służbie dla Bożego Królestwa. Jezus obiecał: „Chętnie da wam wszystko, czego na co dzień potrzebujecie, jeśli tylko zdecydujecie się dla Niego żyć, a Królestwo Boże stanie się waszą główną troską"[22].

JESZCZE JEDEN CZŁOWIEK DLA JEZUSA

Mój ojciec był pastorem przez ponad pięćdziesiąt lat, służąc głównie w niewielkich wiejskich zborach. Był dość prostym mówcą, ale był człowiekiem misji. Jego ulubionym zajęciem było organizowanie grup wolontariuszy do budowania budynków kościelnych poza granicami. W swoim życiu zbudował ponad 150 domów modlitwy na całym świecie.

W 1999 roku mój ojciec umarł na raka. W ostatnim tygodniu jego życia choroba dniami i nocami utrzymywała go w stanie półprzytomności. Kiedy śnił, głośno mówił o tym, co przeżywał w snach. Siedząc przy jego łóżku i słuchając tego, co mu się śniło, wiele się mogłem o nim dowiedzieć. Cały czas mówił o budowaniu któregoś z kolejnych kościelnych budynków.

Pewnej nocy, tuż u kresu życia wraz z rodziną siedzieliśmy w jego pokoju. Nagle stał się bardzo ruchliwy i próbował wstać z łóżka. Oczywiście był zbyt słaby i moja żona nalegała, by spokojnie leżał. On z kolei uporczywie próbował opuścić łóżko, więc moja żona w końcu spytała: „Jimmy, co ty chcesz zrobić?" Ojciec zaczął powtarzać: „Jest jeszcze ktoś, kogo muszę pozyskać dla Jezusa! Jest jeszcze ktoś, kogo muszę pozyskać dla Jezusa!..."

W ciągu następnej godziny wypowiadał to zdanie dosłownie setki razy. Ze łzami płynącymi po policzkach usiadłem przy jego łóżku i podziękowałem Bogu za wiarę mojego taty. W tym momencie ojciec wyciągnął rękę i położył swą wątłą dłoń na mojej głowie, tak jakby chciał dać mi polecenie: „Pozyskaj jeszcze kogoś dla Jezusa! Pozyskaj jeszcze kogoś dla Jezusa!".

Chciałbym, by słowa ojca były już odtąd mottem mojego życia. Zachęcam cię, aby twoje życie również skupiło się na pozyskiwaniu ludzi dla Chrystusa, bo nic innego nie będzie miało takiego znaczenia w wieczności, jak to. Jeśli chcesz być używany przez Boga, musisz troszczyć się o to, o co i On się troszczy, a Jego najbardziej interesuje odkupienie ludzi, których stworzył. On chce, by Jego zgubione dzieci zostały odnalezione! Dla Boga nic bardziej się nie liczy, a dowodzi tego krzyż na wzgórzu Golgoty. Modlę się, żebyś nieustannie rozglądał się za tymi, których mógłbyś pozyskać dla Jezusa. Jeśli na tym się skupisz, to kiedyś, gdy staniesz przed Bogiem, będziesz mógł z radością powiedzieć: „Panie, moja misja jest zakończona!".

DZIEŃ TRZYDZIESTY SZÓSTY
MYŚLĄC O MOIM CELU

Główna myśl: Zostałem powołany do spełnienia misji.

Werset do zapamiętania: „Idźcie więc i pozyskujcie dla mnie uczniów ze wszystkich narodów, chrzcząc ich w imię Ojca, Syna i Ducha Świętego. Uczcie ich także przestrzegać wszystkich przykazań, jakie wam dałem. Bądźcie pewni, że jestem z wami zawsze, aż do końca świata" – Mateusz 28:19–20 (NIV).

Pytanie do rozważenia: Jakie obawy powstrzymywały mnie dotąd od wypełniania misji, do jakiej stworzył mnie Bóg? Co utrudnia mi przekazywanie innym Dobrej Nowiny?

Dzieląc się swoim życiowym przesłaniem

Ci, którzy wierzą w Syna Bożego,
mają w sobie świadectwo o Bogu.

I Jan 5:10 (GWT)

Życie każdego z was
jest echem Słowa naszego Pana...
Coraz bardziej szerzą się wiadomości o waszej wierze.
Nie musimy już nawet nic dopowiadać
– wy sami jesteście tym poselstwem!

I Tesaloniczan 1:8 (Msg)

Bóg daje ci przesłanie życia, abyś się nim dzielił.

Kiedy stałeś się wierzącym, zostałeś równocześnie Bożym kurierem. Poprzez ciebie Bóg chce przemawiać do świata. Apostoł Paweł mówi: „Mówimy prawdę w obliczu Boga jako Jego posłańcy"[1].

Być może czujesz, że nie masz czym się dzielić, ale to właśnie diabeł próbuje nakłaniać cię do milczenia. Masz cały magazyn doświadczeń, które Bóg chce wykorzystywać, by do swojej rodziny wprowadzać nowych ludzi. Biblia mówi: „Ci, którzy wierzą w Syna Bożego, mają w sobie świadectwo o Bogu"[2]. Przesłanie twojego życia składa się z czterech elementów.

- Twoje *świadectwo*: historia o tym, jak rozpocząłeś relację z Jezusem.

- Twoje *życiowe lekcje*: najważniejsze doświadczenia, przez które Bóg uczył cię swych prawd.

- Twoje *pasje*: sprawy, które zgodnie z predyspozycjami otrzymanymi od Boga najbardziej cię pochłaniają.

- *Dobra Nowina*: wiadomość o zbawieniu.

Przesłanie twojego życia zawiera osobiste świadectwo. Twoje świadectwo mówi o tym, w jaki sposób Chrystus zmienił twoje życie. Apostoł Piotr pisze, że zostaliśmy wybrani przez Boga, by „wykonywać Jego dzieło i mówić innym, jak Bóg wyprowadził nas z ciemności do swego cudownego światła”[3]. Istotą świadczenia jest po prostu opowiadanie o swoich osobistych przeżyciach związanych z wiarą w Boga. W sądzie od świadka nie oczekuje się podważania zarzutów, dowodzenia prawdy czy wpływania na werdykt sędziego, bo to jest zadaniem obrońców. Świadkowie mają tylko opowiedzieć, co się wydarzyło lub co widzieli.

Dzielenie się przeżyciami pomaga budować most, po którym Jezus może przechodzić z twojego serca do serca twoich słuchaczy.

Jezus powiedział, że będziemy Jego świadkami[4], a nie adwokatami. On chce, byś opowiadał innym swoją historię. Składanie świadectwa jest podstawą twojej ziemskiej misji, ponieważ jest ono niepowtarzalne. Nikt nie przeżył tego samego, co ty i dlatego tylko ty możesz dzielić się swoją historią. Jeśli nie będziesz tego czynił, twoje świadectwo przepadnie na zawsze. Być może nie jesteś teologiem, ale jesteś za to autorytetem, jeśli chodzi o twoje osobiste życie, a z indywidualnymi przeżyciami trudno jest polemizować. Tak naprawdę, osobiste świadectwo znaczy więcej niż kazanie, ponieważ niewierzący postrzegają pastorów jako profesjonalnych „sprzedawców”, natomiast w tobie mogą dostrzec „zadowolonego klienta” i dlatego będziesz cieszył się u nich większą wiarygodnością.

Do osobistych historii łatwiej się odnieść niż do głoszonych zasad, więc ludzie lubią ich słuchać. One przyciągają uwagę i dłużej się je pamięta. Gdybyś zaczął cytować teologów, niewierzący prawdopodobnie straciliby zainteresowanie tym, co mówisz, jednak opowiadanie o doświadczeniach, których oni nigdy nie mieli, budzi ich naturalną ciekawość. Dzielenie się przeżyciami pomaga budować most, po którym Jezus może przechodzić z twojego serca do serca twoich słuchaczy.

Kolejnym atutem świadectwa jest to, że potrafi ono pokonać intelektualny opór innych ludzi. Wielu z nich rozumowo nie akceptuje autorytetu Biblii, jednak chętnie wysłucha pełnej pokory osobistej opowieści. Z tego właśnie powodu Paweł sześciokrotnie posłużył się świadectwem zamiast cytować Pismo Święte[5].

Biblia mówi: „Zawsze bądźcie gotowi dać odpowiedź tym, którzy zapytają was o zasady wiary, a czyńcie to łagodnie i z szacunkiem"[6].

Najlepszym sposobem na zachowanie tej gotowości jest spisanie swojego świadectwa i zapamiętanie jego głównych punktów. Podziel je na cztery części:

1. Jakie było moje życie zanim spotkałem Jezusa?

2. Jak sobie uświadomiłem, że Go potrzebuję?

3. Jak oddałem Mu swoje życie?

4. Jakie zmiany wprowadził On w moim życiu?

Oczywiście poza świadectwem zbawienia masz jeszcze wiele innych. Możesz opowiedzieć o każdym zdarzeniu, w którym Bóg okazał ci pomoc. Przydatnym byłoby stworzenie listy wszystkich problemów, okoliczności i kryzysów, przez które Bóg cię przeprowadził. Wykaż się wyczuciem i opowiedz swą historię tak, by twój niewierzący rozmówca jak najlepiej mógł się w niej przejrzeć. Różne sytuacje wymagają różnych świadectw.

Przesłanie twojego życia zawiera życiowe lekcje. Drugim elementem najważniejszej wiadomości, jaką chcesz przekazać innym, są prawdy, których Bóg nauczył cię poprzez doświadczenia wiary. To lekcje i spostrzeżenia dotyczące Boga, relacji z innymi, problemów, pokus i innych aspektów życia. Psalmista Dawid modlił się w ten sposób: „Naucz mnie Panie Twoich zasad, abym ich strzegł do końca"[7]. Niestety, nie zawsze potrafimy czerpać naukę z tego, co nas spotyka. O Izraelitach czasów starotestamentowych Pismo mówi tak: „Bóg nieustannie ich ratował, ale oni nie wyciągali z tego żadnych nauk, więc w końcu upadli z powodu swoich grzechów"[8]. Podobnych ludzi udało nam się spotkać zapewne nie raz.

Jakkolwiek mądrym jest uczyć się z własnych doświadczeń, to jeszcze rozsądniej jest korzystać z doświadczeń innych. Nie mamy czasu na to, by wszystkiego w życiu uczyć się na zasadzie prób i błędów. Lepiej jest uczyć się od siebie nawzajem w oparciu o indywidualne przeżycia każdego z nas. Biblia mówi: „Ostrzeżenie od doświadczonej osoby jest cenniejsze niż klejnoty z najczystszego złota"[9].

Wypisz sobie swoje największe życiowe lekcje, aby móc się nimi podzielić z innymi. Zrobił to przed nami Salomon i dzięki temu powstały księgi Przypowieści oraz Kaznodziei Salomona, pełne praktycznych porad dotyczących życia. Zastanów się, jak wielu frustracji można by uniknąć, gdybyśmy wraz z innymi uczyli się nawzajem ze swoich doświadczeń.

> *Jakkolwiek mądrym jest uczyć się z własnych doświadczeń, to jeszcze rozsądniej jest korzystać z doświadczeń innych.*

Dojrzali ludzie wyrabiają sobie nawyk wyciągania wniosków z codziennych przeżyć. Zachęcam cię do zrobienia listy swoich życiowych lekcji. Jeżeli się ich nie spisze, to tak naprawdę niewiele się o nich myśli. Oto kilka pytań, które pobudzą twoją pamięć i pomogą sporządzić ci swój własny spis[10]:

- Czego nauczył mnie Bóg przez konkretną porażkę w moim życiu?
- Czego nauczył mnie Bóg przez trudności finansowe?
- Czego nauczył mnie Bóg przez ból, smutek lub depresję?
- Czego nauczył mnie Bóg, każąc mi czekać?
- Czego nauczył mnie Bóg przez chorobę?
- Czego nauczył mnie Bóg, zsyłając mi rozczarowanie?
- Czego nauczyłem się od swojej rodziny, kościoła, z relacji z innymi, grupy domowej oraz osób mnie krytykujących?

Przesłanie twojego życia obejmuje dzielenie się twoimi pasjami. Bóg jest Bogiem pełnym pasji. On żarliwie *kocha* pewne rzeczy, a innych szczerze *nienawidzi*. Gdy będziesz się do Niego coraz bardziej zbliżał, Bóg spowoduje w tobie zainteresowanie czymś, o co On sam bardzo się troszczy, byś mógł być przez to Jego orędownikami na ziemi. Może to być zainteresowanie jakimś problemem, celem, zasadą czy grupą ludzi. Cokolwiek to będzie, poczujesz, że musisz o tym mówić i robić wszystko, co w twojej mocy, by zmieniać rzeczywistość.

Nie da się milczeć w sprawach, które cię najbardziej poruszają. Jezus powiedział: „Słowa człowieka ujawniają jego wnętrze"[11]. Kolejnych przykładów dostarcza Dawid: „Moja gorliwość dla Boga i Jego służby płonie we mnie"[12] oraz Jeremiasz: „Twoje słowa płonęły w moim sercu i kościach, i nie mogłem milczeć"[13].

Bóg daje ludziom pewne pasje, aby mogli orędować w różnych sprawach. Często dotyczy to problemów, których sami doświadczyli, np. wykorzystania seksualnego, uzależnień, bezpłodności, depresji, choroby czy jakiegoś innego nieszczęścia. Niekiedy Bóg daje ludziom pasję do wstawiania się za tymi, którzy sami nie mogą bronić swoich interesów, a więc nienarodzonymi, prześladowanymi, ubogimi, więzionymi, maltretowanymi oraz pokrzywdzonymi i niesprawiedliwie traktowanymi. Biblia pełna jest nakazów stawania w obronie bezsilnych.

Bóg używa ludzi lubiących się angażować w działalność na rzecz innych, by poszerzać swoje Królestwo. On może dać ci pasję do zakładania nowych kościołów, wzmacniania rodzin, finansowania przekładów Biblii czy szkolenia chrześcijańskich przywódców. Być może otrzymasz wewnętrzny impuls, by dotrzeć z Ewangelią do określonej grupy ludzi, np. biznesmenów, nastolatków, studentów z wymiany zagranicznej, młodych matek, sportowców lub entuzjastów jakiegoś hobby. Jeśli poprosisz o to Boga, On położy ci na sercu kraj lub grupę etniczną, które szczególnie potrzebują świadectwa o Jezusie.

Bóg używa ludzi z pasją, by zrealizowali w świecie to wszystko, co leży Mu na sercu. Nie powinieneś oczekiwać, że inni będą żarliwie podzielali twoje pasje. Musisz raczej umieć słuchać świadectw innych i doceniać je, ponieważ nikt nie jest w stanie powiedzieć wszystkiego

Bóg używa ludzi z pasją, by zrealizowali w świecie to wszystko, co leży Mu na sercu.

o Bogu. Nigdy nie pomniejszaj czyjegoś zaangażowania w Boże sprawy. Biblia mówi: „Dobrze jest być gorliwym, o ile właściwy jest cel"[14].

Przesłanie twojego życia zawiera Dobrą Nowinę. Czym jest Dobra Nowina? „Dobra Nowina głosi, że Bóg usprawiedliwia ludzi na podstawie ich wiary"[15]. „Gdyż Bóg w Chrystusie pojednał ze sobą świat, nie pamiętając ludziom ich grzechów. Tę wspaniałą wieść Bóg powierzył nam po to, abyśmy opowiadali ją innym"[16]. Dobra Nowina mówi, że kiedy ufamy, iż Boża łaska zbawia nas poprzez to, czego dokonał Chrystus, to otrzymujemy przebaczenie grzechów, cel życia i obietnicę wiecznego domu w Niebie.

Wydano już setki książek na temat sposobów dzielenia się z innymi Dobrą Nowiną. Jednak żadne ze szkoleń nie jest w stanie dostatecznie umotywować cię do świadczenia o Chrystusie, zanim głęboko w swoim sercu nie zrozumiesz, czym jest misja i jak jest ona niezbędna (patrz: osiem głównych cech misji wspomnianych w poprzednim rozdziale i napisanych tłustym drukiem). Najważniejsze w tym wszystkim jest to, by nauczyć się kochać zgubionych ludzi tak, jak Bóg.

Bóg nigdy nie stworzył osoby, której by nie kochał. Każdy ma dla Niego znaczenie. Gdy Jezus wisiał przybity do krzyża, wyrażał tym najwyższą miłość do wszystkich ludzi. To tak, jakby mówił: „Aż na tyle was pokochałem!" Biblia mówi: „Kieruje nami miłość Chrystusa, ponieważ jesteśmy przekonani, iż jeden umarł za wszystkich"[17]. Gdy myśląc o swojej misji w świecie, odczuwasz czasami apatię, to przypomnij sobie, co Jezus zrobił dla ciebie na krzyżu.

Musimy troszczyć się o niewierzących, gdyż troszczy się o nich Bóg. Miłość nie pozostawia nam w tej kwestii wyboru. Biblia mówi: „Miłość nie zna żadnego strachu, doskonała miłość usuwa każdą obawę"[18]. Matka lub ojciec są gotowi wbiec do płonącego budynku, by ratować dziecko, bo ich miłość do niego jest silniejsza niż strach. Jeśli dotąd krępowałeś się lub obawiałeś się dzielić Dobrą Nowiną z ludźmi wokół siebie, to proś Boga, by wypełnił twoje serce miłością do nich.

Biblia mówi: „Bóg nie chce, by ktokolwiek zginął, ale pragnie, by każdy z ludzi opamiętał się i zmienił swoje życie"[19]. Jeśli znasz choć jedną osobę, która nie zna Chrystusa, *musisz* się o nią modlić, służyć jej z miłością i przekazać jej Dobrą Nowinę. Podobnie, gdy w twoim sąsiedztwie lub otoczeniu jest choćby jeden człowiek, który nie należy do Bożej rodziny, to twój kościół *powinien* dołożyć wszelkich starań, by kogoś takiego pozyskać dla Chrystusa. Kościół, który nie chce się rozwijać, komunikuje światu następującą rzecz: „Możecie sobie iść do piekła".

Co zamierzasz zrobić, aby ludzie, których znasz, dostali się do nieba? Zaprosić ich na nabożeństwo? Opowiedzieć swoje świadectwo? Podarować im tę książkę? Zaprosić ich na obiad? Codziennie się o nich modlić, aż opowiedzą się za Chrystusem? Twoje pole misyjne jest wokół ciebie – na wyciągnięcie ręki. Nie przegap szans, jakie stawia przed tobą Bóg. Biblia mówi: „Wykorzystujcie wszystkie okazje do opowiadania innym ludziom Dobrej Nowiny. We wszystkich kontaktach z nimi bądźcie mądrzy i roztropni"[20].

Czy dzięki tobie ktoś znajdzie się w niebie? Czy ktokolwiek w wieczności będzie mógł ci powiedzieć: „Chcę ci podziękować. Jestem tu, ponieważ tak się o mnie troszczyłeś, że dzieliłeś się ze mną Dobrą Nowiną."? Wyobraź sobie radość witania się w niebie z ludźmi, którym pomogłeś się tam dostać. Wieczne zbawienie choćby jednego człowieka jest ważniejsze niż wszystko inne, co mógłbyś w życiu osiągnąć. Tylko ludzie będą istnieć przez całą wieczność.

W tej książce mogłeś poznać pięć głównych celów, jakie Bóg wyznaczył dla twojego życia na ziemi. Stworzył cię, byś był *członkiem* Jego rodziny, *odbiciem* Jego natury, *promotorem* Jego chwały, *sługą* Jego łaski i *emisariuszem* Jego Dobrej Nowiny. Z tych pięciu celów ostatni może być realizowany tylko na ziemi. Pozostałe cztery cele będziemy mogli w pewnym sensie realizować również w wieczności. Dlatego właśnie szerzenie Dobrej Nowiny jest tak ważne. Tak naprawdę, mamy niewiele czasu na dzielenie się osobistym świadectwem z niezbawionymi i wypełnienie życiowej misji.

DZIEŃ TRZYDZIESTY SIÓDMY
MYŚLĄC O MOIM CELU

Główna myśl: Bóg chce przekazać coś światu za moim pośrednictwem.

Werset do zapamiętania: „Zawsze bądźcie gotowi dać odpowiedź tym, którzy zapytają was o zasady wiary, a czyńcie to łagodnie i z szacunkiem" – I Piotr 3:15-16 (TEV).

Pytanie do przemyślenia: Komu Bóg chce, bym opowiedział swoje świadectwo, biorąc pod uwagę jego szczególną treść?

Stając się chrześcijaninem
światowej klasy

Jezus rzekł swoim uczniom:
Idźcie na cały świat i głoście każdemu Dobrą Nowinę.

Marek 16:15 (NCV)

Roześlij nas po całym świecie
z przesłaniem o Twej zbawczej mocy
i wiecznym planem dla całego rodzaju ludzkiego.

Psalm 67:2 (LB)

Wielki nakaz misyjny to nakaz otrzymany przez każdego z nas.

Masz możliwość wyboru – albo staniesz się chrześcijaninem *światowej klasy* albo chrześcijaninem *zeświecczonym*[1].

Chrześcijanie zeświecczeni spoglądają ku Bogu głównie przez pryzmat osobistych korzyści. Są zbawieni, ale egocentrycznie skupieni na sobie. Przepadają za chrześcijańskimi koncertami i seminariami na temat chrześcijańskiego wzrostu, ale nigdy nie zobaczymy ich na szkoleniach z dziedziny misji, ponieważ to ich po prostu nie interesuje. Ich modlitwy dotyczą własnych potrzeb, własnych błogosławieństw i własnego szczęścia. To wiara typu „najpierw ja", a wyznający ją ludzie stale poszukują odpowiedzi na pytanie: „Jak Bóg mógłby jeszcze bardziej uprzyjemnić *moje* życie?" Zamiast pozwolić Bogu, by używał ich do *Jego* celów, chcą używać Boga do własnych celów.

W przeciwieństwie do nich chrześcijanie światowej klasy wiedzą, że zostali zbawieni, by służyć i stworzeni do spełnienia misji. Z utęsknieniem oczekują na otrzymanie od Boga osobistych zadań i fascynuje ich fakt, że mają przywilej być przez Niego używanymi. Chrześcijanie tej klasy to jedyni w pełni żyjący ludzie na tej planecie. Ich radość, ufność, śmiałość i entuzjazm są czymś zaraźliwym, ponieważ wiedzą, że mają wielki wpływ na otaczający ich świat. Budzą się każdego rana z oczekiwaniem, że tego dnia Bóg zadziała poprzez nich w jakiś nowy sposób. Którym z tych dwóch rodzajów chrześcijan ty chcesz być?

Bóg zaprasza cię do udziału w najwspanialszej, największej, najbardziej zróżnicowanej i najważniejszej sprawie, jaka miała miejsce w historii – w Jego Królestwie. Historia jest osobistym świadectwem samego Boga i mówi o tym, jak dokonuje On dzieła tworzenia swojej rodziny na całą wieczność. Nie istnieje nic ważniejszego i nic nie będzie trwało podobnie długo. Z księgi Objawienia św. Jana dowiadujemy się, że ogólnoświatowa misja Boga zostanie kiedyś zakończona. Wielki nakaz misyjny osiągnie kiedyś pomyślny finał. Niezmierzone i mówiące różnymi językami tłumy ludzi z każdej rasy, plemienia i narodu[2] staną kiedyś przed Jezusem Chrystusem, by oddać Mu chwałę. Służba na miarę chrześcijan światowej klasy pozwoli nam doświadczyć nieco z niebiańskiej rzeczywistości już tu, na ziemi.

Gdy Jezus powiedział swoim uczniom, by szli na cały świat i głosili wszystkim Dobrą Nowinę, to ta garstka ubogich ludzi z Bliskiego Wschodu poczuła się dość zakłopotana. Jak mieli wyruszyć? Pieszo? Czy może dosiąść osłów lub wielbłądów? To były jedyne możliwe środki transportu, gdyż nie istniały jeszcze żadne statki przemierzające oceany, więc docieranie do innych kontynentów napotykało rzeczywistą fizyczną barierę.

Dzisiaj możemy przemieszczać się samolotami, pociągami, autobusami lub samochodami. Tak w ogóle, to ten świat jest całkiem niewielki i do tego z każdym dniem jeszcze bardziej się kurczy. Lot przez ocean trwa obecnie kilka *godzin* i jeśli zachodzi taka potrzeba, to z dowolnego kontynentu można wrócić do domu już nazajutrz. Dla zwyczajnych, zaangażowanych w służbę chrześcijan, możliwości włączenia się w krótkoterminowe działania misyjne są dziś dosłownie nieograniczone. Każdy zakątek świata stoi dla nas otworem, wystarczy zadzwonić do przedstawiciela linii lotniczych lub biura podróży. Ci, którzy nie chcą szerzyć Dobrej Nowiny, nie znajdą żadnej wymówki.

W erze Internetu świat stał się jeszcze mniejszy. Dysponując telefonem i faksem, każdy chrześcijanin mający dostęp do Internetu może osobiście komunikować się z ludźmi praktycznie w każdym kraju świata. Cały świat w zasięgu naszej ręki!

Poczta elektroniczna dociera już nawet do odległych wiosek, więc żeby rozmawiać o Bogu z ludźmi z innego krańca świata, nie musimy nawet wychodzić z domu! Nigdy dotąd nie było tak dobrych warunków do spełniania nakazu ewangelizowania całego świata. Barierą nie są już odległości, koszty czy odpowiednie środki transportu. Jedyną przeszkodą jest sposób naszego myślenia. Być stać się chrześcijanami światowej klasy, potrzebujemy przemiany umysłu. Nasz punkt widzenia i postawy muszą ulec zmianie.

SPOSÓB MYŚLENIA CHRZEŚCIJANINA ŚWIATOWEJ KLASY

Przejdź od myślenia skupionego na sobie do myślenia o innych. Biblia mówi: „Przyjaciele, przestańcie myśleć jak dzieci. Myślcie jak ludzie dojrzali"[3]. Oto właśnie pierwszy krok, by stać się chrześcijaninem światowej klasy. Dzieci myślą tylko o sobie, dorośli bardziej o innych. Bóg nakazuje: „Nie myślcie wyłącznie o własnych sprawach, lecz interesujcie się też innymi ludźmi"[4].

Taka wewnętrzna metamorfoza jest oczywiście trudna, ponieważ człowiek z natury jest pochłonięty sobą, a prawie każda reklama zachęca nas dzisiaj do myślenia głównie o sobie. Jedynym sposobem odwrócenia tego zjawiska jest nieustanna zależność od Boga. Na szczęście On nie pozostawia nas w naszej walce na pastwę losu. „Bóg dał nam swego Ducha. Dlatego nie myślimy w taki sposób, w jaki myślą ludzie tego świata"[5].

Nigdy dotąd nie było tak dobrych warunków do spełniania nakazu ewangelizowania całego świata.

Zacznij prosić Ducha Świętego, by pomagał ci myśleć o duchowych potrzebach niewierzących za każdym razem, gdy z nimi rozmawiasz. Praktykując coś takiego, wykształcisz w sobie nawyk krótkich modlitw o tych ludzi, przy każdej nadarzającej się okazji. Taka modlitwa może brzmieć na przykład tak: „Ojcze, pomóż mi zrozumieć, co nie pozwala temu człowiekowi Ciebie poznać".

Twoim celem jest określenie, gdzie w swojej duchowej „podróży" znajdują się inni, a następnie zrobienie wszystkiego, co mogłoby ich zbliżyć do poznania Chrystusa. Możesz się tego nauczyć, przyjmując postawę Pawła, który powiedział: „Robię nie to, co lubię albo co dla mnie jest najkorzystniejsze, ale przede wszystkim to, co przynosi pożytek innym, by mogli zostać zbawieni"[6].

Przejdź od myślenia lokalnego do myślenia globalnego. Bóg jest Bogiem całego świata i troszczy się o wszystkich ludzi na ziemi. „Bóg tak ukochał świat, że..."[7]. Od samego początku Bóg chciał, by do Jego rodziny należeli przedstawiciele wszystkich narodów, które stworzył. Biblia mówi: „On sprawił, że wszyscy ludzie na świecie biorą początek od jednego człowieka. On rozmieścił narody po całej ziemi. Jeszcze wcześniej postanowił, kiedy powstaną lub upadną. On wyznaczył im granice. To wszystko uczynił w jednym celu: aby ludzie szukali Boga i znajdowali Go"[8].

Większość ludzi na świecie myśli już w sposób globalny. Największe koncerny medialne i korporacje biznesowe mają w tej chwili charakter ponadnarodowy. Nasze codzienne życie jest coraz bardziej splecione z życiem mieszkańców innych państw, gdyż łączy nas ta sama moda, formy rozrywki, muzyka, sport, a nawet to, co jemy.

DZIEŃ TRZYDZIESTY ÓSMY:

STAJĄC SIĘ CHRZEŚCIJANINEM ŚWIATOWEJ KLASY

Większość ubrań w naszych szafach oraz żywności, jaką spożywamy, zostały prawdopodobnie wytworzone w innym kraju. Jesteśmy wzajemnie połączeni bardziej niż nam się wydaje.

Czasy, w jakich żyjemy, są faktycznie fascynujące. Na ziemi żyje obecnie więcej chrześcijan niż kiedykolwiek przedtem. Paweł miał rację, pisząc: „Ta sama Dobra Nowina, którą otrzymaliście, dociera do różnych stron świata. Wszędzie, gdzie jest przekazywana, zmienia życie ludzi, tak jak zmieniła i wasze"[9].

Pierwszym krokiem do przyjęcia globalnego sposobu myślenia jest modlitwa o konkretne kraje. Chrześcijanie światowej klasy modlą się o świat. Ustaw przed sobą globus lub mapę i módl się o kraje, które tam znajdujesz. Biblia mówi: „Proś mnie, a dam ci narody w dziedzictwo i krańce świata w posiadanie"[10].

Modlitwa to najważniejsze narzędzie twojej misji wobec świata. Ludzie mogą odrzucić twoją miłość lub poselstwo, jakie masz im do przekazania, ale są bezbronni wobec twoich modlitw. Tak jak wchodząca w skład arsenałów wojskowych rakieta dalekiego zasięgu, modlitwa może dosięgnąć serca osoby, która jest od ciebie w odległości zarówno dziesięciu metrów jak i dziesięciu tysięcy kilometrów.

Ludzie mogą odrzucić twoją miłość lub poselstwo, jakie masz im do przekazania, ale są bezbronni wobec twoich modlitw.

O co powinieneś się modlić? Biblia mówi, byś modlił się o okazje do składania świadectwa[11], o odwagę w mówieniu[12], o tych, którzy mają uwierzyć[13], o szybkie rozchodzenie się Bożego przesłania[14] i o więcej pracowników[15]. Modlitwa czyni cię partnerem innych ludzi na całym świecie.

Powinieneś też modlić się o więcej misjonarzy i innych zaangażowanych w światowe „żniwa". Apostoł Paweł powiedział swoim modlitewnym partnerom tak: „Potrzebujemy jednak wsparcia w modlitwie"[16]. Jeśli chciałbyś przyjąć jakieś sugestie dotyczące modlitwy o świat i chrześcijańskich pracowników, to zapoznaj się z DODATKIEM nr. 2 na końcu książki.

Innym sposobem rozwijania globalnego myślenia jest czytanie i oglądanie medialnych doniesień ze świata poprzez pryzmat wielkiego polecenia misyjnego. Gdziekolwiek zachodzą istotne zmiany lub ma miejsce znaczący konflikt, możemy być pewni, że Bóg będzie nas używał do przyprowadzania do Niego ludzi. Człowiek jest najbardziej otwarty na Boga, gdy przeżywa napięcia lub kiedy w jego życiu dokonują się zmiany. Ponieważ w dzisiejszym świecie tempo przemian stale rośnie, więcej ludzi jest teraz otwartych na słuchanie Dobrej Nowiny niż w przeszłości.

Najlepszym sposobem przestawienia się na globalne myślenie jest podjęcie decyzji o krótkim wyjeździe misyjnym do innego kraju! Po prostu nic nie jest w stanie zastąpić namacalnych, osadzonych w prawdziwym życiu doświadczeń w innym kręgu kulturowym. Nie ograniczaj się tylko do czytania i dyskutowania o misji, ale zdecyduj się na nią! Życzę ci, byś wskoczył na głęboką wodę. W Dziejach Apostolskich 1:8 Jezus daje nam przykład służby misyjnej: „Lecz kiedy zstąpi na was Duch Święty, otrzymacie moc skutecznego głoszenia o mojej śmierci i zmartwychwstaniu mieszkańcom Jerozolimy, całej Judei, Samarii aż po krańce świata"[17]. Jego naśladowcy mieli głosić Ewangelię swej lokalnej społeczności (Jerozolima), rodakom (Judea), ludziom z innych kultur (Samaria) oraz innym narodom (cały świat). Zauważmy, że nasze misyjne polecenie zakłada działania jednoczesne, a nie wykonywane po kolei. Podczas, gdy nie każdy ma dar bycia misjonarzem, to jednak każdy chrześcijanin jest powołany, by docierać z misją do wszystkich czterech wspomnianych wyżej kategorii odbiorców. Czy jesteś takim chrześcijaninem, jak opisywani w Dziejach Apostolskich 1:8?

Wyznacz sobie zadanie misyjne, które obejmie wszystkie wspomniane grupy. Namawiam cię do zaoszczędzenia pewnej kwoty pieniężnej i dołożenia wszelkich starań, by jak najszybciej móc wziąć udział w krótkim wyjeździe misyjnym za granicę. Może ci w tym dopomóc organizacja zajmująca się misją. To uwrażliwi twoje serce na potrzeby innych, poszerzy twoją wizję, pogłębi twoje współczucie i wypełni cię radością, której być może dotąd nie doświadczyłeś. To może być punkt zwrotny w twoim życiu.

Przejdź od myślenia kategoriami „tu i teraz" do myślenia kategoriami wieczności. By jak najlepiej wykorzystać swój czas na ziemi, musisz patrzeć na świat z perspektywy wieczności. To powstrzyma cię od wyolbrzymiania rzeczy błahych i pomoże rozróżnić między tym, co wydaje się pilne, a tym, co ma rzeczywiście wieczne i ostateczne znaczenie. Paweł powiedział: „Kierujemy nasz wzrok nie na to co widzialne, ale na to, co niewidzialne. Ponieważ to, co widzialne, jest tymczasowe, lecz to, co niewidzialne, jest wieczne"[18].

Wiele rzeczy, na które obecnie marnujemy naszą energię, za rok nie będzie już dla nas ważnych, więc o ile bardziej stracą one na znaczeniu w wieczności! Nie sprzedawaj życia za rzeczy tymczasowe. Jezus powiedział: „Jeśli ktoś zajmuje się innymi sprawami, a nie zadaniem, jakie mu wyznaczyłem, nie nadaje się do Królestwa Bożego"[19]. Paweł ostrzega: „Z rzeczami tego świata miej jak najmniej do czynienia. Ten świat, który widzicie, wkrótce przestanie istnieć"[20].

Czym są rzeczy, które blokują ci drogę do misji? Co powstrzymuje cię przed tym, by być chrześcijaninem światowej klasy? Cokolwiek to jest, pozbądź się tego. „Odrzuć wszystko, co zwalnia twój bieg lub cię zatrzymuje"[21].

Jezus mówi, byśmy gromadzili nasze skarby w niebie[22]. Jak to można robić? W jednym ze swych najbardziej opacznie rozumianych stwierdzeń Jezus powiedział: „Mówię wam, używajcie waszych materialnych zasobów do pozyskiwania przyjaciół, abyście wtedy, gdy tych zasobów zabraknie, mogli

Prawdopodobnie znasz powiedzenie o tym, że „bogactwa nie zabierzesz ze sobą do Nieba", ale Biblia mówi, że tu, na ziemi, możesz je zainwestować w ludzi, którzy tam idą!

wejść do waszego wiecznego domu"[23]. Jezus nie miał na myśli „kupowania" przyjaciół pieniędzmi. On chciał powiedzieć, że powinniśmy używać posiadanych dzięki Bogu pieniędzy do przyprowadzania ludzi do Chrystusa. Wtedy staną się oni naszymi przyjaciółmi na całą wieczność i powitają nas, gdy znajdziemy się w Niebie! To najlepsza inwestycja finansowa, jakiej moglibyśmy kiedykolwiek dokonać.

Prawdopodobnie znasz powiedzenie o tym, że „bogactwa nie zabierzesz ze sobą do Nieba", ale Biblia mówi, że tu, na ziemi, możesz je zainwestować w ludzi, którzy tam idą! „Postępując w ten sposób, zgromadzą prawdziwy skarb w niebie, jedyną pewną lokatę na całą wieczność! A przy tym ich życie chrześcijańskie na ziemi stanie się owocne"[24].

Odwróć się od znajdowania wymówek do odkrywania kreatywnych sposobów wypełniania swojej misji. Jeśli tylko jesteś chętny działać, zawsze znajdziesz na to sposób i organizacje, które mogą ci w tym pomóc. Oto niektóre z najczęstszych wymówek:

– „Nie mam nic do zaoferowania". Owszem, masz. Każda umiejętność i osobiste doświadczenie mogą być wykorzystane w misji.

– „Jestem za stary (lub za młody)". Większość organizacji misyjnych przygotowuje wyjazdy dostosowane do grupy wiekowej uczestników.

Niezależnie, czy była to Sara przekonana, iż jest w zbyt podeszłym wieku, by Bóg mógł ją użyć, czy Jeremiasz twierdzący, iż jest zbyt młody, Bóg zawsze odrzucał tego typu wymówki. „Nie mów: Jestem jeszcze młody! Bo do kogokolwiek cię poślę, pójdziesz i będziesz mówił wszystko, co ci rozkażę. Nie bój się ich, bo ja jestem z tobą i zatroszczę się o ciebie – mówi Pan"[25].

Być może uważasz, że do zaangażowania się w misję potrzebne jest specjalne, osobiste powołanie od Boga i cały czas czekasz na jakieś nadnaturalne uczucie lub niezwykłe doświadczenie. Bóg jednak nieustannie powtarza swe wezwanie adresowane do wszystkich wierzących. *Wszyscy* jesteśmy powołani do realizowania pięciu Bożych celów dla naszego życia: oddawania Bogu chwały, trwania w społeczności, upodabniania się do Jezusa, służenia i głoszenia z Bożą pomocą Ewangelii wszystkim narodom. Bóg nie chce wykorzystywać do tego tylko *niektórych*, On chce używać *wszystkich*, bo każdy z nas jest powołany do misji. On chce, by cały Jego Kościół zaniósł całą Ewangelię całemu światu[26].

Wielu chrześcijan rozminęło się z Bożym planem dla ich życia, ponieważ nigdy nie zapytali Boga, czy chce, by stali się misjonarzami w jakimś innym kraju. Z powodu obawy czy też niewiedzy automatycznie zamknęli swoje umysły na możliwość życia i służenia wśród ludzi reprezentujących inną kulturę. Jeśli coś cię kusi, by zrezygnować z misji, to najpierw przekonaj się, czy masz teraz inne możliwości służenia (to cię powinno zaskoczyć) i zacznij poważnie modlić się i pytać Boga, czego od ciebie oczekuje w najbliższej przyszłości. W obecnym, jakże ważnym momencie historii, gdy w sposób dotąd bezprecedensowy otwiera się tak wiele drzwi do głoszenia Dobrej Nowiny, potrzeba wprost ogromnej liczby misjonarzy, którzy mogliby mieszkać i służyć w innych krajach.

Jeśli chcesz być podobny do Jezusa, musisz mieć takie serce dla świata, jak On. Nie możesz poprzestać na tym, że wystarczy, iż twoja rodzina i przyjaciele przyjęli Chrystusa. Na ziemi żyje ponad sześć miliardów ludzi i Jezus chce, by wszyscy zgubieni z powodu grzechu zostali uratowani. Nasz Pan powiedział: „Tylko ci, którzy zrezygnują z własnego życia dla mnie i głoszenia Dobrej Nowiny będą mogli poznać, co to znaczy naprawdę żyć!"[27]. Wielkie polecenie misyjne dotyczy wszystkich wierzących i spełnianie go w twoim indywidualnym zakresie stanowi tajemnicę życia, które ma sens.

DZIEŃ TRZYDZIESTY ÓSMY
MYŚLĄC O MOIM CELU

Główna myśl: Wielki nakaz misyjny adresowany jest do mnie.

Werset do zapamiętania: „Roześlij nas po całym świecie z przesłaniem o Twej zbawczej mocy i wiecznym planie dla całego rodzaju ludzkiego" – Psalm 67:2 (LB).

Pytanie do rozważenia: Jakie kroki mogę podjąć, by już w przyszłym roku wziąć udział w krótkim wyjeździe misyjnym?

Żyjąc w równowadze

*Prowadźcie swe życie
z właściwym poczuciem odpowiedzialności,
nie jak ci, którzy nie znają prawdziwego sensu życia,
lecz jak ci, co je znają.*

Efezjan 5:15 (Ph)

*Nie pozwólcie, by błędy złych ludzi
sprowadziły was na manowce i sprawiły,
że zaczniecie być chwiejni.*

II Piotr 3:17 (CEV)

Błogosławieni są ludzie zrównoważeni, gdyż oni przeżyją wszystkich innych.

Jedną z letnich dyscyplin olimpijskich jest pięciobój. Składa się on z pięciu poddyscyplin: strzelania z pistoletu, szermierki, jazdy konnej, biegu przełajowego oraz pływania. Celem uczestnika jest odniesienie zwycięstwa we wszystkich pięciu dziedzinach, a nie tylko w jednej czy w dwóch.

Twoje życie jest właśnie swoistym pięciobojem, w którym musisz zachowywać równowagę w dążeniu do pięciu wyznaczonych celów. Cele te były realizowane przez pierwszych chrześcijan opisanych w Dziejach Apostolskich, w drugim rozdziale, a wyjaśnione w Liście do Efezjan, w czwartym rozdziale i naszkicowane przez Jezusa w Ewangelii Jana, w siedemnastym rozdziale. Wszystkie one składają się na wielkie przykazanie miłości oraz wielkie polecenie misyjne Jezusa. Te dwa zawarte w Biblii fundamentalne polecenia stanowią całe przesłanie niniejszej książki i można je też traktować jako Boży „pięciocel" dla naszego życia:

1. **„Kochaj Boga całym swoim sercem"**: Zostałeś stworzony, by sprawiać Bogu radość, dlatego twoim celem jest kochanie Boga poprzez oddawanie Mu chwały.

2. **„Kochaj swojego bliźniego tak jak siebie"**: Zostałeś tak ukształtowany, by móc służyć, dlatego twoim celem jest okazywanie miłości innym poprzez usługiwanie im.

3. **„Idźcie i czyńcie uczniami"**: Zostałeś postawiony na tej ziemi, by wypełnić misję, dlatego twoim celem jest przekazywanie światu Bożego przesłania poprzez ewangelizację.

4. **„Chrzcijcie ich..."**: Zostałeś przeznaczony do życia w Bożej rodzinie, dlatego twoim celem jest utożsamianie się z Kościołem poprzez społeczność z nim.

5. **„Nauczajcie przestrzegać wszystkiego..."**: Zostałeś stworzony, by upodobniać się do Chrystusa, dlatego twoim celem jest duchowe dojrzewanie poprzez uczniostwo.

Oddanie wielkiemu przykazaniu miłości oraz wielkiemu poleceniu misyjnemu uczyni cię wielkim chrześcijaninem.

Utrzymywanie tego „pięciocelu" we właściwych proporcjach nie jest rzeczą łatwą. Wszyscy mamy skłonność do nadawania zbyt dużej rangi celom, których realizowanie daje nam największą przyjemność i zaniedbywania pozostałych. Kościoły postępują tak samo. Możemy jednak zachować w naszym życiu równowagę i trzymać się właściwego kierunku poprzez przyłączenie się do którejś z funkcjonujących w kościele grup domowych, tzw. małej grupy. Spotykając się w takim gronie, będziesz mógł z innymi odczuwać wzajemną duchową odpowiedzialność za wasze życie. Osiąga się to poprzez ocenę stanu duchowego każdego z uczestników grupy, odnotowywanie postępów w ich indywi-

Oddanie wielkiemu przykazaniu miłości oraz wielkiemu poleceniu misyjnemu uczyni cię wielkim chrześcijaninem.

dualnym wzroście i przekazywanie innym tego, czego nauczył was Bóg. To są cztery praktyki nieodzowne dla życia świadomego celu. Jeśli do podążania we właściwym kierunku podchodzisz poważnie, to te działania powinny stać się twoim nawykiem.

Omawiaj to z wybranym, duchowym partnerem lub w małej grupie. Najlepszą metodą przyswojenia sobie zasad tej książki jest przedyskutowanie ich z innymi. Biblia mówi: „Tak jak żelazo ostrzy żelazo, tak jeden człowiek wygładza postępowanie drugiego"[1]. Nauka najlepiej przebiega w grupie. Poprzez rozmowy twoje myślenie wyostrza się, a właściwe przekonania ugruntowują.

Namawiam cię do uformowania małej grupy przyjaciół, która raz w tygodniu spotykałaby się, by wspólnie zastanawiać się nad jej poszczególnymi rozdziałami. Dyskutujcie na temat wniosków, jakie wam się nasuwają podczas lektury oraz nad ich praktycznym zastosowaniem. Zadawajcie pytania typu „No i co z tego?", „I co teraz?", „Co to oznacza dla mnie, dla mojej rodziny i dla naszego kościoła?", „Co zamierzam w związku z tym zrobić?". Apostoł Paweł powiedział: „Czyńcie wszystko, czego nauczyliście się ode mnie"[2]. W DODATKU 1 przygotowałem listę pytań do dyskusji dla grup domowych oraz szkoły niedzielnej dla dorosłych.

Niewielka grupa omawiająca treść książki zapewnia więcej korzyści niż samo jej czytanie. W grupie można dzielić się swoimi refleksjami i wsłuchiwać się w przemyślenia innych. Można też rozmawiać o przykładach z życia wziętych, modlić się, zachęcać i wspierać wzajemnie, gdy zaczniecie realizować pięć Bożych celów dla waszego życia. Pamiętaj, że macie wzrastać razem, a nie w pojedynkę. Biblia mówi: „Dlatego zachęcajcie się nawzajem i wspierajcie"[3]. Po przestudiowaniu tej książki w grupie możecie sięgnąć po inne pozycje mojego autorstwa dotyczące życia świadomego celu (patrz: DODATEK 2).

Zachęcam cię też do osobistego studium biblijnego. Przygotowałem ponad tysiąc odnośników do fragmentów biblijnych, by stanowiły kontekst do twoich rozważań. Proszę też, przeczytaj DODATEK 3, który wyjaśnia, dlaczego ta książka korzysta z tak wielu tłumaczeń Biblii i jej parafraz. By utrzymać rozdziały książki w objętości dostosowanej do czasu, jakim dysponujemy jednego dnia, nie byłem w stanie szerzej omawiać fascynującego kontekstu wielu biblijnych fragmentów, które w niej wykorzystałem. Biblię należy jednak studiować, czytając akapity, rozdziały a nawet całe księgi. Napisana przeze mnie książka „Indywidualne Metody Studiowania Biblii" daje wskazówki, jak studiować Pismo w oparciu o wnioskowanie indukcyjne.

Sprawdzaj regularnie swój duchowy stan. Najlepszym sposobem zachowania we właściwej proporcji pięciu celów w twoim życiu jest dokonywanie okresowej samooceny. Bóg przywiązuje do tego dużą wagę i chce, byś to czynił. Biblia przynajmniej pięć razy mówi o potrzebie sprawdzania swojego duchowego stanu zdrowia[4]. Czytamy w niej między innymi tak: „Sprawdzajcie samych siebie, by wiedzieć czy wasza wiara jest silna. Nie idźcie przez życie sądząc, że wszystko się wam należy. Stale badajcie swój duchowy stan. Jeśli okaże się, że wasza wiara jest słaba, wyciągnijcie z tego właściwe wnioski"[5].

By zachować fizyczne zdrowie, chodzimy do lekarza, który ocenia nasze najważniejsze parametry tj. ciśnienie krwi, temperaturę, wagę itd. Ze względu na troskę o nasze duchowe zdrowie powinniśmy regularnie oceniać pięć jego głównych cech, czyli uwielbienie, społeczność, rozwój charakteru, usługiwanie oraz misję. Jeremiasz dał nam następującą radę: „Dobrze przypatrujmy się temu, jak żyjemy i wciąż na nowo powierzajmy się Bogu"[6].

DZIEŃ TRZYDZIESTY DZIEWIĄTY:

ŻYJĄC W RÓWNOWADZE

W kościele Saddleback Church opracowaliśmy prosty sposób samooceny dla naszych członków, co tysiącom ludzi pomaga trzymać się celu wyznaczonego im przez Boga. Jeśli ktoś chciałby otrzymać egzemplarz tego sprawdzianu, może do mnie napisać na adres e-mailowy, podany w DODATKU 2. Zadziwiające, jak ta nieskomplikowana metoda pomaga utrzymać równowagę w życiu chrześcijan i sprzyja duchowemu zdrowiu i wzrostowi. Apostoł Paweł namawia: „Skoro zapoczątkowaliście to z takim zapałem, z taką samą energią powinniście doprowadzić tę sprawę do końca, dając ze swych zasobów wszystko, na co was stać"[7].

Prowadź dziennik rejestrujący twoje postępy. Najlepszym sposobem na robienie postępów w realizowaniu pięciu Bożych celów dla naszego życia jest prowadzenie duchowego dziennika. Nie chodzi o pamiętnik opisujący wydarzenia, ale o zapis życiowych lekcji, których nie chcemy zapomnieć. Biblia mówi: „Ważnym jest, byśmy usilnie trzymali się tego, co słyszeliśmy, aby nie zboczyć ze słusznej drogi"[8]. To, co zapisujemy, jesteśmy w stanie trwale zapamiętać.

Zapisywanie pomaga sprecyzować to, co Bóg czyni w naszym życiu. Dawson Trotman zwykł powiadać: „Myśli krystalizują się, przechodząc nam przez palce". W Biblii znajdujemy kilka przykładów tego, jak Bóg mówi ludziom, by prowadzili duchowy dziennik. Jeden z jej fragmentów mówi: „Na rozkaz Pana Mojżesz spisał miejsca ich wymarszu oraz postojów"[9]. Czy nie podoba ci się fakt, że Mojżesz usłuchał Boga i opisywał duchową wędrówkę Izraela? Jeśli byłby na to zbyt leniwy, pozbawiłby nas cennych życiowych lekcji, jakie płyną dla nas z Księgi Wyjścia.

Mimo, że nasze indywidualne dzienniki nie będą tak powszechnie czytane jak IV Księga Mojżeszowa, to jednak pozostają one ważnymi. Biblia w tłumaczeniu New International Version mówi: „Mojżesz zapisywał etapy ich podróży". Nasze życie jest podróżą, a podróż wymaga prowadzenia dziennika. Mam nadzieję, że czytelnicy tej książki będą opisywali etapy swojej duchowej wędrówki, prowadząc życie świadome celu.

Nie zapisuj wyłącznie miłych rzeczy. Tak, jak psalmista Dawid, wyrażaj też swoje wątpliwości i obawy oraz duchowe walki. Twoje największe lekcje mają swe źródło w cierpieniu, a Biblia mówi, że Bóg wie o wszystkich twoich łzach[10]. Kiedykolwiek pojawiają się problemy, pamiętaj, że Bóg posługuje się nimi, by realizować *wszystkie pięć* celów dla twojego życia. Trudności zmuszają cię do skupienia się na Bogu, zbliżenia się do innych poprzez społeczność, kształtowania twojego charakteru na wzór Chrystusa, stwarzają możliwości służenia oraz wzbogacają twoje osobiste świadectwo. Każdy problem w Twoim życiu czemuś służy.

Przeżywając ciężkie chwile, psalmista napisał: „Niech dla przyszłych pokoleń zapiszą, co uczynił dla nich Pan, aby ci, co się narodzą, mogli Go chwalić"[11]. Wobec przyszłych pokoleń winni jesteśmy zachować świadectwo o tym, jak Bóg pomagał nam realizować Jego cele na ziemi. Świadectwo to będzie mówić samo za siebie, nawet gdy nas nie będzie już na ziemi.

Przekazuj swoją wiedzę innym. Jeśli chcesz się duchowo rozwijać, to najlepszym sposobem uczenia się jest przekazywanie wiedzy. Przypowieści Salomona mówią: „Ten, kto dobrze czyni innym, będzie wzbogacony, a kto wspiera innych, sam zyska wsparcie"[12]. Ci, którzy dzielą się z innymi swoimi przemyśleniami, dostają od Boga więcej mądrości.

Teraz, gdy znasz już prawdziwy cel życia, twoim obowiązkiem jest przekazać wiadomość o nim tym, którzy go nie znają. Bóg powołał cię, byś był jego wysłannikiem. Paweł powiedział: „Teraz chcę, byś przekazał te wielkie prawdy ludziom godnym zaufania, którzy z kolei potrafią je przekazywać dalej"[13]. W tej książce przekazałem ci to, czego nauczyłem się o celu życia od innych, dlatego teraz ty powinieneś zanieść tę ważną wiedzę innym.

Zapewne znasz setki ludzi, którzy nie znają celu życia. Dziel się tymi prawdami z dziećmi, przyjaciółmi, sąsiadami, znajomymi oraz współpracownikami. Jeśli chcesz podarować tę książkę komuś bliskiemu, to możesz do niej wpisać swoją osobistą dedykację.

Wobec przyszłych pokoleń winni jesteśmy zachować świadectwo o tym, jak Bóg pomagał nam realizować Jego cele na ziemi.

Im więcej wiesz, tym bardziej Bóg oczekuje, że wykorzystasz tę wiedzę w pomaganiu innym. Apostoł Jakub mówi: „Każdy, kto wie, jak należy godnie postępować, a tego nie czyni, grzeszy"[14]. Wiedza zwiększa odpowiedzialność, jednak przekazywanie wiedzy innym, to nie tylko obowiązek, ale i jeden z największych życiowych przywilejów. Wyobraź sobie, jak innym byłby ten świat, gdyby każdy znał prawdziwy cel swego życia. Paweł mówi: „Jeśli nauczasz tych rzeczy innych, wypełniasz swój obowiązek dobrego sługi Chrystusa"[15].

WSZYSTKO MA SŁUŻYĆ BOŻEJ CHWALE

Powodem, dla którego przekazujemy innym naszą duchową wiedzę, jest chęć oddawania chwały Bogu oraz troska o powiększanie się Jego Królestwa. W noc poprzedzającą swe ukrzyżowanie Jezus oświadczył Ojcu następującą rzecz: „Uwielbiłem Cię na ziemi, bo wykonałem wszystko, co mi zleciłeś"[16]. Zanim Jezus umarł za nasze grzechy, modlił się tymi słowami, więc czym było to wszystko, co zlecił Mu Ojciec? W tym przypadku mówił o czymś innym niż ofiara przebłagalna za grzechy. Odpowiedź znajdujemy w następnych dwudziestu wersetach zawierających słowa Jego modlitwy[17].

Jezus powiedział swojemu Ojcu o tym, co robił przez ostatnie trzy lata, czyli o przygotowywaniu uczniów do życia zgodnego z pięcioma Bożymi celami. Pomagał im poznawać i kochać Boga (uwielbienie), uczył ich kochać innych (społeczność), dał im Słowo, by mogli dojrzewać duchowo (uczniostwo), pokazał im, jak służyć (usługiwanie) i posłał ich, by głosili Ewangelię wszystkim ludziom (misja).

Jezus stworzył wzorzec życia świadomego celu i uczył innych, jak takie życie prowadzić. Na tym właśnie polegało Jego dzieło, a więc te wszystkie rzeczy, które Bóg zlecił Mu do wykonania.

W dzisiejszych czasach Bóg wzywa każdego z nas do podjęcia się tego samego dzieła. On nie tylko chce, żebyśmy żyli w zgodzie z Jego celami, ale abyśmy również pomagali innym robić to samo. Bóg chce, żebyśmy przyprowadzali ludzi do Chrystusa, wprowadzali ich do społeczności z Nim, pomagali im w osiąganiu duchowej dojrzałości i odkrywaniu miejsca ich służby, a następnie wysyłali ich, by nieśli Dobrą Nowinę kolejnym ludziom.

Na tym polega życie świadome celu. Niezależnie od tego, w jakim jesteś wieku, reszta twojego życia może być najlepszym okresem i już dzisiaj możesz rozpocząć życie, które ma niebagatelny cel.

DZIEŃ TRZYDZIESTY DZIEWIĄTY
MYŚLĄC O MOIM CELU

Główna myśl: Błogosławieni są ludzie zrównoważeni.

Werset do zapamiętania: „Prowadźcie swe życie z właściwym poczuciem odpowiedzialności, nie jak ci, którzy nie znają prawdziwego sensu życia, lecz jak ci, co je znają" – Efezjan 5:15 (Ph).

Pytanie do rozważenia: Które z czterech opisanych praktyk, nieodzownych w życiu świadomym celu, powinienem zacząć wykonywać, by zawsze iść w słusznym kierunku i utrzymywać we właściwej równowadze pięć Bożych celów dla mojego życia?

Żyjąc ze świadomością celu

*W ludzkim sercu jest wiele planów,
ale to Boże cele ostatecznie biorą górę.*

Przypowieści Salomona 19:21 (NIV)

*Gdyż Dawid służył Bożym celom
wśród swego pokolenia.*

Dzieje Apostolskie 13:36 (NASB)

Tylko życie świadome celu jest życiem *naprawdę* przeżytym. Wszystko poza tym jest jedynie egzystencją.

Większość ludzi boryka się w życiu z trzema ważnymi kwestiami. Pierwsza z nich to poczucie *tożsamości*: „Kim jestem?". Druga to potrzeba *znaczenia*: „Czy ja coś znaczę?". Trzecia to potrzeba wywierania *wpływu*: „Jakie jest moje miejsce w życiu?". Odpowiedzi na wszystkie te pytania zawierają się w pięciu celach, jakie Bóg wyznaczył dla twojego życia.

Gdy nasz Pan kończył swoją służbę na ziemi, zgromadził swoich uczniów na uroczystej wieczerzy. Aby dać im przykład do naśladowania, najpierw umył im nogi, a następnie powiedział: „Oto wiecie już teraz wszystko. Postępujcie zgodnie z tym, a będziecie błogosławieni"[1]. Gdy wiesz już, czego Bóg od ciebie oczekuje i robisz to, spotyka cię za to błogosławieństwo. Zbliżając się do końca naszej wspólnej, czterdziestodniowej podróży, kiedy znasz już pięć Bożych celów dla twojego życia i zaczynasz je realizować, możesz liczyć na błogosławieństwo!

Może to oznaczać, że pewne rzeczy będziesz musiał porzucić. Ze swoim życiem możesz zrobić wiele dobrych rzeczy, ale tych pięć Bożych celów jest jak filary, na których powinno się ono wspierać. Niestety, bardzo łatwo się rozkojarzyć, zapomnieć o tym, co najważniejsze i niemal niezauważalnie odejść od tego, co ma rzeczywiste znaczenie. Oznacza to zboczenie z właściwego kursu. By temu zapobiec, powinieneś napisać deklarację swoich życiowych celów i regularnie kontrolować przebieg ich realizacji.

CZYM JEST DEKLARACJA ŻYCIOWYCH CELÓW?

To deklaracja podsumowująca Boże cele dla twojego życia. Własnymi słowami wyraź w niej twoje oddanie pięciu Bożym celom. Wykaz celów nie jest listą zadań do wykonania. Zadania są czymś tymczasowym, a cele są wieczne. Biblia mówi: „Jego plany przetrwają wszystko, co doczesne, a Jego cele są wieczne"[2].

To deklaracja wskazująca kierunek twojego życia. Zapisanie celów na kartce (lub w komputerze) zmusi cię do konkretnego myślenia o twojej drodze życiowej. Biblia mówi: „Wiedz, dokąd zmierzasz, a staniesz na solidnym gruncie"[3]. Deklaracja życiowych celów nie tylko określa to, co zamierzasz robić ze swoim czasem, życiem, pieniędzmi, ale wskazuje też na to, czego robić nie zamierzasz. W Przypowieściach Salomona znajdujemy taki werset: „Inteligentny człowiek stawia sobie za cel mądre działanie, a głupiec podejmuje się wielu rzeczy naraz"[4].

To deklaracja określająca warunki powodzenia w twoim życiu. Ona mówi, że ważnym jest to, w co wierzysz, a nie to, co za ważne uznaje świat. Deklaracja ta precyzuje twoje wartości. Apostoł Paweł mówi: „Chcę, byście wiedzieli, co naprawdę ma znaczenie"[5].

To deklaracja opisująca twoje życiowe role. Na różnych etapach życia będziesz spełniał różne funkcje, ale dane ci przez Boga cele nigdy się nie zmienią. One przewyższają wszelkie role, jakie mógłbyś kiedykolwiek odegrać.

To deklaracja określająca twój „kształt". Będzie on odbiciem tego, w jaki unikalny sposób Bóg cię stworzył, byś mógł Mu służyć.

Nie żałuj czasu na sporządzenie tej deklaracji. Nie próbuj zakończyć pracy nad nią już za pierwszym podejściem, ale też nie wkładaj w nią zbytniego perfekcjonizmu. Po prostu spisz swoje myśli w takim tempie, w jakim przychodzą ci do głowy. Zawsze łatwiej jest coś odtwarzać niż tworzyć. Oto pięć pytań, jakie powinieneś mieć na uwadze, pisząc swą deklarację.

PIĘĆ NAJWAŻNIEJSZYCH PYTAŃ DOTYCZĄCYCH ŻYCIA

Co będzie w *centrum* **mojego życia?** To ma związek z kwestią uwielbienia. Dla kogo zamierzasz żyć? Kogo zamierzasz umieścić w centrum swojego życia? Możesz skupić się na karierze, rodzinie, sporcie lub hobby, na pieniądzach, dostarczaniu sobie przyjemności i wielu innych działaniach. Te wszystkie rzeczy same w sobie nie są złe, ale nie powinny stać się głównym punktem twojego życia. Żadna z tych spraw nie jest w stanie być dla ciebie podporą, gdy twoje życie zaczyna się walić. Potrzebujesz trwałej i niewzruszonej podstawy życia.

Król Asa powiedział mieszkańcom Judy, by skupili swoje życie na Bogu[6]. W rzeczywistości to, co stanowi centrum naszego życia, jest zarazem naszym bogiem. Gdy oddałeś swe życie Chrystusowi, On stał się głównym jego ośrodkiem, ale by tak pozostało, musisz go tam zatrzymać poprzez uwielbienie. Paweł mówi: „Modlę się, aby Chrystus, o ile Mu ufacie, coraz lepiej czuł się w waszych sercach, w których mieszka"[7].

Skąd możesz wiedzieć, że Bóg znajduje się w centrum twojego życia? Jeśli Go wielbisz, to znaczy, że On tam już jest. Gdy Go tam nie ma, zaczynasz odczuwać niepokój. Niepokój jest światłem ostrzegawczym, informującym, że Bóg został zepchnięty na margines życia. Gdy przywrócisz Mu Jego należne

Jeśli Bóg jest w centrum twojego życia, to wielbisz Go. Gdy Go tam nie ma, zaczynasz odczuwać niepokój.

miejsce, wtedy znów wypełni cię pokój. Biblia mówi: „Zstąpi na was poczucie Bożej pełni. Wspaniałym jest to, co dzieje się wtedy, gdy zamiast niepokoju w centrum waszego życia znajdzie się Chrystus"[8].

Co będzie *charakteryzowało* **moje życie?** To ma związek z kwestią *uczniostwa*. Jakim będziesz człowiekiem? Boga bardziej interesuje, *kim jesteś* niż to, *co robisz*. Pamiętaj, że charakter zabierzesz ze sobą do wieczności, ale na pewno nie podąży tam za tobą twoja kariera. Zrób listę cech charakteru, nad którymi zamierzasz pracować i które chcesz rozwijać w swoim życiu. Możesz zacząć na przykład od owoców Ducha[9] lub błogosławieństw z Kazania na Górze[10].

Apostoł Piotr mówi: „Nie traćcie nawet minuty i budujcie to, co wam dano, uzupełniając waszą wiarę dobrym charakterem, duchowym zrozumieniem, czujną dyscypliną, cierpliwością, podziwem dla Bożych dzieł, serdeczną przyjaźnią i wspaniałomyślną miłością"[11]. Nie zniechęcaj się i nie poddawaj, jeśli upadasz. By wykształcić w sobie charakter Jezusa, potrzeba na to całego życia. Paweł powiedział do Tymoteusza: „Uważaj na siebie i na to, co głosisz. Trzymaj się tego, co słuszne"[12].

Jaki *wkład* wniosę swoim życiem? To ma związek ze *służbą*. Jaka będzie twoja służba w Kościele, czyli Ciele Chrystusa? Znając swoją kombinację duchowych darów, serce, zdolności, osobowość i osobiste doświadczenia (KSZTAŁT), zastanów się, jaką rolę możesz odegrać w Bożej rodzinie. Na co możesz mieć wpływ? Czy w Kościele jest jakaś szczególna grupa, do której najlepiej byś pasował? Paweł wskazuje na dwie wspaniałe korzyści wynikające ze służby: „Służba, jaką wykonujecie, nie tylko zaspokaja potrzeby Bożych dzieci, ale sprawia też, że więcej wdzięczności i chwały otrzymuje Bóg"[13].

DZIEŃ CZTERDZIESTY:

ŻYJĄC ZE ŚWIADOMOŚCIĄ CELU

Jesteś tak stworzony, by służyć innym, ale nawet Jezus będąc na ziemi, nie zaspokoił potrzeb wszystkich ludzi. Musisz wybierać, komu w oparciu o twoje unikalne predyspozycje możesz pomóc najlepiej. Zadaj sobie pytanie: „Komu najbardziej pragnę służyć?" Jezus powiedział: „Poleciłem wam pójść i przynosić owoce. Owoce, które będą trwałe"[14]. Każdy z nas wydaje inny owoc.

Jakie będzie *przesłanie* mojego życia? To ma związek z *misją* wśród niewierzących. W zestawieniu życiowych celów musi być miejsce na misję, czyli zobowiązanie, że będziesz dzielił się swoim świadectwem i Dobrą Nowiną z niewierzącymi. Wypisz też najważniejsze życiowe lekcje oraz pasje, jakie otrzymałeś od Boga i zastanów się, którymi z nich możesz służyć światu. Gdy będziesz wzrastał w Chrystusie, Bóg może ci wskazać szczególną docelową grupę ludzi, do których masz dotrzeć. Jeśli tak się stanie, nie zapomnij dopisać tego do twojego wykazu.

Jeśli jesteś rodzicem, to częścią twojej misji jest doprowadzenie dzieci do poznania Chrystusa, pomoc w zrozumieniu Jego celów dla ich życia i wysłanie ich na własną misję w świecie. W twoim wykazie możesz też umieścić zobowiązanie Jozuego: „Jeśli chodzi o mnie i moją rodzinę, będziemy służyć Panu"[15].

Twoje życie powinno oczywiście wspierać i potwierdzać przesłanie, jakie przekazujesz innym. Zanim większość niewierzących uzna Biblię za wiarygodny autorytet, chce wiedzieć, czy ty sam jesteś wiarygodny. Dlatego właśnie Biblia mówi: „Pamiętajcie, aby zawsze żyć tak, by przynosić chlubę Dobrej Nowinie Chrystusa"[16].

W jakim *środowisku* **będę żył?** To ma związek z kwestią *społeczności*. Jak zademonstrujesz swe poświęcenie wobec innych wierzących i twoje relacje z Bożą rodziną? Gdzie będziesz wprowadzał w życie przykazania dotyczące wzajemnych powinności chrześcijan? Do której kościelnej rodziny dołączysz jako jej aktywny członek? Im bardziej dojrzewasz, tym bardziej kochasz Ciało Chrystusa i chcesz mu się poświęcać. Biblia mówi: „Chrystus umiłował kościół i oddał za niego swoje życie"[17]. W swoim wykazie powinieneś też umieścić wyraz swojej miłości do Bożego kościoła.

Myśląc nad odpowiedziami na powyższe pytania, znajdź kilka fragmentów Biblii, które w sposób szczególny mówią o każdym z tych celów. W tej książce jest ich wiele. Sporządzenie wykazu życiowych celów w sposób, jaki będzie tobie odpowiadał, może potrwać tygodnie, a nawet miesiące. Módl się, rozmyślaj, rozmawiaj z przyjaciółmi i studiuj Biblię. Być może zanim sporządzisz swój wykaz w ostatecznej formie, będziesz musiał go kilka razy poprawiać czy przepisywać. Nawet w takim przypadku zmiany te nie będą raczej zbyt duże, ponieważ wraz w upływem czasu Bóg będzie ci dawał coraz więcej zrozumienia w sprawie twoich osobistych predyspozycji. Jeśli chciałbyś poznać więcej przykładów z życia innych ludzi, możesz napisać na mój adres e-mailowy (patrz: DODATEK 2).

Jako załącznik do deklaracji szczegółowych celów życia pomocnym może być napisanie krótszej deklaracji lub hasła, które byłoby kwintesencją tych celów

Zanim większość niewierzących, uzna Biblię za wiarygodny autorytet, chce wiedzieć, czy ty sam jesteś wiarygodny.

i było sformułowane *w łatwej* do zapamiętania oraz *inspirującej* formie. Możesz je sobie codziennie powtarzać. Salomon dał następującą radę: „Dobrze jest o tych prawdach pamiętać, by móc je w razie potrzeby powtarzać"[18]. Oto kilka przykładów:

- „Moim życiowym celem jest wielbić Chrystusa z całego serca, służyć Mu swoimi umiejętnościami, trwać w społeczności z Jego rodziną, upodabniać się do Niego pod względem charakteru i wypełniać Jego misję w świecie tak, by przynosiło Mu to chwałę".

- „Moim życiowym celem jest należeć do rodziny Chrystusa, być odbiciem Jego natury, sługą Jego łaski, wysłannikiem Jego Słowa i promotorem Jego chwały".

- „Moim życiowym celem jest kochać Chrystusa, wzrastać w Nim, opowiadać o Nim, służyć Mu w Jego Kościele i sprawić, by moja rodzina oraz inni czynili to samo".

- „Moim życiowym celem jest poświęcić się wypełnianiu wielkiego przykazania miłości oraz wielkiego polecenia misyjnego".

- „Moim celem jest naśladować Chrystusa swoim postępowaniem; moją rodziną jest Kościół; moją służbą jest _____; moją misją _____, a moim przewodnim motywem – Boża chwała".

Może się zastanawiasz: „A co z Bożą wolą odnośnie mojej pracy zawodowej, małżeństwa czy tego, gdzie mam mieszkać lub chodzić do szkoły?". Prawdę mówiąc, są to w twoim życiu sprawy drugorzędne i być może Bóg sprawi, że będziesz mógł korzystać z wielu tych możliwości naraz i wszystkie z nich będą zgodne z Jego wolą dla twojego życia. Tym, co naprawdę się liczy, jest to, czy realizujesz Boże, wieczne cele i nie zależy to od miejsca, w którym żyjesz czy pracujesz ani od tego, kogo poślubisz. Te decyzje powinny stanowić jedynie wsparcie dla przyjętych przez siebie celów. Biblia mówi: „W ludzkim sercu jest wiele planów, ale tylko Boże zamysły mają decydujące znaczenie"[19]. Skup się na Bożych celach dla twojego życia, a nie na własnych planach, bo jedynie te pierwsze pozostaną na zawsze.

Kiedyś usłyszałem sugestię, że deklaracja naszych życiowych celów powinna zawierać to, co chcielibyśmy, aby powiedziano o nas na naszym pogrzebie. Wyobraź sobie słowa pochwały, jakie chciałbyś usłyszeć po twojej śmierci i umieść je w swojej deklaracji. W porządku, ale tak naprawdę, to niezbyt dobry pomysł. To, co ludzie o nas pomyślą po naszej śmierci, nie będzie miało większego znaczenia. Jedyną rzeczą, jaka będzie się liczyła, okaże się to, *co pomyśli o tobie Bóg*. Biblia mówi: „Naszym celem jest podobać się Bogu, a nie ludziom"[20].

Pewnego dnia Bóg zapozna się z twoimi odpowiedziami na te życiowo ważne pytania. Czy umieściłeś Jezusa w centralnym miejscu twojego życia? Czy kształtujesz w sobie Jego charakter? Czy poświęcasz swoje życie służbie innym? Czy przekazujesz innym Jego przesłanie i wypełniasz misję, którą ci zlecił? Czy kochasz Jego rodzinę i uczestniczysz w jej życiu? To są jedyne kwestie, które będą się liczyły. Apostoł Paweł pisze: „Naszym celem jest sprostać Bożym wymogom, a na tym właśnie polega nasza praca wśród was"[21].

BÓG CHCE CIĘ UŻYWAĆ

Około trzydzieści lat temu odkryłem w księdze Dziejów Apostolskich 13:36 zdanie, które raz na zawsze zmieniło kierunek mojego życia. Były to tylko cztery słowa, ale niczym rozpalone żelazo pozostawiły na moim życiu trwały znak. Fragment ten mówi, że Dawid „spełnił za życia swą służbę"[22]. Teraz wiem, dlaczego Bóg powiedział o nim „mąż według mego serca"[23]. Dawid poświęcił swe życie realizacji Bożych celów tu na ziemi.

Nie ma lepszego epitafium na nagrobek niż takie stwierdzenie! Wyobraź sobie, że na miejscu twojego pochówku zostanie wykuty napis: „Spełnił za życia swą służbę Bogu". Modlę się, by ludzie mogli tak powiedzieć o mnie po mojej śmierci. Proszę też Boga, by i o tobie mogło to być powiedziane z pełnym przekonaniem. Dlatego właśnie napisałem tę książkę.

Krótka fraza z Dziejów Apostolskich 13:36 stanowi kwintesencję dobrze przeżytego życia. Rzeczy wieczne i ponadczasowe (Boże cele) wykonujesz w sposób tobie współczesny i ograniczony czasem (za twego życia). Na tym właśnie polega życie świadome celu. W ciągu twojego życia nie mogą Bogu służyć ani pokolenia przeszłe ani przyszłe, ale wyłącznie ty sam, w danym momencie historii. Tak jak Esterę, Bóg stworzył każdego z nas na czas „taki jak obecny"[24].

Bóg poszukuje ludzi, których mógłby używać. Biblia mówi: „Oczy Pana rozglądają się po całej ziemi, aby wzmacniać tych, którzy szczerym sercem są przy Nim"[25]. Czy będziesz osobą, którą Bóg będzie mógł wykorzystać dla swoich celów? Czy będziesz służył Bożym celom w czasie, który jest ci dany tu na ziemi i wśród twojego pokolenia?

Apostoł Paweł prowadził życie świadome celu. W związku z tym napisał: „Biegnę prosto do celu, z każdym krokiem jestem coraz bliżej"[26]. Jedynym celem jego życia była realizacja celów, które wyznaczył dla niego Bóg. Apostoł powiedział: „Dla mnie życiem jest Chrystus, a śmierć zyskiem"[27]. Paweł nie obawiał się ani życia, ani śmierci. Za każdą cenę chciał urzeczywistniać Boże cele. Żyjąc tak, nie mógł ponieść żadnej porażki!

Pewnego dnia historia ziemi i ludzkości dobiegnie końca, ale wieczność będzie trwać zawsze. William Carey powiedział: „Przyszłość jest tak jasna, jak Boże obietnice". Gdy realizowanie twoich celów będzie szczególnie trudne, nie ulegaj zniechęceniu. Pamiętaj o nagrodzie, która nie przeminie. Biblia mówi: „Nasze kłopoty i utrapienia są nieznaczne i nie będą trwać długo. Kiedyś przyniosą nam wieczną chwałę, która nam wszystko wynagrodzi"[28].

Wyobraź sobie, jak to będzie w dniu, w którym wszyscy staniemy przed Bożym tronem i z głęboką wdzięcznością i chwałą przedstawimy Mu owoce naszego życia. Wszyscy razem wtedy powiemy: „Godzien jesteś chwały, czci i mocy, o Panie nasz i Boże! Ty stworzyłeś wszechświat. Wszystko, co istnieje, powstało przez działanie Twej woli"[29]. Będziemy wychwalać Go za Jego plan i będziemy żyć dla Jego celów przez całą wieczność!

DZIEŃ CZTERDZIESTY
MYŚLĄC O MOIM CELU

Główna myśl: Tylko życie świadome celu jest życiem naprawdę przeżytym.

Werset do zapamiętania: „Ponieważ Dawid... służył Bożym celom za swojego życia" – Dzieje Apostolskie 13:36 (NASB).

Pytanie do rozważenia: Kiedy zamierzam napisać swoje odpowiedzi na pięć głównych życiowych pytań? Kiedy sprecyzuję moje cele w formie pisemnej?

DODATEK 1.

PYTANIA DO DYSKUSJI

Z pytań tych możesz korzystać podczas dyskusji w grupach domowych lub w szkole niedzielnej, w połączeniu z pytaniami zamieszczonymi na końcu każdego rozdziału.

PO CO JA TUTAJ TAK NAPRAWDĘ JESTEM?

- Co według ciebie powinno praktycznie wynikać z pierwszego zdania tej książki: „Tu nie chodzi tylko o ciebie"?
- Co według ciebie jest siłą napędową życia większości ludzi?
- Jakie wyobrażenie lub metafora mogłoby najlepiej zilustrować twoje dotychczasowe życie? Wyścig, cyrk, a może coś innego?
- Gdyby każdy rozumiał, że życie na ziemi jest rzeczywiście *przygotowaniem do wieczności*, to jak wtedy postępowalibyśmy?
- Do jakich ziemskich rzeczy ludzie bywają tak bardzo przywiązani, że powstrzymuje ich to od życia dla Bożych celów?
- Do których z tych rzeczy ty jesteś przywiązany, że nie możesz żyć zgodnie z wyznaczonym ci przez Boga celem?

STWORZONY DLA RADOŚCI BOGA

- Czym różni się „życie dla Bożej radości i chwały" od tego, co większość ludzi rozumie przez „uwielbienie"?
- W jaki sposób przyjaźń z Bogiem podobna jest do każdej innej przyjaźni, a czym się od nich różni?
- Podziel się czymś, czego nauczyłeś się na temat czasu, w którym Bóg wydawał ci się odległy?
- Czy łatwiej ci uwielbiać Boga publicznie, czy na osobności? W którym z nich czujesz się bliżej Boga?
- Kiedy dopuszczalne jest okazywanie swojego gniewu przed Bogiem?
- Jakie obawy pojawiają się w momencie, gdy myślisz o całkowitym poddaniu swojego życia Chrystusowi?

PRZYSPOSOBIONY DO ŻYCIA W BOŻEJ RODZINIE

- Czym różni się nasze „oddanie sobie nawzajem ze względu na Jezusa" od tego, co większość ludzi rozumie poprzez „społeczność"?

- Jakie przeszkody utrudniają nam kochanie innych wierzących i troskę o nich?

- Co mogłoby sprawić, że łatwiej byłoby ci mówić innym o twoich potrzebach, zranieniach, obawach i nadziejach?

- Jakie są najczęstsze wymówki ludzi, którzy nie chcą należeć do żadnego kościoła i jak byś na nie reagował?

- Co mogłaby zrobić nasza grupa, by chronić i popierać jedność w naszym kościele?

- Czy jest ktoś, z kim chciałbyś odnowić swoje relacje i czy jako grupa moglibyśmy się o to modlić?

PRZEZNACZONY, BY STAĆ SIĘ JAK CHRYSTUS

- Czym różni się „stawanie się podobnym do Chrystusa" od tego, co większość ludzi rozumie przez „uczniostwo"?

- Jakie zmiany zauważyłeś w swoim życiu, odkąd stałeś się wierzącym? Jakie zmiany zauważyli w tobie inni?

- W jakim stopniu chciałbyś być podobnym do Chrystusa za rok? Co mógłbyś zrobić już dzisiaj, by sprostać temu zadaniu?

- W jakiej sferze twojego duchowego wzrostu powinieneś być bardziej cierpliwy, widząc, że jest w niej mały postęp?

- Jak Bóg użył cierpienia czy problemu w twoim życiu, by pomóc ci wzrastać?

- Kiedy jesteś najbardziej podatny na pokusy? Które ze sposobów zwalczania pokus mogłyby być ci najbardziej pomocne?

UKSZTAŁTOWANY, BY SŁUŻYĆ BOGU

- W jaki sposób „używanie twoich wrodzonych predyspozycji do służenia innym" różni się od tego, co większość ludzi rozumie przez „usługiwanie"?

- Co z rzeczy, które lubisz robić najbardziej, mogłoby służyć Bożej rodzinie?

- Pomyśl o bolesnych doświadczeniach, przez które przechodziłeś, które Bóg mógłby wykorzystać, by pomóc innym, znajdującym się w podobnej sytuacji?

- W jaki sposób porównywanie się z innymi powstrzymuje nas od rozwinięcia w pełni naszej unikalnej osobowości?

- W jaki sposób mogłeś dostrzec Bożą moc przejawiającą się w twoim życiu, kiedy czułeś się szczególnie słaby?

- W jaki sposób możemy pomóc członkom naszej „małej" grupy lub klasy szkoły niedzielnej w znalezieniu ich miejsca w służbie? Co nasza grupa może robić, by służyć swej kościelnej rodzinie?

POWOŁANY, BY WYPEŁNIĆ MISJĘ

- Jakie typowe obawy i stereotypy ujawniają się u ludzi, kiedy słyszą słowo „ewangelizacja"? Co uniemożliwia ci dzielenie się Ewangelią z innymi?

- Co według ciebie może być twoim „życiowym przesłaniem", które otrzymałeś od Boga, by przekazać je światu?

- Podaj imię niewierzącej osoby, o którą moglibyście się modlić jako grupa.

- Co twoja grupa może zrobić razem, by przyczynić się do wypełnienia wielkiego polecenia misyjnego?

- Jak równoczesne czytanie tej książki przez grupę wpłynęło na dotychczasowe cele twojego życia? Jakie najbardziej wartościowe refleksje udało ci się w niej znaleźć?

- Na kogo wskazuje ci Bóg, byś podzielił się zmieniającym życie przesłaniem tej książki?

DODATEK 2.

ŹRÓDŁA

Inne pomocne źródła dostępne w księgarniach lub na stronie internetowej www.purposedrivenlife.com:

1. *The Purpose-Driven® Life* Journal. Książka będąca uzupełnieniem tej książki. (Zondervan/Inspirio)

2. *The Purpose-Driven® Life Scripture Keepers Plus*. 40 kartek z wersetami pochodzącymi z książki. Stojak do kart w komplecie.

3. *The Purpose-Driven® Life Album*. Dwanaście nowych utworów muzycznych na temat Bożych celów wykonywanych przez znanych chrześcijańskich artystów. (Maranatha Music)

4. *The Purpose-Driven® Life Video Curriculum*. Sześć sesji wykładowych Ricka Warrena wykorzystanych w nauczaniu podczas 40-dniowych kampanii Purpose Driven®. Dostępny z przewodnikiem do studiowania. (*www.purposedrivenlife.com*)

5. *The Purpose-Driven® Church*. Ta nagrodzona książka pokazuje, w jaki sposób twój kościół może pomóc ludziom żyć według pięciu Bożych celów. Dostępna w postaci książki oraz na DVD w 20 językach. Miliony ludzi studiuje tę książkę w grupach. (Zondervan and The Purpose Driven Ministries)

6. *Foundation: 11 Core Truths to Build Your Life on*. Popularny program Saddleback Church na temat biblijnych podstaw życia świadomego celu. To 24-tygodniowe studium dla małych grup lub szkoły niedzielnej zawiera obszerne teksty nauczające, przewodnik dla nauczyciela, przewodnik dla ucznia, pytania do dyskusji w małych grupach i slajdy w programie Power Point. (Zondervan)

7. *Doing Life Together*. 30-tygodniowy program dla małych grup, który skupia się na zastosowaniu Bożych celów dla naszego życia. (Zondervan)

8. *The Purpose-Driven® Life Gift Book*. Ta piękna książka z inspirującą muzyką na CD przedstawia poselstwo *The Purpose-Driven® Life*. (Zondervan, Inspiro)

9. *What Am I Here For?* 64-stronicowa, skrócona wersja *The Purpose Driven® Life* w niedrogiej oprawie, z łatwą do zrozumienia treścią. (Zondervan, Inspiro)

DLA OSÓB ZAANGAŻOWANYCH MISYJNIE W PEŁNYM WYMIARZE

Wyślij e-mail do *toolbooks@pastors.com* prosząc o darmową prenumeratę *Rick Warren's Ministry Toolbox*, tygodniowy list dla pastorów i innych osób zaangażowanych misyjnie otrzymywany drogą e-mailową.

W celu otrzymania informacji na temat różnorodnych Seminariów *The Purpose-Driven®* prosimy o kontakt na adres: The Purpose Driven, 1 Saddleback Parkway, Lake Foest, CA 92630 lub telefonicznie: (800) 633-8876

DARMOWE ŹRÓDŁA

W celu otrzymania darmowej subskrypcji tygodniowej wersji The Purpose Driven Devotional prosimy o e-mail na adres: *devotional@purposedrivenlife.com*

Prosimy o informację, które z poniższych darmowych pozycji chciałbyś otrzymać w formie pisemnej:
Broszura *Your first Steps for Spiritual Growth*
A personal Bible reading plan
A list of recommended books on each purpose
How to pray for missionaries
The Purpose-Driven® Life Health Assessment
Information to Celebrate Recovery
Information on Kingdom Builders
Information on *40 Days of Purpose*, a spiritual growth emphasis for your church.

DODATEK 3.

DLACZEGO UŻYWAĆ AŻ TYLU TŁUMACZEŃ BIBLII?

Książka ta zawiera prawie tysiąc cytatów z Pisma Świętego. Po różne tłumaczenia Biblii sięgałem z dwóch ważnych powodów. Po pierwsze, bez względu na to, jak dobre jest jakieś tłumaczenie, to jednak każde z nich posiada swoje ograniczenia. Słownictwo pierwotnej wersji Biblii obejmowało 11280 słów hebrajskich, aramejskich oraz greckich, natomiast typowe anglojęzyczne tłumaczenie posługuje się tylko około 6000 słów. Oczywiście, w każdym tłumaczeniu są pominięte jakieś niuanse lub odcienie znaczeniowe, dlatego zawsze pomocne jest porównywanie różnych wersji Biblii.

Po drugie (i ten powód wydaje mi się ważniejszy), często dochodzi do tego, że znane nam brzmienie biblijnych wersetów ma już na nas niewielki wpływ. Nie wynika to z tego, że tłumaczenie jest kiepskie, ale stąd, że te wersety stały się już dla nas znane! Wydaje nam się, że wiemy, co dany werset mówi, ponieważ tak wiele razy czytaliśmy go lub słyszeliśmy. Napotykając cytat danego wersetu w jakiejś książce, czytamy go zupełnie pobieżnie i w ten sposób umyka nam jego pełne znaczenie. Dlatego celowo używałem różnych, sparafrazowanych wersji Biblii, aby pomóc Ci odbierać Boże prawdy w nowy, świeży sposób. Mieszkańcy krajów anglosaskich mogą być wdzięczni Bogu za tak wiele wersji Biblii, które mogą służyć do osobistych i grupowych rozważań.

Ponadto ze względu na fakt, że w Bibliach powstałych przed 1560 rokiem naszej ery nie istniały podziały na rozdziały i wersety, nie zawsze cytowałem cały werset, ale raczej koncentrowałem się na jego najważniejszym fragmencie. Wzorowałem się w tym na Jezusie i na tym, jak On i apostołowie powoływali się na Stary Testament. By wyrazić sens jakiegoś wersetu, często cytowali z niego tylko jedno lub więcej składających się na niego zdań.

AMP   *„The Amplified Bible"*
Grand Rapids, Zondervan 1965.

CEV   *„Contemporary English Version"*
New York, American Bible Society 1995.

GWT   *„God's Word Translation"*
Grand Rapids, World Publishing, Inc. 1995.

KJV   *„King James Version"*

LB   *„Living Bible"*
Wheaton, IL, Tyndale House Publishers 1979.

Msg   *„The Message"*
Colorado Springs, Navpress 1993.

NAB   *„New American Bible"*
Chicago, Catholic Press 1970.

NASB   *„New American Standard Bible"*
Anaheim, CA, Foundation Press 1973.

NCV   *„New Century Version"*
Dallas, Word Bibles 1991.

NIV   *„New International Version"*
Colorado Springs, International Bible Society 1978, 1984.

NJB   *„New Jerusalem Bible"*
Garden City, NY, Doubleday 1985.

NLT   *„New Living Translation"*
Wheaton, IL, Tyndale House Publishers 1996.

NRSV   *„New Revised Standard Version"*
Grand Rapids, Zondervan 1990.

Ph   *„New Testament in Modern English by J.B. Phillips"*
New York, Macmillan 1958.

TEV   *„Today's English Version"*
New York, American Bible Society 1992.

Odsyłacze do cytowanych tekstów

Podróż do celu

1. Rzymian 12:2 (NTL)
2. Tymoteusz 2:7 (NIV)

Dzień 1: Wszystko zaczyna się w Bogu

1. Job 12:10 (TEV)
2. Rzymian 8:6 (Msg)
3. Mateusz 16:25 (Msg)
4. Hugh S. Moorhead, „The Meaning of Life According to Our Century's Greatest Writers and Thinkers" (Chicago: Chicago Review Press, 1988).
5. I Koryntian 2:7 (Msg)
6. Efezjan 1:11 (Msg)
7. David Friend, ed. „The Meaning of Life", (Boston: Little, Brown, 1991), str. 194.

Dzień 2: Nie jesteś dziełem przypadku

1. Psalm 138:8 (NIV)
2. Psalm 139:15 (Msg)
3. Psalm 139:16 (LB)
4. Dzieje Apostolskie 17:26 (NIV)
5. Efezjan 1:4 (Msg)
6. Jakub 1:18 (NCV)
7. Michael Denton, Nature's Destiny: How the Laws of Biology Reveal Purpose in the Universe (New York: Free Press, 1998), str. 389.
8. Izajasz 45:18 (GWT)
9. I Jan 4:8
10. Izajasz 46:3-4 (NCV)
11. Russel Kelfer. Wykorzystane za zgodą autora.

Dzień 3: Co kieruje twoim życiem?

1. I Mojżeszowa. 4:12 (NIV)
2. Psalm 32:1 (LB)
3. Job 5:2 (TEV)
4. I Jan 4:18 (Msg)
5. Mateusz 6:24 (NLT)
6. Izajasz 49:4 (NIV)
7. Job 7:6 (LB)

8. Job 7:16 (TEV)
9. Jeremiasz 29:11 (NCV)
10. Efezjan 3:20 (LB)
11. Przypowieści Salomona 13:7 (Msg)
12. Izajasz 26:3 (TEV)
13. Efezjan 5:17 (Msg)
14. Filipian 3:13 (NLT)
15. Filipian 3:15 (Msg)
16. Rzymian 14:10, 12 (NLT)
17. Jan 14:6 (NIV)

Dzień 4: Stworzeni, by żyć wiecznie

1. Kaznodziei Salomona 3:11 (NLT)
2. II Koryntian 5:1 (TEV)
3. Filipian 3:7 (NLT)
4. I Koryntian 2:9 (LB)
5. Mateusz 25:34 (NIV)
6. C.S. Lewis, „The Last Battle", New York: Collier Books, 1970, str. 184.
7. Psalm 33:11 (TEV)
8. Kaznodziei Salomona 7:2 (CEV)
9. Hebrajczyków 13:14 (LB)
10. II Koryntian 5:6 (LB)

Dzień 5: Patrząc na życie z Bożej perspektywy

1. Rzymian 12:2 (TEV)
2. II Kronik 32:31 (NLT)
3. I Koryntian 10:13 (TEV)
4. Jakub 1:12 (GWT)
5. Psalm 24:1 (TEV)
6. I Mojżeszowa 1:28 (TEV)
7. I Koryntian 4:7 (NLT)
8. I Koryntian 4:2 (NCV)
9. Mateusz 25:14-29
10. Mateusz 25:21 (NIV)
11. Łukasz 16:11 (NLT)
12. Łukasz 12:48 (NIV)

Dzień 6: Życie to zadanie do wykonania

1. Job 8:9 (NLT)
2. Psalm 39:4 (LB)
3. Psalm 119:19 (NLT)
4. I Piotr 1:17 (GWT)
5. Filipian 3:19-20 (NLT)
6. Jakub 4:4 (Msg)
7. II Koryntian 5:20 (NLT)

8. I Piotr 2:11 (Msg)
9. I Koryntian 7:31 (NLT)
10. II Koryntian 4:18 (Msg)
11. Jan 16:33; 16:20; 15:18-19.
12. II Koryntian 4:18 (NIV)
13. I Piotr 2:11 (GWT)
14. Hebrajczyków 11:13, 16 (NCV)

Dzień 7: Przyczyna wszystkiego

1. Psalm 19:1 (NIV)
2. I Mojżeszowa 3:8; II Mojżeszowa 33:18-23; 40:33-38; I Królewska 7:51; 8:10-13; Jan 1:14; Efezjan 2:21-22; II Koryntian 4:6-7.
3. II Mojżeszowa 24:17; 40:34; Psalm 29:1; Izajasz 6:3-4; 60:1; Łukasz 2:9.
4. Objawienie Jana 21:23 (NIV)
5. Hebrajczyków 1:3 (NIV); również II Koryntian 4:6 (LB).
6. Jan 1:14 (GWT)
7. I Kronik 16:24; Psalm 29:1; 66:2; 96:7; II Koryntian 3:18.
8. Objawienie Jana 4:11 (NLT)
9. Rzymian 3:23 (NIV)
10. Izajasz 43:7 (TEV)
11. Jan 17:4 (NLT)
12. Rzymian 6:13 (NLT)
13. I Jan 3:14 (CEV)
14. Rzymian 15:7 (NLT)
15. Jan 13:34-35 (NIV)
16. II Koryntian 3:18 (NLT)
17. Filipian 1:11 (NLT); patrz też Jan 15:8 (GWT).
18. I Piotr 4:10-11 (NLT); patrz też II Koryntian 8:19 (NCV).
19. II Koryntian 4:15 (NLT)
20. Jan 12:27-28 (NASB)
21. Jan 12:25 (Msg)
22. II Piotr 1:3 (Msg)
23. Jan 1:12 (NIV)
24. Jan 3:36 (Msg)

Dzień 8: Stworzeni, by sprawić radość Bogu

1. Efezjan 1:5 (TEV).
2. I Mojżeszowa 6:6;
   II Mojżeszowa 20:5;
   V Mojżeszowa 32:36;
   Sędziów 2:19;
   I Królewska 10:9;
   I Kronik 16:27;
   Psalm 2:4; 5:5; 18:19;
   35:27; 37:23; 103:13;
   104:31; Ezechiel 5:13;
   I Jan 4:16.
3. Psalm 147:11 (CEV).
4. Jan 4:23.
5. Izajasz 29:13 (NIV).
6. Psalm 105:4 (TEV).
7. Psalm 113:3 (LB).
8. Psalm 119:147; 5:3;
   63:6; 119:62.
9. Psalm 34:1 (GWT).
10. I Koryntian 10:31 (NIV).
11. Kolosan 3:23 (NIV).
12. Rzymian 12:1 (Msg).

Dzień 9: Co sprawia, że Bóg się uśmiecha?

1. Efezjan 5:10 (Msg).
2. I Mojżeszowa 6:8 (LB).
3. I Mojżeszowa 6:9 (NLT).
4. Ozeasz 6:6 (LB).
5. Mateusz 22:37-38 (NIV).
6. Hebrajczyków 11:7.
7. I Mojżeszowa 2:5-6.
8. Psalm 147:11 (TEV).
9. Hebrajczyków 11:6 (NIV).
10. I Mojżeszowa 6:22 (NLT);
    patrz też
    Hebrajczyków 11:7 (NCV).
11. Psalm 100:2 (LB).
12. Psalm 119:33 (LB).
13. Jakub 2:24 (CEV).
14. Jan 14:15 (TEV).
15. I Mojżeszowa 8:20 (NIV).
16. Hebrajczyków 13:15 (KJV).
17. Psalm 116:17 (KJV).
18. Psalm 69:30-31 (NIV).
19. Psalm 68:3 (TEV).
20. I Mojżeszowa 9:1,3(NIV).
21. Psalm 37:23 (NLT).
22. Psalm 33:15 (Msg).
23. Izajasz 45:9 (CEV).
24. I Tymoteusz 6:17 (TEV).
25. Psalm 103:14 (GWT).
26. II Koryntian 5:9 (TEV).
27. Psalm 14:2 (LB).

Dzień 10: Istota uwielbienia

1. I Jan 4:9-10, 19.
2. Rzymian 12:1 (TEV).
3. Psalm 145:9.
4. Psalm 139:3.
5. Mateusz 10:30.
6. I Tymoteusz 6:17.
7. Jeremiasz 29:11.
8. Psalm 86:5.
9. Psalm 145:8.
10. Rzymian 5:8 (NRSV).
11. I Mojżeszowa 3:5.
12. Łukasz 5:5 (NIV).
13. Psalm 37:7 (GWT).
14. Mateusz 6:24.
15. Mateusz 6:21.
16. Marek 14:36 (NLT).
17. Job 22:21 (NLT).
18. Rzymian 6:17 (Msg).
19. Jozue 5:13-15.
20. Łukasz 1:38 (NLT).
21. Jakub 4:7 (NCV).
22. Rzymian 12:1 (KJV).
23. Rzymian 12:1 (CEV).
24. II Koryntian 5:9 (NIV).
25. Filipian 4:13 (Amp).
26. I Koryntian 15:51.
27. Łukasz 9:23 (NCV).

Dzień 11: Stając się z Bogiem najlepszymi przyjaciółmi

1. Psalm 95:6; 136:3;
   Jan 13:13; Juda 1:4;
   I Jan 3:1;
   Izajasz 33:22; 47:4;
   Psalm 89:26.
2. II Mojżeszowa. 33:11, 17;
   II Kronik 20:7;
   Izajasz 41:8; Jakub 2:23;
   Dzieje Apostolskie 13:22;
   I Mojżeszowa. 6:8; 5:22
   (NLT); Job 29:4).
3. Rzymian 5:11 (NLT).
4. II Koryntian 5:18 (TEV).
5. I Jan 1:3.
6. I Koryntian 1:9.
7. II. Koryntian 13:14.
8. Jan 15:15 (NIV).
9. Jan 3:29.
10. II Mojżeszowa 34:14 (NLT).
11. Dzieje Apostolskie 17:26-27 (Msg).
12. Jeremiasz 9:24 (TEV).
13. Patrz „How to Have a Meaningful Quiet Time" w publikacji „Personal Bible Study Methods", Rick Warren.

14. I Tesaloniczan 5:17.
15. Efezjan 4:6 (NCV).
16. Brat Lawrence „The Practice of the Presence of God" (Grand Rapids: Revell/Spire Books, 1967), Eighth Letter.
17. I Tesaloniczan 5:17 (Msg).
18. Psalm 23:4; 143:5; 145:5;
    Jozue 1:8; Psalm 1:2.
19. I Samuelowa 3:21.
20. Job 23:12 (NIV).
21. Psalm 119:97 (NIV).
22. Psalm 77:12 (NLT).
23. I Mojżeszowa 18:17;
    Daniel 2:19;
    I Koryntian 2:7-10.
24. Psalm 25:14 (LB).

Dzień 12: Budując przyjaźń z Bogiem

1. Mateusz 11:19.
2. Job 42:7 (Msg).
3. II Mojżeszowa 33:1-17.
4. II Mojżeszowa 33:12-17 (Msg).
5. Patrz: Job – Job 7:17-21;
   Patrz: Asaf – Psalm 83:13;
   Patrz: Jeremiasz –
   Jeremiasz 20:7;
   Patrz: Noemi – Rut 1:20.
6. Psalm 142:2-3 (NLT).
7. Jan 15:14 (NIV).
8. Jan 15:9-11 (NLT).
9. I Samuelowa 15:22 (NCV).
10. Mateusz 3:17 (NLT).
11. II Koryntian 11:2 Msg).
12. Psalm 69:9 (NLT).
13. Psalm 27:4 (LB).
14. Psalm 63:3 (CEV).
15. I Mojżeszowa 32:26 (NIV).
16. Filipian 3:10 (Amp).
17. Jeremiasz 29:13 (Msg).
18. I Tymoteusz 6:21 (LB).

Dzień 13: Uwielbienie miłe Bogu

1. Hebrajczyków 12:28 (TEV).
2. Jan 4:23 (NIV).
3. I Samuelowa 16:7 (NIV).
4. Hebrajczyków 13:15;
   Psalm 7:17; Ezdrasz 3:11;
   Psalm 149:3; 150:3;
   Nehemiasz 8:6.
5. Gary Thomas, „Sacred Pathways" (Grand Rapids: Zondervan, 2000).
6. Jan 4:23 (Msg).

7. Mateusz 6:7 (KJV).
8. Seria taśm z wykładami pt. „How God Meets Your Deepest Needs" autorstwa pastorów zboru Saddleback (1999), www.pastors.com.
9. I Koryntian 14:40 (NIV).
10. I Koryntian 14:16-17 (CEV).
11. Rzymian 12:1 (NIV).
12. Psalm 50:14 (TEV); Hebrajczyków 13:15 (CEV); Psalm 51:17; 54:6 (NIV), Filipian 4:18 (NIV); Psalm 141:2 (GWT); Hebrajczyków 13:16; Marek 12:33 (Msg); Rzymian12:1 (NIV).
13. II Samuelowa 24:24 (TEV).
14. Matt Redman, „Heart of Worship" (Kingsway's Thankyou Music, 1997).

Dzień 14: Gdy Bóg wydaje się być daleko

1. Philip Yancey, „Reaching for the Invisible God" (Grand Rapids: Zondervan, 2000), str. 242.
2. I Samuelowa 13:14; Dzieje Apostolskie 13:22.
3. Psalm 10:1 (LB).
4. Psalm 22:1 (NLT).
5. Psalm 43:2 (TEV); patrz też Psalmy: 44:23 (TEV); 74:11 (TEV); 88:14 (Msg); 89:49 (LB).
6. V Mojżeszowa 31:8; Psalm 37:28; Jan 14:16-18; Hebrajczyków 13:5.
7. Izajasz 45:15.
8. Floyd Mc Clung, „Finding Friendship with God" (Ann Arbor, MI: Vine Books, 1992), str. 186.
9. Job 23:8-10 (NLT).
10. Psalm 51; Efezjan 4:29-30; I Tesaloniczan 5:19; Jeremiasz 2:32; I Koryntian 8:12; Jakub 4:4 (NLT).
11. Job 1:20-21 (NIV).
12. Job 7:11 (TEV).
13. Job 29:4 (NIV).
14. Psalm 116:10 (NCV).
15. Job 10:12.
16. Job 42:2; 37:5, 23.
17. Job 23:10; 31:4.
18. Job 34:13.
19. Job 23:14.
20. Job 19:25.

21. Job 23:12 (NIV).
22. Job 13:15 (CEV).
23. II Koryntian 5:21 (TEV).

Dzień 15: Przysposobieni do Bożej rodziny

1. Efezjan 1:5 (NLT).
2. Jakub 1:18 (LB).
3. I Piotr 1:3 (LB); patrz też Rzymian 8:15-16 (TEV).
4. Marek 8:34; Dzieje Apostolskie 2:21; Rzymian 10:13; II Piotr 3:9.
5. Galacjan 3:26 (NLT).
6. Efezjan 3:14-15 (LB).
7. I Jan 3:1; Rzymian 8:29, Galacjan 4:6-7; Rzymian 5:2; I Koryntian 3:23; Efezjan 3:12; I Piotr 1:3-5; Rzymian 8:17.
8. Galacjan 4:7 (NLT).
9. Filipian 4:19 (NIV).
10. Efezjan 1:7; Rzymian 2:4; 9:23; 11:33; Efezjan 3:16; 2:4.
11. Efezjan 1:18 (NLT).
12. I Tesaloniczan 5:10; 4:17.
13. I Jan 3:2, II Koryntian 3:18.
14. Objawienie Jana 21:4.
15. Marek 9:41; 10:30; I Koryntian 3:8; Hebrajczyków 10:35; Mateusz 25:21, 23.
16. Rzymian 8:17; Kolosan 3:4; II Tesaloniczan 2:14; II Tymoteusz 2:12; I Piotr 5:1.
17. I Piotr 1:4 (NLT).
18. Kolosan 3:23-24 (NIV).
19. Mateusz 28:19 (NLT).
20. I Koryntian 12:13 (NLT).
21. Dzieje Apostolskie 2:41; 8:12-13; 35-38.
22. Hebrajczyków 2:11 (CEV).
23. Mateusz 12:49-50 (NLT).

Dzień 16: Sprawa najwyższej wagi

1. Galacjan 5:14 (LB).
2. I Piotr 2:17 (CEV).
3. Galacjan 6:10 (NCV).
4. Jan 13:35 (LB).
5. I Koryntian 14:1 (LB).
6. I Koryntian 13:3 (Msg).
7. Mateusz 22:37-40 (NLT).
8. I Koryntian 13:13 (NCV).
9. Mateusz 25:34-46.

10. Mateusz 25:40 (NRSV).
11. Galacjan 5:6 (NIV).
12. I Jan 3:18 (TEV).
13. Efezjan 5:2 (LB).
14. Jan 3:16.
15. Galacjan 6:10 (NLT).
16. Efezjan 5:16 (NCV).
17. Przypowieści Salomona 3:27 (TEV).

Dzień 17: Własne miejsce na ziemi

1. I Mojżeszowa 2:18
2. I Koryntian 12:12; Efezjan 2:21, 22; 3:6; 4:16; Kolosan 2:19; I Tesaloniczan 4:17.
3. Rzymian 12:5 (NIV).
4. Rzymian 12:4-5; I Koryntian 6:15; 12:12-27.
5. Rzymian 12:4-5 (Msg).
6. Efezjan 4:16.
7. Mateusz 16:18 (NLT).
8. Efezjan 5:25 (GWT).
9. II Koryntian 11:2; Efezjan 5:27; Objawienie Jana 19:7.
10. I Piotr 2:17 (Msg).
11. I Koryntian 5:1-13; Galacjan 6:1-5.
12. Efezjan 2:19 (LB).
13. Jan 13:35 (NLT).
14. Galacjan 3:28 (Msg); patrz też Jan 17:21.
15. I Koryntian 12:27 (NCV).
16. I Koryntian 12:26 (NCV).
17. Efezjan 4:16; Rzymian 12:4-5; Kolosan 2:19; I Koryntian 12:25.
18. I Jan 3:16 (NIV).
19. Efezjan 4:16 (NLT).
20. I Koryntian 12:7 (NLT).
21. Efezjan 2:10 (Msg).
22. I Koryntian 10:12; Jeremiasz 17:9, I Tymoteusza 1:19.
23. Hebrajczyków 3:13 (NIV).
24. Jakub 5:19 (Msg).
25. Dzieje Apostolskie 20:28-29; I Piotr 5:1-4; Hebrajczyków 13:7, 17.
26. Hebrajczyków 13:17 (NLT).
27. Dzieje Apostolskie 2:42 (Msg).
28. II Koryntian 8:5 (TEV).

Dzień 18: Doświadczając wspólnego życia

1. Mateusz 18:20 (NASB).

2. I Jan 1:7-8 (NCV).
3. Jakub 5:16 (Msg).
4. I Koryntian 12:25 (Msg).
5. Rzymian 1:12 (NCV).
6. Rzymian 12:10 (NRSV).
7. Rzymian 14:19 (NIV).
8. Kolosan 3:12 (GWT).
9. Filipian 3:10; Hebrajczyków 10:33-34.
10. Galacjan 6:2 (NLT).
11. Job 6:14 (NIV).
12. II Koryntian 2:7 (CEV).
13. Kolosan 3:13 (LB).
14. Kolosan 3:13 (NLT).

Dzień 19: Pielęgnując społeczność

1. Efezjan 4:3 (NCV).
2. I Tymoteusz 3:14-15 (NCV).
3. Efezjan 4:15.
4. Przypowieści Salomona 24:26 (TEV).
5. Galacjan 6:1-2 (NCV).
6. Efezjan 4:25 (Msg).
7. Przypowieści Salomona 28:23 (NLT).
8. Kaznodziei Salomona 8:6 (TEV).
9. I Tymoteusz 5:1-2 (GWT).
10. I Koryntian 5:3-12 (Msg).
11. I Piotr 5:5b (NIV).
12. I Piotr 5:5c (NIV).
13. Rzymian 12:16 (NLT).
14. Filipian 2:3-4 (NCV).
15. Rzymian 15:2 (LB).
16. Tytus 3:2 (Msg).
17. Rzymian 12:10 (GWT).
18. Przypowieści Salomona 16:28 (TEV).
19. Tytus 3:10 (NIV).
20. Hebrajczyków 10:25 (TEV).
21. Dzieje Apostolskie 2:46 (LB).

Dzień 20: Odnawiając zerwaną społeczność

1. II Koryntian 5:18 (GWT).
2. Filipian 2:1-2 (Msg).
3. Rzymian 15:5 (Msg).
4. Jan 13:35.
5. I Koryntian 6:5 (TEV).
6. I Koryntian 1:10 (Msg).
7. Mateusz 5:9 (NLT).
8. II Koryntian 5:18 (Msg).
9. Jakub 4:1-2 (NIV).
10. Mateusz 5:23-24 (Msg).

11. I Piotr 3:7; Przypowieści Salomona 28:9.
12. Job 5:2 (TEV); 18:4 (TEV).
13. Filipian 2:4 (TEV).
14. Psalm 73:21-22 (TEV).
15. Przypowieści Salomona 19:11 (NIV).
16. Rzymian 15:2 (LB).
17. Rzymian 15:3 (NJB).
18. Mateusz 7:5 (NLT).
19. I Jan 1:8 (Msg).
20. Przypowieści Salomona 15:1 (Msg).
21. Przypowieści Salomona 16:21 (TEV).
22. Efezjan 4:29 (TEV).
23. Rzymian 12:18 (TEV).
24. Rzymian 12:10; Filipian 2:3.
25. Mateusz 5:9 (Msg).
26. I Piotr 3:11 (NLT).
27. Mateusz 5:9.

Dzień 21: Chroniąc swój kościół

1. Jan 17:20-23.
2. Efezjan 4:3 (NIV).
3. Rzymian 14:19 (Ph).
4. Rzymian 10:12; 12:4-5; I Koryntian 1:10; 8:6; 12:13; Efezjan 4:4; 5:5; Filipian 2:2.
5. Rzymian 14:1; II Tymoteusz 2:23.
6. I Koryntian 1:10 (NLT).
7. Efezjan 4:2 (NLT).
8. Dietrich Bonhoffer, „Life Together" (New York: Harper Collins, 1954).
9. Rzymian 14:13; Jakub 4:11; Efezjan 4:29; Mateusz 5:9; Jakub 5:9.
10. Rzymian 14:4 (CEV).
11. Rzymian 14:10 (Ph).
12. Objawienie Jana 12;10.
13. Rzymian 14:19 (Msg).
14. Przypowieści Salomona. 17:4; 16:28; 26:20; 25:9; 20:19.
15. Przypowieści Salomona 17:4 (CEV).
16. Juda 1:19 (Msg).
17. Galacjan 5:15 (Amp).
18. Przypowieści Salomona 20:19 (NRSV).
19. Przypowieści Salomona 26:20 (LB).
20. Mateusz 18:15-17 (Msg).

21. Mateusz 18:17; I Koryntian 5:5.
22. Hebrajczyków 13:17 (Msg).
23. Hebrajczyków 13:17 (NIV).
24. II Tymoteusz 2:14; 23-26; Filipian 4:2; Tytus 2:15-3:2,10-11.
25. I Tesaloniczan 5:12-13 (Msg).
26. I Koryntian 10:24 (NLT).

Dzień 22: Przeznaczeni, aby upodabniać się do Chrystusa

1. I Mojżeszowa 1:26 (NCV).
2. I Mojżeszowa 6:9; Psalm 139:13-16; Jakub 3:9.
3. II Koryntian 4:4 (NLT); Kolosan 1:15 (NLT); Hebrajczyków 1:3 (NIV).
4. Efezjan 4:24 (GWT).
5. I Mojżeszowa 3:5 (KJV).
6. Efezjan 4:22 (Msg).
7. Mateusz 5:1-12.
8. Galacjan 5:22-23.
9. I Koryntian 13.
10. II Piotr 1:5-8.
11. Jan 10:10.
12. II Koryntian 3:18 (NLT).
13. Filipian 2:13 (NLT).
14. I Królewska 19:12 (NIV).
15. Kolosan 1:27 (NLT).
16. Jozue 3:13-17.
17. Łukasz 13:24 (NIV); Rzymian 14:19 (NIV); Efezjan 4:3 (NIV); II Tymoteusz 2:15 (NCV); Hebrajczyków 4:11 (NIV); 12:14 (NIV); II Piotr 1:5 (NIV); II Piotr 3:14 (NIV).
18. Efezjan 4:22 (NIV).
19. Efezjan 4:23 (CEV).
20. Rzymian 12:2.
21. Efezjan 4:24 (NIV).
22. Efezjan 4:13 (CEV).
23. I Jan 3:2 (NLT).
24. I Koryntian 10:31; 16:14; Kolosan 3:17, 23.
25. Rzymian 12:2 (Msg).

Dzień 23: Jak wzrastamy?

1. Mateusz 9:9 (NLT).
2. II Piotr 3:11 (NLT).
3. Filipian 2:12-13 (NIV).
4. Przypowieści Salomona 4:23 (TEV).
5. Rzymian 12:2 (NLT).
6. Efezjan 4:23 (NLT).

7. Filipian 2:5 (CEV).
8. I Koryntian 14:20 (NIV).
9. Rzymian 8:5 (NCV).
10. I Koryntian 13:11 (NIV).
11. Rzymian 15:2-3 (CEV).
12. I Koryntian 2:12 (CEV).

Dzień 24: Transformacja poprzez prawdę

1. Jan 17:17 (NIV).
2. II Tymoteusz 3:17 (Msg).
3. Hebrajczyków 4:12; Dzieje Apostolskie 7:38; I Piotr 1:23.
4. Jan 6:63 (NASB).
5. Jakub 1:18 (NCV).
6. Job 23:12 (NIV).
7. I Piotr 2:2; Mateusz 4:4; I Koryntian 3:2; Psalm 119:103.
8. I Piotr 2:2 (NIV).
9. Jan 8:31 (NASB, 1978).
10. Przypowieści Salomona 30:5 (NIV).
11. II Tymoteusz 3:16 (CEV).
12. Dzieje Apostolskie 24:14 (NIV).
13. Łukasz 8:18 (NIV).
14. Jakub 1:21 (Amp).
15. V Mojżeszowa 17:19 (NCV).
16. Rick Warren, „Twelve Personal Bible Study Methods". Dostępne na: www.pastors.com.
17. Jakub 1:25 (NCV).
18. Psalm 119:11; 119:105; 119:49-50; Jeremiasz 15:16; Przypowieści Salomona 22:18; I Piotr 3:15.
19. Kolosan 3:16 (LB).
20. II Koryntian 3:18 (NIV).
21. Dzieje Apostolskie 13:22 (NIV).
22. Psalm 119:97 (NCV).
23. Jan 15:7; Jozue 1:8; Psalm 1:2-3.
24. Jakub 1:22 (KJV).
25. Mateusz 7:24 (NIV).
26. Jan 13:17 (NIV).

Dzień 25: Transformacja poprzez życiowe problemy

1. Jan 16:33.
2. I Piotr 4:12 (LB).
3. Psalm 34:18 (NLT).
4. I Mojżeszowa 39:20-22.
5. Daniel 6:16-23.

6. Jeremiasz 38:6.
7. II Koryntian 11:25.
8. Daniel 3:1-26.
9. II Koryntian 1:9 (LB).
10. Psalm 139:16.
11. Rzymian 8:28-29 (NLT).
12. Mateusz 6:10 (KJV).
13. Mateusz 1:1-16.
14. Rzymian 5:3-4 (NCV).
15. I Piotr 1:7 (NCV).
16. Jakub 1:3 (Msg).
17. Hebrajczyków 5:8-9.
18. Rzymian 8:17 (Msg).
19. Jeremiasz 29:11 (NIV).
20. I Mojżeszowa 50:20 (NIV).
21. Izajasz 38:17 (CEV).
22. Hebrajczyków 12:10 (Msg).
23. Hebrajczyków 12:2 (LB).
24. Hebrajczyków 11:26 (NIV).
25. II Koryntian 4:17 (NLT).
26. Rzymian 8:17-18 (NLT).
27. I Tesaloniczan 5:18 (NIV).
28. Filipian 4:4 (NIV).
29. Łukasz 6:23 (NCV).
30. Jakub 1:3-4 (Ph).
31. Hebrajczyków 10:36 (Msg).

Dzień 26: Pokusy a wzrost

1. Galacjan 5:22-23 (NLT).
2. II Koryntian 2:11 (NLT).
3. Marek 7:21-23 (NLT).
4. Jakub 4:1 (LB).
5. Hebrajczyków 3:12 (CEV).
6. Jan 8:44.
7. Jakub 1:14-16 (TEV).
8. I Koryntian 10:13 (NLT).
9. Hebrajczyków 4:15.
10. I Piotr 5:8 (Msg).
11. Mateusz 26:41; Efezjan 6:10-18; I Tesaloniczan 5:6, 8; I Piotr 1:13; 4:7; 5:8.
12. Efezjan 4:27 (TEV).
13. Przypowieści Salomona 4:26-27 (TEV).
14. Przypowieści Salomona 16:17 (CEV).
15. Psalm 50:15 (GWT).
16. Hebrajczyków 4:15 (NLT).
17. Hebrajczyków 4:16 (TEV).
18. Jakub 1:12 (NCV).

Dzień 27: Zwalczając pokusy

1. Jakub 4:7.
2. Job 31:1 (NLT).
3. Psalm 119:37 (TEV).
4. Rzymian 12:21.

5. Hebrajczyków 3:1 (NIV).
6. II Tymoteusz 2:8 (GWT).
7. Filipian 4:8 (TEV).
8. Przypowieści Salomona 4:23 (TEV).
9. II Koryntian 10:5 (NCV).
10. Kaznodziei Salomona 4:9-10 (CEV).
11. Jakub 5:16 (NIV).
12. I Koryntian 10:13.
13. Rzymian 3:23.
14. Jakub 4:6-7 (NLT).
15. Efezjan 6:17 (NLT).
16. Jeremiasz 17:9 (NIV).
17. Przypowieści Salomona 14:16 (TEV).
18. I Koryntian 10:12 (Msg).

Dzień 28: To wymaga czasu

1. Filipian 1:6 (NIV).
2. Efezjan 4:13 (Ph).
3. Kolosan 3:10 (NCV).
4. II Koryntian 3:18 (Msg).
5. V Mojżeszowa 7:22.
6. Rzymian 13:12; Efezjan 4:22-25; Kolosan 3:7-10, 14.
7. I Tymoteusz 4:15 (GWT).
8. Kaznodziei Salomona 3:1 (CEV).
9. Psalm 102:18; II Tymoteusz 3:14.
10. Hebrajczyków 2:1 (Msg).
11. Jakub 1:4 (Msg).
12. Habakuk 2:3 (LB).

Dzień 29: Podejmując się zadań

1. Efezjan 2:10 (TEV).
2. Kolosan 3:23-24; Mateusz 25:34-45; Efezjan 6:7.
3. Jeremiasz 1:5 (NCV).
4. II Tymoteusz 1:9 (LB).
5. I Koryntian 6:20 (CEV).
6. Rzymian 12:1 (TEV).
7. I Jan 3:14 (CEV).
8. Mateusz 8:15 (NCV).
9. Efezjan 4:4-14; patrz też Rzymian 1:6-7; 8:28-30; I Koryntian 1:2, 9, 26; 7:17; Filipian 3:14; I Piotr 2:9; II Piotr 1:3.
10. II Tymoteusz 1:9 (TEV).
11. I Piotr 2:9 (GWT).
12. Rzymian 7:4 (TEV).
13. I Koryntian 12:27 (NLT).
14. Mateusz 20:28 (LB).

15. Rzymian 14:12 (NLT).
16. Rzymian 2:8 (NLT).
17. Marek 8:35 (LB);
    patrz też
    Mateusz 10:39; 16:25;
    Łukasz 9:24; 17:33.
18. Rzymian 12:5 (Msg).
19. I Koryntian 12:14, 19 (Msg).

**Dzień 30: Ukształtowani,
by służyć**

1. Efezjan 2:10 (NIV).
2. Psalm 139;13-14 (NLT).
3. Psalm 139:16 (NLT).
4. Rzymian 12:4-8;
   I Koryntian 12;
   Efezjan 4:8-15,
   I Koryntian 7:7.
5. I Koryntian 2:14 (TEV).
6. Efezjan 4:7 (CEV).
7. I Koryntian 12:11 (NLT).
8. I Koryntian 12:29-30.
9. I Koryntian 12:7 (NLT).
10. I Koryntian 12:5 (NLT).
11. Przypowieści Salomona
    27:19 (NLT).
12. Mateusz 12:34;
    Psalm 34:7; Przypowieści
    Salomona 4:23.
13. V Mojżeszowa 11:13;
    I Samuelowa 12:20;
    Rzymian 1:9, Efezjan 6:6.
14. Przypowieści Salomona
    15:16 (Msg).

**Dzień 31: Rozumiejąc swoją
odmienność**

1. I Koryntian 12:4-6 (TEV).
2. II Mojżeszowa 31:3-5 (NIV).
3. Rzymian 12:6 (NLT).
4. I Koryntian 10:31 (NIV).
5. I Koryntian 12:6 (TEV).
6. V Mojżeszowa 8:18 (NIV).
7. V Mojżeszowa 14:23 (LB);
   Malachiasz 3:8-11.
8. Hebrajczyków 13:21 (LB).
9. I Piotr 4:10 (LB).
10. I Koryntian 12:6 (Ph).
11. Rzymian 8:28-29.
12. II Koryntian 1:4 (NLT).
13. II Koryntian 1:8-10 (LB).

**Dzień 32: Używając tego,
co dał nam Bóg**

1. Efezjan 5:17 (LB).
2. Rzymian 12:3 (Ph).
3. Galacjan 6:4 (Msg).
4. V Mojżeszowa 11:2 (TEV).

5. Galacjan 3:4 (NCV).
6. Jan 13:7 (NIV).
7. Dla zainteresowanych:
   www.purposedrivenlife.com.
8. Rzymian 9:20-21 (JB).
9. Efezjan 4:7 (LB).
10. Galacjan 2:7-8.
11. II Koryntian 10:13 (NLT).
12. Hebrajczyków 12:1 (LB).
13. Galacjan 6:4 (NLT).
14. Galacjan 6:4 (CEV).
15. II Koryntian 10:12 (NIV).
16. II Koryntian 10:12 (Msg).
17. I Koryntian 10:12-18.
18. Filipian 1:9 (NLT).
19. II Tymoteusz 1:6 (NASB).
20. Mateusz 25:28 (NIV).
21. I Tymoteusz 4:14-15 (LB).
22. II Tymoteusz 2:15 (Msg).
23. I Koryntian 9:25 (Msg).

**Dzień 33: Jak działają
prawdziwi słudzy?**

1. Mateusz 7:16 (CEV).
2. II Tymoteusz 2:4 (NASB).
3. Galacjan 6:10 (GWT).
4. Przypowieści Salomona
   3:28 (TEV).
5. Kaznodziei Salomona 11:4
   (NLT).
6. Kolosan 3:23.
7. Galacjan 6:3 (NLT).
8. Jan 13:15.
9. Dzieje Apostolskie 28:3.
10. Łukasz 16:10-12.
11. Psalm 12:1, Przypowieści
    Salomona 20:6;
    Filipian 2:19-22.
12. Mateusz 25:23 (NLT).
13. I Piotr 5:5 (TEV).
14. Efezjan 6:6 (KJV);
    Kolosan 3:22 (KJV).
15. Mateusz 6:1 (CEV).
16. Galacjan 1:10 (NIV).
17. Kolosan 3:4 (Msg).
18. I Koryntian 12:22-24.
19. I Koryntian 15:58 (Msg).
20. Mateusz 10:42 (LB).

Dzień 34: Myśląc jak sługa

1. II Kronik 25:2 (NRSV).
2. Filipian 2:4 (Msg).
3. Filipian 2:7 (GWT).
4. Filipian 2:20-21.
5. Mateusz 5:41 (Msg).
6. I Koryntian 4:1 (NJB).
7. I Koryntian 4:2 (TEV).

8. Łukasz 16:13 (NIV).
9. Łukasz 16:11 (NIV).
10. Galacjan 5:26 (Msg).
11. Rzymian 14:4 (GWT).
12. Nehemiasz 6:3 (CEV).
13. Mateusz 26:10 (Msg).
14. Jan 13:3-4 (NIV).
15. II Koryntian 10:18 (CEV).
16. Jakub 1:1.
17. Psalm 100:2 (KJV).
18. Jan 12:26 (Msg).
19. Hebrajczyków 6:10 (NLT).

**Dzień 35: Boża moc
w naszych
słabościach**

1. Izajasz 55:9 (CEV).
2. I Koryntian 1:27 (TEV).
3. Mateusz 5:3.
4. II Koryntian 12:7.
5. II Koryntian 4:7 (CEV).
6. Mateusz 16:16 (NIV).
7. Dzieje Apostolskie 14:15
   (NCV).
8. II Koryntian 12:9-10 (NLT).
9. II Koryntian 12:10 (LB).
10. II Koryntian 12:7 (Msg).
11. IV Mojżeszowa 12:3.
12. Sędziów 6:12 (KJV).
13. Rzymian 4:11 (NLT).
14. Mateusz 16:18 (TEV).
15. Dzieje Apostolskie 13:22
    (NLT).
16. Hebrajczyków 11:32-34 (NLT).
17. Rzymian 7:19 (NLT).
18. II Koryntian 6:11 (LB).
19. II Koryntian 1:8 (NLT).
20. I Koryntian 2:3 (NCV).
21. II Koryntian 12:5 (LB).
22. Hebrajczyków 4:1 (CEV).
23. Rzymian 8:26 (NIV).

**Dzień 36: Powołani do
spełnienia misji**

1. Kolosan 1:25 (NCV);
   I Koryntian 12:5.
2. Jan 20:21 (NIV).
3. Łukasz 2:49 (KJV).
4. Jan 19:30.
5. II Koryntian 5:18 (TEV).
6. II Koryntian 5:20 (NCV).
7. Mateusz 28:19-20;
   Marek 16:15,
   Łukasz 24:47; Jan 20:21;
   Dzieje Apostolskie 1:8.
8. Mateusz 28:19-20 (CEV).
9. Ezechiel 3:18 (NCV).

10. II Koryntian 5:18 (LB).
11. II Koryntian 6:1 (NCV).
12. II Koryntian 5:20 (Msg).
13. Dzieje Apostolskie 4:12 (NCV).
14. Jan 9:4 (NLT).
15. Dzieje Apostolskie 20:24 (NLT).
16. Dzieje Apostolskie 1:7-8 (NIV).
17. Mateusz 24:36 (NIV).
18. Mateusz 24:14 (NCV).
19. Łukasz 9:62 (LB).
20. Łukasz 22:42 (NLT).
21. Rzymian 6:13 (LB).
22. Mateusz 6:33 (NLT).

Dzień 37: Dzieląc się swoim życiowym przesłaniem

1. II Koryntian 2:17 (NCV).
2. I Jan 5:10 (GWT).
3. I Piotr 2:9 (Msg).
4. Dzieje Apostolskie 1:8 (NIV).
5. Dzieje Apostolskie 22 do 26.
6. I Piotr 3:15-16 (TEV).
7. Psalm 119:33 (Msg).
8. Psalm 106:43 (Msg).
9. Przypowieści Salomona 25:12 (TEV).
10. Psalm 51; Filipian 4:11-13; II Koryntian 1:4-10; Psalm 40; Psalm 119:71; I Mojżeszowa 50:20.
11. Mateusz 12:34 (LB).
12. Psalm 69:9 (LB).
13. Jeremiasz 20:9 (CEV).
14. Galacjan 4:18 (NIV).
15. Rzymian 1:17 (NCV).
16. II Koryntian 5:19 (NLT).
17. II Koryntian 5:14 (NIV).
18. I Jan 4:18 (TEV).
19. II Piotr 3:9 (NCV).
20. Kolosan 4:5 (LB).

Dzień 38: Stając się chrześcijaninem światowej klasy

1. Paul Borthwick, „A Mind for Missions", Colorado Springs: NavPress, 1987 oraz „How to Be a World-Class Christian (Colorado Springs: Chariot Victor Books, 1993.
2. Objawienie Jana 7:9 (CEV).
3. I Koryntian 14:20 (CEV).

4. Filipian 2:4 (NLT).
5. I Koryntian 2:12 (CEV).
6. I Koryntian 10:33 (GWT).
7. Jan 3:16 (KJV).
8. Dzieje Apostolskie 17:26-27 (CEV).
9. Kolosan 1:6 (NLT).
10. Psalm 2:8 (NCV).
11. Kolosan 4:3 (NIV); Rzymian 1:10 (NLT).
12. Efezjan 6:19 (Msg).
13. Jan 17:20 (NIV).
14. II Tesaloniczan 3:1.
15. Mateusz 9:38.
16. II Koryntian 1:11 (GWT).
17. Dzieje Apostolskie 1:8 (CEV).
18. II Koryntian 4:18 (NIV).
19. Łukasz 9:62 (LB).
20. I Koryntian 7:31 (Msg).
21. Hebrajczyków 12:1 (LB).
22. Mateusz 6:20-21 (CEV).
23. Łukasz 16:9 (NIV).
24. I Tymoteusz 6:19 (LB).
25. Jeremiasz 1:7-8 (NLT).
26. Na podstawie „Przymierza Lozańskiego", 1974.
27. Marek 8:35 (LB).

Dzień 39: Żyjąc w równowadze

1. Przypowieści Salomona 27:17 (NCV).
2. Filipian 4:9 (TEV).
3. I Tesaloniczan 5:11 (NCV).
4. Treny Jeremiasza 3:40 (NLT); I Koryntian 11:28 (NLT); 31 (TEV); 13:5 (Msg); Galacjan 6:4 (NIV).
5. II Koryntian 13:5 (Msg).
6. Treny Jeremiasza 3:40 (Msg).
7. II Koryntian 8:11 (LB).
8. Hebrajczyków 2:1 (Msg).
9. IV Mojżeszowa 33:2 (NLT).
10. Psalm 56:8 (TEV).
11. Psalm 102:18 (TEV).
12. Przypowieści Salomona 11:25 (Msg).
13. II Tymoteusz 2:2 (CEV).
14. Jakub 4:17 (NCV).
15. I Tymoteusz 4:6 (CEV).
16. Jan 17:4 (NIV).
17. Jan 17:6-26.

Dzień 40: Żyjąc ze świadomością celu

1. Jan 13:17 (NIV).
2. Psalm 33:11 (TEV).

3. Przypowieści Salomona 4:26 (CEV).
4. Przypowieści Salomona 17:24 (TEV).
5. Filipian 1:10 (NLT).
6. II Kronik 14:4 (Msg).
7. Efezjan 3:17 (NLT).
8. Filipian 4:7 (Msg).
9. Galacjan 5:22-23.
10. Mateusz 5:3-12.
11. II Piotr 1:5 (Msg).
12. I Tymoteusz 4:16 (Msg).
13. II Koryntian 9:12 (TEV).
14. Jan 15:16 (NJB).
15. Jozue 24:15 (NLT).
16. Filipian 1:27 (NCV).
17. Efezjan 5:25 (TEV).
18. Przypowieści Salomona 22:18 (NCV).
19. Przypowieści Salomona 19:21 (NIV).
20. I Tesaloniczan 2:4 (NLT).
21. II Koryntian 10:13 (LB).
22. Dzieje Apostolskie. 13:36.
23. Dzieje Apostolskie 13:22.
24. Estera 4:14.
25. II Kronik 16:9 (NLT).
26. I Koryntian 9:26 (NLT).
27. Filipian 1:21 (NIV).
28. II Koryntian 4:17 (NIV).
29. Objawienie Jana 4:11 (Msg).

Polecamy inne pozycje Wydawnictwa **Koinonia**.

Bóg, którego potrzebujemy   Henryk Wieja

Format: A5; ilość stron: 184, ISBN 83-915775-0-3

Jaki jest Bóg? Co to znaczy poznać Boga? Czy jest On blisko, czy daleko? Czy można Go zobaczyć, doświadczyć? W jaki sposób można Go zrozumieć w obliczu tego, co dzieje się na świecie?

Szukanie odpowiedzi na pytanie „Jaki jest Bóg?" w oderwaniu od osoby Jezusa Chrystusa jest skazane na porażkę i prowadzić może do błędnych wniosków. Sam odkryj, jaki jest Bóg – zachęca autor. Zachęca też, byśmy sami szukali, odkrywali i poznawali Tego, który jest naszym Stwórcą. Książkę można czytać i studiować nie tylko w pojedynkę, ale również w grupie.

Ludzie szerokich horyzontów   Doug Carter

Format: A5; ilość stron: 152, ISBN 83-915775-6-2

Błyskotliwie i mądrze napisana książka – stanowi ciekawą lekturę i na pewno może zmienić twoje życie. *John Maxwell*

Czy jesteśmy na tyle odważni, by zmierzyć się z zadaniem, które – jak nam się wydaje – przekracza nasze możliwości?
Jeśli zaufamy Bogu, możemy pokonać strach, obawy, niepewność i negatywizm. Spróbujmy skoncentrować się na Bogu, dla którego żadna rzecz nie jest niemożliwa. Realizując Jego plany i opierając się na Jego niewyczerpanej mocy, możemy stać się ludźmi szerokich horyzontów.

Błogosławieństwo w Dolinie Łez   Linda Dillow

Format: A5; ilość stron: 133, ISBN 83-915775-7-0

Jak pisze Linda Dillow, nawet w Dolinie Łez możemy przeżyć błogosławieństwo Bożej obecności – Jego wierność, przytulenie i pełne nadziei obietnice. Autorka sięga do bogactwa Psalmów, by wskazać na Stwórcę jako Tego, który ma w kontroli nawet najbardziej dramatyczne wydarzenia w naszym życiu. Ta pełna zachęcenia i otuchy książka może stać się prawdziwym ukojeniem w czasie smutku, a jednocześnie wyzwaniem, by zbliżyć się do Boga w sposób, jaki jest często nieuchwytny w rutynie codziennego dnia.

Prezent zapakowany przez Boga   Linda Dillow, Lorraine Pintus

Format A5; ilość stron: 280, ISBN 83-915775-8-9

Książka Lindy i Lorraine uświadomiła mi po raz kolejny, że jeśli chodzi o seksualność, to w naszej kulturze prawie wszystko jest „odwrócone do góry nogami" i odbiega od tego, jak to wymyślił i zaplanował Bóg. *Dorota, lat 25*

Wszystkie mamy dorastających córek gorąco zachęcam, aby podarowały im tę niezwykłą książkę. Każda córka – także Twoja i moja – jest „prezentem zapakowanym przez Boga". One są po prostu wyjątkowe! Pomóżmy im to zobaczyć poprzez lekturę tej książki! *Alina Wieja, redaktor naczelna „Naszych INSPIRACJI"*

Ukojone serce Linda Dillow

Format: A5; ilość stron: 288, ISBN 83-915775-1-1

Linda Dillow w swojej przesyconej optymizmem książce zaprasza czytelników do wspólnej podróży ku zadowoleniu. Opowiadając o wielu trudnych przeżyciach, pokazuje, jak sama uczyła się przyjmować ukojenie od Stwórcy, Błogosławionego władcy.

Ty też możesz odkryć tajemnicę zadowolenia, co pozwoli Ci spojrzeć na Boga w nowy sposób i doświadczyć tego, że On panuje i ma w kontroli Twoje życie.

Twórcza partnerka Linda Dillow

Format: A5; ilość stron: 229, ISBN 83-900640-2-2

Każda kobieta może znaleźć tu wiele praktycznych wskazówek na temat rozwijania się w swojej roli, stając się twórczą partnerką dla swojego męża. Autorka opisuje różne metody wpływania na męża, daje wypróbowane przez siebie rady, które są pomocne w zaakceptowaniu trudnych okoliczności życia.
Twórcza Partnerka nie nuży, ale zaciekawia, momentami rozbawia, a także inspiruje do własnych pomysłów, by życie we dwoje, niezależnie od małżeńskiego stażu było nieustającą przygodą.

Małżeństwo, o jakim marzymy Alina Wieja, Henryk Wieja

Format A5; ilość stron: 288, ISBN 83-9159087-3-9

Nigdy nie jest za późno, by małżeństwo o jakim marzymy, stało się rzeczywistością. Nie jest to jednak łatwe ani nie dzieje się automatycznie...
Książka skierowana jest zarówno do młodych jak i dojrzałych par, które doświadczyły już zmagań i kryzysów we wspólnym życiu. Autorzy omawiają podstawowe sfery małżeńskiej więzi, które przy braku porozumienia mogą okazać się źródłem wielu konfliktów. Nowe wydanie zostało rozszerzone o pytania do przedyskutowania oraz refleksje do wpólnego przemyślenia przez małżonków.

Sprawy intymne Linda Dillow, Lorraine Pintus

Format: B5; ilość stron: 324, ISBN 83-915775-2-X

„Sprawy intymne" to niezwykła opowieść o kochaniu. W bezpośredni i delikatny sposób przedstawiono w niej, jak pięknym darem Stwórcy dla człowieka jest seks w małżeństwie oraz w jaki sposób mąż i żona mogą się nim w pełni cieszyć. Książka jest przeznaczona dla kobiet, jakkolwiek autorki zachęcają, by w miarę możliwości czytać pewne fragmenty razem z mężem. Przytaczają przy tym liczne przykłady z życia, co motywuje do podjęcia wysiłku w celu odświeżenia swojego małżeństwa. Dowodzą też, jak wiele zależy od aktywnej postawy obu współmałżonków, od ich chęci czułego, pełnego miłości i oddania okazywania sobie uczucia.

Zamówienia prosimy kierować na adres: Wydawnictwo ChFŻiM **Koinonia**
43-450 Ustroń, Skr.Poczt. 13A tel:(033) 8544522, fax:(033) 8541814
www.misja.org.pl/koinonia, e-mail: koinonia@misja.org.pl